W0033822

DIE KETZER

Herausgegeben von Adolf Holl

HOFFMANN UND CAMPE

Lektorat Johannes Thiele

Die Deutsche Bibliothek – CIP-Einheitsaufnahme
Die Ketzer / hrsg. von Adolf Holl.
– 1. Aufl. – Hamburg: Hoffmann und Campe, 1944
ISBN 3-455-08559-8
NE: Holl, Adolf [Hrsg.]

Copyright © 1994 by Hoffmann und Campe Verlag, Hamburg
Schutzumschlag- und Einbandgestaltung: Werner Rebhuhn
unter Verwendung eines Bildes von Werner Tübke,
© VG Bild-Kunst, Bonn 1994
Satz: Utesch Satztechnik GmbH, Hamburg
Druck und Bindung: Pustet, Regensburg
Printed in Germany

Inhalt

BEWEGUNGEN

KONSTANTEN

PERSPEKTIVEN

ADOLF HOLL

EINLEITUNG

Vor bald zwanzig Jahren kam ich erstmals auf die Idee, ein Buch über Ketzer und Ketzerinnen zu schreiben. Das hing damit zusammen, daß ich selbst – im Verlauf meiner Konflikte mit der römisch-katholischen Obrigkeit – gelegentlich als Ketzer tituliert wurde. Der aggressive Ton dieses Worts war mir damals nicht unlieb, und so fing ich an, ein paar einschlägige Bücher zu lesen, Dispositionen zu machen und mir vorzustellen, wie es mir vor 400 oder 600 Jahren ergangen wäre. Hätten Freunde den Henker bestochen, damit er mir mit der Garrotte noch schnell vor dem Entzünden des Scheiterhaufens den Hals abdrückt? Oder wäre ich ohnehin im Rauch erstickt, ehe die Flammen um meine Füße zu züngeln anfingen?

Trotz solcher Phantasien stellte sich bald heraus, daß mein Projekt mit etlichen Trockengebieten belastet war. Wie sollte ich heutigen Lesern die Umstandsmeierei scholastischer Dispute, das verstiegene Vokabular ekstatischer Nonnen, den Wirrwarr des politischen Ränkespiels auf irgendwelchen Synoden verständlich machen?

Außerdem fehlte häufig die Farbe. Gern hätte ich das Innere einer abgelegenen Mühle im Piemont um 1200 beschrieben, in der sich katharisch infizierte Bänkelsänger mit querköpfigen Bauern und waldensischen Predigern trafen. Oder die Abenteuer einer verurteilten Begine, mit dem Ketzerkreuz auf ihrem Umhang, während der Wallfahrt nach Rom, die ihr auferlegt worden war. In der Fachliteratur, die ich konsultierte, waren solche Details nicht berücksichtigt. Ihre Rekonstruktion hätte aus meinem Buch einen dicken Roman gemacht, mit einer endlosen Liste von Personen, eine »gefährdete Fahrt voll tragischer Durchstörung, kochend, geborsten von Sprüngen, Ausbrüchen, einsamen Versprechungen«, wie Ernst Bloch formuliert hat.

Das Buch blieb ungeschrieben. Ich fuhr dennoch fort, Material zu sammeln, machte die Bekanntschaft des Filmemachers Alfred Jungraithmayr, der an der Ketzerthematik arbeitete, und schrieb die eine oder andere Passage aus der mittelalterlichen Ketzergeschichte in meine Bücher »Mystik für Anfänger« (1977) und »Der letzte Christ« (1979).

Je vertrauter ich mit meinen verstorbenen Kolleginnen und Kollegen aus der theologischen Opposition wurde, desto schwächer wurde mein Wunsch, mit der Hilfe irgendeiner Zeitmaschine ihre persönliche Bekanntschaft zu machen. Die meisten von ihnen kamen aus dem »Kleinbürgertum aller Zeiten«, wie Max Weber befunden hat. Ihr »proletaroider Intellektualismus«, verbreitet unter wandernden Sängern, Geschichtenerzählern und Vorlesern, unter den am Rande des Existenzminimums vegetierenden Lohnarbeitern des Textilgewerbes, unter autodidaktisch erhitzten Hebammen, Kleinhandwerkern und Elementarlehrern, stellte die Agitatoren der sozial unterdrückten Klassen, die Scharfmacher und Einpeitscher, alle die Weltuntergangspropheten, Querulanten und Spintisierer mit ihrer Rechthaberei und ihrem direkten Draht zum Heiligen Geist. Gottfried Keller, der die letzten Ausläufer dieser seltsamen Heiligen in der Schweiz noch angetroffen hat, porträtierte sie in der Novelle »Ursula« so genau, daß man keine besondere Lust verspürt, in ihrer Gesellschaft länger als ein Stündlein zu verweilen.

Warum dann ein neues Ketzerbuch?

Weil der Blick auf die unbarmherzige Härte, mit der die Chefs gegen das Gedankengut von Kräuterfrauen oder Handwerksburschen vorgingen, immer noch nützlich ist, als Erziehungsmittel

zum Mißtrauen gegen alles, was die Obrigkeiten an Gesinnungs-
massage unverdrossen absondern. Weil das Drama der Wahr-
heitsproduktion aus der Distanz der Spätergekommenen sehr
übersichtlich wird und freilich auch viel banaler sich darstellt als
auf der Schulbühne der sogenannten Geistesgeschichte. Weil die
Kraft eines aufmüpfigen Gedankens, auf seinem Weg durch die
Jahrhunderte bis zu seiner schlußendlichen Verallgemeinerung,
etwas Schönes und auch Tröstliches an sich hat.

Was damit gemeint ist, möchte ich an einem Beispiel verdeutlichen anstatt einer ohnehin papierenen Begriffsbestimmung des
Ketzerischen. Der aufmüpfige Gedanke, von dem hier die Rede
sein soll, ist als Frage formuliert: Wie kann es sein, daß jemand
für Sünden, die er in zehn oder zwanzig Jahren begangen hat,
ewig bestraft wird?

Die Frage steht in einem Brief, den ein junger Mönch von
einem geistlichen Freund erhielt. Der Name des jungen Mönchs:
Stephan bar Sudaili, geboren um 480 im syrischen Edessa (heute
Urfa, Türkei). Er war es gewesen, der die Frage gestellt hatte.
Jakob von Serugh, der Verfasser des Briefs, vermochte den Mit-
bruder von seiner Frage nicht abzubringen. Stephan wurde in
Syrien exkommuniziert, er mußte Edessa verlassen, wanderte
nach Palästina, fand Aufnahme unter Klosterbrüdern, die ihm
geistesverwandt waren, und versuchte, eine Ordnung in seine
Gedanken zu bringen.

Eines Tages, so wird berichtet, begegnete er am Grab Abra-
hams einem Juden, kam mit ihm ins Gespräch und sprach: Fürch-
te dich nicht, wenn sie dich Gottesmörder schimpfen, denn auch
du wirst mit Abraham zu Tische sitzen.

Dies konnte er deswegen sagen, weil er an die Wiederherstellung aller Dinge glaubte, die *Apokatastasis Panton*, wie sie genannt wurde, jene Allversöhnung des alexandrinischen Meisters
Origenes, der sie erstmals gelehrt hatte. Sie wurde von den Männern der Kirche feierlich verdammt, auf einer Synode in Konstantinopel im Jahr 543, dann durch das 4. Laterankonzil 1215

und später noch ein paarmal, weil die Ewigkeit der Höllenstrafen
zum Grundbestand der dogmatischen Festsetzungen gehörte.
Die Leitideologie des christlichen Abendlandes hat auf der Ewigkeit des Bösen bestanden als einem Disziplinierungsinstrument
erster Ordnung, souverän gehandhabt von Patriarchen, Priestern und Popen, die den Leuten tausend Jahre und länger die
Hölle heiß machten.

Origenes, genannt »der Diamantene«, war anderer Ansicht. Er
wollte als Theologe ein Mann der Kirche sein und wurde gleichwohl zum Einzelgänger. »Es gibt in der Kirche keinen Denker«,
schrieb der katholische Theologe Hans Urs von Balthasar, »der
so unsichtbar-allgegenwärtig geblieben wäre wie Origenes.« Kirchenväter wie Ambrosius von Mailand schrieben von ihm ab.
Seine Produktivität – manche Quellen nennen 6000, andere 2000
Veröffentlichungen – war gigantisch. Er diktierte sozusagen Tag
und Nacht, vor immer neu nachrückenden Stenografen. Erhalten geblieben sind nur wenige Schriften des unermüdlichen
Denkers, die »Ermunterung zum Martyrium« aus dem Jahr 235
beispielsweise, geschrieben während der Christenverfolgung unter Maximinus Thrax.

Origenes lebte in ungemütlichen Zeiten. Als er 17 Jahre alt
war, wurde sein Vater wegen seines christlichen Glaubens hingerichtet. Origenes selbst wurde im Alter von 65 Jahren während
der Christenhatz unter Decius inhaftiert und gefoltert. Gelebt
hat er zunächst in Alexandria und später dann in der palästinen-
sischen Hafenstadt Cäsarea. Er war Priester und lebte zölibatär,
was für ihn kein großes Problem darstellte; er hatte sich in jungen Jahren selber kastriert.

Seine Lehre über die Allversöhnung ist nur in Andeutungen
rekonstruierbar aus seinem Hauptwerk *Peri Archon* (Über
die Ursprünge), in dem es heißt: Die Güte Gottes wird durch
Christus die ganze Welt zur ursprünglichen Einheit bringen.
Oder: Die unter dem Regiment des Satans dienen und seiner
Bosheit gehorsam sind, werden in der zukünftigen Ewigkeit

sich zum Guten bekehren können, weil in ihnen ein freier Wille wohnt.

Das ist deutlich genug. In der Welt des Origenes gab es mindestens drei Stockwerke, eins für die Engel, eins für die Menschen, eins für die Dämonen. Zwischen den Stockwerken gab es Stiegen, so daß ein Teufel zum Erzengel aufsteigen konnte und umgekehrt, ein Mensch zum Teufel werden konnte oder ein Engel zum Menschen. Der ganze Betrieb hatte eine Tendenz, die führte zurück zum Ursprung, und der war gut. Allenfalls destillierte eine Art Fegefeuer das Böse aus den sündigen Leibern heraus, in befristeter Weise, so daß schlußendlich ein kosmisches Happy-End vorstellbar wurde, ein Achter Tag ohne Ende, eine Ewige Heimat, in der auch die schlimmsten Schlächter und Schinder Aufnahme fanden – nach ihrer Umerziehung.

Das alles blieb keineswegs Papier, sondern wirkte unter den Mönchen und Nonnen weiter, die sich in den Wüsten Ägyptens, Palästinas und Syriens anzusiedeln begannen, als Athleten und Athletinnen Christi, in der Absicht, ein engelgleiches Leben zu führen. Ihr Programm der Entgröberung bedurfte einer theoretischen Perspektive, und die lieferte ihnen die Lehre des Origenes vom Aufstieg der Person vom Menschen zum Engel, was freilich leichter gesagt als getan ist.

Deshalb konzipierte ein Nachfahr des Origenes, ein gewisser Euagrios Ponticos, detailliertere Unterweisungen für das vollkommene Leben. Enthalten sind sie in dem Buch *Kephalaia Gnostica*, den Kapiteln des Tiefsinns, wie sich übersetzen ließe. Ihr Autor, geboren 346 in der Provinz Pontus (nordwestliche Türkei), kam als junger Mann nach Konstantinopel, wurde zum Diakon geweiht und machte sich einen Namen als Prediger. Er hatte Umgang mit seinen berühmten Landsleuten Basileios, Gregor von Nyssa und Gregor von Nazianz, den sogenannten drei Kappadokiern, und ließ sich dann 382 unter den Mönchen in Ägypten nieder, wo er den Rest seines Lebens verbrachte.

In den hundert Jahren nach dem Tod des Origenes hatten sich

die Lehren des diamantenen Meisters bis ans Schwarze Meer verbreitet, wo Euagrios und die Kappadokier herkamen. Die Zeit der Christenverfolgungen war zu Ende. Die Catholica hatte sich in eine Reichskirche verwandelt, und in ihr spielten die Kappadokier eine führende Rolle. Alle drei waren sie Anhänger des Origenes, gemäßigte sozusagen, während Euagrios den Diamantenen radikalisierte, was ihm eine feierliche Verfluchung einbrachte, aber erst nach seinem Tod.

Erhalten sind die *Kephalaia Gnostica* in syrischen und armenischen Übersetzungen. Es handelt sich bei dem Buch um 600 Sentenzen esoterischer Weisheiten, verschlüsselt und dunkel, »um das Heilige nicht den Hunden vorzuwerfen«, wie der Verfasser bemerkt. Er erzählt die Entstehung des Bösen als erkenntnistheoretischen Prozeß, der mit einer Ermüdung des kontemplativen Geistes beginnt. Alsbald kommt Bewegung in die ganze Angelegenheit, der kosmische Betrieb setzt sich in Gang mit den engelartigen, dämonischen und menschlichen Einkörperungen und dem Reiseverkehr zwischen den entsprechenden Sphären, ähnlich wie bei Origenes.

Radikalisiert und konkretisiert wird dieser Ansatz bei Euagrios durch dessen Anwendung auf die klösterliche Kontemplation. Zunächst wird eine Ortsbestimmung vorgenommen. Wer sich auf die Reise zurück zum Ursprung begibt, soll sich als Mittleres zwischen Engeln und Dämonen verstehen. Um den Absturz ins Dämonische zu vermeiden, hat er oder sie sich den abtötenden Disziplinen des Fastens, Nachtwachens, Stillschweigens zu unterziehen, bis zur Erlangung der *Apatheia*, der Leidenschaftslosigkeit und Indifferenz gegenüber all dem, was das Leben angenehm macht. Gegenstand der kontemplativen Übungen, empfiehlt Euagrios, sei der unbewegte Christus, auf dessen Wink der Wechsel von einem Stadium der Kontemplation zum nächsthöheren sich vollzieht.

Während Euagrios in der nitrischen Wüste meditierte (80 Kilometer nordwestlich vom heutigen Kairo), wurde der erste Angriff gegen die Anhängerschaft des Origenes unternommen, von einem gewissen Epiphanios, einem Ketzerhammer der Spitzenklasse, der im Jahr 393 von seinem Bischofssitz auf der Insel Zypern in seine Heimat Palästina reiste und in Jerusalem gegen die Origenisten zu predigen begann, sehr zum Ärger des dortigen Bischofs, der ebenfalls zur origenistischen Fraktion gehörte und sich die Einmischung verbat.

Der heilige Hieronymus, der in Bethlehem saß als Abt eines von ihm gegründeten Klosters, vollzog eine ideologische Kehrtwendung und wandelte sich sozusagen über Nacht von einem Verehrer des Origenes zu dessen Feind, aus Furcht vor dem Verdacht der Häresie.

Die Geschichte schlug Wellen. Rufin von Aquileja, ein Theologe der ersten Garnitur, widersprach Hieronymus und fertigte eine geglättete Übersetzung von *Peri Archon* ins Lateinische an, aus der die anstößigsten Stellen getilgt waren. Hieronymus antwortete mit einer wörtlichen Übersetzung, die er nach Rom schickte. Die Freundschaft zwischen den beiden Großmeistern zerbrach über der Angelegenheit, was wiederum der heilige Augustinus sehr bedauerte.

Inzwischen war auch der Patriarch von Alexandria umgekippt, der mit den origenistischen Mönchen in der nitrischen Wüste disziplinäre Schwierigkeiten hatte. Er ließ im Jahr 400 auf einer Synode den Origenismus verurteilen und warnte die ägyptischen Christen in Briefen, die während der Ostergottesdienste verlesen wurden, vor den Blasphemien, dem Wahnsinn und den verbrecherischen Irrtümern des Origenes, den er die Hydra aller Irrlehren nannte.

Damit hatte er gar nicht so unrecht. Zunächst allerdings hatte der diamantene Cheftheologe sehr prominente Freunde. In Konstantinopel zum Beispiel wurde der heilige Chrysostomos in die Affäre verstrickt, weil er einigen aus Ägypten geflüchteten Mönchen von der origenistischen Partei Asyl gewährt hatte. Er mußte deshalb in die Verbannung nach Armenien, von der er nicht mehr zurückkehren sollte.

Schließlich verurteilte der Bischof von Rom einige Sätze aus den Schriften des Origenes, wobei sich herausstellte, daß die inkriminierten Passagen gefälscht waren. Der alte Euagrios bekam von alledem nicht mehr viel mit. Er starb 399 in seinem Kloster im Wadi an-Natrun, wie es heute genannt wird. Der bereits erwähnte Theologe Hans Urs von Balthasar bemerkte 1939, »daß Evagrius nicht nur der fast unbeschränkte Herrscher der gesamten syrischen und byzantinischen Mystik ist, sondern auch die abendländische Mystik und Aszetik in ausschlaggebender Weise beeinflußt hat«. Von Balthasar starb 1988, zwei Tage vor dem Empfang der Kardinalswürde. Selbstverständlich hat er, bei seinen Versuchen der Ehrenrettung des Origenes und des Euagrios, die ketzerische Lehre von der Allversöhnung diskret beiseite geschoben.

Sie hat sich ohnehin nie ganz unterdrücken lassen. Jener Stephan bar Sudaili, dessen bohrende Frage anfangs zitiert wurde, gilt als der Verfasser einer Schrift, die als »Buch des Hierotheus« die Zeit überdauert hat. In dem Werk steht eine Passage, deren Radikalität von erstaunlicher Frische ist, in der gegenwärtigen postchristlichen Ratlosigkeit: »Die Züchtigung, mein Sohn, wird ein Ende haben, der Geißler wird nicht länger geißeln, der Richter nicht mehr richten, der Gefangene wird befreit. Die Dämonen und die Menschen werden begnadigt, die Engel beendigen ihren Gottesdienst, die Seraphim beschließen ihre Lobpreisungen, die Throne bewachen nicht länger ihre Herrschaft. Die übernatürlichen Ordnungen werden ebenso verschwinden wie die natürlichen Unterscheidungen, und alles wird eins. Gott wird vergehen, Christus sich auflösen, der Geist nicht länger Geist genannt werden. Die Namen werden vergehen, nicht aber das Wesen. Wenn nämlich alle Unterschiede dahin sind, wer soll dann Fragen stellen, und wonach? Wer soll dann antworten, und worauf?«

Eine weitere Prophezeiung des Buchs ist mittlerweile tatsächlich in Erfüllung gegangen: »Die Höllen werden verschwinden.« Zumindest in den Köpfen der Menschen ist heute die christliche

Hölle definitiv erledigt, kein Papst wird sie je wieder bevölkern. Und auf einmal kommen Theologen wie der angesehene Bibelgelehrte Wilhelm Michaelis zu der Einsicht, daß die Lehre von der Allversöhnung »in der Schrift an den verschiedensten Stellen und mit bemerkenswerter, zudem durch keine Lehre von der ewigen Verdammnis gestörter Einmütigkeit bezeugt« ist. Nach sorgfältiger Prüfung aller biblischen Belegstellen kommt Michaelis zu dem Schluß: »Wie stark oder schwach die Allversöhnung bezeugt ist, sie ist die einzige Auskunft, die uns die Schrift über die allerletzten Ziele des Heilsplans Gottes gibt.«

Bleibt nur noch die Frage, warum die europäischen Völker so lange an den bösartigen Unsinn glauben mußten, gegen den sich der junge Mönch am Beginn der christlichen Ära bereits aufgebäumt hatte. Nicht er war der Ketzer, wie sich im nachhinein zeigt, sondern im Irrtum befanden sich die 400 Bischöfe und 800 Äbte, die das Dogma von der Ewigkeit der Höllenstrafen verabschiedet haben, im November 1215 in Rom, unter jenem Papst Innozenz, der sechs Jahre zuvor den Kreuzzug gegen die südfranzösischen Albigenser befohlen hatte – das erste Genozid aus Gesinnungsgründen.

So gesehen wirkt die Geschichte der Allversöhnungslehre wie ein düsteres Gemälde der verfinsterten Vernunft, das nur von wenigen Blitzen erhellt wird. Das Licht vom Himmel, wie Nikolaus Lenau es genannt hat, setzt sich nur mühsam durch – aber gelegentlich doch. Die Lektüre der Ketzergeschichte erzieht zur Geduld.

Damit ist auch die Frage berührt, ob Ketzergeschichte als endliche oder unendliche erzählt werden soll. Im Jahrhundert der Konzentrationslager und der Judenvernichtung sind die Kontinuitäten zwischen Inquisiteuren und Geheimpolizisten, Scheiterhaufen und Gaskammern mit Händen zu greifen. Erst wer gelernt hat, schrieb deshalb der Philosoph Max Horkheimer, der schlechten Wirklichkeit im Namen der Wahrheit zu widerstehen, wird mit sich selbst identisch. Unverwechselbare Persönlichkeiten suchte Horkheimer nicht unter den sogenannten Großen der Geschichte, sondern in den Konzentrationslagern.

Eine solche Ketzergeschichte, sozusagen unterm Galgen erzählt, würde bei Sokrates beginnen und bis in die Gegenwart reichen, mit dem Hinweis: Fortsetzung folgt. Die von Hans Jürgen Schulz herausgebrachte Sammlung von Ketzerporträts (»Die Wahrheit der Ketzer«, 1968) ist diesen Weg gegangen, von Jesus Christus bis Reinhold Schneider, mit weiteren 15 Männernamen dazwischen. »Die Geschichte der Ketzer kann man nur betroffen erzählen«, hieß es im Vorwort.

Etwas weniger pathetisch sollte es, da war ich mir ziemlich sicher, im vorliegenden Buch zugehen. Nicht mit Adam und Eva wollte ich anfangen, sondern im Hochmittelalter, als die ersten Radikalchristen einer neuen Glaubensbewegung von sich reden machten, in Frankreich, Italien, Deutschland, den Niederlanden und Italien, um die Mitte des 11. Jahrhunderts. Damals entstand das Wort »Ketzer«.

Aufhören wollte ich um die Mitte des 17. Jahrhunderts, mit den Dissentern der Cromwell-Zeit. Ab 1648, dem Ende des Dreißigjährigen Krieges, war das »Reichketzerrecht« nur noch Archivmaterial.

Die Ketzerchronik zwischen 1050 und 1650 hat eine klare Tendenz. In diesem Zeitraum betrat der Dritte Stand, wie er später genannt wurde, die weltgeschichtliche Bühne und führte seinen langen Kampf gegen Adel und Klerus. Zerstört wurde dabei eine Ordnung der Dinge, die fünftausend Jahre lang schlecht und recht funktioniert hatte, in den landwirtschaftlich nutzbaren Klimazonen der Erde, unter der Herrschaft der Könige und der Priester.

Thron und Altar haben relativ rasch bemerkt, wie gefährlich das Neue war, dessen Boten in den ökonomisch bevorzugten Gegenden Europas ihre Lehren verbreiteten. Nicht um einen theologischen Disput über die Zahl der innergöttlichen Hervorgänge ging es in der Auseinandersetzung mit den Ketzern, sondern um

Sein oder Nichtsein des Feudalwesens. Deshalb die – im Vergleich zum ersten christlichen Jahrtausend – unerhörte Härte, mit der die geistlichen und weltlichen Autoritäten gegen das Ketzertum vorgingen.

Auffällig dabei ist das weitgehende Fehlen explizit politischer Kampfprogramme in den verketzerten Doktrinen. Auf den ersten Blick geht es in ihnen um »Religion«. Das klingt – jedenfalls in den Ohren heutiger Vorstandsvorsitzender oder Parlamentarier – eher harmlos, wie eine Privatangelegenheit. Im vormodernen Kontext jedoch, dessen Legitimität im göttlichen Bereich verankert war, wie heute noch bei den Muslimen, wirkte jeder anders gesetzte Akzent in der Domäne des Heiligen wie Dynamit. Eine Mystikerin, die sich eins mit der Gottheit wußte und damit der Priestervermittlung nicht mehr bedurfte, war für die Behörden gefährlicher als eine Rotte aufrührerischer Bauern. Wenn die Frau ihr Wissen für sich behielt, passierte ihr gar nichts. Sobald sie redete oder gar schrieb, hatte sie wenig zu lachen.

Denn gesellschaftspolitisch durfte die Wahrheit der Gottesfreundin deshalb nicht verallgemeinert werden, weil sie der Kirche das Wasser abgegraben hätte – einer Kirche wohlgemerkt, ohne deren Segen sich kein Thron behaupten konnte. Stets wird in den Jahrhunderten der expliziten Ketzergeschichte um Verallgemeinerbarkeiten gekämpft: Eidesleistung oder Eidesverweigerung, Kindertaufe oder Erwachsenentaufe, Kriegsdienst oder Waffenlosigkeit.

Im Fall der Reformatoren (Luther, Calvin, Zwingli) stellte sich sozusagen sofort heraus, daß ihre Wahrheiten verallgemeinerbar waren. Hundert Jahre nach ihrem Auftreten hatte Rom halb Europa an sie verloren. Deswegen habe ich sie nicht in meine Sammlung aufgenommen.

Sehr oft waren die Männer und Frauen, die vor ein Ketzertribunal gezogen wurden, sehr überrascht, daß ihre Auffassungen unchristlich sein sollten. Johanna von Orléans ist das prominenteste Beispiel für diese Situation, die im Werk Kafkas ihren Niederschlag gefunden hat. Unvergeßlich ist mir der Kerker geblieben, der in der Altstadt von Sens gezeigt wird, gleich neben der Kathedrale in einem gotischen Gebäude. In der Wand des Gelasses ist ein schöner Cruzifixus eingemeißelt. Er soll von einem Gefangenen angefertigt worden sein, der unter Häresieverdacht stand und von den Inquisitoren für eine Weile vergessen worden war, zum Zweck der wirksamen Zermürbung seines Gewissens. So fand der Mann Zeit, mit seinem Gott Zwiesprache zu halten, in dessen Namen er eingesperrt war.

Vor solchen Erinnerungen verstummt das muntere Geklapper der Interpretationen. Die Person im Widerstand – nochmal Max Horkheimer – muß das Risiko äußerster Einsamkeit auf sich nehmen. Das ist eine bittere Pille, und nur wenige werden sie schlucken.

Den Autorinnen und Autoren, die ich für mein Projekt zu gewinnen vermochte, wollte ich keine inhaltlichen Vorschriften machen. Gebeten habe ich sie lediglich, »ohne die Konjunktive der Gelehrsamkeit« zu schreiben, »direkt und unverblümt ins Zentrum der Sache vorgehend, farbig in den Details, nah am Gegenstand bleibend, unter Umgehung des Zwangs, auch noch die feinsten Verästelungen eines Phänomens unterbringen zu wollen«. So kam, wie beabsichtigt, eine Sammlung unterschiedlicher Annäherungsweisen an ein komplexes Thema zustande, durchwegs fundiert, eher locker als professoral konzipiert, undogmatisch.

Der Aufbau des Buchs spricht für sich selbst; es gibt keinerlei Zwang, mit der ersten Seite anfangen zu müssen. Wer das Bedürfnis nach weiterführender Lektüre hat, ist auf die angeführte Literatur am Schluß der Beiträge verwiesen. Daß die Initiative für dieses Buch vom Lektorat des Verlages ausgegangen ist, empfinde ich als gutes Zeichen für ein neu erwachtes Interesse an der Pflege der Ketzergesinnung.

GESTALTEN

Adalbert Podlech

PETRUS ABAELARD

Petrus Abaelard wird vermutlich im Jahre 1079 als ältester Sohn eines Ritters in Le Pallet südlich von Nantes in der damaligen Bretagne geboren. Früh wird er wandernder Scholar, dessen Interesse der Logik gilt. Um die Jahrhundertwende kommt er nach Paris; es beginnt ein Leben unentwegter Kämpfe, Wissenschaft eingebettet in Politik. Im Jahre 1114 wird er Leiter der Domschule in Paris, durchlebt die Liebe zu Heloisa, wird entmannt und beschließt für sich und Heloisa ein Leben im Kloster, er als Mönch in St. Denis, sie als Nonne in Argenteuil bei Paris.

Abaelard unterrichtet als Theologe und wird zum ersten Mal auf einem Regionalkonzil in Soissons im Jahre 1121 als Ketzer verurteilt. Er verläßt nach weiteren Kämpfen das Kloster und gründet in der Einöde nicht weit von Nogent-sur-Seine in der Champagne den »Parakleten« (Tröstergeist), eine Verbindung von Eremitage und freier Hochschule. Er bricht unter Verfolgungsvorstellungen zusammen und nimmt im Jahre 1127 die Berufung zum Abt von St. Gildas-de-Rhuys in der Bretagne an. Als im Jahre 1129 Abt Suger von St. Denis die Nonnen von Argenteuil vertreibt, schenkt Abaelard Heloisa und ihren Nonnen den verlassenen Parakleten, den er als Doppelkloster, als Kloster für Mönche und Nonnen entwirft, ohne aber diesen Plan verwirklichen zu können.

Auf der Flucht vor den ihn verfolgenden Mönchen seines Klosters taucht er unter und lehrt schließlich wieder auf dem Genovefa-Berg in Paris. Es ist seine fruchtbarste und einflußreichste Lehrzeit. Wegen seiner Neuerungen in der Theologie tritt Bernhard von Clairvaux gegen ihn auf und läßt ihn auf dem Regionalkonzil von Sens im Jahre 1140 zum zweiten Mal als Ketzer verurteilen. Papst Innozenz II. bestätigt das Urteil auf ewige Haft und ewiges Schweigen sowie die Verbrennung seiner Schriften. Auf dem Wege nach Rom zur versuchten Rehabilitation nimmt ihn mit Erlaubnis des Papstes Abt Petrus Venerabilis in Ehren in das Kloster Cluny auf und ermöglicht ihm so den Abschluß seines Werkes und einen würdigen Tod. Er stirbt am 21. April 1142.

Abaelard hat, wie viele Menschen im Mittelalter, auf verschiedenen Feldern gewirkt. Die zu seiner Zeit wohl hervorragendste Eigenschaft ist seine Faszination als Lehrer, seine damals unvergleichliche Begabung die Logik und Sprachanalyse. Darüber hinaus ist er Methodiker, Theologe, Ordensgründer, Dichter, Komponist und Autobiograph. Unruhig im äußeren und im wissenschaftlichen Leben, ist er überzeugt, daß nur Gott ewig die Wahrheit besitzt, Menschen aber nach ihr durch die Generationen und im einzelnen Leben stets suchen müssen. »Zweifelnd gelangen wir zur Prüfung, prüfend erfassen wir die Wahrheit«.

Die ihn bekämpfenden und verfolgenden Theologen seiner Zeit haben den ganzen Umfang von Abaelards Infragestellung zeitgenössischer Überzeugungen gar nicht erfaßt, auch deswegen, weil er die Überzeugung von der prinzipiellen Überflüssigkeit der sichtbaren Kirche nur den Nonnen des Parakleten lehrte und weil sein Werk der Toleranz, der »Dialog zwischen einem Philosophen, Juden und Christen« unvollendet bleibt und nach seinem Tod keine Verbreitung mehr findet. Andererseits ist Abaelard angeklagt und verurteilt worden wegen Lehren, die im Einklang mit der damaligen Kirchenlehre standen, die theologisch am Vorabend der Hochscholastik noch nicht entwickelt waren, die man aus seinen Texten einfach falsch verstand oder die er gar nicht vertreten hat.

Abaelard ist der Mann und Heloisa die Frau. Das bedeutet für das Mittelalter, daß *er* forscht, lehrt und leitet, *sie* zu empfangen, zu hören, zu dienen und zu gehorchen hat. Beiden ist diese Ordnung als selbstverständlich überkommen, aber beide haben entscheidende Strukturen dieser Ordnung abgelehnt, haben neue versucht. Für uns heute ist es aufgrund der Quellenlage schwer, Heloisas Anteil am gemeinsamen Werk des Paares herauszufinden. Daß es diesen Anteil gibt, ist unbestritten, auch wenn meist Abaelard aus den Quellen zu uns spricht.

Gemeinsame Überzeugung und tragender Grund ihres Werkes ist die Lehre, daß Gott die Menschen aller Zeiten so liebt, daß er ihnen das Angebot seines Heils macht und das einzige wesentliche Gebot das der Liebe ist (vgl. Markus 12,30 f.). Gott verlangt nicht Werke *(opera)*, sondern Gesinnung *(animus)*, und jedem Menschen, dessen Gesinnung die Liebe ist, sagt sein Gewissen *(consciencia)* in der Situation des Handelns, welches Tun das Gute und welches das Böse ist. Abaelard und Heloisa sind die Begründer der Gewissensethik, die Abaelard erstens zur Ablehnung der Augustinischen Erbsündenlehre führte, denn »nichts ist eine Sünde, was nicht gegen das Gewissen getan ist«, und ihrer Verteufelung der Lust:»Ich bin der Ansicht, daß kein fleischlicher Genuß Sünde ist.« Damit hebt Abaelard die gesamte kirchliche Sexualmoral aus den Angeln. Sie führt ihn zweitens zu seiner neuen Rechtfertigungslehre. Nicht Loskauf von der Versklavung durch den Teufel (die Redemptionslehre des Augustinus, gebunden an die Sklavenhaltergesellschaft der Antike) noch die Genugtuung an den beleidigten Gott (Satisfaktionslehre des Anselm von Canterbury, gebunden an die Feudalgesellschaft des Mittelalters), sondern das Vorbild der Liebe, verstehbar in allen Gesellschaften, ist der Grund der Menschwerdung Gottes:»Christus ist einzig aus dem Grund gestorben, damit uns die wahre Freiheit der Liebe eingepflanzt und ausgebreitet wird.«

Aus dieser Grundposition heraus führen Abaelard und Heloisa die Angriffe gegen die zeitgenössischen Ordnungen – Abaelard lehrend und handelnd; Heloisa sicher unterstützend, vielleicht aber auch maßgeblich und richtungweisend. Gegen fünf Ordnungen ihrer Zeit richtet sich die Ethik Abaelards und Heloisas, gegen Ordnungen und ihre Institutionen. Herrschaft, ein *regimen*, kirchlich oder weltlich, wird zur Zeit der beiden durch Männer ausgeübt, die hierfür gesalbt waren, geweiht worden sind. Gegen die Weiheordnung richtet sich der Protest der beiden. Die Kirche ist zu einer Institution geworden, die tägliches Leben im kleinen und großen durch immer neue Gesetze zu ordnen beansprucht. Abaelard und Heloisa protestieren gegen diesen Anspruch, durch kirchliches Gesetz Gutes oder Böses zu definieren. Grundlage aller weltlichen Ordnung ist die Ehe, die Familie, von Männern zur Aufrechterhaltung ihrer Ordnung geschaffen. Gegen die Ausformung dieses Verhältnisses von Mann und Frau richtete sich der Protest der beiden. Die Kirche bestimmt alle Ordnungen in dieser Welt. Kein Mensch kann zu Gott kommen, es sei denn durch sie, keinen kann seine Gnade erreichen, es sei denn durch sie. Und alle Ordnungen, kirchliche wie weltliche, durchzieht die Ordnung und die Verteilung von Eigentum, bestimmend, wer reich und befähigt war zu leben, wie er wollte, und wer arm und bestimmt war, zu dienen oder Hungers zu sterben – was den Protest von Abaelard und Heloisa herausfordert.

Einzigartig in ihrer Zeit ist der Versuch der beiden, den Frauen eine neue Stellung in Ehe und Kirche zu geben. Frauen sollen nicht mehr Objekte der Standes- und Vermögensplanungen der Männer und Familien sein, sondern eine Beziehung nur eingehen, wenn sie sich lieben. Und beide suchen in den Heiligen Schriften nach Texten, die die Stellung der Frauen anders sehen als die Männerkirche ihrer Zeit. Bis an das Priesteramt der Frauen denkt sich Abaelard anhand von Texten des Alten Testaments heran: »Daraus möchte man schließen, daß auch fromme Frauen zum Priesterstand gehörten. Das ist jedenfalls sicher, daß priesterliche Frauen und Männer durch Gleichheit der Beziehungen verbunden waren.«

Wenn Gott allen Menschen aller Zeiten das Heil anbietet, kann das Heil nicht an die Vermittlung der Kirche gebunden sein. Wenn nur das in der liebenden Gesinnung gewissensmäßige Tun dem Menschen zu seinem Heil zugerechnet wird, kann es kein Verdienst sein, in die rechte Ordnung der Kirche hineingeboren und getauft worden zu sein. Den Heiden des Altertums stand der Weg zu Gott offen und den Muslimen seiner Zeit, so ist Abaelard überzeugt, steht dieser Weg zu Gott ebenfalls offen, und natürlich den Juden. Kirche ist nützlich, wenn sie durch Predigt und Gottesdienst den Menschen zur Liebe gegenüber Gott und den Nächsten führt. Tut sie dies aber nicht, oder lebt ein Mensch zeitlich oder räumlich von der Kirche entfernt, dann, so hofft und erbittet Abaelard in einem Gebet, daß der Heilige Geist »durch den inneren Hauch« *(per internam aspirationem)* ihm Lehre und Gnade eingebe. In diese Beziehung Gottes zu allen Menschen und der Menschen zu Gott, gewirkt durch den Heiligen Geist als »Seele der Welt« *(anima mundi)*, dürfen Menschen nicht mit Gewalt eingreifen. Glauben ist im Gewissen eingeschlossen. So schreibt er in einem Gedicht an seinen Sohn:

> Niemanden sollst du mit Gewalt zu deinem Glauben
> zwingen,
> nur die Vernunft ist imstande dazu,
> zwingen kannst du zu glaubenswidrigem Trug,
> doch zum Glauben führt nicht die Gewalt, sondern
> Vernunft.

Daß die Glaubensgemeinschaften, sich bekämpfend, in geschlossenen Gruppen leben, ist Folge der Bequemlichkeit oder Feigheit der Menschen. Nur der einzelne, mit Vernunft begabte Mensch kann nach der Wahrheit suchen und sich für die gefundene entscheiden:

> In so viele Sekten des Glaubens ist die Welt
>   geteilt,
> daß der Weg des Lebens Irrweg wird.
>   Da es in der Welt so viele Glaubenslehren gibt,
>   einander widersprechend,
>   handelt jeder nach dem Herkommen seines Volkes.
> Niemand aber wagt es, in diesen Dingen die
>   Vernunft zu fragen,
> nur darauf bedacht, in Frieden zu leben.

Prüfung der Glaubenslehren am Maßstab der Vernunft: ein Programm um die Mitte des 12. Jahrhunderts, das erst Immanuel Kant zu Beginn des 19. Jahrhunderts zu Ende gedacht hat. Die letzte Ordnung, die Abaelard und Heloisa bekämpfen, ist die Feudalgesellschaft und ihre Eigentumsordnung. Ihre Zeit sieht erstmals in Europa das Auseinandertreten von Arm und Reich als umfassendes gesellschaftliches Strukturproblem. Abaelard erkennt, daß bei den knappen Ressourcen seiner Zeit jeder Überfluß Mord an den Armen ist:

> Wer mehr für sich behält, als zum Leben nötig,
>   greift den Armen mit der Faust an die Kehle.

Das ist Abaelards und Heloisas Vision: Männer und Frauen in freier Liebe, die Menschen geeint im einfachen Leben, ihre Güter allen gemeinschaftlich, die Kinder gemeinschaftlich erzogen, ohne Standesunterschiede, ohne das angeborene Recht, Herren anderer Menschen zu sein, der »Paraklet« als das Kloster freier Menschen, arm im einfachen Leben nicht aus Weltverachtung und Körperfeindlichkeit, sondern aus Liebe zu den Nächsten sich beschränkend, *ein* Kloster, Männer und Frauen vereinend im Geist, im Geist der Wissenschaft und dem Heiligen Geist, die erste Utopie Europas, humaner als Campanellas »Sonnenstaat«, verwandt den Gedanken des Thomas Morus und wie seine Lehre entwickelt aus den antiken Autoren. Die Kirche aber kann nicht mehr repressionsfrei herrschen: Abaelard wird verurteilt; sein Werk geht unter. Und das Zeitalter der Inquisition und der Hexenverbrennungen steht erst bevor.

Literatur

M. Fumagalli: Heloisa und Abaelard, München 1986; L. Grane: Peter Abaelard. Philosophie und Christentum im Mittelalter, Göttingen 1964; R. Pernoud: Heloisa und Abaelard. Ein Frauenschicksal im Mittelalter, München 1991; A. Podlech: Abaelard und Heloisa. Eine Theologie der Liebe, München 1990.

GIORGIO TOURN

PETRUS WALDES

Die Daten über unsere Hauptfigur sind so rar, daß es unmöglich ist, ihre Biographie zu schreiben; tatsächlich hat Waldes keine Schriften hinterlassen, keine Bilder von sich selbst, wir kennen weder den Ort noch das Datum seiner Geburt und seines Todes; wir wissen nichts über sein Leben, über seinen Charakter, über seine Bildung, seine Familie; ja wir kennen nicht einmal seinen richtigen Namen. Die wenigen Daten, die uns zur Verfügung stehen, sind die Angaben, die wir an den Schauplätzen zusammengetragen haben und die zum Teil legendenhaften Erzählungen, die uns von Polemikern und Inquisitoren überliefert sind, welche ihn als Ketzer darstellen.

Fangen wir mit dem Namen an. Die Texte, natürlich auf lateinisch, sprechen über unsere Figur als Valdus, Valdesius, Valdensis, was höchstwahrscheinlich der Lyoner Dialektform Valdès oder Vaudès entsprach. Der Name Pietro, den man ihm meistens zuordnete, erscheint erst viel später. Alle Quellen verzeichnen Waldes als Bürger der Stadt Lyon, wohnhaft im Viertel von Saint Nizier, wo er ein Handelsgeschäft betreibt, einer Quelle zufolge ist er verheiratet und hat zwei Töchter. Es handelt sich um eine wohlhabende Person, die dem mittleren oder gehobenen Bürgerstand angehört und Gesellschaftsbeziehungen mit dem Domkapitel unterhält; einige sind der Meinung, er treibe Wucher.

Die wenigen Daten reichen aber aus, um diese Figur und ihre Welt zu beschreiben: Lyon ist eine feudale Stadt, voller Span-

nungen politischer und sozialer Art; ihr Herrscher, der Erzbischof Guichard, ein Vasall des Kaiserreichs, ist bemüht, sein Do-
minium auszudehnen, und unterstützt das Papsttum gegen das
Kaiserreich. Waldes ist ein Bürger, er gehört den neuen aufstei-
genden sozialen Schichten an, die ihre Rolle in der vererbten
hierarchischen Gesellschaft des späten Mittelalters suchen, die
nur aus Adligen, Geistlichen und Leibeigenen besteht.

Um die Jahre 1170 bis 73 durchlebt Waldes eine Gewissens-
krise, die seine Existenz radikal umwälzt. Über die Ursprünge
und Gründe dieser Krise sind die Daten der verschiedenen Quellen vage und wahrscheinlich legendenhaft. In einer Version wird
er eines Tages mit seinem Schicksal konfrontiert, als ein Minne-
sänger auf der Straße die Legende des heiligen Alessius singt, die
Geschichte eines reichen und glücklichen Adligen, der am Tage
seiner Hochzeit entscheidet, der Welt zu entsagen und zum Heiligen Land aufzubrechen. Nach entbehrungsreichen Jahren im
Exil bittet er um Unterkunft in seinem eigenen Haus, wo ihn
natürlich niemand erkennt, und er stirbt, von allen verlassen.
Erheblich jüngeren Datums ist die Version des verstorbenen
Freundes; während eines Festmahls soll Waldes einen seiner
Tischnachbarn sterben sehen haben, was ihn zutiefst erschüttert
und ihm vor Augen geführt habe, was sein eigenes ewiges
Schicksal hätte sein können. Versionen, die sehr stimmig die Atmosphäre einer mittelalterlichen Stadt evozieren: die Minnesän-
ger, den Luxus der Reichen, den Hunger der kleinen Leute. Und
die Kultur des Mittelalters, deren Zuverlässigkeit eher brüchig
ist: die Vorliebe für das Dramatische und den Zeitenwechsel, die
Allgegenwart des Todes.

Waldes löst seine Existenzkrise, indem er eine radikale Entscheidung fällt: seinen ganzen Besitz den Armen zu schenken
und von Almosen zu leben. Es handelt sich um die Wahl einer
Lebensführung, die nicht wenige Persönlichkeiten des Mittelalters schon vor ihm getroffen haben und die deswegen weniger
überraschend ist, als sie uns heutzutage erscheinen mag, die

jedoch in seinem Fall einige charakteristische Merkmale aufweist.

Zuallererst jenes, daß Waldes nicht den traditionellen Weg
geht, sich in ein Kloster oder in der Einsamkeit auf dem Lande
zurückzuziehen, wie es die Norm gewesen wäre. Er bleibt in der
Stadt, und das ist weit weniger verständlich und bringt Probleme
mit sich.

Einem zeitgenössischen Zeugnis zufolge hätte sich die
Ehefrau darüber beklagt, daß sie mit ansehen müßte, wie ihr
Mann bettelt und daß ihr der Bischof erlaubt hätte, ihn zumindest mit Essen in seinem Hause zu versorgen. Auch die Art, wie
er diesen Wandel bewältigt, ist interessant: Ganz rational schafft
er Vorsorge für seine Ehefrau; die Töchter werden in der Abtei
von Fontevrault untergebracht (die übrigens von einem Eremiten gestiftet worden war, der eine ähnliche Entscheidung getroffen hatte), und mit dem restlichen Geld sorgt er dafür, daß die
hungerleidenden Armen der Stadt zu essen bekommen. Er ver-
geudet das Geld nicht, er verwendet es.

Neu jedoch ist die Verknüpfung zwischen seiner Wahl und der
Botschaft des Evangeliums. Der Chronik von Laon zufolge soll
er die Lösung für seine Krise bei einem Theologen gefunden
haben, der die Worte Jesu zum reichen Jüngling zitierte:»Wenn
Du vollkommen sein willst, steh' auf, verkaufe alles, was Du besitzt, gib es den Armen und folge mir.« Worte, von denen er
glaubt, sie seien direkt an ihn gerichtet. Aber die Beziehung zwischen unserem Kaufmann und der Heiligen Schrift ist viel tiefer;
alle Quellen sagen, daß er dafür sorgt, daß die Evangelien sowie
Teile der Bibel zusammen mit Zitaten der Kirchenväter übersetzt
werden, um sie zu lesen. Der Dominikaner Stefano von Bourbon
behauptet sogar, daß seine Bekehrung mit der Lektüre dieser
Schriften begonnen hat. Waldes wird also weniger vom Ideal
einer asketischen Vollkommenheit getrieben als vielmehr vom
Gehorsam gegenüber dem evangelischen Wort.

Das Armutsgelübde hat bei der Lyoner Kirche keine negativen
Folgen. Es ist beispielhaft, bewegt sich aber innerhalb der Tradi-

tion und weckt auch kein besonderes Interesse für die Schriften. Die Bibel ist noch längst nicht so verbreitet, wie sie es später dank der Buchdruckkunst sein wird; aber es ist völlig legitim, daß ein Bürger die Heilige Schrift besitzt und sie studiert. Bezeichnend für die Wahl von Waldes und die von ihm provozierte Reaktion der Kurie ist etwas anderes: das Predigen. »Durch Überheblichkeit sündigend«, heißt es in einem Dokument der Inquisition, »wagte er es, das Evangelium auf den Straßen und Plätzen zu verkündigen, wobei er viele Komplizen hatte, die er zum Predigen ausschickte.«

Hier müssen wir sofort klarstellen, daß »predigen« hier nicht die Bedeutung hat, die wir dem Wort heute geben: auf die Kanzel steigen und eine Predigt halten. Hier bedeutet es einfach, jemanden aufrufen, eine Botschaft an ihn richten, so als komme sie von Gott. Waldes ist kein Theologe; er kommentiert die Seiten der Bibel nicht, vielmehr erzählt er den Leuten von seiner Erfahrung und motiviert sie, indem er sich auf den Text des Evangeliums bezieht und sie dazu aufruft, ihm in seiner Bekehrung zu folgen. In einem Dokument ist zu lesen, daß er – nachdem er sein letztes Hab und Gut verteilt hatte – zu den Leuten spricht: »Ihr glaubt, ich sei verrückt, aber das bin ich nicht. Wie das Evangelium sagt, man kann nicht Gott und dem Mammon dienen, und ich habe mich heute von der Herrschaft des Mammons befreit.«

Aus all diesen Elementen – Armutsgelübde, Bibellektüre, Predigt – zeichnet sich ganz klar ab, daß es die Absicht Waldes war, den christlichen Glauben wie ein Jünger Christi zu leben; er beabsichtigt nicht die asketische Vervollkommnung, die Kasteiung, den Verzicht auf alles Weltliche, sondern so zu leben, wie die Jünger lebten, wie die Apostel zur Zeit der Evangelien.

Dieses Konzept wird sehr gut von Durando erläutert, einem seiner Schüler: »Damit unsere Gedanken nicht von der Liebe zum Reichtum behindert werden, haben wir uns das Ziel gesetzt, uns mit Gottes Gnade, die er uns erwiesen hat, dem Gebet und dem Predigen zu widmen; gemäß dem Gebot des Herrn als Arbeiter, die zur Ernte ausgeschickt werden, das heißt, als Prediger unter das Volk: Wir haben entschieden, die Menschen zu ermuntern (gemeint ist: zur Reue) und zurückzukehren zur Urkirche, indem wir die Arbeit fortsetzen, die der Herr den 70 Jüngern befohlen hatte.« Die Bezugnahmen auf das Evangelium sind offensichtlich: die Aussendung der zwölf Apostel (Matthäus 10) und der 70 Jünger (Lukas 10). Wie konnte aus diesem Gefühl, von Jesus als Apostel unter das Volk geschickt zu sein, eine Bedrohung für die Kirche wachsen? Es gibt dafür historische und zufällige Gründe. Das Predigen, gesehen als maßgebende Botschaft in Fragen der Glaubenslehre und der Moral, ist traditionell den Bischöfen vorbehalten. Die Vorstellung, daß Männer (und Frauen!), Laien ohne Ausbildung, predigen dürfen, ist zutiefst revolutionär. Wenn aber das Predigen ein Merkmal der hierarchisch geordneten Autorität ist, so maßt sich derjenige, der predigt, eine Funktion an, die ihm nicht zusteht. Wenn sich herausstellt, wie Waldes meint, daß das Wort Gottes und der Heilige Geist in jedem Gläubigen wirken können, leugnet er die apostolische Nachfolge, so wie sie traditionell verstanden wird.

Aber es gibt auch einen durch die Umstände gegebenen Grund. Innerhalb der Kirche entsteht nämlich in dieser Periode eine starke Reformbewegung, die den hohen Klerus, seinen Reichtum und seine Macht kritisiert und eine geistige Erneuerung verlangt. Auch die Lehre der Katharer, die sich in der Languedoc ausbreitet, beruft sich auf dieses Programm und stellt eine wachsende Gefahr für den Klerus in Südfrankreich dar. All diese Unterstützer des Reformprogramms und auch die *bons hommes* der Katharer predigen – wem wird sich also der bekehrte Kaufmann anschließen?

Erzbischof Guichard ruft Waldes schließlich zur Ordnung, aber das Problem läßt sich nicht auf einen persönlichen Fall begrenzen. Es hat eine viel weitreichendere Dimension und berührt die Kirche als Ganzes, wie die zwei folgenden Episoden aus Waldes' Leben bezeugen.

Die erste ist das römische Laterankonzil des Jahres 1179, zu dem auch eine Delegation der Jünger von Waldes (einer anderen Quelle zufolge auch Waldes selber) reist, um dort ihr Anliegen vorzutragen – offensichtlich handelt es sich dabei um das Recht zum Predigen. Sie werden empfangen, gehört, zwar wegen ihrer Einfältigkeit verspottet, jedoch nicht verurteilt. Papst Lucius III., dem sie ihre Sammlung von Bibelstellen vorlegen, lobt sie und ermutigt sie, bleibt im übrigen eher unverbindlich und schickt sie zum Erzbischof zurück.

Die zweite Episode ist die Diözesansynode von Lyon, die im Jahre 1180 unter Anwesenheit des Päpstlichen Legaten stattfand. Waldes wird einbestellt, und man verlangt von ihm, seinen Gehorsam gegenüber der Kirche zu beweisen, indem er ein Glaubensbekenntnis unterschreibt. Es handelt sich um einen traditionellen Text mit den wichtigsten Dogmen der christlichen Religion, dem er an Eigenem nur seine Lebensauffassung hinzufügt: »Wir haben unser Hab und Gut unter den Armen verteilt, um selber arm zu werden ... wir haben uns verpflichtet, die Weisungen des Evangeliums wie Gebote zu befolgen.«

Diesen Text zu unterschreiben bedeutet für Waldes nicht, daß er seiner Lehre abschwört, wie ein zeitgenössischer Autor behauptet, sondern einfach, daß er die christlichen Wahrheiten anerkennt. Er bestätigt einerseits, in der Kirche bleiben zu wollen, andererseits aber auch, nichts mit den anderen Bewegungen – wie zum Beispiel dem Katharertum – gemein zu haben.

Angesichts der Krisen und Spannungen, in denen sich die Kirche befindet, kann der Bruch nicht vermieden werden. Als man Waldes das Schweigen auferlegt, antwortet er mit den Worten des Apostels Petrus: »Es ist besser, Gott zu gehorchen als den Menschen.« Er möchte die Gemeinschaft mit der Kirche nicht brechen und eine eigene Bewegung gründen, sondern nur die Freiheit des Evangeliums bekräftigen. Ohne sich dessen bewußt zu sein, hat er jedoch im Namen der Heiligen Schrift das religiöse System der abendländischen Kirche in Frage gestellt. Indem er Gott und die Menschen einander gegenüberstellt und die Kirchenväter zu Menschen erklärt, denen man auch den Gehorsam verweigern kann, spricht er dem Klerus den Anspruch ab, einziger Verwahrer der Wahrheit zu sein, und bestreitet, daß sich der Heilige Geist ausschließlich durch sie äußert. Aus Lyon samt seinen Jüngern und Freunden vertrieben und danach wiederholt exkommuniziert, verschwindet Waldes, ohne eine Spur zu hinterlassen.

Aus dem Italienischen übersetzt
von Lieva Reunes

GERT WENDELBORN

JOACHIM VON FIORE

Das Leben des Joachim von Fiore ist schnell erzählt. Die Vermutungen über sein Geburtsjahr schwanken zwischen 1130 und 1145, doch dürfte er um 1135 geboren sein. Er ist ein Kind des äußersten Südens Italiens, geboren in Celico bei Cosenza in Kalabrien als Sohn eines Notars. Er entstammt also der gehobenen, gebildeten Mittelklasse und wächst am normannischen Königshof auf. Er verläßt Süditalien nur in seiner Jugend einmal aufgrund einer längeren Reise nach Osten, die ihn zunächst nach Konstantinopel führt und dann einige Zeit als Einsiedler in Palästina und Syrien leben läßt. Nach Rückkehr in seine Heimat setzt er sein Einsiedlerleben zunächst auf Sizilien fort, auch vom griechischen Mönchtum beeinflußt, das hier an der Grenzscheide byzantinischer und lateinischer Kultur einflußreich ist. Darauf aber tritt er als Mönch in den Zisterzienserorden ein und lebt in den Klöstern Sambucina und Casamari, von den Normannen geförderten Zentren katholischer Geisteshaltung in Süditalien.

Im armen Benediktinerkloster in Corazzo ist er zunächst Prior und dann seit ca. 1177 eine Reihe von Jahren Abt. Doch aufgrund seiner kontemplativen und wissenschaftlichen Neigungen läßt er sich 1188 von Papst Clemens III. von dieser Würde und Bürde entpflichten. Auch vor Spannungen mit seinen Mönchen flieht er zunächst in die Einöde von Pietralata. 1189 verläßt er die Zisterzienser und gründet im zerklüfteten Sila-Gebirge an einsamem, unwirtlichem Ort das Kloster Fiore als Ausgangspunkt des neuen Ordens der Florenser bzw. Floriazenser, den er nicht als Gegensatz, wohl aber als Überbietung des Zisterzienserordens versteht. Als Abt dieses Klosters stirbt er 1202.

Dieser Lebenslauf an sich verdient heute nach ca. 800 Jahren keine Erwähnung mehr, auch nicht die Ordensgründung, denn die Florenser erlangen keine große Bedeutung, selbst wenn der Orden ca. 40 Klöster aufbaut und bis ins 16. Jahrhundert besteht. Es ist zweifellos sein schriftstellerisches Werk, das Joachim in die Kirchen- und Geistesgeschichte eingehen läßt. Unter seinen Werken ragen fünf hervor: die »Concordia novi ac veteris Testamenti« als geschichtstheologischer Vergleich beider biblischer Testamente, die »Expositio in Apocalypsim« als bedeutendster seiner Kommentare über die Offenbarung des Johannes, das »Psalterium decem chordarum«, das Kurt-Victor Selge als trinitätstheologischen, bibelhermeneutischen und monastisch-liturgischen Traktat kennzeichnet; der »Tractatus super quatuor Evangelia« als geschichtstheologische Auslegung von Evangelientexten, die unabgeschlossen blieb, sowie der »Liber Figurarum«. Eine wissenschaftliche Edition seines Gesamtwerks ist erst jetzt in Angriff genommen worden.

Die genannten Werke sind exegetischer Natur, wollen also der Bibelauslegung dienen. Als solche stehen sie in einer gerade in Deutschland und Italien im Frühmittelalter verbreiteten Tradition. Ihre Methode wie ihre Ergebnisse erweisen sich dem Fachmann als nicht durchweg originell. Sie ergibt sich aus der heute so nicht mehr akzeptablen Voraussetzung zahlloser Exegeten der patristischen und mittelalterlichen Kirche, die biblischen Texte seien in ihrem Tiefengehalt durch »geistliche« Schriftsinne zu erschließen, die hinter deren Wortbestand vordringen. Auch die von Joachim besonders gern verwandte Typologie, auf die das Konkordanzenwerk schon in seinem Titel hinweist, ist durchaus nicht seine Erfindung. Doch modifiziert Joachim die rezipierte Hermeneutik, indem er sie ganz in den Dienst seiner Zukunftserwartung stellt. Die einzelnen Schriftsinne sind für ihn nicht in gleichem Maße richtig, aber sämtlich zu ihrer Zeit notwendig, um den Menschen entsprechend ihrem geistlichen Erkenntnisstand die heilsgeschichtliche Wahrheit zu erschließen. Die Typologie ist nach seiner Überzeugung zu seiner Zeit für die Mehrzahl der Gläubigen besonders beredt, obgleich die eigentlich »geistliche« Schriftdeutung ihr noch überlegen ist. In einem tieferen Sinne geschichtlich aber sind nach seiner Überzeugung sämtliche rechten Auslegungen biblischer Texte. Denn nie geht es eigentlich um das zeit- und geschichtslose Leben des einzelnen mit Gott, sondern immer um die Entwicklung der Menschheit unter universalem Blickwinkel, so gewiß die Entscheidung des einzelnen über seine Integration in diesen Prozeß und damit über sein Heil entscheidet.

Schon diese Bemerkungen deuten an, daß Joachims Theologie Geschichtstheologie sein will. Die Beschäftigung mit seinem Werk, die sich im 20. Jahrhundert sehr intensivierte und zur Zeit gerade in ein neues Stadium tritt, lohnt primär deshalb, weil hier für das Mittelalter ungeachtet vielen traditionellen Materials einzigartige Erkenntnisse über geschichtliche Prozesse und Entwicklungen vorliegen. Viele Christen haben stets behauptet und betonen heute mehr denn je, daß der Glaube an Gott als den Schöpfer und die Annahme einer Gesetzmäßigkeit in der Geschichte einander ausschließen. Joachim vertritt im Gegenteil die Überzeugung, daß der Glaube unabdingbar an die von Gott in die Geschichte gelegte Zielgerichtetheit gebunden sei. Für ihn ist die Geschichte kein Rätsel, kein unentwirrbares Knäuel chaotischen Geschehens, sondern erfüllt von Ordnung, Entwicklung und Fortschritt. Für sie bürge Gott als der Dreieinige selbst. Man darf diese kunstvoll verflochtenen Linien freilich nicht künstlich auf wenige beschränken und die geschichtliche Entwicklung dadurch ungebührlich simplifizieren. Faszinierend ist gerade Joachims sehr komplexe Geschichtsschau. Man muß vor allem aber mit beträchtlicher gedanklicher Anstrengung durch das vermeintliche Chaos zum verborgenen, sich erst in der Zukunft völlig erschließenden Sinn geschichtlicher Entwicklung vordringen, und eben dies macht Joachim zu seiner Lebensarbeit, so gewiß er überzeugt ist, daß die Notwendigkeit dieser eigenen Bemühung mit der sukzessiven Selbstdurchsetzung des Geistes schwindet.

Entsprechend den drei Personen der göttlichen Trinität kennt Joachim nicht nur die Geschichte des jüdischen und christlichen Bundesvolkes und nicht nur die eine Zäsur, die durch die Menschwerdung des Gottessohnes gegeben ist. Er kennt vielmehr drei Zeitalter: die des Vaters, des Sohnes und des Heiligen Geistes.

Das Zeitalter des Vaters als das des Alten Testaments wird geprägt durch den Stand der Laien bzw. Verheirateten. Entwicklungsgeschichtlich befindet sich die Menschheit hier noch im unausgereiften Kindheitsstadium, so daß Gott als der Mächtige sie mit Strenge regieren und durch Furcht zum Gehorsam zwingen muß. Der Zwang erfolgt durch das Gesetz. Die Menschheit ist noch roh, besitzt erst die Anfänge des Glaubens und der Erkenntnis.

Der zweite Status erstreckt sich von der Menschwerdung Christi bis zu Joachims Gegenwart und gilt ihm als die Zeit des Sohnes, nicht nur als die Zeit abschließender Enthüllung des göttlichen Heilwillens, sondern als Zwischenzeit, die Züge des Alten wie des Neuen enthält.

Durch diese Annahme unterscheidet Joachim sich von den meisten anderen christlichen Theologen. Einzig durch sie gerät er auch in dieses Ketzerbuch, obgleich er selbst durchaus kein Ketzer sein, sondern auf seiten der Rechtgläubigkeit und Katholizität gegen offenkundige Irrlehrer wie die Katharer stehen will. Der zweite Status ist für ihn geprägt durch Wort und Lehre und folglich auch durch Glauben und Vertrauen als Antwort des Menschen und durch den Stand der Kleriker. Der geistliche Sinn des Alten Testament wird in ihm erst teilweise erschlossen. Es ist aber auch die Zeit der Gnade, Milde und Geduld Gottes mit der Menschheit, die sich noch in jugendlichem Alter befindet, die Zeit der Selbsterniedrigung Gottes in seinem Sohn, die Zeit aber auch des Leidens in der Nachfolge des Gekreuzigten. Erst im dritten Status als dem Zeitalter des Heiligen Geistes wird der geistliche Tiefensinn beider Testamente vollständig enthüllt. Der Glaubende bedarf des Buchstabens der Bibel nicht mehr, weil er innerlich vollständig über die Wahrheit verfügt, was sein gesamtes Leben zu einem geistlichen macht. Er bedarf auch der Bilder, Symbole und Sakramente nicht mehr. Die Menschheit ist am Ziel angekommen. Es ist dies das Zeitalter der Liebe als des Quellgrundes und der Krönung aller Geistesgaben. Es ist das Zeitalter der Mönche, in welchem der Mensch ganz Gott zugewandt ist, das Ende aller Kompromisse gekommen ist, damit freilich auch Gottes Geduld zu Ende ist. Es ist das Zeitalter der Freiheit, aber primär als Freiheit von der Welt, zugleich indes auch als Freiheit von mühevoller Arbeit, von Leiden und Verfolgungen und vom Krieg. Es ist die Zeit der Ruhe, Muße, Beschaulichkeit und Feier, aber auch des Jubels. Die Menschheit besteht jetzt aus reifen Männern, die Gottes Freunde, zugleich erfüllt von kindlicher Unschuld sind. Es ist die Zeit der Ernte.

Joachim sieht also die Geschichte als geprägt vom Fortschrittsgedanken, da sich der schöpferische Geist Gottes höchst geschichtsdynamisch verhält und das verwirklicht, was bisher noch ausstand. Die Geschichte ist hier offen auch für die Vollendung, freilich nach einer sehr langen Entwicklung. Dabei ist jedes Zeitalter zu seiner Zeit unabdingbar, deshalb gut und sinnvoll und darf keinesfalls übersprungen werden. Es wird erst hemmend und schädlich, wenn man es noch dann erhalten will, wenn es seinen Sinn erfüllt hat. Insofern ist die Wahrheit für Joachim relativ und zutiefst geschichtlich, freilich alles andere als willkürlich.

Mehr als ungezählte andere Theologen wird Joachim der umgestaltenden und vorwärtstreibenden Macht des Geistes inne,

mißt die kirchliche und weltliche Wirklichkeit an den biblischen
Verheißungen und kommt über der Kluft zwischen beiden nicht
zur Ruhe. Er glaubt an das Heilwerden des Lebens noch auf dieser Erde. Dabei ersetzt er keineswegs die christliche Hoffnung
auf das das irdische Leben transzendierende ewige Leben in der
himmlischen Herrlichkeit durch ein diesseitig geprägtes Ideal
der Lebenserfüllung, bleibt er völlig dem mönchischen Lebens-
kreis verbunden und betrachtet den dritten Status viel eher als
Präludium zur himmlischen Herrlichkeit. Das Zeitalter des Geistes wird nach seiner Vermutung auch recht kurz sein. Man kann
darin einen Kompromiß mit der herrschenden augustinischen
Tradition sehen, welche die biblische Annahme eines Tausendjährigen Reiches auf Erden bildlich verstehen wollte. Entscheidend aber dürfte sein, daß Joachim einen eindeutigen Beweis für
die Selbstdurchsetzung des göttlichen Willens schon auf Erden
erbringen will. Er will Gottes Sieg über alle ihm entgegenste-
henden Mächte nicht nur glauben, sondern antizipierend wahrnehmen.

Joachims zweites, wenn auch damit eng verbundenes Ge-
schichtsschema ist das von der Parallelität vieler Ereignisse und
Gestalten vor und nach Christus. An sich knüpft er hier in besonders reichem Maße an vorgefundenes Gedankengut gerade
von Exegeten an, baut es indes beträchtlich weiter aus und aktualisiert es vor allem, indem er wagt, die Linien bis in seine
Gegenwart auszuziehen. Die einzelnen Behauptungen sind für
uns nicht aufrechtzuerhalten, denn sie gehören einem für uns
definitiv erledigten vorwissenschaftlichen Denken an. Nicht erledigt aber ist, was Joachim mit seinen Behauptungen eigentlich
aussagen will. Es ist an dieser Stelle weder möglich noch sinnvoll,
den ganzen Reichtum seiner Gedanken nachzuzeichnen. Aber
Hauptlinien und der geschichtstheologische Sinn des Dargestellten sollen erkennbar werden. Die mitgeteilten Parallelen wollen
dem glaubenden Zeitgenossen zusätzliche Gewißheit über seinen Standort in der weltgeschichtlichen Entwicklung verschaf-

fen und so die Lehre von den drei Zeitaltern zusätzlich stützen, obgleich sie sich auf einen Vergleich des ersten und zweiten Status beschränken. Sie verdeutlichen zugleich die gesamte bisherige Geschichte als Geschichte von Kämpfen. Aus dem Drachen der Apokalypse gehen immer neue lebensbedrohende Häupter hervor, die die Spezifik des Kampfes in den sechs Perioden des ersten und zweiten Status bestimmen. Die gesamte bisherige menschliche Geschichte war also bestimmt durch Kämpfe, Ängste und Bedrohungen. Die Weiterentwicklung erfolgt nicht in einem konfliktfreien Prozeß, sondern mittels ständiger Auseinandersetzungen, welche die Existenz des Gottesvolkes immer neu aufs Spiel setzen. Dazwischen liegen jeweils nur kurze Zeiten der Ruhe und des Atemholens. Die Kämpfe nehmen sogar ständig an Bedrohlichkeit zu und gehen am Ende des zweiten Status in einen gleichsam totalen Krieg über. Viele Gläubige erleiden in diesen Kämpfen das Martyrium, andere fallen aufgrund von Gewalt oder Verführung ab. Die Zahl der Opfer ist also gewaltig, und im Endkampf hört das Gottesvolk zeitweilig fast zu bestehen auf. Es ist ein Sieg gleichsam aus der Tiefe, der jeweils neu und zuletzt definitiv errungen wird. Dies zeigt, wie dramatisch Joachims Geschichtsschau ist. Es zeigt auch, daß sein Optimismus jedenfalls nicht der eines Ahnungslosen ist, der Finsternis, Gewalt und Leiden nicht wahrnähme. Gott aber sorgt dafür, daß das Gottesvolk jeweils genügend Widerstands- und Kampfkraft besitzt, und dem dienen besonders die jeweils leitenden geistlichen Ämter.

Die erste Periode ist im Volk Israel geprägt durch die Befreiung aus der ägyptischen Knechtschaft, in der Urkirche durch die Befreiung aus der Knechtschaft der Synagoge. Der Kampf dient der Befreiung von der Knechtschaft des Buchstabens im Zeichen des Geistes. Repräsentanten sind die Apostel. Charakteristisch ist die Kraft mit dem Symbol des Löwen.

Die zweite Periode ist gekennzeichnet durch die Kämpfe mit den Kanaanäern bzw. den Heiden. Repräsentanten sind die Mär-

tyrer. Symbol ist das Rind als Opfertier. Den Sieg kennzeichne-
ten einst David und Salomo, nun Konstantin, den Joachim im
Gegensatz etwa zu den Waldensern noch ganz positiv beurteilt.

In der dritten Periode kommt die Bedrohung primär von innen: im Volk Israel durch Götzendienst und Spaltung des Reiches
in zwei Staaten, in der christlichen Kirche durch die Häresien,
unterstützt von Kaisern wie Konstantinus. Ihnen können nur
Theologen beikommen, die deshalb die christlichen Repräsentanten dieser Periode sind. Aber auch das Mönchtum entfaltet
sich bereits. Neben der inneren steht die äußere Gefahr, einst
durch die Syrer, nunmehr durch germanische Völkerschaften
und die Perser.

Die Bedrohung der vierten Periode ging einst von den Assy-
rern, jetzt aber von den Sarazenen aus, die an Grausamkeit alle
bisherigen Feinde übertrafen und sich bis in die sechste Periode
als unbezwingbar erwiesen, so daß die Kirche aus diesem Kampf
nicht mehr so siegreich wie aus den vorigen hervorgeht. Die Leitung der Kirche im geistlichen Sinne müssen die kontemplativ
und ehelos Lebenden übernehmen, deren Symbol der sich in die
Lüfte erhebende Adler ist.

Die Kämpfe mit den Babyloniern in der fünften Periode führen zur Eroberung Jerusalems und zum Exil der Bewohner des
Staates Juda. Doch in ihr treten die Schriftpropheten auf. Hinsichtlich der jetzigen Feinde, die ja die seiner Gegenwart sind,
erweist sich Joachim als unsicher, doch nimmt er auch taktische
Rücksichten. Zunächst attackiert er mit den Päpsten die deutschen Kaiser seit Heinrich V. und spricht von der Gewaltpolitik
des neuen Babylon. Später spricht er lieber allgemeiner, aber
auch umfassender von der Summe aller falschen Christen. Der
massenhafte Abfall weist auf den wachsenden Gotteszorn hin,
der das Ende seiner Geduld ankündigt. Jetzt kämpft die gesamte
Kirche, repräsentiert durch die römische Kirche, gegen die Gesamtheit aller Bösen. Doch auch das Mönchtum ist jetzt voll ausgebildet.

Die fünfte Periode endet mit der 40. Generation. Die sechste Periode wird im wesentlichen von der 41. und 42. Generation ausgefüllt. Führer des Volkes war einst Zorobabel, unter dem das Gottesvolk großenteils nach Jerusalem zurückkehrte. In unmittelbarer Zukunft wird die Auseinandersetzung mit zehn sarazenischen Königen erfolgen, von denen der mächtigste vielleicht Saladin ist. Doch heidnische Völker strömen aus allen Himmelsrichtungen herbei. Zwei noch größere Verfolgungen durch den 11. König Daniels bzw. die Bestie aus dem Abgrund und den falschen Propheten bzw. die Bestie vom Lande werden folgen. Offensichtlich wollte Joachim mit seinen Werken auf diesen Entscheidungskampf mit der letzten Möglichkeit zur Umkehr möglichst viele vorbereiten. Die wahren Christen siegen geistlich durch Massenbekehrung, durch die Überzeugungskraft ihres Wortes und Lebens. Zugleich vernichten die feindlichen Mächte einander gegenseitig.

Joachim spricht aber nicht nur von 42, sondern auch von 63 Generationen der ersten beiden Zeitalter. Dazu gelangt er, indem er beiden eine Zeit der Vorbereitung vorschaltet, was zugleich zu einer Überlappung führt, denn die Vorbereitung des zweiten Status erfolgt bereits seit König Usia im Schoß des vorhergehenden Status. Von dieser Zeit der »initiatio« ist die der »fructificatio« abgehoben, in der die Spezifik des jeweiligen Status ihren adäquaten Ausdruck findet. Auch dieses Schema steht ganz im Dienst des Fortschrittsdenkens, aber es unterstreicht die evolutionären und organischen Aspekte der Entwicklung. Die Kräfte des Neuen und Vorwärtsweisenden bilden sich in einem längeren Zeitraum im Schoß und Schutz des Alten aus, und nur, weil dies möglich ist, ist auch ein geistlicher Sieg möglich, wenn die neue Lebensform zur Reife gelangt ist. Das allmähliche Reifen einer neuen Lebensanschauung macht den Kampf nicht überflüssig, aber erst sinnvoll. Auch diese Sicht der Geschichte ist für das Mittelalter völlig ungewöhnlich.

Die Folge ist, daß der Beginn der christlichen Geschichte keinen Bruch mit der gesamten Geschichte des israelitischen Bun-

desvolkes darstellt. Anknüpfung und Widerspruch stehen nebeneinander. Der dritte Status setzte in Anfängen bereits mit
Benedikt von Nursia ein, den viele Jahrhunderte für den Klassiker des frühen westlichen Mönchtums hielten. Das bedeutet aber
auch, daß das Leben der bisherigen christlichen Kirche nicht völlig des geistlichen Lebens beraubt war, mögen die Anfänge auch
verborgen und kümmerlich sein. In gewissem Sinne kann man
im zweiten wie auch schon im ersten Status von einer Koexistenz
aller drei Lebensformen sprechen.

Nur so ist ein normales Funktionieren des Gesamtorganismus
der Gläubigen möglich, nur hat jeweils *eine* Lebensform die Führung inne. Niemand darf seine derzeitigen Möglichkeiten illusionär überspringen. Wohl aber soll er sich im Rahmen seines
Lebenskreises in Richtung auf das universale Ziel weiterentwik-
keln. Das aber bedeutet auch, daß es in jeder der drei Lebensformen Differenzierungen gibt. Die Einheit ist zwar Gottes Endziel,
davor aber steht die Vielfalt der Gnadengaben. Wer voreilig nach
Einheit strebt, stört nur Gottes Geschichtsplan.

Auch die spezifisch geistliche Lebensordnung ist keineswegs
starr und unveränderlich, sondern – wie noch der Ordensplan
der Tafel XII des Figurenbuches sehr plastisch zeigt – in hohem
Maße entwicklungsfähig und vielgestaltig. Von daher ist es auch
zu verstehen, daß Joachim seine eigene Ordensneugründung
wohl als Überbietung, aber nicht als Gegensatz zu bisherigen
Ausprägungen des Mönchtums verstand. Obgleich die Zisterzienser seinen Austritt nicht billigten, unterhielt er auch weiterhin gute Beziehungen zu ihnen. Gerade die Zeit des Übergangs
zum dritten Status wird neue Formen des kontemplativen Lebens hervorbringen. Eine von ihnen sollte vermutlich der Flo-
renserorden sein. Noch der Ordensplan der Tafel XII bietet in
gewissem Maße sämtlichen Lebensformen Raum, doch in beträchtlicher Annäherung an das Endziel. Nach ihm war auch Joachims Zukunftserwartung durchaus nüchtern, und sie beeindruckt durch die Umsicht, mit der allen Bedürfnissen einer

menschlichen Gemeinschaft Rechnung getragen wird, ist freilich insofern gerade kein Zeichen vollkommener Freiheit, als hier nach wie vor von oben reglementiert wird.

Es klang bereits an, daß die Zeitalter naturgemäß nicht beziehungslos nebeneinanderstehen. Das ergibt sich für Joachim aus der Einheit der drei trinitarischen Personen. Christus zum Beispiel erschien zwar zu Beginn des zweiten Status in Milde, Nachsicht und in der Demut des sich selbst erniedrigenden Menschen, am Ende der Zeiten aber wird er als Weltenrichter in voller Majestät erscheinen und seine Göttlichkeit offenbaren. Die drei göttlichen Personen handeln stets gemeinsam, also auch Sohn und Geist, wenn auch in unterschiedlicher Weise. Schon im ersten Status war der Geist durch die Propheten präsent; Elia eiferte für den Herrn und war intolerant gegen alles Gottwidrige. Die Schriftpropheten offenbarten nach Gottes Willen unterschiedliche Geheimnisse, wobei Joachim bezeichnenderweise das am stärksten apokalyptisch beeinflußte Buch Daniel besonders hervorhebt. Manche ihrer Weissagungen waren freilich rätselhaft und sprachen eher künftige Generationen an. Auch verstummte das ursprüngliche Prophetentum wieder. Trotzdem beweisen sie, daß der Geist tatsächlich aus dem Vater hervorgeht.

Mit der katholischen Kirche bekannte Joachim, daß der Geist aus dem Sohn hervorgeht. Deshalb war der gesamte zweite Status – auch abgesehen vom Anfangsstadium des dritten Status – dem Geist nicht fern. Der Geist war schon an Jesu Geburt beteiligt, ebenso an seiner Taufe in Gestalt der Taube. Geistverleihung erfolgte zu Ostern (durch Anhauchung) und zu Pfingsten. Der Geist wirkte am Weinwunder zu Kana und an Jesu Wanderung in die Wüste mit. Pfingsten war nicht nur ein Hinweis auf zukünftige Geistmitteilungen. Schon Paulus erlebte eine Vision, und der Übergang zum gesetzesfreien Christentum war als solcher geistgewirkt. Auch hierin könnte man einen Kompromiß Joachims mit der landläufigen christlichen Überzeugung sehen. Aber es kann kein Zweifel bestehen, daß es ihm mit diesen Ausführungen genau so ernst wie mit den anderen war. Wäre ihm die Christusoffenbarung und die durch diese ausgelöste christliche Geschichte einfach geistlos erschienen, so könnte er nicht im Ernst als christlicher Theologe gelten. Doch so einfältig war sein Denken nicht. Er nahm das schon Wirkende wie das noch Ausstehende wahr. Er wertete die bisherige christliche Geschichte nicht simpel ab, ließ sich aber erst recht ihre schwerwiegenden Defizite nicht ausreden. Das zeigt, daß auch die Frage, ob er in eine Ketzergeschichte gehört, nicht undifferenziert beantwortet werden darf.

Joachim betrachtet die Geschichte noch unter einem fünften Aspekt: dem von Berufung, Abfall und Wiederkehr. Auch hier sind pessimistische und optimistische Erwägungen verbunden, aber der Optimismus überwiegt, weil Glaubende wissen, daß Gott das letzte Wort der Geschichte gehört. Die ersten Heilsträger waren die Juden. Sie verloren schuldhaft für lange Zeit die anfänglich auf ihnen ruhende Verheißung, doch bleibt die Hoffnung auf eine endgültige Bekehrung erhalten. Im einzelnen ist auch Joachim von vielen christlichen Vorurteilen vergangener Jahrhunderte gegen die Juden nicht frei. Sie hielten am Buchstaben des Alten Testaments fest, als dieser großenteils überwunden wurde, und erwarteten weiter einen irdisch-national verstandenen Messias. Mit Jesus töteten sie den Geist. Ihr Erbe übernahmen an der Wende zum zweiten Status die Heiden. Doch das neue Heilsvolk setzt sich aus Heiden und Juden zusammen, wenn auch die Heiden bald den überwiegenden Anteil stellten. Auch wurde die Kirche der Heiden gleichsam im Mutterleib des jüdischen Volkes empfangen, und in der bis zum Ende der Apostel bestehenden judenchristlichen Gemeinde mit dem Zentrum Jerusalems gab es zunächst viele bekehrte Juden. Der Ortswechsel des Petrus von Jerusalem nach Rom aber kennzeichnet nach Joachims Meinung das Ende der judenchristlichen Kirche.

Berufung und Abfall wiederholten sich innerhalb der christlichen Kirche. Es entstanden nämlich zwei Kirchen: die griechische und die römische. Der gesamte zweite Status ist von ihrer Koexistenz bestimmt. Sie ist ebenso gottgewollt wie eine gewisse Differenzierung zwischen beiden Kirchen. In ihrem Nebeneinander spiegelt sich sogar das Nebeneinander von Sohn und Geist. Dabei steht die griechische Kirche ursprünglich für den Geist – wurde sie doch durch Johannes begründet –, die römische Kirche aber durch Petrus. Die römische Kirche wurde von Gott als Zentrum der priesterlichen Lebensordnung geschaffen, während in der Ostkirche das Mönchtum entstand. Als Petrus in Rom das oberste Leitungsorgan der Kirche begründete, schuf Johannes bereits in Kleinasien durch sein eigenes Vorbild das Urbild des kommenden spezifisch geistlichen Lebens.

Doch hatte das geistliche Leben in der griechischen Kirche nach Joachims Meinung, worin er wieder katholische Feindbilder reproduzierte, keinen Bestand. Sie büßte aber ihr geistliches Erbe anders als das Judentum nicht völlig ein. Die spezifisch geistliche Lebensform der Mönche ging auf die abendländische Kirche über, die künftig nicht nur die für sie eigentlich bestimmte aktive, sondern auch die kontemplative Lebensform weiterzuentwickeln hatte. So erfüllte sich nach Joachims Überzeugung das geschichtstheologische Gesetz, daß die ersten zu letzten und die letzten zu ersten werden.

Griechen und Juden gehen jedoch nicht für immer des Heils verlustig. Zunächst werden in naher Zukunft die Griechen endgültig bekehrt werden. Sie kehren zwar zur Gemeinschaft mit der römischen Kirche zurück, verschmelzen aber mit ihr zu einer einheitlichen geistlichen Kirche. Mit der folgenden Bekehrung der Juden schließt sich der Ring, und die Universalität des Heils ist realisiert, wozu noch die Bekehrung der Reste der Heiden kommen wird.

Bei der Betrachtung dieses letzten Aspekts der Geschichtsschau Joachims sind mir nicht eigentlich seine Urteile über Juden und Griechen wichtig, wohl aber seine Zuversicht, daß man auch über beträchtliche Umwege ans Ziel gelangen kann. Nicht der

kürzeste Weg führt immer zum Ziel. Gott geht auch Umwege,
hält aber letztlich stets an seiner Berufung fest. Es gibt in der
Geschichte schreckliche Niederlagen, die dennoch an ihrer Ge-
samtrichtung nichts ändern. Die Niederlagen sind Schuld eigenen Versagens – aber nicht dieses Versagen entscheidet letztlich
über den Fortgang der Geschichte, sondern Gottes Heils- und
Vollendungswille. Das Ende ist gut, weil Gott als der Dreieinige
regiert. Gott weist jeweils bestimmten Gruppierungen die lei-
tende Rolle zu, und sie müssen letztlich stets seinem Gesamtplan
dienen, auch wenn sie dies nicht immer wissen. Und das Ende ist
für alle gut, auch für frühere Kontrahenten. Sie alle gehen auf
eine Zukunft zu, die nicht eigentlich Ende, sondern Vollendung
sein wird.

Lassen sich alle fünf geschilderten Aspekte der Geschichtsschau Joachims auf *einen* Nenner bringen? Die Entdeckung, daß
nicht sämtliche Gedanken zu völliger Kongruenz gebracht werden können, sollte uns nicht verwundern. Unser Denken bleibt
Stückwerk und somit unabgeschlossen. Wo man dem Neben-und
Ineinander kühner neuer und traditionsgebundener Gedanken
begegnet, sollte dies gelassen als ganz natürlich, ja als unser aller
Schicksal – auch das der Reformer und Revolutionäre – hinge-
nommen werden, und dies nicht allein aus intellektuellen, sondern zutiefst aus existentiellen Gründen. Die Tradition hat für
jeden Menschen große Bedeutung, auch wenn er sich dies selbst
nicht vergegenwärtigt oder wenn er als Empörer die Tradition
wütend negiert. Sie hemmt den Fortschritt, aber in ihr kann man
sich auch bergen, um nicht unbehaust zu sein. Die Macht vergangener und gegenwärtiger Denkschablonen und Überzeugungen
ist stets so groß, daß wohl auch der kühnste Denker sich ihnen
nicht völlig entziehen kann und folglich Kompromisse schließt,
die eigentlich seinem Neuansatz unangemessen sind. Wer sich
völlig dem geistigen Gefälle und dem Sog seiner Zeit, besonders
wo sie ein konservatives Gepräge aufweist, entzieht, beraubt sich
letztlich selbst der Lebensmöglichkeit, denn er kann sich seinen

Zeitgenossen nicht mehr verständlich machen. So gibt es wohl auch in revolutionären Denkern einen meist uneingestandenen, weil gar nicht bemerkten Trend zu einer wenn auch noch so geringfügigen Anpassung an ihre Zeit und damit zum Kompromiß sowie zum Verzicht auf radikale Folgerungen. Auch Joachim scheute selbst Folgerungen, die sich einem in einem späteren Jahrhundert Lebenden geradezu aufdrängen.

Dazu kommt aber noch etwas anderes. Ein solcher Denker mag ganz in seinem Gedankensystem leben, wie Joachim dies zweifellos getan hat. Aber existentiell ist er auf das vielfältigste in seine Zeit, seine Kirche, ihre Vergangenheit und Gegenwart verwoben. Er entfernt sich gedanklich weit von seiner Zeit und ist ihr vielleicht um Jahrhunderte voraus, aber die Kräfte zu seinem Wirken bezieht er aus anderen Bereichen. Joachim scheint mir ein besonders bezeichnendes Beispiel für diese Lebensdialektik zu sein. Sein gedankliches System läßt sich trotz mannigfaltiger Verbundenheit mit der patristisch-mittelalterlichen Tradition im Grunde nicht mehr als katholisch bezeichnen. Alle traditionellen Elemente nämlich, selbst wo sie wörtlich übernommen wurden, werden umgeschmolzen und erlangen so einen neuen Sinn.

Zugleich wollte Joachim ein denkbar treuer Sohn seiner Kirche sein und hielt nicht nur äußerlich an ihr fest, sondern wußte sich existentiell in ihre Glaubens- und Gemeinschaftsformen eingegliedert. Er sah sich nicht an den Rand des Lebens seiner Kirche gedrängt, hatte kaum gravierende Auseinandersetzungen mit ihr, jedenfalls nicht über seine letztlich kirchensprengenden Grundüberzeugungen, und er starb nicht als Verfolgter, sondern im Frieden mit ihr als angesehener Klosterabt, freilich weit entfernt von den Schalthebeln der Macht.

Joachim war offenbar in seinem praktischen Verhalten anders als in seinem literarischen Werk weder von seiner Zukunftshoffnung noch vom Wissen um die totale Auflösung aller traditionellen Ordnung in den »Wehen des Antichrist« so erfüllt, wie

wir es nach Kennzeichnung seines Werkes erwarten. Von einer
Existenz im Umbruch der Zeiten wird in seinem praktischen
Verhalten relativ wenig erkennbar. Das zeigt, wie stark er innerlich dem kirchlichen Leben katholischer Ausprägung verhaftet
war und wie wenig er es im Grunde entbehren konnte. Das
macht aber auch verständlich, warum er nur relativ wenig auf
seine Zeitgenossen, selbst im eigenen Orden, wirkte. Die Nach-
wirkungen seiner Gedanken waren im Vergleich zu ihrer
Sprengkraft zunächst gering, ebenso gering deshalb auch die anfängliche Gegnerschaft gegen sie. Joachim war zu Lebzeiten ein
einsamer Denker in strenger Abgeschiedenheit. Mit vier Päpsten
stand er in Verbindung. Offenbar gewährte die offizielle Kirche
am Ende des 12. Jahrhunderts vor dem massenhaften Einbruch
alternativer Bewegungen ihren Denkern auch noch einen größeren Spielraum. Die Päpste würdigten offenbar Joachims subjektive Bereitschaft, sich dem päpstlichen Willen zu unterstellen. Es
mag sein, daß sie zugleich um die Gefährlichkeit seiner Gedanken wußten, diese aber durch ein kluges Verhalten ihm gegenüber zu entschärfen trachteten.

Joachim mag auch eine gewisse Naivität gegenüber der Macht
zugute gekommen sein. Denn wie dachte er sich die Zukunft des
Papsttums? Es bleibt zwar bis zum Ende der Geschichte erhalten,
was aber nicht bedeutet, daß seine bisherige Struktur unangeta-
stet bliebe. Gerade durch seine Veränderung wird vielmehr offenkundig, was in ihm immer schon von Gott gewollt war und
auch teilweise bereits verwirklicht ist. Joachim sprach von der
Erhaltung wie vom Wandel des Papsttums. Nach seiner Überzeugung stirbt es in der Wende zum dritten Status, d. h. in unmittelbarer Zukunft in seiner bisherigen Form ab und vollendet sich
gerade so. Das klingt gut, aber konnte es im Sinne der Inhaber
der höchsten kirchlichen Macht sein, daß sie auf den bisherigen
Machtapparat zu verzichten haben und die Reinheit ihres Amtes
nicht mehr durch Verquickung mit weltlich-politischen Interessen gefährden dürfen?

Faktisch gefährdete Joachim zumindest gedanklich die bestehende kirchliche Ordnung und unterhöhlte die Stellung der kirchlichen Hierarchie. Es gibt in seinen Betrachtungen überhaupt manche kirchenkritischen Züge, auch wenn diese sich nie verselbständigten. Zumindest relativierte er gedanklich die jetzige Kirche. Er wollte gewiß nicht ihre Beseitigung, sondern ihre Vollendung, aber konnte sich darauf eine auf Reichtum und Macht ausgerichtete Kirche ernsthaft einlassen? Mußte eine solche Vollendung, so sehr sie abstrakt an sie glauben mochte, ihr nicht doch als gefährliche Infragestellung erscheinen? Mußte sie nicht auch meinen, eine solche Zielsetzung überspringe illusionär und somit bedrohlich irdische Gegebenheiten, die bestehen blieben, solange die Geschichte währt? Als sich später der Geist- und Vervollkommnungsgedanke mit dem kirchenkritisch gewandten Armutsgedanken verband, ging die offizielle Kirche sofort zum Gegenangriff über.

Mit Joachims Kritikern meine ich, daß Christen in der Nachfolge des Gekreuzigten stehen und daß sie seinen Sieg nur glauben können. An dieser Stelle sehe ich Joachim tatsächlich an der Grenze zur Häresie. Vermeiden wir aber seine Folgerung, so müssen wir doch seine Sehnsucht nach voller Verwirklichung teilen. Joachim war im Recht gegen alle, die mit der Wirksamkeit des Heiligen Geistes nur wenig anfangen können. Er wußte sich in Antithese zu einer Kirche, die sich allzu wohnlich in dieser Welt eingerichtet hatte, weil sie an den Vorzügen ihrer Regeln für die Herrschenden partizipierte. Er ließ sich nicht ausreden, daß Gott Größeres mit seiner Schöpfung vorhat, als es den gegenwärtigen Bedingungen entspricht.

Joachim glaubte an die Zukunft dieser Welt Gottes, weil Gott als der Dreifaltige für ihn keine Abstraktion, sondern lebendige Wirklichkeit war. Weil er an Gottes neuschaffenden Geist glaubte, erkannte er nicht die Heiligkeit des Status quo an. Er glaubte an das definitive Ende aller Mächte, die Gottes Schöpfung entstellen. Und er wußte, daß Christen, wenn sie denn Christen sind, in diesem Kampf Gottes nicht abseits stehen dürfen. Joachim glaubte an Gottes Heil nicht nur für einzelne, sondern für die gesamte Menschheit als Adressaten seiner Liebe, die sich in unserem Glauben und dem daraus erwachsenden Kampf als wirkmächtig und siegreich erweist.

Literatur

Herbert Grundmann: Studien über Joachim von Fiore, Darmstadt 1966 (Nachdruck); Herbert Grundmann: Neue Forschungen über Joachim von Fiore, Marburg 1950; Bernard McGinn: The Calabrian Abbot: Joachim of Fiore in the History of Western Thought, New York 1985; Marjorie Reeves: Joachim of Fiore and the Prophetic Future, New York 1976; Winfried Schachten: Trinitas et Tempora. Trinitätslehre und Geschichtsdenken Joachims von Fiore, Freiburg 1975; Bernhard Töpfer: Das kommende Reich des Friedens. Zur Entwicklung chiliastischer Zukunftshoffnungen im Hochmittelalter, Berlin 1964; Gert Wendelborn: Gott und Geschichte. Joachim von Fiore und die Hoffnung der Christenheit, Leipzig und Wien/Graz/Köln 1974; Stephen E. Wessley: Joachim of Fiore and Monastic Reform, New York 1990; Delno C. West (Hrsg.): Joachim of Fiore in Christian Thought. Essays on the Influence of the Calabrian Prophet. 2 Bde., New York 1975.

GERT WENDELBORN

PETRUS OLIVI

Petrus Johannis Olivi (1248–1298) war mit seinen Ideen kein einsamer Denker, sondern steht als freilich mit Abstand bedeutendster Theologe in einer breiten Traditionslinie im »linken« Flügel des Franziskanerordens. Die sog. Spiritualen, die zwar nicht den gesamten geistlichen Reichtum des Franziskus festhalten konnten, vertraten aber sein Armutsideal kompromißlos.

Schon um die Mitte des 13. Jahrhunderts erscheinen Werke, die Gedanken Joachims von Fiore mit denen des Franz von Assisi zu verbinden suchen. Als Beispiele nenne ich hier die anonymen, Joachim zugeschriebenen Kommentare zu Jeremia (wohl um 1243) und Jesaja (nach 1260), wahrscheinlich von Franziskanern verfaßt. Joachims Ideenkomplex ist hier etwas verflacht und weist nicht mehr seine gedankliche Kühnheit auf; doch viel schärfer als bei Joachim sind die Angriffe auf die verweltlichte Kirche der Gegenwart, wenn diese auch nicht vollständig mit der babylonischen Hure identifiziert wird. Damit werden Joachims chiliastische Ideen mit dem damals in alternativen Bewegungen zur offiziellen Feudalkirche besonders einflußreichen apostolischen Armutsideal verbunden.

Gegen Ende des 13. Jahrhunderts erlebt der Joachitismus im Franziskanerorden einen neuen Höhepunkt. Olivi ist der gedanklich geschlossenste seiner Vertreter, wenn er in diesem Kreis als Südfranzose unter Ober- und Mittelitalienern auch eine gewisse Sonderrolle einnimmt. Er wird 1248 in Sérignan im

Languedoc geboren und tritt 1260 bei den Minoriten ein. Danach erhält er in Paris durch Schüler Bonaventuras eine qualifizierte theologisch-philosophische Ausbildung. Seine gewisse Sonderstellung unter den Spiritualen ergibt sich schon daraus, daß er anders als Franz und dessen Bundesgenossen im eigenen Orden die scholastische Wissenschaft nicht ablehnt, sondern zu einem der bedeutenden Scholastiker seiner Zeit wird. Freilich sieht er im Aristotelismus, wie er in der Theologie des befreundeten Dominikanerordens zur Herrschaft gelangt, eines der wichtigsten Verführungsmittel des Antichristen im Kampf gegen die apostolische Armut. In seiner Theologie, die er in mehreren bedeutenden – meist noch ungedruckten – Bibelkommentaren vertritt, hält er sich, freilich mit manchen originalen Zügen, in den Grenzen seiner Ordenstheologie. Deshalb sucht er in erheblichem Maße an Augustin anzuknüpfen, wenn er ihn auch im Detail kritisieren konnte. Typisch auch für seine Theologie ist die Behauptung des Primats des menschlichen Willens über seinen Verstand. Er erklärt den Willen für schlechthin frei von den sinnlichen Affekten wie vom Intellekt.

Wie viele andere Franziskanertheologen und nicht zuletzt Bonaventura sucht er, obgleich er über eine große spekulative Begabung verfügt, den Freiraum der göttlichen Offenbarung festzuhalten, indem er betont, das Vernunftlicht könne zwar eine gewisse Glaubenserkenntnis vermitteln, aber erst der Glaube vollende sie durch gnadenhafte Erleuchtung. Typisch für den Theologen Olivi ist auch ein gewisser Empirismus, so in der Betonung der geistlichen Erfahrung von der Erleuchtung und Erhebung der Seele wie in der Kennzeichnung des dritten Weltstatus als geprägt durch das beseligende Schmecken und Genießen der göttlichen Wahrheit statt bloßer Erkenntnis.

Da wir nicht wissen, wann Olivis einzelne Werke entstanden sind, können wir auch keine exakten Angaben über den Zeitpunkt der Entstehung seiner chiliastischen Zukunftshoffnung machen. Am deutlichsten tritt die Rezeption joachimischer Gedanken in dem 1297, also erst kurz vor seinem Tode, entstandenen Apokalypsen-Kommentar hervor, in schwächerer Form findet sie sich aber bereits in zuvor entstandenen Bibelkommentaren wie in einer Auslegung des Vaterunsers. Schon 1281 wird er vor Berechnungen zukünftiger Ereignisse gewarnt, so daß wir mit einem relativ frühen Einsetzen chiliastischer Hoffnungsgedanken bei ihm rechnen müssen.

Indes war Olivi mehr noch als Joachim ehrlich bemüht, nicht zum Ketzer zu werden, sondern im Rahmen der römischen Kirche für deren Reformation zu wirken. Weniger noch als bei Joachim ist es deshalb möglich, ihn undifferenziert in die Ketzergeschichte einzuordnen. Dafür sorgt besonders sein christozentrisches Denken. Zwar kennt er die drei Weltstatus und erwartet deutlich zu seiner Zeit gravierende ekklesiologische Veränderungen, ja sieht diese als bereits angebrochen an. Aber noch weit häufiger spricht er von den sieben Zeiten der christlichen Kirche, die er sehr ähnlich wie Joachim kennzeichnet. Er nennt sie aber nicht wie Joachim in Abhebung von den drei Status *tempora*, sondern spricht von sieben *status* und von drei *status principales* bzw. *generales*. Doch diese begriffliche Akzentverschiebung ist nur ein äußeres Indiz. In gewisser Hinsicht ist für ihn Christus kennzeichnend für alle drei Weltzeiten. So rücken der zweite und dritte Status für ihn enger zusammen als für Joachim, sind Handeln Christi und des Geistes weit stärker als bei Joachim untrennbar verbunden. Offensichtlich ist Olivi auf diese Weise ehrlich bemüht, der für die gesamte christliche Kirche aller Zeichen kennzeichnenden zentralen Bedeutung des Gottessohnes Gerechtigkeit widerfahren zu lassen. Die Zukunftsdimension wird von ihm sehr ernst genommen, aber die Zukunft ist zugleich die Rückkehr zum christlichen Ursprung. Hier zeigt sich, in welchem Maße auch für Olivi das apostolische Ideal maßgeblich gewesen ist. In Franz tritt Christus von neuem auf Erden auf, und dessen Urregel ist nichts anderes als die unverfälschte Sichtbarmachung der evangelischen Wahrheit, wovon seine Stigmata nur der äußere Ausdruck sind. Franz ist dabei nicht eigentlich eine isolierte Figur, sondern das Modell einer neuen Menschheit, gleichsam der messianische Führer am Anfang der neuen Zeit, so daß der Umbruch in gewissem Maße bereits wieder Vergangenheit ist. In ihm steigt die Sonne Christus zum zweiten Mal auf.

Mit welchem Ernst Olivi christlicher Theologe sein will, zeigt auch seine ausgeprägte Kreuzestheologie. Für ihn ist das Wesen alles geschichtlichen Geschehens die Wiedergeburt durch Tod und Leiden. Die Paradoxie von Kreuz und Auferstehung Jesu ist nach seiner festen Überzeugung auch für alle gültig, die sich in seiner Nachfolge befinden. Die wahren Christen in der fünften Kirchenzeit müssen diese paradoxe christliche Situation existentiell tiefer erfahren als sämtliche vorhergehende Christen. Olivi stärkt damit zweifellos die Durchhaltekraft der Spiritualen, indem er ihnen ihre Leiden als Erneuerung der Verfolgung und Kreuzigung Christi deutet, aus der aber schließlich Auferstehung, Erneuerung und Vollendung der wahren christlichen Lebensform hervorgehen werden.

Schließlich erweist sich Olivi auch darin als bewußt christlicher Theologe, daß er zwar die Verfehlungen der Kirche seiner Zeit offen anprangert, dieser aber zugleich treu bleibt. Nie steht es um die christliche Kirche schlimmer als in ihrer fünften Zeit, obgleich Olivi selbst diese differenziert betrachtet, gibt es doch in ihr auch neue Formen des geistlichen Lebens. Insofern ist der Verfallsgedanke in seinem Werk deutlich erkennbar, wenn er auch letztlich im Dienst am Fortschrittsgedanken steht. Von diesem Verfall ist selbst der eigene Orden betroffen, wenn Olivi auch überzeugt ist, daß die Franziskaner sich läutern und weiterentwickeln werden, so daß sie schließlich zur Bekehrung auch von Heiden und Häretikern in der Lage sind und den Primat der Kirche in einer qualitativ neuen Form als Leitung im Geist übernehmen können. Aber Olivi lehnt es strikt ab, sich von seiner Kirche oder auch von seinem Orden zu trennen, und kritisiert

hart radikalere Spiritualen, die den Auszug aus dem Orden anstreben oder gar verwirklichen. So nahe die Kirche der fünften
Zeit als »fleischliche Kirche« einer Identifizierung mit der babylonischen Hure der Apokalypse und folglich mit dem Antichristen kommt, lehnt Olivi es doch ab, sie undifferenziert als Institution abzuwerten. In ihrem Wesen wird sie sich zwar gründlich
reformieren, aber dadurch gerade ihre wahre geistliche Identität
bewahren.

Typisch für Olivis Weisheit in ekklesiologischer Hinsicht ist
auch seine Lehre von der »Kirche in der Kirche«, wonach es einen
Kern wahrer Christen innerhalb der Institution Kirche zu allen
Zeiten gegeben hat, angefangen schon bei Aposteln und Märtyrern. Damit hat er klar erkannt, daß die Kirche im Kern entsprechend dem dritten Artikel des Credo Glaubensgegenstand ist,
nicht einfach für jeden sichtbar vorhanden, aber auch niemals –
selbst nicht in der Zeit größter Verweltlichung – einfach abhanden kommend. Übrigens kennt auch Olivi die schon bei Joachim
zu findende Überzeugung von der Überschneidung der Zeiten,
wonach die jeweils neue Lebensform sich im Schoß und Schutz
der früheren entwickelt, bis die Zeit gekommen ist, wo sie offen
an die Spitze der weiteren heilsgeschichtlichen Entwicklung treten kann.

Obwohl die italienischen Spiritualen Angelo Clareno und
Ubertino von Casale in einigen Punkten – so in ihrer Kritik an
der zeitgenössischen Kirche – noch über Olivi hinausgehen, ist
es gerade letzterer, der nach seinem Tod 1298 in Narbonne in den
Geruch der Ketzerei gerät, was um 1317 dazu führt, daß unter
Papst Johannes XXII. seine Gebeine ausgegraben werden und seine Grabstätte zerstört wird. Schon zu Lebzeiten ist er immer
wieder in theologische Streitigkeiten verwickelt worden, doch
dabei geht es um scholastische Spezialprobleme, und eigentlich
treffen will man damit offenbar seinen Armutsfanatismus, der es
strikt ablehnt, eine faktische Verwässerung der strengen Bestimmungen des Ordensgründers hinzunehmen. Das Vienner Konzil

von 1311, das auch zwei Beschlüsse gegen häretische Beginen
faßt, wiederholt die Verurteilung seiner schon zuvor inkriminierten Sätze. Als nächsten postumen Schritt gegen ihn erklärt
1319 das Generalkapitel seines Ordens in Marseille seine Schriften generell für häretisch, womit man sich leichtfertig der in
seinem Werk liegenden Mahnung und Beunruhigung verschließt und sein Weiterwirken administrativ abwürgen will.
Nach langem Prozeß wird dann noch seine Apokalypsenpostille
eigens vom Papst 1326 als ketzerisch verurteilt.

Hintergrund dieser Maßnahmen aber ist das Weiterwirken
seiner Gedanken in einer verkürzten und auf elementare Feststellungen reduzierten Form unter der Massenbewegung süd-
französischer, norditalienischer und katalanischer Beginen und
Begarden, von denen viele umherwandernde Franziskanerspiritualen oder Angehörige seines dritten Ordens sind. Sie werden
besonders in Südfrankreich grausam verfolgt. Über 100 von ihnen kommen auf den Scheiterhaufen. Um 1330 sind sie ausgerottet oder zum Verstummen gebracht. Bis dahin aber betreiben
sie einen förmlichen Olivi-Kult, der den des Franziskus noch
überflügelt, und pflegen das Gedächtnis ihrer Märtyrer.

Literatur

Karl Balthasar: Geschichte des Armutsstreits im Franziskanerorden bis zum
Konzil von Vienne, Münster 1911; Ernst Benz: Ecclesia Spiritualis, Darmstadt
1964 (Nachdruck); David Flood: Peter Olivi's Rule Commentary, Wiesbaden
1972; Warren Lewis: Peter John Olivi. Prophet of the Year 1200. Ecclesiology and
Eschatology in the Lectura super Apocalipsim, Tübingen 1975; Raoul Manselli:
La »Lectura super Apocalipsim« di Pietro di Giovanni Olivi. Ricerche sull' esca-
tologismo medioevale, Roma 1955; Bernhard Töpfer: Das kommende Reich des
Friedens. Zur Entwicklung chiliastischer Zukunftshoffnungen im Mittelalter,
Berlin 1964; Gert Wendelborn: Gott und Geschichte. Joachim von Fiore und die
Hoffnung der Christenheit, Leipzig und Wien/Graz/Köln 1974.

URSULA BAATZ

MARGUERITE PORÈTE

Am 1. Juni 1310 wurde Marguerite Porète in Paris auf der Place de Greve nach einem Ketzerprozeß auf dem Scheiterhaufen verbrannt. Ihr Buch, der »*Spiegel der einfachen zunichte gewordenen Seele*« (Le mirouer des simples ames anientes) war schon früher (zwischen 1296 und 1303) auf dem Marktplatz von Valenciennes auf Anordnung des Bischofs von Cambrai als häretisches Buch verbrannt worden. Marguerite Porète ist eine der großen Frauengestalten des frühen Mittelalters. Ihr Buch hat trotz Verboten bis ins 17. Jahrhundert hinein gewirkt.

Wann sie geboren wurde, läßt sich aus den Prozeßakten nicht erschließen. Sie dürfte aus der Grafschaft Hennegau nahe der heutigen deutsch-französischen Grenze kommen, möglicherweise aus Valenciennes. Ihre ungewöhnliche Bildung, auch in Theologie und Philosophie, läßt vermuten, daß sie aus Kreisen städtischer Aristokratie stammte. Marguerite hat die damals üblichen Frauenrollen – also entweder Gattin und Mutter oder Nonne zu werden – verweigert und lebte höchstwahrscheinlich als Begine in Valenciennes. Dort gab es schon seit längerem eine Beginengemeinschaft. Der für die Gegend zuständige Bischof von Cambrai hatte 1239 für die Gemeinschaft eine Kapelle errichtet und einen Kaplan zur Seelsorge für die Beginen abgestellt.

Das hätte sie noch nicht unbedingt in Konflikt mit der kirchlichen Institution bringen müssen. Denn die Beginen waren damals anerkannt als Gemeinschaften von Frauen, die ein spirituelles Leben führen wollten. Doch sie werden dann auch in Zusammenhang mit den häretischen Brüdern vom Freien Geist gebracht. Und gerade Porètes »Spiegel« gilt – nach ihrem Tod jedenfalls – als Lehrbeispiel dieser freigeistigen Gesinnung.

Das ausgehende 13. Jahrhundert, als Marguerite ihr Buch schrieb, war eine sehr unruhige Zeit. Der Handel blühte auf, und die alte Naturalwirtschaft brach zusammen. Es entstand auf dem Land, aber auch in den Städten ein Proletariat. Kritik an der Feudalherrschaft der Kirche war allenthalben da. Wenn das neue Proletariat, die Armen, revoltierte, dann konnte es sein, daß das Töten von Priestern sogar als Tugend galt. Messe und Bußpraxis waren damals zu Mitteln der Sicherung des individuellen Seelenheils im Jenseits geworden. Diese Mittel verwaltete die kirchliche Institution, und von daher motivierte sich unter anderem ihre Macht. Dies wiederum kritisierte die Lehre vom Freien Geist. Viele waren damals auf der Suche nach einer ernsten religiösen Praxis. Das Ideal der Armut gemäß dem Evangelium bewegte diese Sucher und dieses Ideal verband zum Beispiel die Beginen, die Brüder vom Freien Geist und die verschiedenen Spielarten franziskanischer Mystik.

So gab es viele Leser, aber vor allem wohl Zuhörer für die Lehren der Marguerite Porète. Denn vermutlich hat sie den »Spiegel« auch nach der Art der Bänkelsänger in geistlichen Gemeinschaften oder auf öffentlichen Plätzen deklamiert. Das Verbot des Bischofs, schriftlich oder mündlich den Inhalt des »Spiegels« darzulegen, und die öffentliche Verbrennung des Buches konnte sie nicht entmutigen, da sie drei positive Gutachten von Theologen hatte. Sie schickte ihr Buch an verschiedene Personen, an einfache, aber auch an hochgestellte. Das brachte sie 1307 schließlich vor den Inquisitor, den Dominikanermönch Wilhelm. Er war der Beichtvater des französischen Königs und hatte auch den Prozeß gegen die Templer durchgeführt. Obwohl sich dieser Generalinquisitor sehr bemühte, Marguerite zum Widerruf zu bewegen, verweigerte sie das standhaft. Der Priester, der ihr zu Hilfe eilen wollte, wie es scheint, selbst ein Begarde, wurde ebenfalls inhaftiert. Er blieb standhaft, bis man ihm mit dem Feuertod drohte. Da widerrief er und wurde zu ewiger Kerkerhaft begnadigt, aber später wieder freigelassen. Marguerite wurde der weltlichen Behörde übergeben, die aufgrund des Inquisitionsurteils die Verbrennung am Scheiterhaufen durchzuführen hatte. Auf dem Weg zum Richtplatz soll sie, so heißt es, »Zeichen der Reue und einer edlen und frommen Gesinnung« gezeigt haben.

Damit hatte man zwar sie, aber nicht ihre Einsichten verbrannt. Gut hundert Jahre nach Marguerites Tod gab es zwei altitalienische, zwei lateinische und eine mittelenglische Übersetzung des »Spiegels.« In England etwa waren es Karthäuser, die den Text übersetzten. Die Wege, auf denen sich das Buch verbreitete, lassen sich nur mehr schwer verfolgen. Jedenfalls erfreute sich der »Spiegel« großer Beliebtheit. Heimlich lasen Ordensleute das Buch, um den Weg zur mystischen Vereinigung mit Gott zu finden. 1439 etwa lagerten bei der zuständigen päpstlichen Kommission 36 konfiszierte Exemplare des Buches.

Im Jahr nach Marguerites Tod verurteilte das Konzil von Vienne (1311–1312) in einer Bulle die Irrtümer der Begarden und Beginen. Aus diesem Dokument kann man die Gründe für die Verurteilung Marguerite Porètes erschließen. Häresieverdächtig war vor allem die Vollkommenheitslehre. Denn die von allem Besitz entblößte, zunichte gewordene Seele verlangt weder nach Heilsvermittlung durch die Sakramente noch nach Tugendwerken. Und die Umformung in der Liebeseinheit mit Gott bewirkt, »daß die Natur gar nichts verlangt, was verboten wäre«. Diese in der Liebe Gottes zunichte gewordenen Seelen bilden die »große Kirche«, während die Institution Kirche, die durch Vernunft, Gebote und Tugenden gelenkt wird, im »Spiegel« die »kleine Kirche« genannt wird.

Es ist anzunehmen, daß der große Dominikanermystiker Meister Eckhart den »Spiegel der einfachen zunichte gewordenen

Seele« gekannt hat. 1311 bis 1313 war er Theologieprofessor in Paris; er mußte über den Prozeß informiert gewesen sein. Und ab 1314 in Straßburg war er als Ordensvikar für die Beginen zuständig, die infolge des Konzils von Vienne zu einer verdächtigen Personengruppe geworden waren. Eckharts mystisch-spekulativen Predigten stammen jedenfalls erst aus der Zeit nach 1311. Marguerite Porètes Grundgedanken lassen sich bei ihm in theologisch sicheren Formulierungen wiederfinden.

Das Buch *»Der Spiegel der einfachen zunichte gewordenen Seele«* ist keine theologische Abhandlung, sondern eine Disputation, in der die Liebe, die Seele und die Vernunft personifiziert als Hauptrednerinnen auftreten. Daneben gibt es noch andere Personifikationen seelischer Zustände wie Verlangen, Furcht, Unterscheidungsgabe, Erstaunen. Die Vernunft treibt mit der Frage »Herrje, um Gottes Willen, Liebe! Sag, was das zu bedeuten hat!« die Disputation voran, bis in die Dimension mystischer Erfahrung hinein, die dann aber über das Verständnis der Vernunft geht.

Der Titel »Spiegel« erinnerte die Zeitgenossen an eine bestimmte Form lehrhafter Darlegung. Seit 1200 gab es die literarische Form des *speculum virginum*, in dem das Leben der gottgeweihten Jungfrauen dargestellt wurde. Marguerite Porète zeigt in dieser traditionellen Form einen nicht institutionalisierten Weg der Hingabe an Gott. Dabei benützt sie das alte Bild des Aufstiegs und des Abstiegs auf den Berg, das seit den Kirchenvätern ein geläufiges Bild mystischer Erfahrung ist. Bei ihr verläuft dieser Weg in sieben Phasen, »Gnadenstände«, wie sie sagt. Im ersten stirbt die Seele der Sünde ab (erster mystischer Tod) und lebt entsprechend den Geboten. Im zweiten stirbt sie der Natur ab (zweiter mystischer Tod) und lebt gemäß den Tugenden im Verlangen nach Gott, nach dem Vorbild Jesu. Im dritten Stand entdeckt sie das Gefallen an den guten Werken als Ausdruck der Selbstbezogenheit und des Eigenwillens. Im vierten Gnadenstand läßt sie die äußeren Übungen zurück und gelangt in den

Zustand der Meditation und Beschauung – aber stets noch mit Eigenwillen. Erst im fünften Zustand stirbt die Seele jedem Eigenwillen ab und erkennt sich selbst als Nichts (dritter mystischer Tod). Von nun an ist die Güte Gottes ihre Lehrmeisterin: »Nun ist diese Seele aus der Liebe ins Nichts gefallen, ohne dieses Nichts kann sie nicht Alles sein.« In diesem Abgrund der Demut, in den sie gestürzt ist – der sechste Stand –, sieht sie Gott nicht, aber Gott sieht sie, und in ihr sieht er sich. Vom siebten Gnadenstand der Seele, der Verherrlichung, »erlangen wir keine Kenntnis, bis unsere Seele den Körper verläßt«.

Von den meisten ihrer mystischen Zeitgenossinnen unterscheidet sich Marguerite Porète dadurch, daß es bei ihr keine Schilderungen von mitreißenden und geheimnisvollen Visionen oder Auditionen gibt. Und auch die spirituelle Erotik, die in der Frauenmystik – aber nicht nur da – verbreitet ist, fehlt, ebenso der fromme Mitvollzug von Passion und Leiden Christi. Diese Art der Frömmigkeit gehört den unteren »Gnadenständen« an, über die der »Spiegel« hinausführen will. Gott ist der Fernnahe (Loingpres auf altfranzösisch), unfaßbar und nicht vollständig erkennbar. Marguerite steht hier in der Tradition der Theologie des Pseudo-Dionysius. Diese damals sehr geläufige Theologie sagt, daß Gott nicht mit positiven Aussagen zu erfassen ist. Die Erfahrung Gottes eröffnet sich über den Weg der Negation aller positiven Aussagen über Gott.

Doch es geht um ein erfahrenes Geschehen. Der Fernnahe reißt die Seele in sich hinein, »nach der Art seines Eröffnens und des schnellen Schließens nennen wir es Blitz«. Hier erfährt die Seele einen »Frieden über allen Frieden«, der auch nach der kurzen Erfahrung des »Blitzes« bleibt. In ihrem Zu-Nichts-Werden ist die Seele nun frei geworden von aller Unruhe. Wir würden so eine Erfahrung heute Erleuchtung nennen.

Marguerite spricht über diese Erfahrung, wie sie es aus den Liebesliedern der Troubadours und aus dem Alexander-Roman (einem verbreiteten höfischen Roman) kennt. Alle die Ausdrükke für die hohe Liebe zwischen Mann und Frau verwendet sie auch für die Erfahrung des *Loingpres.* Er ist der göttliche Freund, wie das in der Sprache der Beginen hieß. Die Vereinigung mit ihm ist so, wie wenn ein Fluß ins Meer zurückkehrt. Genauso ist die Seele vollständig umgewandelt »in den Bräutigam ihrer Jugend, der seine Braut ganz in sich umgewandelt hat. Er *ist,* also ist auch diese ... Und dies ist die lustvolle Liebe, durch die auch sie Liebe ist.« Denn Gott ist die Liebe.

Über all dies zeigt sich die Vernunft (und vielleicht nicht nur die der damaligen Leser) immer neu entsetzt. Auch wenn es die Dreifaltigkeit Gottes ist, die in der vernichteten und freien Seele wohnt, es bleibt ein unbegreiflicher Weg. So ist Marguerite Porètes Buch auch ein Entwicklungsroman der besonderen Art: »Mein Herz wünschte sich einst, beständig aus der Liebe im Sehnen aus gutem Willen zu leben. Jetzt aber sind diese beiden Dinge in mir ans Ziel gelangt. Sie haben mich aus der Kindheit heraustreten lassen ... mein Geist war ein Greis geworden ... Denn das Ausgießen der göttlichen Liebe, das sich mir durch göttliches Licht in einem von oben herabfahrenden Blitz gezeigt hatte, zeigte mir unversehens ihn und mich. Ihn nämlich sehr hoch oben und mich so tief unten, daß ich mich von da nicht mehr zu erheben vermag, noch kann ich mir selber aufhelfen. So aber wurde mein Bestes geboren.«

Literatur

Margareta Porète: Der Spiegel der einfachen Seelen (aus dem Altfranzösischen von Louise Gnädinger), Zürich/München 1987; Kurt Ruh: Geschichte der abendländischen Mystik, Band 2, München 1993.

JOHANNES THIELE

MEISTER ECKHART

Um Meister Eckhart kommt keine Darstellung der europäischen Geistesgeschichte und der mittelalterlichen Mystik herum, so zentral ist er für das Lebens- und Glaubensgefühl eines ganzen Zeitalters. Inmitten der Erneuerung der mittelalterlichen Ritter-, Minne- und Klosterpoesie duftet die blaue Blume der durch Meister Eckhart repräsentierten niederrheinischen Mystik, einer Philosophie voll Tiefe und Kraft.

Es ist nicht viel, was wir von der Person des Urhebers dieser weit durch die Jahrhunderte fortwirkenden geistigen Bewegung wissen. Josef Görres hat ihn eine »nebelverhüllte Gestalt« genannt. Der Lebensweg Meister Eckharts läßt sich nur mühsam und unvollständig aus vereinzelten Zeugnissen rekonstruieren. Wir haben kein Bild von ihm, keine Beschreibung seiner Persönlichkeit, keine Darstellung seines Lebens und Wirkens von einem, der ihn kannte. Niemand berichtet, wann er geboren ist, und kein Zeitgenosse erzählt uns, wann und wie er starb. Nur dürftige Mitteilungen über seine Ordens- und Theologenlaufbahn und über die Ereignisse seiner letzten Jahre, als man ihn als Ketzer anklagte, geben uns einige Anhaltspunkte.

So schnurrt die Biographie eines der größten Theologen des Mittelalters auf ein paar Details und Daten zusammen. In Hochheim bei Gotha um 1255 bis 1260 geboren, trat Johann Eckhart in das Dominikanerkloster in Erfurt ein und erhielt dort seine Bildung. Die bis dahin bedeutsamsten Theologen seines Ordens,

Albertus Magnus und Thomas von Aquin, wird er wohl nicht
mehr gehört haben, aber zeit seines Lebens empfand er sich als
ihren Nachfahren. Sein Name taucht zuerst in gesicherter Über-
lieferung auf, als er im Jahr 1302 an der Pariser Universität die
Würde eines Magisters der Theologie und damit das Recht erwarb, als Lehrer an der höchsten Ordensschule der Dominikaner
zu wirken, die mit der Universität verbunden war. Damals war
er aber bereits ein Mann von vierzig Jahren oder älter. Was er bis
dahin gewesen war und wo er gelebt hatte, wüßten wir überhaupt nicht, wenn uns nicht die Überschrift zu einer Sammlung
mystischer Unterweisungen verriete, daß diese »Reden der Unterscheidung«, die er selbst oder seine Zuhörer aufzeichneten,
von dem »Vicarius von Thüringen, dem Prior von Erfurt, Bruder
Eckhart Predigerordens« vor Nonnen gehalten wurden, »die in
dieser Rede fragten viel Dings, da sie saßen in *collacionibus*, in
Gesprächen miteinander«.

Nun machte Eckhart in der Kirche Karriere, als stellvertreten-
der Leiter der deutschen Ordensprovinz in Thüringen, als Prior
im sächsischen Erfurt (1304), Generalvikar in Böhmen (1307),
Professor der Theologie in Straßburg, Köln, Frankfurt (1317)
und wieder in Köln, in einer der einflußreichsten Stellungen seines Ordens: als Leiter des *Studium generale*, verantwortlich für
die theologische Bildung des Ordensnachwuchses.

Meister Eckhart entfaltete also eine ausgedehnte Reisetätig-
keit; er hielt seine Predigten in deutscher Sprache und machte
sich als genialer Ordensleiter mit ausgeprägten organisatorischen Fähigkeiten einen Namen – ein kirchlicher Manager mit
Führungsqualitäten. Sein Ruhm wuchs, und Tausende strömten
ihm zu.

Wir dürfen uns Eckhart also nicht als lebensfremden, welt-
flüchtigen Grübler vorstellen, sondern als führenden Vertreter
des Ordensmanagements seiner Zeit, der in der geistlichen und
organisatorischen Leitung der deutschen Dominikaner unent-
behrlich war. Und das, was er zu sagen hatte, ist weniger in seinen

gelehrten lateinischen Abhandlungen, weniger bei den Gelehrten und Doktoren theologischer Wissenschaft zu finden als
vielmehr bei den »Laien«, die seine mystischen Traktate für Jahrhunderte erhalten, weitergeben, immer wieder lesen und ab-
schreiben, umgestalten und auch – was die Quellenkritik so
problematisch macht – nach ihren Bedürfnissen zurichten und
ergänzen. Bis schließlich kaum mehr klar auszumachen ist, was
er wirklich gesagt hat. Die Predigten, in denen er seine Lehre
verkündete, wurden mit allen Fehlern und Unrichtigkeiten ver-
vielfältigt und in Umlauf gebracht, die solche Abschriften
zwangsläufig haben müssen. Diese unkontrollierte Zirkulation
seiner Gedanken brach ihm schließlich das Genick, denn er geriet
rasch unter den Verdacht der Häresie und Ketzerei.

Sicher überliefert und authentisch aber ist von ihm ein Wort,
das ein schlagartiges Licht auf sein Selbstverständnis wirft: »Ein
Lebemeister gilt mehr als tausend Lesemeister, wie sie zu Paris
und an den hohen Schulen zu finden sind.«

Dieser »Lebemeister« blieb denn auch nicht bei der Entwicklung hochfliegender philosophischer Gedankengänge über die
Gotteserkenntnis stehen, sondern ging bis zu dem Punkt, an dem
das philosophische Denken in die Erfahrung des religiösen Lebens einmündet. Eckharts religiöses Urerlebnis, von dem zu
sprechen er nicht müde wurde, war das der Mystik: die Suche
nach dem Einssein mit Gott. In seinen deutschen Predigten wurde immer wieder dieses Anliegen deutlich: seinen Zuhörern
dieses Unfaßbare faßbar zu machen, die Berührung mit dem Un-
berührbaren. Mit Eloquenz und einem gewissen kühlen Enthusiasmus versuchte er, ihnen den Weg dahin zu zeigen und ihnen
Lust zu machen, diesen Weg zu gehen. Aber anders als zum Beispiel Mechthild von Magdeburg, die den Weg zur Mystik im
ekstatischen Sturm der Gefühle fand, führte der gelehrte Meister ziemlich nüchtern in die Reise der inneren Landschaft, die
ihr Ziel in der erkennenden Versenkung der Seele, in der Entdek-
kung Gottes im tiefsten Inneren des eigenen Seins findet.

Umstritten war Eckhart also schon zu seinen Lebzeiten. Seine Lehrtraktate und die Predigtmitschriften, oft nicht einmal von ihm autorisiert unters Volk – und in die kirchlichen Verwaltungszentralen – gebracht, sahen sich pantheistisch-quietistischen Mißverständnissen ausgesetzt. Der Bannstrahl der Kirche blieb nicht aus, aber er traf ihn verhältnismäßig spät. Bis zu seinem vorletzten Lebensjahr, er starb 1327, stand Eckhart in hohen kirchlichen Ämtern, anerkannt, ja berühmt seiner gefeierten Volkspredigten wegen. Erst 1326 schritt der Erzbischof von Köln gegen ihn ein. Eckhart schrieb einen Beschwerdebrief an den Papst, der den Dominikanern sehr verpflichtet war. Aber der griff dann so lau und halbherzig ein, daß nichts dabei herauskam. Nach einer Voruntersuchung durch den Ordensvisitator wurde gegen Eckhart ein Inquisitionsprozeß angestrengt. Der Kölner Erzbischof zitierte ihn vor sein Tribunal und ließ die Untersuchung von zwei Franziskanern führen – ein besonders hinterhältiger Trick, denn die Franziskaner rivalisierten gegen die Dominikaner, wo sie nur konnten, und untergruben auch den Ruf Eckharts nachhaltig. Sie brachten ihn letztlich zur Strecke und ließen ihn damit für Jahrhunderte aus dem Bewußtsein seiner Kirche verschwinden.

Doch Eckhart ließ die Vorwürfe keineswegs auf sich sitzen; trotz seines fortgeschrittenen Alters forderte er seine Widersacher vor den päpstlichen Stuhl und wollte dort seine Lehre verteidigen. Am 26. September 1326 veröffentlichte er eine lateinische Rechtfertigungsschrift und ließ nach der Predigt durch Bruder Konrad von Halberstadt der Gemeinde eine lateinische Erklärung vorlesen, die er selbst, Satz für Satz, verdeutschte. Was seine Gegner vorbrächten, seien nur Mißverständnisse, Unterstellungen, Halbwahrheiten.

Am 4. Januar 1327 stellte das Kölner Inquisitionstribunal 28 häretische Thesen aus seinen Schriften und Predigten zusammen und lud den »Ketzer« nochmals vor. Am 13. Februar 1327 erklärte sich Eckhart öffentlich zum Widerruf bereit, wenn ihm Irrtümer und Häresien in seinen Reden oder Schriften nachgewiesen würden. Er reiste sogar selbst nach Avignon, um sich persönlich am päpstlichen Hof zu verteidigen. Vor der – aus Rücksicht hinausgezögerten? – definitiven Entscheidung des Papstes starb er, nachdem er das siebzigste Lebensjahr bereits überschritten hatte – wahrscheinlich in Avignon. Seine Lehre von der »Selbsterlösung« des Menschen, der die Gottheit in sich trage, wurde am 27. März 1329 schließlich durch eine päpstliche Bulle geächtet. Diese Bulle verwarf die ersten 15 und die beiden letzten der beanstandeten 28 Sätze als Irrlehren und die anderen elf als »übelklingend« und der Irrlehre verdächtig.

Die 28 Sätze klangen, aus dem Zusammenhang gerissen – bei der Vorliebe Eckharts für möglichst scharf zugespitzte Formulierungen, die gerade durch solche Zuspitzung tief in die Herzen der deutschen Zuhörer eindrangen und zum Nachdenken und Meditieren anregten –, für römische Ohren in der Tat zum Teil ganz ungeheuerlich. Der Schluß der Bulle, daß Eckhart die beanstandeten und verurteilten Sätze widerrufen und sich der Entscheidung des Apostolischen Stuhles unterworfen hätte, enthielt eine objektive Unwahrheit, denn Eckhart hatte keineswegs widerrufen und hielt sich und seine Lehre stets für christlich und auch für römisch verträglich.

Diese Lebensgeschichte des prominentesten Exponenten der mittelalterlichen Spiritualität zeigt, daß Mystik immer auch gefährlich ist und sich nicht problemlos in das Glaubenssystem der Kirche einfügt. Die Wahrheiten des Meister Eckhart sind in erster Linie Gefühlsgewißheiten, weniger Glaubens- oder Vernunftwahrheiten. Auch das macht ihn so leicht angreifbar. Seine Erkenntnis gewann er aus scharfer Reflexion *und* Intuition, die ihn den alten scholastischen Dualismus von Gott und Welt überwinden ließ: Gott ist in meiner Seele unmittelbar da, »Gott ist mir näher, als ich mir selbst bin«. Eckharts Gott ist intrapsychisch, um es mit einem modernen Begriff zu sagen. In der *scintilla animae divinae*, im göttlichen Seelenfunken, gipfelt die Welt. Man beweist dies nicht mehr, man erlebt es.

Die Kreatur geht aus Gott hervor, und hier berühren sich Eckharts Gedanken mit dem Pantheismus. Die ganze Schöpfung ist gottdurchflutet, sie ruht in Gott wie die Phantasievorstellung im Geist des Künstlers. In Gott sind unzählige Weltbilder »vorangehend«, ein »Widerruf der Dinge«, dazu ein »lustlicher« Drang, »daß er möchte schöpfen tausend Welten«. Diese Lehre von Gott als dem Gebärer von Weltbildern ist stark platonisch, sie lehnt sich an Plotin und Dionysos Areopagita an. Eine ungetrübte Zuversicht, die oft ganz sündenfrei und damit »unchristlich« anmutet, schwebt durch diese Lehre, die im Bewußtsein des göttlichen Weltzentrums der menschlichen Seele ihren Höhepunkt findet.

»Alle Dinge, die in der Zeit sind, haben ein Warum. Warum lebst du? Wahrlich, ich weiß es nicht, aber ich lebe gerne.« Man erinnert sich an Goethes Wort: »Wie es auch sei, das Leben, es ist gut.« Die Kreatur selbst mag nichtig, brüchig, »zergenglich«, »ein lûter nicht«, weniger als klein oder etwas sein, fast wesenlos. Aber die Gottheit ist in alle Dinge eingegossen, jedes Ding ist »voll gotes und ist ein buoch«. Eine Schöpfung aus dem Nichts im biblischen Sinn lehrt Eckhart nirgendwo. Die Welt ist ein einziges Sprechen Gottes. In der Seele leuchten die Wunder der Welt, weil und solange Gott in ihr leuchtet.

Nicht nur die Seele, die ganze Kreatur ist auf dem Weg in die »stille Wüste« begriffen. In allen Dingen ist ein »Rufen«, ein Eilen und Ziehen zu Gott. Wüßte ein Stück Holz, wie nahe es Gott ist, es wäre seliger als ein Engel. Das unerklärliche Weltselige grünt und blüht in allen Dingen, daß sie »fließen« von Gott, der sie »verborgenlich« in sich trägt. Sie suchen ihre Form, in der sie Ruhe finden. Die ganze Welt »suchet heimlich Gott«. Meister Eckhart faßte das so zusammen: »Gott liebt sich selber (in der Welt) und seine Natur und sein Wesen und seine Gottheit. Ich will sprechen, wie ich nie sprach: Gott schmeckt sich selber, und in dem Geschmack, darin er sich selber schmecket, schmeckt er alle Kreaturen.«

In dieser vom göttlich-liebenden Blick entzündeten Welt empfand Eckhart mit trunkener Lust das Vorrecht, Seele zu sein, mehr als Holz, Stein, Erde, Ding. Die Welt ist eine einzige Theophanie, eine Erscheinung Gottes. Der Begriff der Sünde muß dagegen in der Tat verblassen (»Sünden verschwinden schneller im Abgrund Gottes, als ich meine Augen schließen kann«). Wenn der Mensch nur bereit ist, kommt Gott, muß er kommen: »Alle Kreaturen mußt du unter deine Füße tun.« Aller Glanz ruht auf diesen seelischen Regungen. Das »Fünklein« brennt und duftet, und wir steigen auf und fühlen, daß wir ewig unvergänglich sind in der »stillen Stillheit« Gottes.

Der Versuch einer systematischen Darstellung der Lehre Meister Eckharts ist bisher noch immer gescheitert. Wir können an dieser Stelle auch nur einige Spuren im mystischen Denken und Erleben Eckharts freilegen, und das wird schwierig genug sein. Man kann eine systematische Darstellung jedes Scholastikers, aber keine solche eines Mystikers geben. Der Scholastiker arbeitet mit Begriffen, der Mystiker mit Bildern, mit Anschauungen, die alles, was er sagt, fließend, lebendig, nicht vom Lebendigen abstrahiert erscheinen lassen. Rein intellektuell ist es so wenig faßbar wie das Leben selbst; es ist zunächst nur vom Empfinden her erlebbar. Im selben Augenblick, wo sich der Verstand über das Erlebte »klarwerden«, es begreifen oder systematisch einordnen will, ist das Leben schon aus dem Erlebnis gewichen und kann vom Verstand her nur unzulänglich so rekonstruiert werden, wie es wirklich war. Man gelangt auf diesem Weg immer nur zu einer Summe, nie zu einer Ganzheit.

Trotz aller Nähe bleibt ein wesentlicher Unterschied zwischen Gott und Kreatur, Gott und Seele gewahrt. Die Seelenmystik Eckharts stellte also eine Begegnung, ja auch Entsprechung, aber keine Identifizierung zwischen Gott und Seele fest. Aus dem »Seelengrund« entströmen alle Kräfte, und dieser Seelengrund ist mit Gott verbunden. Er geht in Gott auf wie ein Tropfen im Meer. »Womit ich Gott sehe, das ist dasselbe, mit dem Gott mich sieht. Mein Auge und Gottes Auge, das ist ein Auge, ein Sehen, ein Erkennen, ein Lieben.«

Gott ist also das Leben im letzten, mystischen, nie zu enträtselnden, wohl aber erleidbaren und erlebbaren Grunde. In den Tiefen allen Seins ruht die Tiefe Gottes (Lao Tse nennt es Tao). Er ist das eine große Herz, der letzte Kern des Universums, deshalb gilt für den Menschen als Mikrokosmus: »Willst du den Kern haben, so mußt du die Schale zerbrechen.« Du mußt die »Abgeschiedenheit« suchen, die Gelassenheit, du mußt das, was dich ans irdische Dasein fesselt und bändigt, ablegen. Die Seele, das Ich soll alle fremden wie eigenen Absichten, soll Zeit und Raum »lassen«, um im unaussprechbaren Innersten das »Fünklein« der Seele im göttlichen Licht zu entzünden. Dieses Ruhen im »ewigen Nun der Gottheit« soll dem Menschen in aller Unruhe seines täglichen Lebens unverlierbar werden.

In Eckharts Predigten trifft man so gut wie nie auf das den Theologen und Geistlichen so geläufige Klagen über die allgemeine Sündhaftigkeit und auf keinerlei moralische Zurechtweisung. Durch Eckharts Lehre scheint eine ungetrübte Sonne, strahlt ein reines, helles Licht der Daseinsfreude. Das Böse gehört zum Weltprozeß wie der negative Pol zum positiven, der Schatten zum Licht. Sie gehören mit so klarer Selbstverständlichkeit zusammen, daß bei Eckhart, dem Mystiker, Moralforderungen überhaupt eine ungewöhnlich geringe Rolle spielen. Die Ethik Eckharts ist ganz vom Gedanken der *unio mystica* bestimmt: Stufenweise erhebt sich der Mensch durch das sittliche Handeln, die Abkehr vom eigenen Willen – der zugleich das Nichts ist – bis zur völligen Gelassenheit, Abgeschiedenheit, Entwerdung, um durch die Geburt Gottes in der Seele, dem Koinzidenzpunkt von Erkenntnis und Willen, den Eingang der Gottheit zu erleiden. Der so gottgeeinte Mensch ist der Gerechte, dessen Handeln wiederum den Impuls zur Gerechtigkeit in sich trägt. Christus ist, da er in *einer* Person die göttliche Natur mit der menschlichen Natur verkörpert, *das* Beispiel eines mystisch

vollkommenen Menschen, der, seinem Ich, allem Eigensein, allem »Konrad und Heinrich« abgestorben, zur Idee der Menschheit in der Einheit mit der göttlichen Natur geworden ist.

Die Glut eines ungeheuren Erlebens muß durch die Kanzelre-
den Meister Eckharts gebrannt haben, die er in den düsteren
Domen von Straßburg und Köln gehalten hat. Sie muß die Herrlichkeit einer von Gottes Geist durchrauschten Welt in den auf-
regendsten Farben gemalt und den Seelengrund Tausender im
dunklen Chorgestühl aufgewühlt haben. Man kann sich das gar
nicht dramatisch genug vorstellen: der mitreißende Volkspredi-
ger und die erregte Menge aus einer von hundert Ängsten ge-
schüttelten Gesellschaft. Es muß wie eine Offenbarung gewesen
sein, dieses Gefühl vermittelt zu bekommen, die ganze Schöpfung sei in einem jedem zugänglichen Licht, in der Kraft meiner
seelischen Emotionen gegenwärtig. Das große, schlafende Auge
der Gottheit öffnet sich dem Geist. In der Liebe des Menschen zu
Gott liebt Gott sich selbst, so wie er sich selbst im Menschen
erkennt. Diese Intimität, die so tröstend und menschenliebend
ist, wirkt ungeheuer angstlösend.

Dabei war Eckharts Sprache nicht unbedingt leicht verständlich: In seinen deutschen Schriften mußte er sich neue Aussage-
formen erst schaffen und einen großen Teil des benötigten Wort-
schatzes »erfinden« (diese Notwendigkeit ließ ihn zu einem der
größten Sprachschöpfer seiner Muttersprache werden). Er selbst
war sich der Schwierigkeiten seiner Rede bewußt, der Unzuläng-
lichkeit der Sprache ebenso wie der Anstößigkeit der Ausführungen (»Ich habe drei Wörtlein gesprochen; die nehmt als drei
scharfe Muskatnüsse und trinkt hinterher«). Die ausgesproche-
ne Schärfe mancher Bemerkungen entspricht kaum der ansonsten kühlen, nüchtern von jeder exaltierten oder poetischen Darstellung seelischer Erschütterung und Ergriffenheit absehenden
Sprache, die auch stark mit der tränen-, ekstasen- und visionen-
frohen Frömmigkeit und Religion des mittelalterlichen Zeit-
geists kontrastierte. Eckhart war der anerkannte Meister und die

unumstrittene Leitfigur der »deutschen Mystik«, ein faszinie-
render Denker, der es zugleich verstand, religiöse Wahrheiten in
ursprünglicher Tiefe und Kraft auszuleuchten. Doch als Vorläufer eines modernen, offenbarungsresistenten Subjektivismus
oder als »Bannerträger einer neuen germanischen Religion«
kann er nicht in Anspruch genommen werden.

In Meister Eckhart begegnen wir einem spekulativen Denker
und wortgewaltigen Schriftsteller. Er ist von der Kongruenz beider mystischer Elemente geprägt: von der spekulativen Philosophie und Theologie und von der mystischen Glaubens- und Le-
benskunst. Man hat Eckhart oft mißverstanden, ihn allein von
seiner Stellung innerhalb der scholastischen Philosophie her
wahrgenommen, hat seine ganze Haltung, auch seine mystische
Lehre und jene letzten Steigerungen seiner Spekulation, die ihn
schließlich in den Ketzerprozeß verwickelt haben, nur als gleichsam theologische Folgerungen aus den Prämissen der Scholastik
des Thomas von Aquin zu erklären gesucht – einer Scholastik,
von der Eckhart als Dominikanertheologe fast zwangsläufig ausgehen mußte. Diese verengte Wahrnehmung kam nur dem auf
Höhenflügen befindlichen Denker nahe, sah in ihm einen allzu
scharfen Dialektiker, der aus der Metaphysik des Thomas und
anderen theologischen Überlieferungen überspitzte Konsequenzen gezogen habe. Aber blickt man in Eckharts deutsche Predigten, leuchtet dort auch ein ganz anderer Geist, hervorgerufen
durch sein lebhaftes Interesse an der Frage mystischer Lebens-
kunst, die dankbar Aufnahme in den Frauenkonventen und Beginenhöfen fand.

An der päpstlichen Verurteilung einiger seiner Sätze läßt sich
ablesen, daß die Kirchenspitze ihn nicht nur als Bereicherung,
sondern auch als Bedrohung empfunden hat. Dahinter steht, bei
aller menschlichen Enge, Schwäche, Eifersucht und Intrige, die
sich fast immer im kirchenamtlichen Vorgehen gegen Häretiker
und Ketzer findet und die auch in seinem Fall eine Rolle spielt,
eine durchaus nachvollziehbare Logik: Meister Eckhart scheint

an etlichen Stellen seines Gesamtwerkes, das die dominikanischen Freunde und Gesinnungsgenossen Johannes Tauler, Heinrich Seuse, Nikolaus von Straßburg, aber auch der Kanoniker Jan van Ruysbroek nachhaltig zu verteidigen suchten, der Gefahr des Sichverspekulierens über die Gottesnähe der Seele erlegen zu sein.

Das Erlebnis der *unio mystica*, der Geburt des Sohnes, des Wortes in der Seele, der mystischen Vereinigung mit Gott, geschieht bei ihm durch Erkenntnis, die kein begriffliches Erfassen mehr zuläßt, sondern sich ganz auf Erfahrung gründet. Eckhart war angetrieben durch einen unmäßigen Erkenntnisdrang und -enthusiasmus, der die Intuition der mystischen Erfahrung dialektisch zu erfassen und mitzuteilen suchte. Er war wie besessen von dem Drang, denkend die seelische Erfahrung einholen zu können. Das irrlichternde Schwanken in seinen Aussagen, die mangelnde Konsistenz seiner Begrifflichkeit, die immensen Spannungen der Paradoxien führten oft bis an den Rand der Unaussprechlichkeit, öffneten ihm aber auch alle Tore mißverständlicher Vieldeutbarkeit. Der mystische Denk- und Erfahrungszirkel läßt keine begrifflichen Feststellungen mehr zu, bei Eckhart führt er zu einem merkwürdigen Schillern in den Äußerungen, zur Verbindung der kühnsten Paradoxie mit dem leidenschaftlichsten Anstürmen gegen die statische Begrenztheit des Begriffs.

Trotz seiner immensen Wirkungsgeschichte paßt Meister Eckhart daher nicht so recht zur emotional gesteigerten Mystik seiner Zeit, wie sie vor allem in den Frauenorden kultiviert wurde. Er war voller Mißtrauen gegen Revelationen (Offenbarungen), Verzückungen, Tröstungen und Begnadungen, gegen die spirituellen Abenteuer vagabundierender Seelen, gegen den Rausch der Sinne im religiösen Erlebnis. Er hat auch nie, an keiner Stelle seines Werkes, ein biographisches Zeugnis über eigene mystische Erfahrungen gegeben. Als Mystiker und führender Gelehrter in einer Person versuchte er nur klar, deutlich und in verständlicher deutscher Sprache auszudrücken, wie der Mensch mit der Kraft seiner Gefühle und dem Vertrauen auf die Begegnung der Seele mit Gott Erlösung erfahren kann. Eckhart hätte das freilich nicht vertreten können, wenn er nicht auch selbst von mystischen Erfahrungen gestreift worden wäre; als gelernter Scholastiker wäre er sonst nie darauf gekommen. Als Mystiker hat er das innere Auge des Menschen geöffnet und das Licht eingelassen, das alles Leben beseelt.

Aber so persönlich bewegend er predigen konnte, so sehr er seine Zuhörer in den Bann zog, er gab immer Lehre und Unterweisung, nie unmittelbar umsetzbare Ratschläge für das religiöse Leben. Und doch pulsierte seine Mystik ganz im Wärmestrom des alltäglichen Glaubens: Der Mensch, in dessen Seele sich Gott ganz einläßt, begegnet Gott nicht nur in der geheimen Zwiesprache im kleinen Kämmerlein, nicht nur in den Stunden geistiger Betrachtung und mystischer Versenkung, sondern immer und überall, was er auch tut und wo er auch ist, beim Herdfeuer und im Stall, auf der Straße und unter den Leuten ebenso wie in der Kirche oder in der Einsamkeit der Klosterzelle. Wie einer, der beim Gehen nicht an seine Schritte denkt, so braucht, wer um Gottes Nähe weiß, sich nicht dauernd an seine Güte, Barmherzigkeit und Gerechtigkeit zu erinnern, um aus seiner Weisheit in ihm zu leben und aus seinem Willen zu handeln. Nicht auf den »gedachten Gott« kommt es an, sondern auf den »wesentlich innewohnenden Gott«.

Das ist die eigentliche Spannung, in die der verketzerte Meister Eckhart mit seiner Kirche geriet: Diese Unmittelbarkeit, die im kirchlichen Handeln nicht aufgeht, diese Relativierung der sakramental verwalteten Gnadenvermittlung schafft mehr Probleme als der eine oder andere dogmatisch nicht ganz korrekte Lehrsatz. Mit Eckharts Mystik kommt ein dynamisches Element in die Kirche, das den Buchstaben, das bloße Befolgen des Gebotenen, das Insistieren auf dem Sakramentalen und Institutionellen prinzipiell übersteigt und die unmittelbare Gottesbeziehung zu einer kirchengefährlichen Sache macht.

Literatur

Meister Eckhart: Deutsche Predigten und Zitate, herausgegeben und übersetzt von Josef Quint, München 1963; Alois M. Haas: Gottleiden – Gottlieben. Zur volkssprachlichen Mystik im Mittelalter, Frankfurt am Main 1989; Alois M. Haas: Sermo mysticus. Studien zu Theologie und Sprache der deutschen Mystik, Fribourg 1979; Alois M. Haas: Nimm din selbes war. Studien zur Lehre von der Selbsterkenntnis bei Meister Eckhart, Johannes Tauler und Heinrich Seuse, Fribourg 1971; Dietmar Mieth: Die Einheit von Vita activa und Vita contemplativa in den deutschen Predigten und Traktaten Meister Eckharts und bei Johannes Tauler, Regensburg 1969; Kurt Ruh: Meister Eckhart. Theologe – Prediger – Mystiker, München 1985.

FRANZ WÖHRER

JOHN WYCLIF

In England wirkte die Lehre John Wyclifs bis weit in das 16. und 17. Jahrhundert hinein und beeinflußte insbesonders die Reformbewegung der Puritaner. Schon zu Lebzeiten Wyclifs hatten Wanderprediger dessen Gedankengut in alle Teile Englands getragen, und begeisterte Studenten aus Böhmen, die zwischen 1372 und 1381 an der Universität Oxford die Vorlesungen des charismatischen Theologieprofessors gehört hatten, brachten dessen Lehre nach Böhmen. Wyclifs Thesen entfachten dort unter Gleichgesinnten – darunter Jan Hus – das Feuer der Reformation. Hus büßte seine Bereitschaft, die heterodoxen Lehrsätze des englischen Gesinnungsgenossen vor dem Konzil von Konstanz zu verteidigen, mit dem Leben.

Dessen ungeachtet verbreitete sich Wyclifs Lehre unaufhaltsam über weite Teile Mitteleuropas und hatte nachhaltigen Einfluß auf die Reformation. Noch im 16. Jahrhundert sahen englische Protestanten in Wyclif den »Morgenstern der Reformation«. Auf dem Kontinent fanden seine lateinischen Werke den Weg nach Prag, Wien, Basel und Wittenberg. Die beachtliche Verbreitung des Wycliffismus im Europa des 15. Jahrhunderts ist nicht zuletzt auch auf den missionarischen Eifer des emigrierten englischen Lollarden Peter Payne (†1455) zurückzuführen, der die Schriften Wyclifs 1417 nach Böhmen brachte.

Die ersten zwei Jahrzehnte im Leben des »greatest heresiarch of the later Middle Ages« liegen weitgehend im Dunkeln. John

Wyclif, der erste und bedeutendste Theologe im Umkreis der heterodoxen Bewegungen des 14. Jahrhunderts, wurde zwischen 1320 und 1330 in Yorkshire geboren. Als wahrscheinlichstes Geburtsjahr gilt 1328. Der in dieser Zeit in Yorkshire sehr häufige Name Wyclif – mit seinen historischen Schreibvarianten Wycliffe, Wyclyf(f)e, Wickliffe – erschwert eine eindeutige Identifizierung. John Wyclif dürfte als zweiter Sohn einer alteingesessenen Familie des niederen Landadels in Wycliffe-on-Tees geboren worden sein. Er wurde bis zum Alter von etwa sechzehn Jahren vermutlich vom örtlichen Pfarrer privat unterrichtet. Jedenfalls konnte er die strengen Zulassungsbedingungen an die Universität Oxford erfüllen, zu denen unter anderem die Beherrschung der lateinischen Sprache in Wort und Schrift gehörte. Er immatrikulierte um 1336/45 am Balliol College. Wiederkehrende Pestepidemien (1349, 1361) sowie der Tod des Vaters im Jahr 1353 verursachten längere Studienverzögerungen. 1353 mußte Wyclif nach Yorkshire zurückkehren, um die Verwaltung des elterlichen Landguts zu übernehmen. Bereits davor (1351) hatte er im Münster von York die Priesterweihe erhalten. Nach Wiederaufnahme des Studiums im Jahr 1356 wurde er zum »Fellow« des Merton College ernannt. 1360 erhielt er die Stelle des »Masters« (Leiters) des Balliol College. Dies galt als hohe Auszeichnung: Zum »Master« wurden in der Regel nur hervorragende Absolventen mit einer vielversprechenden akademischen Karriere bestellt. Nach der Graduierung zum Magister der Philosophie (1361) verfaßte Wyclif seine ersten philosophischen Traktate.

1362 legte er die Stelle des Vorstands des Balliol Colleges zurück, da er mit den gut dotierten Pfründen der Pfarre von Fillingham (Lincolnshire) betraut wurde, die unter der Patronanz des Balliol College standen.

Existentielle Nöte und gewiß auch Ehrgeiz nach höheren kirchlichen Ämtern dürften Wyclif bewogen haben, sich auch um die begehrte Stelle eines Kanonikers zu bewerben, die vom

Queen's College vergeben wurde. Wyclifs Name wird jedenfalls in einer diesbezüglichen Eingabe an Papst Urban V. (24. November 1362) genannt. Diesem Antrag wurde stattgegeben, somit war Wyclif von 1363 an auch Kapitelmitglied in Westbury-on-Trym (in der Nähe von Bristol). Damit verbunden war die Verpflichtung, die Seelsorge für die kleine Dorfpfarre von Aust mitzuübernehmen. Die Studienverpflichtungen machten es Wyclif jedoch unmöglich, diese Auflage zu erfüllen. Er wurde aus diesem Grund im August 1363 vorübergehend von seiner Residenzpflicht in Westbury befreit. Wyclif wurde die Vernachlässigung von Aust bei einer Bischofsvisitation als grobe Pflichtverletzung angelastet. Die existentielle Situation hatte ihn gezwungen, gerade das zu tun, was er in seinen kirchenkritischen Traktaten später heftig als groben Mißstand anprangerte, nämlich das »Pfründesammeln«.

Es wäre aber falsch, den verarmten jungen Studenten, der wenig später in Pamphleten die Amtskirche als »Religion der fetten Kühe« (Wyclif) beschimpfte, vorschnell als pflichtvergessenen, habgierigen Ämterkumulierer und scheinheiligen Kirchenkritiker zu verurteilen: Die verbleibenden Einkünfte aus all seinen Ämtern reichten kaum aus, um die notwendigsten Bedürfnisse des täglichen Lebens zu decken. Im Gegensatz zu vielen Pluralisten wohldotierter Benefizien wurde Wyclif nur zum Pfründesammler, um die Kosten für Lebensunterhalt und Studiengebühren aufzubringen. Denn er konnte von seiner Familie, die zu diesem Zeitpunkt selbst an der Armutsgrenze lebte, keine Hilfe erwarten. Mißernten, Pestepidemien, der hundertjährige Krieg mit Frankreich und die dadurch bedingten horrenden Steuern hatten vor allem die Armen, die bürgerliche Mittelschicht und den niederen Landadel hart getroffen. In dieser Zeit des Elends und der fortschreitenden Verarmung konnte der ehrgeizige Student von keinem seiner Angehörigen Geldzuwendungen verlangen. So sehr Wyclif persönlich die Praxis der mehrfachen Pfründeverleihung auch ablehnte, so hatte er angesichts von fast zehntausend arbeitslosen Priestern keine andere Wahl, als sich an dieser verwerflichen Praxis der Kirche zu beteiligen und jede ihm angebotene Stelle zu übernehmen. Diese Haltung stand – wie er später rückblickend nicht ohne Selbsterkenntnis und Reue gestand – ohne Frage im Widerspruch zu dem von ihm später leidenschaftlich propagierten apostolischen Armutsideal des Priesters. Auch er war als aufstrebender Kleriker den irdischen Verlockungen von Besitz, Ansehen und Macht erlegen.

Das Jahr 1366 brachte für den ehrgeizigen Weltgeistlichen die wahrscheinlich bitterste Enttäuschung seiner klerikalen Laufbahn: Im Ränkespiel der Macht innerhalb des Kirchenapparats wurde er schuldlos zum Opfer. Der Erzbischof von Canterbury, ein Reformer und Gönner des Oxforder Kirchenkritikers, setzte Wyclif als Vorstand (»warden«) des neu gegründeten Oxford College »Canterbury Hall« ein. Aber nur wenige Monate später wurde Wyclif auf päpstliche Weisung (nach Intervention der Ordensgeistlichen) von diesem Posten wieder abberufen. Canterbury Hall, erst 1363 als Universitätscollege gegründet, war eine Stiftung für zwölf Theologiestudenten. Auf Druck der Orden wurde ursprünglich per Statut ein Franziskaner als »warden« eingesetzt. 1366 häuften sich jedoch Klagen über den parteiischen Führungsstil zum Nachteil der Weltgeistlichen, weshalb Simon Islip, der Erzbischof von Canterbury, den Franziskaner absetzte, eine Statutenänderung zugunsten der Weltgeistlichen dekredierte und Wyclif zum »warden« bestellte. Mit dieser gezielten Maßnahme wollte der Erzbischof dem Machtstreben und der zunehmenden Verweltlichung der Bettelorden Einhalt gebieten. Vom untadeligen und vielversprechenden Doktoranden und engagierten Kirchenreformer versprach sich Islip die Beseitigung von Mißständen und die Zurückdrängung des monastischen Einflusses in der Universität. Wyclif hatte zu diesem Zeitpunkt bereits in zahlreichen Predigten, Vorlesungen und Pamphleten den geistlich-sittlichen Verfall des klösterlichen Lebens angeprangert. Er polemisierte gegen Mönche, die wie Laien lebten, und gegen Äbte, die das ausschweifende Leben von Landadeligen führten.

Für die Ordensgemeinschaften war Wyclifs Berufung zum »warden« ein gezielter Affront des Erzbischofs, den sie nicht hinnehmen konnten. Es folgte postwendend eine Eingabe beim Papst. Das von Islip verfaßte Statut, das den privilegierten Anspruch der Orden auf den Vorstandsposten von Canterbury Hall aufhob, war zum Zeitpunkt der Einsetzung Wyclifs noch nicht rechtskräftig. In dieser Situation verstarb der Erzbischof. Dessen Nachfolger war ein Ordensgeistlicher und damit ein erbitterter Gegner Wyclifs. Er enthob Wyclif des Amtes. Wie sehr dem Kirchenreformer an dieser leitenden (und angemessen entlohnten) Stelle gelegen war und wie sehr er meinte, darauf legitimen Anspruch zu haben, dokumentiert seine Petition an den Papst. Urban V. lehnte jedoch Wyclifs Berufung ab. Damit hatte Wyclif nicht nur eine sichere Stellung verloren, sondern auch viel Geld, denn sein Rechtsstreit mit der Kirchenbehörde erwies sich als sehr kostspielig. Nach dieser schweren Enttäuschung zog sich Wyclif für längere Zeit verbittert in die Einsamkeit von Yorkshire zurück.

Es ist nicht auszuschließen, daß dieses Schlüsselerlebnis Wyclif bewog, nunmehr öffentlich gegen die Verweltlichung und Machtwillkür von Orden und Amtskirche anzukämpfen. Jedenfalls wird in den nachfolgenden Pamphleten die Kritik am Papsttum und der Kirche immer extremer und die Polemik zunehmend schärfer. Er propagierte, unter anderem, die Rückkehr der institutionalisierten Kirche zum Ideal der Urkirche, die Auflösung der Besitztümer der Kirche und der Orden und das Recht auf Autoritätsverweigerung gegenüber allen Mitgliedern der Kirche, die nicht im Gnadenstand lebten. Auch seine theologische Position zu Grundfragen der christlichen Glaubenslehre zeigt nach diesem Schlüsselereignis eine deutliche Tendenz zu Radikalisierung und offenem Widerspruch.

Nach fast zwei Jahren in kontemplativer Zurückgezogenheit in

Yorkshire kehrte Wyclif nach Oxford zurück. Er erhielt per Dekret am 13.April 1368 die Erlaubnis, das Theologiestudium fort-
zusetzen. Um sein Doktoratsstudium finanzieren zu können,
tauschte er die lukrativen Pfründe von Fillingham gegen entsprechende Ablöse für die weitaus weniger ertragreichen Pfründe von
Ludgershall (Buckinghamshire, unweit von Oxford) ein. Er tat
dies gewiß nicht nur, um Studium und pastorale Aufgaben besser
vereinen zu können, sondern auch, um seinen finanziellen
Schwierigkeiten, die von seinem Rechtsstreit mit der Kirchenbehörde herrührten, zu bereinigen. Er schloß in der Folge das Studium zielstrebig ab: Im März 1369 erwarb er den Grad des »Ba-
chelor of Divinity«, drei Jahre später das Doktorat in Theologie.

Der Ruf des hervorragenden Bibelgelehrten, scharfen scholastischen Denkers, eloquenten Disputanten und unerschrockenen
Reformers war inzwischen weit über Oxford hinausgedrungen.
John of Gaunt, der Herzog von Lancaster, der bis 1377 die Staats-
geschäfte für den nicht mehr regierungsfähigen König Ed-
ward III. führte, engagierte Wyclif 1374 als Fachgelehrten für die
englische Delegation, die in Brügge mit Beauftragten des Papstes
über Kirchenreformen und Lehenszahlungen verhandelte.
Wyclif brüskierte die päpstlichen Emissäre durch seine scharfen
Angriffe auf das Papsttum und den weltlichen Reichtum der Kirche. Sein allzu forsches Auftreten und seine Kompromißlosig-
keit veranlaßte den Kronrat, Wyclif vorzeitig aus Brügge zurück-
zuberufen.

Den Vertretern des Kronrats und des Adels war anfänglich
Wyclifs fundamentale Kirchenkritik, seine Forderung nach Ent-
eignung der Orden und der Staatskirche und deren gewaltsame
Zurückführung zum apostolischen Armutsideal sowie die Relativierung des Herrschaftsanspruchs der Kirche über die Staats-
gewalt für propagandistische Zwecke höchst willkommen.
Die Forderung nach Besteuerung von Klerus und Kirchenbesitz
fand begeisterte Zustimmung unter breiten Schichten der Bevölkerung.

Wyclifs Konzeption der »wahren, unsichtbaren Kirche« untergrub das Autoritätsprinzip der Kirchenhierarchie und trug den Keim radikaler Subversion in sich: Weil die Kirche – in Anlehnung an Augustinus – von ihm als eine Gemeinschaft der Erwählten verstanden wurde, das heißt von Prädestinierten, die Gott seit Ewigkeit errettet hat und die bis zum Ende der Welt vor den Folgen der Sünde geschützt sind, während andere zur Verdammnis verurteilt sind, könne die weltliche Gewalt alle Kleriker, die in Todsünde leben, ihrer Benefizien entheben und sogar den Papst absetzen. Nach Auffassung des Oxforder Gelehrten hat die »unsichtbare Kirche« der Erretteten nichts gemein mit der »sichtbaren Kirche« als Institution. Erstere sei keine physische Größe, da sie alle von Gott erwählten Menschen umfaßt, lebende und tote, und es sei in dieser Welt nicht möglich, ihre Glieder zu erkennen. Wenn Gott allein weiß, wer zum Heil gelangen wird, dann verliert die sichtbare Kirche ihre Daseinsberechtigung, oder genauer, dann kommt ihr nur noch insofern ein Sinngehalt zu, als sie Emanation Christi, ihres einzigen Oberhauptes, ist und seinen Vorschriften und Taten nachlebt. Papst und Bischöfen sei man folglich nur dann Gehorsam schuldig, wenn sie getreue Nachfolger Christi und wahre Verkünder seines Wortes sind.

Angesichts der vielen Mißstände in der »sichtbaren Kirche« konnte sich der »militante Moralist« mit einer rein theoretischen Zustandsanalyse nicht begnügen. Er zielte auf praktische Veränderung ab und zählte auf die weltliche, nicht die kirchliche Gewalt, um das Christentum zur Vollkommenheit seiner Anfänge zurückzuführen. Nicht an den Papst – der für Wyclif nicht der Nachfolger Petri, sondern jener Konstantins und damit der wahre Antichrist war –, sondern an den König und den englischen Adel appellierte der leidenschaftliche Reformer, um die Kleriker auf den rechten Weg zu bringen. Die Verachtung gegenüber der kirchlichen Institution führte bei Wyclif zu einer Verherrlichung der Rolle des Herrschers, des wahren Vertreters Gottes auf

Erden. Es ist nicht verwunderlich, daß diese Thesen, die der Oxforder Gelehrte 1376–77 in der Schrift *De civili dominio* formulierte, beim englischen Adel wie auch unter dem Volk breite Zustimmung fand.

Der Bischof von London, William Courtenay, erkannte als erster die Gefährlichkeit dieses Radikalreformers und wurde Wyclifs erbittertster Gegner. Er zitierte den Oxforder Theologen wegen Häresieverdachts im Februar 1377 vor die Bischofssynode in die St.-Pauls-Kirche. Der Beschuldigte kam im Gefolge des Herzogs von Lancaster und unterstützt von vier angesehen Theologen aus dem Kreis der Ordensgeistlichen. Die Synode endete mit Tumulten und Schreiduellen zwischen dem Bischof und dem Herzog, noch bevor Wyclif angehört werden konnte. Papst Gregor XI. sandte daraufhin fünf Bullen nach England, in denen 18 Thesen Wyclifs als ketzerisch verurteilt wurden und Wyclifs Festnahme verlangt wurde. Die päpstlichen Dekrete lösten in England heftige Auseinandersetzungen zwischen Gegnern und Anhängern Wyclifs aus. 1378 wurde Wyclif vom Bischof von London erneut nach London zitiert, um sich für seine Thesen zu verantworten. Wyclif stand aber weiter unter dem Schutz seines mächtigen Patrons John of Gaunt, und er hatte überdies nicht nur in breiten Kreisen der Bevölkerung Unterstützung, sondern auch in Johanna von Kent, der Mutter des jungen Königs Richard II. (1377–99), eine einflußreiche Fürsprecherin. Unter diesen Voraussetzungen konnte die englische Kirche gegen Wyclif als Person nichts unternehmen. Die Einvernahme Wyclifs im Lambeth-Palast wurde von militanten Anhängern des Reformers gesprengt. Der *doctor evangelicus*, wie ihn seine Verehrer nannten, wurde unter dem Druck der Krone und der Straße nicht als Ketzer verurteilt, sondern lediglich mit einem Predigtverbot belegt.

In den nachfolgenden Traktaten wurden Wyclifs Thesen noch extremer und seine Angriffe auf die Kirche und die orthodoxe Lehre noch gezielter. Er negierte, unter anderem, das Dogma der

Unfehlbarkeit des Papstes, die Lehre vom Fegefeuer sowie sämtliche Sakramente mit Ausnahme der Taufe und des Abendmahl-
sakraments. Als höchste Autorität des Glaubens anerkannte er
nur die Heilige Schrift (*On the Truth of Holy Scripture*, 1378).
Die Bibel hat als »Wort Gottes« absoluten Wahrheitsanspruch.
Sie stellt für ihn die höchste Instanz des christlichen Glaubens
dar, da sie »als zeitloses moralisches Gesetz« und »Spiegel der
Wahrheit« dem Christen die Unterscheidung zwischen Wahr
und Falsch und zwischen Gut und Böse ermöglicht. Nach Wyclifs
Auffassung kann nur der als christustreu gelten, der im praktischen Lebensvollzug Christus nachahmt.

Um das Ideal der apostolischen Kirche praktisch verwirklichen
zu können, war es für Wyclif notwendig, allen Menschen die
Heilige Schrift in der Volkssprache näherzubringen. Er, der die
»Priesterschaft aller Gläubigen« postulierte, schickte deshalb sogenannte »arme Priester«, bibelfeste Laien und Kleriker durch
die Lande, die ohne bischöfliche Lizenz das Wort Gottes in der
Landessprache verkünden sollten. Sie sollten als Wanderprediger
ohne Pfründe und ohne weltlichen Ehrgeiz nur Gott dienen, und
in der Gemeinschaft mit den Gläubigen in apostolischer Armut
leben. Sie waren nicht als Rivalen für die amtlich eingesetzten
Seelsorger gedacht, sondern vielmehr als deren Unterstützung.

Für diese Evangelisierung des Volkes veranlaßte Wyclif 1382
die Übersetzung des Alten und Neuen Testaments ins Englische.
Diese Bibelübersetzung wurde unter seiner Aufsicht von den
beiden getreuen Schülern John Purvey und Nicholas Hereford
begonnen, aber erst nach Wyclifs Tod abgeschlossen. Es war dies
die erste vollständige nationalsprachliche Bibelübersetzung in
England. Die von John Purvey überarbeitete zweite Fassung von
1396 war außerordentlich erfolgreich; sie ist in über zweihun-
dertfünfzig Manuskripten überliefert und blieb bis in die englische Reformation die Standardübersetzung. Wyclif und seine
Schüler berührten sich in dem Bestreben, die Frohbotschaft
Christi in der Volkssprache zu verkünden, mit den Waldensern.

FRANZ WÖHRER · JOHN WYCLIF 89

Beide Reformbewegungen hatten mit voller Absicht gegen das kirchliche Gebot verstoßen, daß Laien aufgrund ihres unzureichenden Verständnisses nicht über das Wort Gottes verfügen durften. Dadurch stellte Wyclif die Rolle der Geistlichen in Frage, die sich heftig gegen die Gefahr wehrten, ihre durch kulturelle Überlegenheit und Kenntnis des Lateinischen gewährleistete Vermittlungsfunktion zwischen Gott und den Menschen zu verlieren.

Vollends zum verfemten Irrlehrer wurde Wyclif durch seine Abhandlung über die Eucharistie (*De eucharistia*, 1380/81), die ihm unverzüglich die Exkommunikation eintrug. In diesem Werk greift er das zentrale katholische Dogma der Transsubstantiation an. Diese Doktrin, die 1215 unter Papst Innozenz III. im vierten Lateranischen Konzil zum Dogma erhoben wurde, kann nach Auffassung Wyclifs weder biblisch noch mit der Logik der scholastischen Philosophie fundiert werden. Auf der Grundlage des philosophischen Realismus postuliert er, daß Christus in der Eucharistie nicht real, sondern nur sakramental präsent ist. Das heißt, Wyclif verneint, daß das Altarssakrament die Gesetze der Natur überschreiten kann; Brot und Wein würden durch die Konsekration nicht wirklich materiell in das Fleisch und Blut Christi verwandelt werden, sondern *in substantia* das bleiben, was sie sind. Verwandelt werden Brot und Wein lediglich in ihrem Wesen: Sie werden zum Sinnbild für die Gegenwart des mystischen Leibes Christi.

Die legitimationsgebenden Instanzen sind für Wyclif – wie für viele andere Kirchenreformer und Häretiker auch – Gott und die Bibel. Die Bibel insofern, als sie als Emanation des göttlichen Geistes und »Spiegel der ewigen Wahrheit« verstanden wird; Gott insoweit, als er jedem erwählten Christen die Gnade der unmittelbaren Gotteserkenntnis schenkt, die es dem Gläubigen erst ermöglicht, die innere Logik der Heiligen Schrift zu verstehen. Das Geschenk der eingegossenen Erkenntnis ist ein Gnadenerweis, der essentiell zum vollkommenen christlichen Lebensvollzug gehört. Wyclifs Glaubensverständnis ist folglich inhärent mystisch, getragen von der unerschütterlichen Überzeugung der untrüglichen Erkenntniskraft der unmittelbaren Erfahrung Gottes. Damit wird verständlich, weshalb er nicht nur das Dogma der »Transsubstantiation« vehement angreift, sondern auch den Begriff an sich ablehnt. Dieses Wort ist für ihn Ausdruck eines grobschlächtigen Materialismus, der die wirkliche Gegenwart Christi in der Hostie suggeriert, und dadurch den Gläubigen auf den Irrweg des Götzendienstes verführt.

Die radikale Negation des Dogmas der Transsubstantiation war letztlich für viele der engsten Anhänger Wyclifs der Anlaß, sich von ihm abzuwenden. John of Gaunt ließ ihn fallen, die Professoren der Universität Oxford, die zu seinen treuesten Verteidigern zählten, sahen keine Möglichkeit mehr, sich weiterhin mit dem verdienten Professor zu solidarisieren. Sie sahen sich auch nicht mehr in der Lage, den schon lange geforderten Entzug der Lehrbefugnis Wyclifs abzulehnen. Courtenay, nunmehr Erzbischof von Canterbury, berief im Mai 1382 in Blackfriars in London erneut eine Synode ein. Bei dieser Synode, die wegen des Naturereignisses am letzten Tag als »Erdbebensynode« in die englische Geschichte einging, wurden zehn Thesen Wyclifs als ketzerisch verdammt, einige weitere als »Irrtümer« verurteilt. Zu einer persönlichen Verurteilung Wyclifs als Irrlehrer kam es jedoch erneut nicht. Um die Universität Oxford von herätischem Gedankengut zu säubern, berief Courtenay wenig später in Oxford eine Konvokation ein. Dort wurde von allen Universitätsangehörigen – vom Kanzler bis zum Studienanfänger – verlangt, den in London verurteilten Irrlehren abzuschwören. Die Universität wurde darüber hinaus verpflichtet, alle Schriften häretischen Inhalts aufzuspüren und unverzüglich zu verbrennen.

Nach der Vertreibung aus Oxford im Jahr 1381 lebte Wyclif zurückgezogen in seiner Pfarre in Lutterworth. Dort schrieb er neben Pamphleten und Instruktionen für seine »armen Priester« sein letztes Hauptwerk, den *Trialogus* (1382). Darin faßte Wyclif

die Grundzüge seiner Glaubenslehre und seine antinominalisti-
sche, gegen William Ockham gerichtete und an Thomas von
Aquin, Augustinus und dem Neuplatonismus orientierte philosophische Position zusammen. Nach einem Schlaganfall 1382
war Wyclif teilweise gelähmt und konnte kaum noch sprechen.
Nach einem weiteren Schlaganfall während der heiligen Messe
am 28. Dezember 1384 starb dieser unermüdliche Kämpfer für
die Erneuerung des Christentums nach dem Vorbild der Urkirche am 31. Dezember 1384.

John Wyclif war in erster Linie ein Gelehrter und Lehrer, ein
bescheidener, zurückgezogener Intellektueller und asketischer
Kontemplativer. Er war kein politischer Taktiker und auch kein
charismatischer Führer religiöser Massen. Obwohl selbst un-
verheiratet, verurteilte er den kirchlichen Zwang zum priesterlichen Zölibat zusammen mit anderen, seiner Auffassung ent-
behrlichen, weil unbiblischen Verhaltensregeln, Ritualen und
Traditionen. Das Mönchsgelübde, die Ordensregeln und die Priesterweihe zählten ebenso dazu wie die Heiligenverehrung, die
Wallfahrten, der Reliquienkult, das Ablaßunwesen und die Oh-
renbeichte. Wyclif lebte aus der Kraft der inneren Erleuchtung
durch den lebendigen Geist Christi und vertraute der Macht des
gesprochenen und geschriebenen Wortes mehr als institutiona-
lisierter Gewalt. Er verurteilte Krieg und Gewalt als Pervertie-
rung des Gebots der Nächstenliebe. Auch wenn Wyclifs Feinde
in ihm den Urheber des Bauernaufstandes von 1381 sahen, so
gibt es keinerlei Hinweis, daß er mit dieser Revolte persönlich
etwas zu tun hatte. Er war zwar »militanter Moralist«, aber dennoch durch und durch ein Pazifist und Philanthrop und als solcher in seinem Handeln absolut dem Evangelium als »dem höchsten moralischen Gesetz« verpflichtet.

Von seinen Anhängern als *doctor venerabilis* verehrt, von seinen Feinden als *execrabilis seductor* verdammt, blieb ihm – teils
durch eine glückliche Fügung des Schicksals, teils durch die
schützende Hand des englischen Königshauses – die Schmach

einer persönlichen Verdammung ebenso erspart wie die Demü-
tigung, seine häretischen Thesen vor einem kirchlichen Tribunal
widerrufen zu müssen. Der erste Schlaganfall und die damit verbundene Lähmung bewahrte ihn 1382 für immer vor der von
Papst Gregor XI. angeordneten Vorladung vor das römische Inquisitionsgericht.

Literatur

L. J. Daly: The Political Theory of John Wyclif, Chicago 1962; Joseph H. Dahmus:
The Prosecution of John Wyclif, New Haven/Conn. 1952; Friedrich de Boor:
Wyclifs Simoniebegriff. Die theologischen und kirchenpolitischen Grundlagen
der Kirchenkritik John Wyclifs, Halle 1970; Louis B. Hall: The Perilous Vision of
John Wyclif, Chicago 1983; Miroslav Kanak: Der Ketzer von Oxford. Leben und
Wirkungen John Wiklifs, Berlin/DDR 1977; Anthony Kenny (Hrsg.): Wyclif in
His Times, Oxford 1986; Anthony Kenny: Wyclif, Oxford 1985; Ivan J. Mueller:
The Central Role of Universals in Wyclif's Thought, Freiburg i. Br. 1987; John
Stacey: John Wyclif and Reform, London 1964.

BARBARA BEUYS

JOHANNA VON ORLÉANS

Wer heute eine Sensation publik machen will, ist arm dran. Was kann noch aufregen im Zeitalter der Superlative, die dennoch – es hat sich längst herumgesprochen – meist eine Mogelpackung zieren. Aber es hilft nichts: Die Geschichte von Jeanne, die sich das Mädchen, *la Pucelle,* nannte – uns nach ihres Vaters Namen als Jeanne d'Arc bekannt –, ist eine Sensation. Nicht nur zu Zeiten ihres kometenhaften Aufstiegs im Sommer 1429 und ihres qualvollen Feuertodes zwei Jahre später. Nicht nur weil Jeanne – von der römischen Kirche zu Lebzeiten als Ketzerin verdammt – 1920 als Heilige zur Ehre der Altäre erhoben wird. Auch am Ende des 20. Jahrhunderts sprengt diese Persönlichkeit alle Konventionen, alle Vergleiche. Und räumt man den Berg der Legenden und Mythen ab, kommt das Außerordentliche noch eindrucksvoller zum Vorschein: die Entscheidung eines Menschen, das konsequent zu leben, was er für sich als richtig erkannt und empfunden hat – bis in den Tod.

Sich selbst zu verwirklichen, diese Losung der 68er Generation wird heute nicht mehr fraglos propagiert. Jeanne, die sich dem König Frankreichs als »Tochter Gottes« empfiehlt, hat es in einer fernen, uns sehr fremden Zeit nicht nur angezielt, sondern ohne Bruch für sich durchgesetzt. Sie hat konsequent und unbeirrt ihre alle Maße sprengende weltliche Karriere als göttliche Sendung und deshalb als ein Unterpfand ewiger Seligkeit interpretiert. Und sie hat nach der Gefangennahme durch die Engländer, Frankreichs Feinden, diese Überzeugung ihren geistlichen Anklägern und Richtern viele Male ins Gesicht gesagt.

»Sehr erlauchter Herr Dauphin, ich bin gekommen und von Gott gesandt, um Euch und dem Königreich Hilfe zu bringen.« Es ist heiß im Saal des Schlosses von Chinon, den fünfzig Fackeln erhellen. Dicht gedrängt stehen die Höflinge, der Lärm der Stimmen übertönt die Gespräche. Doch dieser eine Satz hat sich erhalten, auch wenn man sonst nicht erfährt, worüber Karl VII., noch ungekrönter König von Frankreich und deshalb im strengen Sinne der »Dauphin«, und Jeanne, das Bauernmädchen aus Lothringen, abgesondert in einer Ecke des Saales reden.

Das Bauernmädchen? Vor dem König steht ein großgewachsener junger Mann: Das schwarze Haar ist nach neuester Mode rundum kurz geschnitten, die männlichen Beinkleider liegen eng an, das Obergewand wird von einem tiefsitzenden Gürtel gehalten – alles, wie der Geschmack der adligen Elite es vorschreibt. Es ist der März 1428. Seit wenigen Tagen lebt Jeanne als Gast des Königs im Schloß an der Loire. Hier in Chinon wie in Poitiers, wo sie bald auf Befehl des Königs Theologen und Juristen drei Wochen lang Rede und Antwort steht, sagt die ungefähr 18jährige immer das gleiche mit jener Überzeugungskraft, die sie auch gegen alle Wahrscheinlichkeit an den Hof des Königs brachte: Seit drei Jahren würden ihr der heilige Michael und die Heiligen Katharina und Margarete fast täglich erscheinen und mit ihr reden. Diese »Stimmen« hätten ihr den Befehl erteilt, Karl VII. im Kampf gegen die Engländer beizustehen, und die baldige Krönung des Königs im noch vom Feind besetzten Reims prophezeit.

Vielleicht hat sie nicht Gott gesandt, sondern der Teufel, fragt argwöhnisch der König seine Berater; fragen die gelehrten Herren in Poitiers das junge Mädchen, das vor ihnen nur in Männerkleidung erscheint. Das Protokoll dieser Befragung ist verschollen. Doch auch hier wird Jeanne nichts anderes gesagt haben als später ihren Richtern in Rouen, wo sich alle Prozeßakten erhalten haben: »Ich führe aus, was mir befohlen ist, und meine Heiligen sagen mir, was ich tun soll ... Diese Stimmen sind von Gott. Ich glaube es fest, so fest, wie ich an Christus glaube.«

Dies ist und bleibt der Angelpunkt für Jeanne, das Mädchen aus dem lothringischen Dorf Domrémy an der Maas. Sie tut nichts anderes, als Gott zu gehorchen. Aber stellt sie mit ihrer Männerkleidung und ihrem Wunsch, des Königs Soldat zu werden, nicht die göttliche Ordnung, die Männern und Frauen einen unverrückbaren Platz im Leben zuweist, auf den Kopf? Selbst die ins Kreuzverhör Genommene kann nichts ins Grübeln bringen. Sie tue dies nur »auf den Befehl Gottes und der Engel«. Zugleich vergißt Jeanne nie, auf ihren Anteil in diesem außergewöhnlichen göttlichen Plan hinzuweisen: »Als ich zum erstenmal die Stimme hörte, gelobte ich, meine Jungfräulichkeit zu bewahren, solange es Gott gefiele, und damals war ich dreizehn Jahre alt.« Die Jungfräulichkeit ist ihr Unterpfand – gegenüber Gott und den Menschen; *la Pucelle* – das Mädchensein –, ihr Markenzeichen. Niemals wird sie auch nur den Hauch eines Verdachts an ihrer Jungfräulichkeit dulden und diesen Schatz gegenüber den Soldaten im Gefängnis von Rouen mit aller Kraft verteidigen.

Eine Untersuchung durch die Schwiegermutter Karl VII. und zwei weitere Frauen ist Jeanne in Poitiers sehr recht, um festzustellen, »ob sie ein Mann oder eine Frau und ob sie verdorben oder unberührt sei«. Das zweifelsfreie Ergebnis geht an den Kronrat: Zum einen ist Jeanne eine Frau, zum anderen handelt es sich »um ein echtes und ganzes Mädchen«, also eine Jungfrau. Gut und schön, sagen die Prüfer. Aber könnte Jeanne ihnen nicht wenigstens ein Zeichen geben, das über natürliche Dinge hinausgeht? Der Prüfling vom Land bleibt den studierten Herren keine Antwort schuldig: »Im Namen Gottes, ich bin nicht nach Poitiers gekommen, um Zeichen zu tun. Aber führt mich nach Orléans, dort werde ich Euch die Zeichen weisen, deretwegen ich gesandt bin.«

Die versammlten Examinatoren in Poitiers geben am Ende ihr Plazet; der König »in seinem Rat« beschließt, dem nie Dagewesenen freien Lauf zu lassen, »daß er sich von nun an im Krieg ihrer bedienen würde, da sie ihm doch geschickt sei«. Die königliche Schatzkammer zahlt die Rechnung für eine helle Rüstung nach Maß, die sofort in Tours für sie angefertigt wird. Der Herzog von Alençon hatte Jeanne ein edles Pferd geschenkt, als er beim morgendlichen Ausritt sah, wie geschickt und ausdauernd sie in den Wiesen um Schloß Chinon den Kampf mit der Lanze übte. Ein persönliches Banner für die Schlacht wird nach ihren Wünschen angefertigt.

Jeanne hat Menschen für ihre Sache begeistern können, ihre Unbeirrbarkeit überzeugte. Vom ersten Augenblick ihres Auftretens in der Öffentlichkeit an hat sie eine Vision, verfolgt sie ohne Wenn und Aber. Mit ihren Widersprüchen – eine Jungfrau, die das Kriegshandwerk ausübt – ist sie offenbar im reinen. Das macht sie stark, für sich und andere. Doch auch ohne diese Gaben ist es so verwunderlich nicht, daß Theologen wie Politiker sich an die Hoffnung auf ein Wunder klammern. Es kann für Frankreich nicht schlimmer kommen als in diesem April 1429.

Seit fast neunzig Jahren schiffen Englands Könige ihre Soldaten über die Meerenge auf den Kontinent, um eine englisch-französische Doppelmonarchie unter britischer Führung zu erzwingen. Bei Azincourt, im Pas de Calais, verblutet im Oktober 1415 Frankreichs Elite – rund siebentausend Ritter – im Morast des Schlachtfeldes. Der siegreiche Heinrich V. erobert mit seinen englischen Soldaten die Normandie und nimmt Paris ein. Damit nicht genug: Der besiegte Karl VI. von Frankreich macht Heinrich zu seinem Schwiegersohn und zum französischen Thronanwärter; seinen eigenen Sohn Karl – den legalen Nachfolger – läßt er für illegitim erklären. Dieser Karl VII. scheint nach dem Tod des Vaters auf verlorenem Posten zu stehen. Bis an die Loire haben sich die englischen Besatzer vorgeschoben und belagern nun Orléans, um nach der Eroberung der Stadt von dort in den

Süden vorzustoßen. Da taucht das Mädchen mit seiner wunderbaren Botschaft am Hofe auf.

Die Historiker haben Jeannes königlichem Schützling keine
Gerechtigkeit widerfahren lassen. Als schwach und unentschlos-
sen wird Karl VII. geschildert, unfähig, mit starker Hand zu regieren. Er wollte es wohl auch nicht, bevorzugte umständliche
Beratungen, verhandelte lieber, statt zu kämpfen. Abgrundtief
muß sein Mißtrauen in die Menschen gewesen sein: Vater und
Mutter, der englische Schwager (Heinrich V.) und dann der Neffe (Heinrich VI.) als Todfeinde und die mächtige Verwandtschaft
des Herzogtums Burgund mal auf der einen, mal auf der andern
Seite.

Vergessen wurde über den kriegerischen Zeiten, daß der Pariser Hof um 1400 ein »Ort äußerster Verfeinerung«, eine
»außerordentliche Verbindung von Prunk und Geist, von Neu-
gier und Eleganz« war, so der Historiker Georges Duby. Karl der
Weise, der Großvater Karl VII., sammelte kostbare Handschriften. Sein Bruder, der Herzog von Berry, besaß eine Kollektion
exquisiter Stundenbücher; sein berühmtestes – »Les très riches
heures du Duc de Berry« – ging in die Kunstgeschichte ein. Diese
Kostbarkeit erwarb übrigens 1416 die Schwiegermutter Karl VII.
für die enorme Summe von 300 Livres. Die Frauen der hohen
Herren hatten keinen geringen Anteil an Bildung und Kultur.

Zwar war der Glanz der großen Tage geschwunden. Doch
Karl VII. aß weiterhin von goldenen Tellern, auch wenn Metzger
und Bäcker mit Lieferstopp drohten, weil ihre Bezahlung aus-
blieb. Das Mädchen aus Lothringen fand sich ohne Umschweife
zurecht in dieser für sie völlig unbekannten Welt. Nie hat sie den
Prunk des Hofes in Frage gestellt. Die Privilegien eines Sei-
gneurs nahm sie selbstverständlich für sich in Anspruch, ließ
Pelze und kostbare Stoffe für sich schneidern, kaufte gute und
schnelle Pferde – und schickte die Rechnungen an den König.

Jeanne wird zuerst einem Verpflegungskonvoi der Armee zu-
geteilt, der dem belagerten Orléans zu Hilfe kommen soll. Von

nun an teilt das Mädchen die männliche Welt der Soldateska,
sitzt tagsüber im Sattel, hat zwei Herolde und zwei Knappen zu
seinen Diensten und befindet sich nachts mit hochrangigen Of-
fizieren im gleichen Zelt. Auch wenn Jeanne in den Unterklei-
dern, einmal sogar im Harnisch, schläft und die Zeltgenossen
niemals zudringlich werden, bleibt Intimität nicht aus. Nach ihrem Tod wird einer ihrer Kumpane aussagen: »Sie war schön und
gut gebaut.«

Als sie am 29. April 1429 spätabends in das belagerte Orléans
reitet, ist die ganze Stadt auf den Beinen. Längst wurde das Wunder dieser »männlichen Jungfrau« von Mund zu Mund weiter-
erzählt. Gleich am nächsten Tag zeigt sich, was Jeanne auch auszeichnet: eine große Ungeduld, die keine Kompromisse wünscht;
die ihren Mitstreitern keine Ruhe läßt, permanenten Einsatz fordert und beansprucht, von Gott den besseren militärischen Rat
zu erhalten.

Es kommt zu lauten Auseinandersetzungen, zumal Jeanne
keinerlei Rang oder Amt bekleidet. Am 6. und 7. Mai unter-
nimmt sie auf eigene Faust mit ein paar Getreuen einen Ausfall
gegen die Bastionen der Engländer. Ihre Begeisterung und ihr
Mut reißen die einfachen Soldaten wie die hohen Militärs mit.
Trotz einer Verwundung kämpft sie weiter und sagt später stolz:
»Ich war die erste, die an der kleinen Bastion der Brücke die
Sturmleiter anlegte.« Am 8. Mai 1429 ist das Wunder von Orléans perfekt, Jeannes Prophezeiung wahr geworden: Die Engländer geben sich geschlagen und ziehen ab.

Es folgt der Rausch des Triumphs, der den Sieger fortreißt, den
Besiegten lähmt und die Welt wohlig erschaudern läßt. Die Heldin treibt den König in Richtung Reims – »Edler Dauphin, haltet
doch nicht so viele und lange Ratssitzungen.« Sie will die Krönung, ihre zweite Prophezeiung, umgehend erfüllt sehen. Die
Franzosen ziehen siegreich die Loire entlang. Am 18. Juni werden
die Engländer bei Patray geschlagen, Jeanne mitten im Schlacht-
getümmel. Am 17. Juli 1429, einem Sonntag, steht das Mädchen

in voller Rüstung neben den Würdenträgern des Landes in der Kathedrale zu Reims, während Frankreichs König in der Tradition seiner Vorgänger mit heiligem Öl gesalbt wird.

Klar und eindeutig zeichnet sich Jeannes Persönlichkeitsprofil in diesen wenigen Wochen ab, mögen die Ereignisse noch so stürmisch sein. Sie ist ein frommer Mensch, der tägliche Gang zur Kirche ist ihr ein tiefes Bedürfnis. Doch nichts ist bekannt von religiösen Überspanntheiten. Den Versuch des Volkes, sie zur wundertätigen Heiligen zu machen, lehnte sie ab. »Berührt sie selber! Eure Finger sind genauso gut wie die meinen«, sagt sie lachend den Menschen, die ihr in den Straßen von Reims Gebetbücher und Bilder zum Berühren entgegenhalten.

Was ihren Tag ausfüllt, ist das Leben unter den Soldaten, die Schlacht und alles, was dazugehört. Die unerhörte Freiheit, die Jeanne sich nimmt und die zugleich ein unkalkulierbares Wagnis ist, funktioniert, weil der von ihr gewählte Beruf – den sie als Berufung verstand – offensichtlich ihrem Wesen und ihren Fähigkeiten entspricht. Jeanne ist fasziniert von schönen Waffen – wir wissen von mindestens drei Schwertern, die sie außer Lanze und Streitaxt besaß –, und sie versteht etwas vom Kriegshandwerk. Nach der Aussage des Oberbefehlshabers der französischen Armee war sie »tüchtig im Umgang mit der Lanze, in der Aufstellung der Truppe und in der taktischen Planung ... aber besonders gut handhabe sie den Einsatz der Artillerie«. Die Übernahme einer extrem männlichen Rolle fand Jeanne nicht einmal erklärenswert. Doch sie war nicht bereit, nach dem einen großen Tabubruch auch den anderen öffentlich zuzugeben. »Ich habe nie getötet«, ist ihre Antwort auf eine diesbezügliche Frage ihrer Ankläger in Rouen.

Dagegen sprechen viele Aussagen: »Sie war unter den ersten Angreifern ... Sie legte die Lanze ein und stürmte gegen den Feind ... Dann begann sie zu töten und die Leute stolz niederzuschmettern.« Dagegen spricht die Vernunft: Wie hätte sie – die nach allen Berichten stets die erste beim Angriff und die letzte

im Rückzugsgefecht war – überleben sollen? Die feindlichen
Engländer hatten wahrlich keinen Grund, sie zu schonen. Nein,
Jeanne hat ihrer kriegerischen Leidenschaft mit allen Konsequenzen gefrönt und im Zweifelsfall für den blutigen Kampf
plädiert. Diese Leidenschaft ließ sie am Soldatenleben festhalten
und entfremdete sie dem König, der schon in Reims heimlich
Verhandlungen für den Frieden aufnahm.

Im September 1429 löst Karl VII. das Heer auf, nachdem der
Sturm auf das besetzte Paris, von Jeanne gefordert, mißlungen
ist. Den Winter über zieht *la Pucelle* mit ihrer eigenen kleinen
Truppe durch das Land, hält aber Kontakt zum König. Doch im
März 1430 verstößt sie gegen den ritterlichen Ehrenkodex: Ohne
Abschied von Karl VII. zu nehmen, entfernt sie sich mit rund
zweihundert Mann vom Hofe, der sich in Sully an der Loire
einquartiert hat, und zieht eigenmächtig östlich an Paris vorbei
ins belagerte Compiègne.

Am 23. Mai dirigiert sie am frühen Nachmittag einen Ausfall
aus der Stadt, um den Ring der feindlichen Burgunder zu lok-
kern: »Sie ritt auf einem schönen Streithengst und in voller Rüstung, darüber einen reichen Waffenrock aus rotgoldenem Bro-
kat. Hinter ihr kam ihre Standarte und das ganze Kriegsvolk der
Compiègne.« Der Ausfall mißlingt. Während sie versucht, ihren
Kameraden, die zurück in die Stadt flüchten, Rückendeckung zu
geben, reißt ein Burgunder sie an ihrem prächtigen Waffenrock
vom Pferd. Im feindlichen Lager wird ihr trotz entschiedener
Gegenwehr die Rüstung vom Leib genommen. Da wissen die
Burgunder, was für einen wertvollen Fang sie gemacht haben.

Gegen 10 000 Franken wird sie den Engländern übergeben, die
die verhaßte »Hexe« unbedingt in ihrer Gewalt haben möchten.
Im Dezember 1430 kommt die Gefangene nach Rouen, wo das
britische Hauptquartier ist. Die Franzosen rühren keinen Finger
zur Befreiung ihrer Heldin. Am 9. Januar 1431 beginnt in Rouen
unter Leitung eines Bischofs und des geistlichen Beistandes
der Pariser Universität, die aus ihrer Präferenz für den engli-

schen König nie einen Hehl gemacht hat, der Inquisitionsprozeß gegen Jeanne. Am 21. Februar wird sie erstmals zum Verhör in die Schloßkapelle geführt, manchmal sind bis zu 63 Beisitzer anwesend.

Am 14. Mai erklärt eine Vollversammlung der Universität Paris das Mädchen in allen zwölf Anklagepunkten für schuldig. Jeanne, die bis dahin alle Vorwürfe zurückgewiesen hat, schwört am 24. Mai auf einem Friedhof außerhalb von Rouen – angesichts des Scheiterhaufens – ab. Sie verspricht, ab sofort Frauenkleider zu tragen, und wird zu lebenslangem Kerker begnadigt. Nur vier Tage später beginnt der zweite Prozeß, denn Jeanne hat wieder Männerkleidung angelegt und erklärt, sie habe nur aus Angst vor dem Feuer – und nicht etwa aus Überzeugung – abgeschworen. Am 30. Mai 1431 verurteilt das geistliche Gericht das Mädchen als Schismatikerin und Häretikerin und übergibt es auf dem Alten Markt von Rouen dem weltlichen Gericht. Der Henker entzündet den Scheiterhaufen, der extra klein ist, um einen schnellen Tod zu verhindern. Erst nach Stunden ist Jeanne von schrecklichen Qualen erlöst.

Im Unterschied zur kurzen, hektischen Zeit des Triumphs, hat Jeanne während ihrer Gefangenschaft unendlich viel Zeit zum Nachdenken. Liest man das Protokoll ihrer Antworten während der stundenlangen Verhöre, dann beeindruckt, wie unbeirrbar sie dem Druck ihrer Ankläger, dem Gefühl der Verlassenheit widerstand. Sie bleibt in der Zeit schwerster Bedrängnis bei der Überzeugung, die sie zu höchstem Ruhm geführt hat: Die Stimmen, die sie hört, kommen von Gott; ihnen ist sie vor allen anderen Autoritäten zum Gehorsam verpflichtet. »Aber«, suggerieren die geistlichen Ankläger geschickt, »glaubt Ihr nicht, der Kirche Gottes auf Erden unterworfen zu sein, das heißt dem Herrn Papst, den Kardinalen, Erzbischöfen, Bischöfen und anderen Prälaten der Kirche?« Jeanne bleibt sich treu – und geht in die Falle: »Ja, doch zuerst muß ich dem Herrn dienen.«

Dies ist der Kern des Ringens zweier höchst ungleicher Parteien, den Vokabeln wie Schismatikerin oder Häretikerin nur vernebeln: Da ist eine junge Frau entschlossen, Gott mehr zu gehorchen als der mächtigen Kirche. Weil die Stimmen ihr gesagt haben, Männerkleidung zu tragen, bleibt Jeanne auch im Gefängnis dabei, selbst als ihr deshalb die Teilnahme an der Messe verweigert wird. Sie hat erkannt: Wenn sie jetzt die Stimme ihres Gewissens verrät, verrät sie ihr Leben. Und so entschlossen, wie sich das Bauernmädchen aus Lothringen vor gut zwei Jahren wider alle Vernunft auf den Weg zum König gemacht hat, handelt es auch im Augenblick äußerster Hilflosigkeit. Jeanne, die sich weiterhin als Tochter Gottes fühlt, wählt, nach einem verständlichen Moment der Schwäche, den Tod. Wie sie es viele Male ihren Richtern angekündigt hat: »Ich würde lieber sterben als zu widerrufen, was Gott mich zu tun hieß ...«

Im Jahre 1450, Karl VII. ist wieder Herr im französischen Haus, fordert er die Wiederaufnahme des Prozesses von Rouen. (Wer möchte seine Krönung einer Ketzerin verdanken?) Am 7. Juli 1456 erklären Richter und Theologen den Prozeß feierlich für »null und nichtig« und das Mädchen als »frei von jedem Schimpf und Makel«. Der Papst sagte aus Anlaß der Heiligsprechung 1920, Jeanne habe sich »in allem dem Urteil der Römischen Kirche fügen wollen«. Da haben ihre Richter 1431 klarer gesehen.

Literatur

Bonnie S. Anderson/Judith P. Zinsser: Eine eigene Geschichte. Frauen in Europa. Bd. 1, Zürich 1992; Edith Ennen: Frauen im Mittelalter, München 1984; Jean Guitton, Problème et Mystère de Jeanne d'Arc, Paris 1961; Gerd Krumeich: Jeanne d'Arc in der Geschichte, Sigmaringen 1989; Herbert Nette: Jeanne d'Arc, Reinbek 1991; Régine Pernoud: Jeanne d'Arc, Freiburg 1965; Walter Rost: Die männliche Jungfrau. Das Geheimnis der Johanna von Orléans, Reinbek 1983; Ruth Schirmer-Imhoff: Der Prozeß Jeanne d'Arc. Akten und Protokolle 1431–1456, München 1987; Marina Warner: Joan of Arc. The Image of Female Heroism, New York 1981.

HORST HERRMANN

GIROLAMO SAVONAROLA

Großvater Michele, Hofarzt und Verfasser anerkannter medizinischer Lehrbücher, fängt es an: In mehreren Schriften greift er das Thema »Kirchenbuße« auf und nennt die Heilige Schrift Grundlage jeder Reform. Dieser Mann, wie viele gläubige Laien um die besondere Würde des Klerus besorgt, versteht es, die wohlhabende Sippe der Savonarola zu formen: Wir stehen nicht abseits und beschränken uns auf Zynismen nach Humanistenart, sondern kümmern uns um Wohl und Wehe der konkreten Kirche.

Sein Enkel Girolamo, am 21. September 1452 in Ferrara geboren, denkt noch als berühmter Bußprediger an die religiöse Erziehung, die er bis zum Tode des verehrten Großvaters, fast sechzehn Jahre lang, hat erfahren dürfen. Eine gründliche humanistische Bildung tritt hinzu; wieder ist es Michele, der Weichen stellt. Savonarola, später ein Verächter der klassischen Studien gescholten, wird kein dümmlicher Mönch sein, der sich um eines Himmelreiches willen den Erkenntnissen der Epoche verschließt oder diese von Anfang an für zweitrangig hält, ohne etwas von ihnen begriffen zu haben.

Girolamo geht den Bildungsgang getreu mit. Das besagt einiges mehr als im Fall des jungen Luther, für dessen Leben bedeutsam wird, was er in seinen Schulen eben nicht hat lernen dürfen. Das entlegene Sachsen hat nicht im entferntesten geboten, was Ferrara dem Studenten erschließt. Die Helligkeit des

Humanismus, die Luminiszenz der Renaissance: Eigentum Italiens. Deutschland bleibt dunkel, ein Land beinahe am Rand der
gebildeten Welt.

Savonarola steht eine Welt offen. Nach seiner humanistischen
Vorbildung studiert er die freien Künste und bereitet sich auf das
Medizinstudium vor. Vorliebe zeigt er für naturwissenschaftli-
che Fragen; fast selbstverständlich verfällt er der Poesie Petrarcas.
Auf den jungen Magister, so meinen alle, wartet eine Karriere;
von Theologie, vom Mönchtum gar, ist die Rede nicht.

Bekehrung, Berufungserlebnis, Blitzschlag, die dieses Leben
wenden, finden sich nicht, auch keine Verzweiflung, die den
Mönch macht. Die Suche nach Schocks kann Legendenschrei-
bern überlassen bleiben. Savonarolas Jugend kommt nach allem,
was wir wissen, ohne exorbitante Erlebnisse aus. Was auffällt, ist
eine Liebe zur Meditation, ein beständiger werdendes Suchen
nach Wahrheit. Auf langen Spaziergängen fragt sich der junge
Mann nach dem Sinn seines Lebens; vergleichsweise erstaunlich,
daß er die Antwort auf seine Frage in der Heiligen Schrift zu
suchen beginnt, nicht bei Philosophen und Theologen.

Das Gespür des religiösen Genius – in seiner ketzerischen
Form – findet zurück zur unvermittelten, ungedeuteten, unver-
fälschten Wahrheit. An ihr, nicht an der innerkirchlich geläufi-
gen Auslegung, wird Savonarola die Kirche der Epoche messen.
Seine Vertrautheit mit der Bibel ist Frucht eines kontinuierlichen Erlebens: Er läßt die Schrift einfach »so« auf sich wirken,
verzichtet zugunsten des Originären auf scholastische Kommentare, Sekundärliteraturen und Vorausinterpretationen, urteilt
früh, die Bibel rede deutlich von allem Wesentlichen für sich
selber. Bei den Propheten geht er in die Schule der Gleichnisse
und lernt, sich in Bildern auszudrücken – ein Meilenstein auf
dem Weg zum Kanzelredner.

Die desorientierte Familie ist verärgert, als Girolamo beschließt, seine Erfahrungen mit dem Gott der Bibel nicht mehr
aufzugeben und Priester, Mönch zu werden. Dieser Entschluß

kann – solange sich die Forschung des Themas nicht intensiver annimmt – nur so erklärt werden, daß Savonarola meint, mit diesem Schritt sei ein Anfang der Erneuerung aus dem guten Geiste der Bibel gemacht. Später wird er zu ahnen beginnen, daß seine Entscheidung, die Kirchenreform systemimmanent anzugehen und den Weg durch die Institution Mönchtum anzutreten, statt auf außermönchische, ja außerkirchliche Kräfte zu setzen, vielleicht doch nicht richtig ist.

Savonarola beansprucht ein Feuer Gottes, das ihm Mark und Bein verbrennt, wenn er ihm nicht Raum gibt. Doch ein solches Feuer ist nicht gefragt. Mitbrüder mühen sich, es zu löschen. Eine J. Burckhardt zufolge »völlig zu Feuer und Flamme gewordene Persönlichkeit« paßt nicht zu ihnen. Die Reform der Kirche und Welt liegt, allen Beteuerungen zum Trotz, bei Bettelmönchen in denkbar schlechten Händen. Immer wieder ist von den Dramen der Orden zu hören, von unglaublichen Mißständen auch, für welche die Volksmeinung, angeführt von den Humanisten und ihrer Spottlust, ein einziges Urteil parat hatte: Ausrotten müßte man die Mönchsbrut, dann wäre Ruhe ...

Kritik an der Korruption der heuchlerischen Orden ist ein Topos der Epoche. Dieses Motiv ist, was seine Ausgangspunkte und die Anekdoten anlangt, die sich mit ihm verbinden, nicht sehr von der Vulgärliteratur entfernt, doch artikuliert und systematisiert es sich jetzt, bezieht bewußt die gesamte Kirche ein. Humanistische Intelligenz verfaßt Traktate, Briefe, Dialoge zum Thema und bereitet den Boden für die Polemik der Reformatoren. Die durch die Jahrhunderte ziehende Theorie vom gewaltigen Abfall wird neu belebt, und die unerbittlichen Ausfälle gegen alle, die am gegenwärtigen Zustand schuld sind, zeigen die Sehnsucht der Menschen nach Reinheit und Armut der Kirche Jesu.

Gewiß haben sich, zu Anfang, im Umkreis der Gründer, Ideale in den Orden gezeigt. Mit der Zeit ist jedoch, wie später noch oft, neben die individuelle Armut der Mönche und Nonnen der anwachsende Reichtum der Ordensgemeinschaft getreten. Damit

ist der zuvor in Ordenskreisen beklagten Eitelkeit der Welt Tür
und Tor zum Heiligtum geöffnet. Die reinsten Bewegungen des
Mittelalters werden in Form eines vom Papst genehmigten Ordens in den Dienst einer besitzfreudigen Kirche eingegliedert,
neutralisiert, mit Stiftungen und Schenkungen korrumpiert, ins
Gegenteil verkehrt. Das Urteil der Gestrengeren unter den Bettelmönchen steht fest: Die schleichende Korruption durch den
Gemeinschaftsbesitz pervertiert die Ziele der Ordensgründer,
und die gefürchtete Verweltlichung, die abzuwehren man einst
der Kirche zu Hilfe geeilt war, ist drauf und dran, einen späten
Sieg zu erringen.

Die Ansicht der Konsequenten wird nur von wenigen geteilt.
Viele andere, Angehörige derselben Orden, glauben, radikale
Mitglieder täten des Guten zuviel, urteilten ungerecht, nähmen
nicht auf notwendige Entwicklungen und Sachzwänge Rücksicht. In der Folgezeit kommt es zu schweren Auseinandersetzungen, selbst zu Spaltungen. Die Päpste sind immer wieder
gezwungen, sich für die eine oder die andere Partei in den zerfal-
lenden Orden zu erklären. Eine Entscheidung von Dauer zu fällen, sind sie außerstande. Rom muß zwischen den Gruppierungen hin und her lavieren; zuviel steht für den von ihm selbst
erreichten Status auf dem Spiel.

Die Armut, so es sie je gab, ist gründlich denaturiert. Der Bettel der Mönche ersetzt sie nicht; er weitet sich immer grandioser
zu einer Praxis aus, die ohne große Skrupel versucht, an das Geld
der anderen Christen zu gelangen. Ein Eingreifen lohnt sich für
die Päpste weniger denn je: Bei genauem Licht besehen, kennen
sie derlei aus dem eigenen Haus. Das Finanzierungssystem ihrer
Kirche mit seinen Ablaß-, Türkenkriegs- und Privilegiengeldern
ist nichts anderes als ein Bettel größten Ausmaßes.

Savonarola tritt zu einer Zeit in den Orden ein, als die Mehrheit der Dominikaner in den Trott der Selbstgerechtigkeit zu-
rückfällt. Er versteht nie, weshalb der auf das Ideal gerichtete
Wille des Gründers so schnell pervertiert wurde. Sein Orden,

merkt der junge Mönch, ist nicht besser als die Gesellschaft, die zu bessern er antrat. Von keiner Seite wird Girolamo Savonarola soviel Mißverständnis erfahren wie von seiten der Seinen. Doch revidiert er die frühe Entscheidung nicht. Er geht den Weg nicht wie Luther zu Ende, sondern versucht, die Reform am untauglichsten Objekt, dem eigenen Orden, zu verwirklichen. Das Kleid der Dominikaner, das er am 27. April 1475 in Bologna empfängt, hat er nicht mehr zurückgegeben. Seine Option wird ihm von den Kirchenoffiziellen und den Mitbrüdern zurückgereicht, die ihn, wenige Stunden vor der Hinrichtung, schimpflich aus dem Orden ausstoßen, der einen solchen Menschen nicht ertragen kann.

Das bedeutet erst den Anfang einer schlimmen Ordensgeschichte: Die Dominikaner, die wenig später zu eigentlichen Inquisitoren und geradezu professionellen Ketzerjägern verkommen, müssen sich – auf dem Hintergrund der Ereignisse um ihren Fra Savonarola – an ihrer Vergangenheit messen lassen. Sie haben, um der Sache des römischen Glaubens willen, die Abweichler verfolgt und vernichtet, die in der Nachfolge des armen Jesus von Nazareth standen. Dabei waren sie selbst nicht in der Lage, auch nur einen Bruchteil jener Konsequenz vorzuleben, die alle Welt bei den Verbrannten und Erschlagenen hatte beobachten können.

Die Stadt, die Savonarola zum Schicksal wird, ist Florenz. Dort erlebt er jene bestimmende Macht, die von den Klöstern ausgeht. Dort bemerkt er auch, daß diese Macht eine Kehrseite hat, daß sie auf tönernen Füßen steht, weil dem äußeren Einfluß der Orden keine innere Kraft entspricht. Fra Girolamo erlebt nicht mehr den Frühling, sondern schon den Herbst des Mönchtums. Seine Versuche, alles zu wenden, sind nicht als Anstrengungen des Anfangs zu sehen, sondern als verzweifeltes Bemühen, das Ende noch einmal hinauszuzögern. Wo die Liebe der Frühzeit erkaltete, das Ideal an der Lauheit der vielen zugrunde ging, der Wille des Gründers von Mehrheiten erstickt wurde, gelingt es

auch den großen Gestalten der Ordensreform nicht mehr, es sei
denn für einen historischen Moment, das Klima der um sich
greifenden Kälte zu erwärmen. Ihr Orden folgt ihnen sowenig
wie seinerzeit den Gründern. Das Gericht ist gesprochen.

1482 ist Savonarola zum erstenmal in der Stadt am Arno, im
Kloster San Marco; das Amt eines Theologiedozenten und Predigers wartet. Die Hoffnungen sind hochgesteckt, doch zeigt
sich, daß er »nicht einmal ein Huhn vom Platz locken« kann.
Seine Stimme: schwach und unausgebildet, seine Mundart: Anlaß zu Spott, seine Gesten: linkisch. Dieser Frate ist keine Attrak-
tion, die Hörer laufen ihm davon – und auch Lorenzo de Medici,
heller Herr der Stadt, hält nichts von dem kryptisch wirkenden
Unheilsprediger und seinen – später berühmten – Sätzen: 1. Die
Kirche muß gezüchtigt werden, 2. nur so kann sie sich erneuern,
3. das alles muß bald passieren.

Der zu Erwartungen Berechtigende hat versagt. Die Ordensoberen wissen nicht recht, was sie mit Girolamo anfangen sollen.
Sie schicken ihn 1487 los, auf die Straßen, auf Wanderschaft;
vielleicht, denkt man, klärt sich der sinistre Geist wenigstens
unterwegs, in Begegnung, Gespräch, Austausch mit den Menschen. Noch spricht niemand von Fehlinvestition in einen Begabten.

Dann überschlagen sich die Ereignisse: Im Sommer 1490
kehrt der Frate zurück, im Frühjahr 1491 predigt er zum erstenmal im Dom, und schon im Juli desselben Jahres wählen ihn
seine Mitbrüder in San Marco zum Oberen.

Der neue Prior erweist sich als politische Sensation. Er predigt
nicht ungefährdend, bleibt nicht im allgemeinen Bibelgeschwätz
stecken, sondern wird zunehmend konkret, legt sich auf der Kanzel mit dem Stadttyrannen an, erklärt frei heraus, wo der Herr
nichts tauge, verfalle auch das Gemeinwesen, korrumpiere sich
das Recht, fielen die Steuerlasten ausschließlich auf die da unten,
nährten sich bestechliche Beamte vom Einkommen aller, verfäl-
sche sich der Wille des Volkes zugunsten einiger Familien, wür-

den ungerechte Kleinkriege mit den Nachbarstädten legitimiert. Ein Bild der Dekadenz, ein getreues Spiegelbild des Signore Lorenzo de Medici.

Dieser Herr im Wortsinn, unerfahren im Umgang mit dem Widerspruch, verfügt sich ungläubig nach San Marco, seinem eigenen Kloster, hört selbst solche Töne, öffnet wie gewohnt seine Börse, versucht es mit Geld, mit einer weiteren Stiftung an den Konvent. Dessen Prior reagiert nicht. Lorenzo heuert daraufhin einen Gegenprediger aus einem konkurrierenden Orden an; der soll eine bequemere Theologie vortragen. Keine Wirkung. Savonarola nennt in aller Öffentlichkeit Dinge und Personen bei dem Namen, den Florentiner sonst nur zu flüstern wagen, um sich kein Verfahren wegen Hochverrats einzuhandeln.

Mit dem Stadtherrn legt sich ja ansonsten niemand ungestraft an. Zwar hat sich das System der Signoria durchgesetzt, ein Regierungsgremium weniger Männer, ein oligarchisches Element, das den Sieg der grundbesitzenden Klasse in der Stadt signalisiert. Doch erweist sich die Regierungsform als wenig dynamisch und praktikabel; die langatmige Prozedur, die den Entscheidungen vorauszugehen pflegt, die mangelnde Möglichkeit, Beratungen geheimzuhalten, statt alles und jedes auf der Straße durchzuhecheln, was Florenz angeht, und der Dilettantismus der Amtsträger sind Faktoren, die mit zur Diktatur eines einzelnen führen. Es ist nur eine Frage der Zeit, bis sich amtsverdrossene Amateure nach einem Betuchten, Bereiten umsehen, der ihnen das leidige Amt abnimmt. Die Technik der subtilen Machtergreifung ist perfektioniert; in Florenz herrscht de facto ein Medici, ohne die Herren der Signoria mit einem Staatsstreich behelligen zu müssen.

In den Jahren nach Lorenzos Tod – Savonarola soll am Sterbebett gestanden sein, ohne Erfolg – spitzt sich das Problem zu: Der Prior wächst in die Rolle eines Sprachrohrs der Unzufriedenen hinein, desavouiert den Anspruch der Medici völlig, wird zum Gegenpol des Stadtregiments, nennt das geldwerte, hundertfach bestätigte Verhältnis zwischen den Repräsentanten von Staat und Kirche unmoralisch. Florenz scheint den Mann gefunden zu haben, der mediceischer Moral das Evangelium entgegensetzt, ohne selbst durch klerikales Geschäftsgebaren diskreditiert zu sein.

Savonarola wird die Geister, die er weckte, nicht mehr los: Am Zusammenspiel von Klerus und Parteipolitik wird dieser Prediger scheitern. Die staats- und kirchentragenden Personen bringen ihn zur Strecke; sie schlagen ihn mit den eigenen Waffen, tragen eine mehrheitsfähige Theologie vor, fangen den Außenseiter im Netz gewendeter Bibelsprüche. Hätte Savonarola sich bedeckt gehalten wie tausend Mönche vor ihm und nach ihm, hätte er sich mit folgenloser Frömmigkeit begnügt, die Politik nicht theologisch greifbar macht, er wäre ein weiterer Florentiner Stadtheiliger geworden, längst kanonisiert, in Ehren eingemeindet, integriert ins Gewöhnliche, verehrt statt verstanden.

Girolamo Savonarola, unnachsichtig gegenüber den Fehlleistungen einer Kommune, kann so bequem nicht handeln. Das ist seine *crux* bis heute. Keine Persönlichkeit der italienischen Geschichte, wenn nicht über diese hinaus, blieb umstritten wie er. Für die einen ist er ein Märtyrer des Ideals, der das Pech hatte, in die falsche Zeit zu fallen, mit einem korrupten Papst wie Alexander VI. zu kollidieren. Seinen Gegnern erscheint der Mönch mit dem fanatisch geschnittenen Gesicht, der Adlernase, dem brennenden Blick als frühestes, nachhaltigstes Exempel für fundamentalistische Verirrung, als ein Ayatollah der Renaissance, ein Goebbels in der Kutte. Ein italienischer Biograph favorisiert gar die These vom frommen Staatsterroristen, der aufgrund der wirren Verhältnisse in Florenz, die an Weimar erinnern, wie ein faschistischer Führer die Macht ergreift und dessen Massenveranstaltungen die Szenographien Albert Speers vorausnehmen.

Auch die Päpste halten am Verdikt fest. Johannes Paul II. preist 1986 bei seiner Visite in Florenz den Galilei, bereitete damit, nach 360 Jahren, die Selbstrehabilitation seiner Kirche in Sachen

Denkverbot vor – und verliert über Savonarola kein Wort. Sich mit einem Papst angelegt zu haben findet noch 500 Jahre später kein Verständnis im Vatikan. Herren halten zusammen.

Ich rechne dieses päpstliche Unverständnis dem Prior von San Marco hoch an. Dieser braucht sich nicht auf Rom zuzubewegen; er kann warten, bis die Glatten sich wenden und auf ihn zugehen. Und wenn sie es nie tun? Savonarolas Größe lebt nicht vom Sinneswandel einer Kurie. Läßt der Papst lehren, asketische Strenge und reiner Lebenswandel genügten nicht für die Heiligsprechung, denn der wahre Heilige zeichne sich durch Unterwerfung unter die von Gott gesetzte Autorität (eines Alexander VI.?) aus, kann er seine Heiligkeit für sich behalten.

Dem Ketzer, verdient er den Namen, geht die Fähigkeit zur Integration ab; seine Unangepaßtheit an das Erforderliche, Gewünschte, Taugliche macht ihn unpraktisch. Savonarola heißt zurecht bis heute Ketzer; er bedient sich nicht der jeweils klügeren Ratio, läßt nur selten irdische Alltagsweisheit und realpolitische Tugend erkennen, bindet sich ausschließlich an das, was er seine Prophetie heißt: auszusagen, was jetzt schon gut oder böse ist, nicht, was eines fernen Tages sein könnte und müßte. Er verarbeitet die Fakten der Stadt, zu der er sich gesandt weiß, nicht idealistisch, geht mit der Geschichte nicht historisierend wie viele andere um, predigt Ungereimtheiten nicht in ein angeblich besseres Jenseits weg. Damit bringt er das von Realpolitikern zu ihren Gunsten ausgependelte Gleichgewicht ins Wanken, läßt das Theater zur Schmiere werden.

In der Vorstellung Savonarolas lebt das Bild vom Gottesstaat, über das Heutige nur mehr lächeln, weil Theokratien mittlerweile als schwere politische und theologische Irrtümer definiert sind. Damals erweist sich die Idee als wirkmächtig, wenn auch nur für eine kurze Frist. Die Königsherrschaft Christi soll dem Volk jeden erdenklichen moralischen, geistlichen und leiblichen Nutzen bringen. Savonarola, für viele nur noch düsterster Phantast, muß, wenn überhaupt, aus der damaligen Umwelt und mit

Hilfe der Umstände, Denkgewohnheiten und Hoffnungen seiner
Epoche erklärt sein; auf diese Beurteilung hat er ein Recht. Er
macht sich zum Sprecher einer reichen Tradition der Christenheit – und wird zu einem der ersten Rufer jener religiösen Re-
volutionsbewegungen, die sich im Europa des zur Neige gehenden Quattrocento abzuzeichnen beginnen. Doch scheitert der
Frate spätestens zu dem Zeitpunkt am eigenen Ideal, als seine
zunehmend fordernde, ja überhitzte Aktivität keine Resonanz im
Volk mehr findet.

Das »Volk«? Es auf einen gemeinsamen Nenner zu bringen,
in Florenz zumal, erscheint unmöglich. Die Kategorisierungs-
versuche des 19. Jahrhunderts greifen nicht mehr. Savonarolas
Stadt durchlebt mehr politische Formen, Mischformen, Denominationen der Herrschaft als jede andere Kommune der Halbinsel.
Florenz bleibt ein von allen möglichen Fiebern geschütteltes Gemeinwesen, in dem Skeptiker das Sagen haben. Die gesuchte
Ordnung, der florentinische *disegno,* findet sich allenfalls in der
Theorie, beim Denkspiel, auf dem Papier der Verfassung. Florenz
wird zur Heimat aller politischen Theorien und Doktrinen, der
Experimente und Sprünge. Savonarola erfährt dies hautnah, in
seinem Aufstieg wie in seiner Niederlage.

Unbestritten, daß die sich früh demokratisch fühlende Stadt
eine umfangreiche Gesellschaftsschicht aufweist, die fast völlig
vom politischen Leben ferngehalten wird. In der Ständeordnung
rangiert der gemeine Mann, der niedere Handwerker und Lohn-
arbeiter wie der Bauer, weit hinter den anderen. Eigentlich rangiert er überhaupt nicht, sondern ist nur das notwendige Ar-
beitstier für die übrigen. Die Kunst, die ihn mit den Augen des
feinen Stadtmenschen sah, stellt ihn als nützlichen Idioten dar,
auf dessen Kosten andere lachen. Der proletarische Mensch ist
Objekt, Pfand, eine unwürdige und unwichtige Schachfigur im
Spiel der Vornehmen.

So sieht ihn auch die Kirche, deren Lehre alles tut, um den
angeblich gottgewollten Zustand zu verewigen. Ihre Moral

stützt die Herrschenden; ihre Caritas ist niemals solidarisch, sondern neigt sich bloß – im Almosen, in geistlicher Gnade – zu den Zu-kurz-Gekommenen, aufs Jenseits Vertrösteten herab. Die reale Lage der Stadtarmen kümmerte Theologie und Kirche sehr wenig.

Vom Klerus, hoch wie niedrig, gehen ebensowenig Impulse zur Änderung der Situation aus wie von den übrigen Meinungsführern der Zeit. Vielmehr treffen sich die tonangebenden Eliten, viele Vertreter der damaligen Intelligenz unter ihnen, auf dem breiten goldenen Mittelweg, in der immer privilegierten Mittelschicht, die vom herrschenden Zustand nichts, von einer Umwälzung alles zu befürchten hat. Erneut kollaborieren die Hauptvertreter dieser Mittelklasse; sie nennen diese Politik erfreulich. In Florenz sind Kaufleute und Finanziers an einem verläßlich funktionierenden Verhältnis zur Geistlichkeit interessiert. Unter ihresgleichen ist vom grassierenden Antiklerikalismus wenig zu spüren. Die Medici fördern das geistliche Wohl, der Klerus revanchiert sich dankbar.

Das symbiotische Spiel, der Austausch gegenseitiger Interessen zu beiderseitigem Gewinn, ist intakt – und das Volk steht, schwatzt, gafft, bietet ihm doch das Haus Medici Brot und Spiele. Die meisten Menschen in der Stadt können sich in die politischen Entwicklungen nicht einbezogen fühlen. Ihnen bleibt ein dumpfes Sichergeben in die Willkürakte der sich ablösenden Herren, eine Geduld, die von der mitherrschenden Kirche abgesegnet und überhöht wird – und dem Propheten nicht zusagt.

Savonarolas Leitgedanken sind so untauglich nicht, wie sie heute manchen erscheinen. Der Prior als Sozialprophet wird im Nebensatz abgetan, doch verbirgt sich in Savonarolas Predigt und Tat eine genuine Erinnerung an das alttestamentliche Prophetentum. Dieses ist gekennzeichnet, beschwichtigender Religionsunterricht hin oder her, durch starke soziale Komponenten. Die Propheten bleiben keine bloß frommen Gotteslehrer, wie ihre Schüler sie der Nachwelt ausmalen. Propheten legen den

Finger auf die Wunde des Volks, sprechen soziale und politische Ungerechtigkeiten konkret an, flüchten nicht ins Gottgeistige; das macht sie den verantwortlich und schuldig Herrschenden unleidlich. Der Prior ist, wie zeitgenössische Schriften bezeugen, ein Prophet: Er sagt den Florentinern, was ist. Die Frage an jeden Propheten bleibt jedoch, ob seine Adressaten reif sind, sein und ihr neues Wissen zu nutzen.

Ein Kampf auf Leben und Tod zwischen Savonarola und der Kirche ist unausweichlich. Der Rufer nimmt es nicht hin, daß Rom und seine Helfershelfer in Florenz nur am Status quo Interesse zeigen, schon weil sie nicht gewillt sind, in eine biblisch argumentierende Diskussion über dessen Grundlagen und Konkretionen im politischen Alltag einzutreten. Hinter der geistlichen Fassade der klerikalen Spiele – Dauerpredigten über Himmel und Hölle, Sündenfall wie Erlösung, Gnadenmittel der Oberhirten gehören hierzu – erkennt der hellsichtige Prior das Verbrechen an den Menschen: Kirche und Welt als Waren zu betrachten, mit denen geschachert wird, wie immer es der Vorteil der Spieler und Profiteure will. Mit Geld – woher haben es die Mächtigen, wenn nicht von Ausgebeuteten? – läßt sich alles erreichen. Gerade die Religion wird zum Handelsobjekt, demjenigen ausgeliefert, der für sie, aus welchen Gründen auch immer, am meisten bietet. Die Rechner sehen ihre Stunde kommen.

Die Medici kennen neben der doppelten Buchführung auch den *libro segreto* für den Hausgebrauch, nicht für die Steuerbehörden von Florenz. Sie führen dabei, nach Art moderner Nummernkonten, die Einlagen hoher Prälaten *a discrezione*, eine sehr wichtige Errungenschaft in Zeiten so rapiden Loyalitäts- und Glückswechsels auch in der Kirche. Für diese besondere Form der Religiosität, der Kirchentreue und des Verständnisses für die wahren Kirchenbelange bringt der Vertreter der Armen keine Einfühlungsgabe mit. Hofklöster wie Santa Maria Novella in Florenz, von den Medici reich dotiert und hofiert von den Päpsten, bleiben dem Prior von San Marco ein Greuel. Er wird sich in den Jahren, die ihm vergönnt sind, darum mühen, aus seinem Konvent einen Hort der Reform zu machen, eine Alternative zum Gewöhnlich-Klerikalen vorzuleben, am Gegenbild zu erweisen, wie es ist, wenn Gott herrscht.

Savonarola wirkt, Luther ähnlich, sehr viel mittelalterlicher als die künftigen Reformer, beispielsweise Calvin oder Loyola. Seine Berufung auf die Schrift lebt aus dem Wort, dem nackten »ist«, nicht aus dem sich abzeichnenden vernünftelnden »bedeutet«. Wen wundert es, daß seine Theokratie, die auf den Glauben an einen überweltlich mächtigen, allwissenden, lebendig zu erfahrenden Gott gegründet wurde, ein Mißerfolg ist? Der Prior kann aber gar nicht anders; er wagt sein Experiment mit der Republik Christi, mit der Herrschaft Gottes und des Volkes. Selbst das Scheitern dieses Versuches, eine Diktatur des guten Gottes aufzurichten, um die Urrechte der Menschen wiederzugewinnen und zu stabilisieren, ist eindrucksvoll. Die Forschung hat sich dieses Themas, des Gelingens wie des Mißlingens, kaum angenommen. Die Wirkgeschichte der Nicht-Sieger und der Nicht-Erfolgreichen ist noch nicht geschrieben. Den gewiß zwiespältigen Savonarola nur als kruden Revolutionär oder als demagogischen Untergangspropheten zu beschreiben kommt seinem Geheimnis nicht nahe. Wir sind ihm eine ernsthaftere Beschäftigung schuldig.

Dabei könnte auch die Meinung als Binsenirrtum erkannt werden, die Stimmung in Italien und die Absichten der Reformprediger des Landes hätten sich damit begnügt, Hierarchie zu verneinen, während Luther wenig später zu positiven Alternativen vorgedrungen sei, um Lücken im theologischen System zu schließen und einen tragfähigen Grundstein für das Gelingen der Erneuerung zu legen. Savonarola bietet gewiß mehr als Kritikergeschrei und prophetisch angehauchte Besserwisserei, mehr auch als Volksverhetzung und Verbrennung von eitlem Tand.

Seine Utopie erscheint den Florentinern zunächst nicht unattraktiv: Nachdem die Unfähigkeit der regierenden Familie offenkundig geworden und der letzte Medici aus der Stadt gejagt ist, wird Savonarola zum Signore von Florenz. Sein Glaube verhindert den drohenden Bürgerkrieg, seine Predigt über die Freiheit duldet nicht, daß die Erfolge des Umsturzes im nachhinein von einigen wenigen zu ihren Gunsten umgedeutet werden. Der Prior nennt Leitvorstellungen für die Zeit des Wiederaufbaus: Erbarmen für alle Anhänger falscher Parteiungen, Verzeihung für die Unterdrücker von früher – doch auch Aufmerksamkeit im Volk, damit es weder einem alten noch einem neuen Tyrannen gelinge, seine Herrschaft zu begründen.

Savonarolas Status gewinnt einmal weltgeschichtliche Bedeutung; 1494 macht der Mönch Politik mit König Karl VIII. von Frankreich, bewahrt die Stadt vor Mord und Plünderung – und erwirbt einen unbeugsamen Feind, Papst Alexander VI. Borgia. Florenz, von Frankreich privilegiert, gilt damals als papstfeindlich; sein Regiment, als wankelmütig bekannt, wird sich freilich in wenigen Jahren auf die Seite Roms schlagen – und Savonarola als ersten, wichtigsten dem Bündniswechsel opfern.

Was 1494 auf den geistlichen Signore wartet, kommt einer unmenschlich großen Aufgabe gleich. Savonarola findet Probleme vor, die im Faktischen, in den ökonomischen, politischen Realitäten des Stadtstaates liegen, aber auch in der geistigen Auseinandersetzung oder Nicht-Auseinandersetzung, in theologischen Vorbedingungen, die sich diesem ganz von seinem Oben her Bestimmten in den Weg stellen, der eine Stadt – und deren Klerus! – nach Buchstaben und Geist der Schrift zu formen sich vorgenommen hat. Die immanenten Schwierigkeiten des Experiments türmen sich denn auch bald immer unüberwindlicher auf, und Widerstände häufen sich, die einen einzelnen überfordern.

Savonarola plant nichts Geringeres, als die Lebensumstände der Florentiner, aller Florentiner, von Grund auf zu ändern, ihr moralisches Bewußtsein zu den Quellen Gottes zurückzuführen und jene Gleichheit unter überzeugt Gläubigen herzustellen, die alle sozialen Unterschiede nicht nur unwichtig setzt, sondern aufhebt. Seine Reformen lassen kaum ein Gebiet des Alltagslebens unberührt. Der Prior führt gestaffelte Einkommensteuern auf Immobilien ein, weist Wucherer aus der Stadt, läßt eine Kreditkasse zinsgünstige Darlehen an Bedürftige geben, befreit vermögenslose Schuldner von ihren Schulden, plant eine Besteuerung des als immun definierten Kirchenbesitzes, fordert Aufsichtsrechte der Laien über die Geistlichkeit, entwickelt eine Verfassung für seine Stadt, schafft neue Strukturen für Gremien und Verwaltung, abstrahiert dabei vom Parteiregiment, verlangt vollkommene Gerechtigkeit. Gott selbst, der die Menschen gleich schuf, will es so: Warum sollte eine Kommune, die sich ausschließlich auf sein Wort bezog, anders handeln?

Der Frate, Volkstribun spezieller Prägung, zürnt den Reichen, die sich den Arbeitslohn des Volks aneignen, keine neuen Arbeitsplätze für Zugewanderte beschaffen und nur darauf aus sind, ihr Kapital durch gewagte Spekulation und Investition wie schamlose Ausnutzung der Arbeitskraft anderer zu mehren. Soll Gottes Republik realisiert werden, muß umerzogen sein: Zunächst bietet Savonarola den Wohlhabenden die Einsicht in das Notwendige, doch kündigt er denen, die diese nicht leisten und sich nicht bekehren, den Zorn des gerechten Gottes an. Dieser wird sich im gewaltsamen Widerstand des Volks konkretisieren.

So weit kommt es nicht. Zunächst scheint die Gleichung »Glaube ist Einfachheit« wichtiger. Ableitungen aus diesem Rechenexempel sind kompliziert, lassen sich, auch wenn der Prior mehr und mehr in diese Richtung predigt und schreibt, nicht auf den Nenner puritanisch, sexualfeindlich, lustunwillig reduzieren. Doch der Anschein ist anders, und noch immer besitzt die plumpe Identifikation von Religion und Moral das Urteil über Savonarola: Florenz kennt bald eigene Sittenwächter, unter ihnen viele Kinder, die auf Erfolg oder Mißerfolg des Experiments Gottesrepublik sehen sollen. Sie ziehen durch die Gassen, erschnüffeln Intimes, machen Vorhaltungen, verwarnen, zeigen an, errichten schließlich im Februar 1498 Scheiterhaufen für die

Mittel menschlicher Eitelkeit, lassen Spiegel, Spielutensilien, Musikinstrumente, Bücher in Flammen aufgehen.

Florentiner, die sich unter den Medici für die Schönheitsideale des Humanismus begeistern, bekehren sich scheinbar in einer Massenbewegung größten Ausmaßes zu deren Gegenteil. Plötzlich herrscht, so könnte man meinen, in Florenz eine Religion, die sich vorteilhaft von dem abhebt, was der Papst als offiziellen Glauben offeriert. Die Welt der florentinischen Renaissance, wie sie sich in jenen Jahren darbietet, ist eher tragisch als heiter, eher hart und unerbittlich als freudvoll, eher rätselhaft und visionär als klar und harmonisch. Die Verächter der heilen römischen Welt haben Konjunktur.

Wortführer ist ein begnadeter Redner: Savonarola improvisiert, kennt kein Manuskript, führt Dialoge mit den Zuhörern, badet im Hin und Her der Zurufe, genießt Erschrecken wie Freude der Hörenden. Kanzeln erschließen ihm jenen Zugang zur Öffentlichkeit, ohne die seine Sache nicht vertreten werden kann. Savonarolas Sprüche, Worte, Zitatfetzen laufen durch die Stadt − und werden nicht nur von seinen Anhängern aufgeschnappt und gesammelt.

Niemand wird der Meinung sein, Florenz habe sich als Ganzes und für immer zur re-ligio bekehrt und die Rückbindung des Priors an den Urglauben mitvollzogen. Bürger halten es auf Savonarolas Insel nicht aus. Ändern wird sich nichts, Menschen wollen bleiben, wie sie sind. Und die Gleichheitspredigt des großen Gläubigen Savonarola erweist sich politisch als eine halbe Sache, scheitert am Unwillen der Betroffenen, verkommt in neuen Parteiungen. Daher sieht sich der Prior zunehmend auch von jenen verlassen, die stark auf ihn hofften und von der Entwicklung stärker enttäuscht wurden als zuvor. Die Grundbefindlichkeit der Masse, die Trägheit, wie sie sich bei allen konkretisiert, die einfach ungeschoren davonkommen wollen, bezieht Savonarola nicht in seine Rechnung ein.

Der Prior, auch hierin Erfahrungen der Ketzergeschichte teilend, unterschätzt die Beharrungstendenz der Angesprochenen und überschätzt zugleich auf eine selbstgefährdende Weise die Menschen, mit denen er es zu tun bekommt – und die ihn schließlich verbrennen. Die Wirkung, die das Wort der Heiligen Schrift auf ihn ausübt, hält bei anderen nicht an. Die Menschen fühlen sich nicht mit derselben Intensität angerührt. Wer solches von ihnen verlangt, muß enttäuscht werden. Der Radikale erlebt seine Grenzen; ein Stück heilsamer Tragik. In den unbedingten Reformen, in großen Bewegungen und Umwälzungen wird ständig zurückgesteckt und verraten. Immer zeigen sich bequemere Alternativen, bezeugen sich gemäßigte Urteile, erweisen sich Mittelwege als eher gangbar. Früher oder später weichen alle von der geradlinigen Straße des Feuerkopfes ab, der den Anfang setzte.

Um so wichtiger, daß immer wieder Menschen aufstehen, die sich zur Rettung des Feuers verstehen. Es kommt zwar nie genau so, wie die Ketzer wollen, doch ohne diese wäre »es« überhaupt nicht gekommen. Was alle Nutzer heute als selbstverständlich hinnehmen – Gewissensfreiheit, Meinungsfreiheit, Wissenschaftsfreiheit zum Beispiel –, ist denen zu verdanken, die im jahrhundertelangen Kampf um jedes dieser Rechte Opfer von Staat und Kirche werden.

Tut Savonarola des Guten zuviel? Ist er zu groß für seine Zeit, für alle Zeiten? Kann ein Mensch im Guten zu gewaltig sein? Offenbar ja. Savonarola, von Anfang an unverstanden, bald auch unbeliebt, schichtet sich den Scheiterhaufen selbst. Sein Ende kommt schnell. Die Gegner aus der Mitte, die auf Zeit verstummen, ohne ihre Sache aufzugeben, wahren die Chance, tun sich zusammen, reagieren auf die Zumutung, denunzieren, kriminalisieren, fordern die Endlösung: Bettelmönche, denen er die Geschäftsgrundlage entzogen; Kleriker, deren jahrhundertealte Immunität er tangiert und deren Einfluß auf das Volk er beschnitten hat; Besitzende, die sich seiner Gleichheitsrede versagen müssen, weil sie ihr Geld fordert; Parteipolitiker, die sich mit

Gründen jeden anderen, nur nicht diesen Gottesmann als Signore von Florenz wünschen; Gruppen im Volk, die ihre Ernüchte-
rung nicht verwinden und sich nach den Zeiten sehnen, da
Gehorsam, nicht Gleichheit gefragt war. Große Zeitgenossen,
Michelangelo unter ihnen, verurteilen dagegen den Mahner
nicht; Person und Programm Savonarolas bleiben unvergleich-
lich, wirken unverwechselbar.

Alexander VI., der Rechnungen mit dem Verächter seiner
Amtsführung zu begleichen hat, schafft die Voraussetzungen für
die Exekution des vorherrschenden Willens. Der Diplomat hat
sich rückversichert; die Zustimmung der Florentiner muß sein.
Kaum ist alles unter Dach und Fach, schickt er Legaten – in-
stinktsichere Wahl: einer ist Generaloberer der Dominikaner –,
beseitigt vor dem Zugriff jedes formale Hemmnis. Savonarola
muß weg, dekretiert der Papst, die Ausführung ist Sache der
Stadt: nicht ausgeschlossen, sondern einkalkuliert, daß Blut
fließt.

Florenz kollaboriert. Girolamo Savonarola, bereits im Mai
1497 gebannt, seitdem vogelfrei, Sohn der Bosheit, wird 1498 im
Handstreich ergriffen, in den Turm geworfen, vor ein Sonderge-
richt gezerrt, in den Widerruf seiner politischen Häresie von der
Gottesherrschaft hineingefoltert. Am 23. Mai stirbt er, gehängt
und verbrannt, zusammen mit zwei Anhängern auf öffentlichem
Platz, beim Haus der Signoria. Den Papst erreicht aus dem Kloster San Marco eine Dankadresse.

Literatur

P. Antonetti: Savonarola – Ketzer oder Prophet? Eine Biographie, Zürich 1992;
J. Burckhardt: Die Kultur der Renaissance in Italien, 1860 u. ö.; H. Herrmann:
Savonarola. Der Ketzer von San Marco. Biographie, München 1977; L. v. Ranke:
Savonarola und die florentinische Republik gegen Ende des fünfzehnten Jahr-
hunderts, Wien/Hamburg/Zürich 1931; J. Schnitzer: Savonarola. Ein Kulturbild
aus der Zeit der Renaissance, 2 Bde., München 1924.

HORST HERRMANN

THOMAS MÜNTZER

Dunkel der Anfang. Parallelen ziehen Unfaßbarkeit, Uner-
forschlichkeit, Undurchdringlichkeit. Undeutlich die Merkmale
der Unterscheidung. Doch Dunkles ist zu erkennen; es wächst
um sein Korrelativ, das Licht. Wäre die Welt dunkel, stünde nicht
das Licht bevor?

Thomas Müntzer, zwischen 1488 und 1490 im Harzstädtchen
Stolberg geboren, Herkunftsfamilie und Familie fast völlig unbekannt. Fünfhundert Jahre, ein kaum mehr zu überschauender
Zeitraum. Zurückdenken um fünf Jahrhunderte, in eine fremd
gewordene Zivilisation. Die Welt ein Tal der Schatten, die Seelen
in Schwermut. Es ist denen damals, als gönne Gott den Menschen keine Freude mehr. Der Himmel dunkel gekleidet, Nacht-
kälte und Nachtangst überall. Tief im Traum die Erinnerung an
ein Licht.

Hohe Himmel, endlose Horizonte, unendliche Räume und
Zeiten – und der Mensch darin verloren, blind herumtappend.
Woher kommt das Licht? Im Jahr 1517, als der junge Luther im
Winkel Wittenberg Bußthesen diskutieren will, nennt ein Kar-
tograph den neuen Erdteil erstmals »Amerika«. Mitbringsel der
Entdecker für die Entdeckten sind 1520 dann Kämme, Spiegel,
Tausende von Glöckchen, Krimskrams und Klimbim – und auch
ein bißchen Mär vom Glauben.

»O Gott, mein Gott, von des Lichts wegen wartete ich auf dich.
Mein Seel dürstet nach dir. Ach, wie hat sich auf mancherlei Weis

mein Fleisch bemühet im wüsten Land ohne Weg und Wasser. Da erkannt ich mich, daß ich deine Stärk und Preis also erfahren mußte. Also muß die Kraft Gottes erlangt werden in der Umschattung Gottes«: Müntzer im Jahr vor seiner Hinrichtung.

Müntzer gründet sein Wissen in den Einen, der jenseits aller Zeit steht. Tausend Menschenjahre? Vor mir sind sie wie ein Tag. Erleuchtung wird dem Vertrauensvollen, untrüglich allerdings nur ihm, angezeigt im Regenbogen. Dieser verbindet Mitte Mai 1525, in den Tagen der Entscheidung zwischen Bauern und Fürsten, die Hoffnung eines Volkes mit der Gerichtsgewalt Gottes: »und als der Myntzer den pauren drei tag nachainander gepredigt, were allwegen ain regenpogen am himel umb die sonen gesehen worden. Denselben regenpogen der Myntzer den pauren gezaigt und si getrost und gesagt, sie sehen jetzo den regenpogen, den bund und das zaichen, das es got mit inen haben wolt.«

Das Problem des Predigers bildet sich in diesen Worten ab: Zeichen zeigen, sehend machen, trösten und deuten. Ein Prozeß der Übermittlung von Zeichen und der Einflußnahme auf diejenigen, die diese aufnehmen sollen. Sehen lernen und handeln lernen sind bei Müntzer eins. Seine Kriegsfahne zeigt nicht wie andere das Wort »Freiheit«, sondern den Regenbogen des Bundes, der in eine höhere Freiheit weist.

Ob die Bauern den Code lesen konnten? Waren sie so informiert, daß sie hätten bestehen müssen, als es darauf ankam? Das Deutemodell, das dem richtigen Stimulus die richtige Reaktion folgen läßt, ist zu simpel strukturiert. Menschen reagieren nicht uniform, direkt und mechanisch. Sie bleiben, als aktive Faktoren im Geschehen der Kommunikation, in konkreten Lebenssituationen für Alternativen offen. Müntzers Bauern sind eine variable Größe; sie können auch anders, als der Prediger will; sie beweisen es ihm.

Der Regenbogen, der von unten kommt und nach unten führt, kann auch Symbol für Aufstieg und Niedergang der frühen deutschen Revolution sein, an die sich Müntzer predigend und

führend band. Leuchtete nicht mehr Licht in sein Leben als von
diesem vergänglichen Phänomen, das sich zwischen Sonne und
Regen nicht entscheiden kann? Auf einen Regenbogen setzen
meint damals, was heute Luftschlösser bauen heißt. Scheitern
unterm Regenbogen, die Überschrift über Müntzers Wirken?
Paßt Müntzers Botschaft nicht zum Reaktionspotential der
Adressaten, verfehlt sie ihr Wirkung. Verstehen und wünschen
die Bauern auch nach dreitägiger Predigt den Bund nicht, wird
Müntzer ein sehr einsamer Mensch sein. Gott gab er nie dran;
von ihm fühlte er sich selten verlassen.

Dieser Prediger spricht, meint er sich selbst, von einem früh
zu spürenden und mit »allerhöchstem Fleiß« bewahrten Interesse für den Glauben. Er heißt den Glauben »heilig und unüberwindlich«, ein doppelt bewehrtes Wort, das Gott und Welt siegreich in sich schließt. Seine Reformation wird er ähnlich nennen.
Damit ist er bei seiner Aufgabe; sein Handeln vollzieht sich unter
unabwendbar drückender, singulärer Last. Er versagt sich nicht
der allgemeinen Regel der Menschen; er kennt diese nicht.
Müntzer arbeitete, das wissen alle Quellen zu seinem Leben,
schöpferisch angespannt. Noch mehr: Es arbeitete in ihm. Seine
Zwänge führten auf die Sendung hin, ließen gutgemeinte Ratschläge der Nichtberufenen unbelehrbar beiseite.

Fragend vor einem Glauben stehen, erkennen, daß Müntzer
keine Chance in seinem Land hat. Nicht nur als der Revolutionär
nicht, als den ihn viele kennen und fürchten, auch als Glaubender
nicht. Was nicht ist, kann aber noch werden. Ketzer kennen dieses Prinzip Hoffnung; anderen genügt ihre Resignation. Glaubensmüdigkeit nützt freilich den Interessen der Mächtigen mehr
als Glaubensschwäche.

Müntzer weiß – und handelt beherzt. Seine Zeit ist gewiß eine
Zeit für Obrigkeiten, doch ebenso sicher eine für Rebellen. Unredlich, solch einem Glaubenden den Glauben ausreden zu wollen. Die Gegenwart darf den Zustand, den Menschen wie Müntzer Glauben heißen, nicht als Utopie überholter Art deuten. Es

mag zwar einer Zeit, die den Gottesglauben verlernen mußte, nicht glaubhaft erscheinen, daß es Überzeugungen gibt, die Berge versetzen können. Dieser Zweifel nimmt aber jenem Glauben nicht die Würde.

Ein Utopist, ein Anhänger von Messianismen und Okkultismen, ein Mystiker nach Façon der Traumdeuter, ein an unangepaßter Theologie Gescheiterter, ein Verspäteter, der den Weg zum säkularisierten Weltbild einfach nicht mitgehen kann, aus dem die irrationalen Elemente eliminiert sind?

Müntzer träumt sich nicht in eine vergebliche Vergangenheit zurück. Gegenwärtiges bleibt ihm nicht fremd, auch nicht die Zukunft, wie er sie versteht: »Es ist eine unaussprechliche, ja ungewöhnliche und hässige Sache, von Träumen zu reden. Der Ursach, daß die ganze Welt vom Anfang bis anher durch die Träumer betrogen ist …«

Müntzers Welt gleicht nicht wie die anderer, den Realpolitiker Machiavelli nicht ausgenommen, einem literatenhaften Spielraum. In einer möglichst weit nach hinten oder, je nachdem, nach vorne verlegten Traumwelt lebt er nicht. Er rechnet nicht mit idealen Unwirklichkeiten, er sieht weder die Antike, wie sie die Renaissance liebt, noch eine Zukunft nach Art der *science-fiction* als Werte an sich. Seine Welt verfügt über eine unumstößlich sichere Basis: Gott ist lebendig; er muß heute sowenig wie früher auf Sand bauen.

Den Christen aber steht es nicht frei, sich mit der Welt einzulassen oder nicht. Sie müssen mitten in die Welt hinein, die ihrerseits Gottes Terrain bleibt. Ein Axiom, daß Politik als Integral zur Theologie gehört. Roms kuriale Theologie und die schriftgelehrte Wittenbergs sind Beweisstücke; hier artikuliert sich Machtpolitik im Medium der Theologie. Daß das Christentum in seiner Bedeutung als Jenseitsreligion überschätzt zu werden pflegt, obgleich seine Repräsentanten gewöhnlich nichts anderes tun, als ihr Diesseits geschäftig zu bestellen, darf dem ketzerischen Denken nicht angekreidet werden.

Wer den Glauben Müntzers an den anwesenden Gott für irreal hält, versteht Müntzers Wirklichkeiten nicht. Müntzer rechnet stets mit der guten Gelegenheit Gottes – und kalkuliert den Kairos. Herr, komm endlich, gieße aus die Schale des Gerichts! Wir halten uns für deine Ankunft bereit. Der Begriff »zukunfft Christi« faßt Müntzers Theologie in sich. Ob diese Zukunft freilich gegen ihre Alternativen zu organisieren sein wird, die von Rom wie von Wittenberg her drohen?

Rom ist für den früheren Priester Müntzer bald überwunden. Da schwand jedes Interesse am ehemaligen Beruf; Müntzer verliert kein Wort über die Bagatelle. Während Luther eines Tages, mit einiger Verspätung, die Kutte ausziehen wird, hat das Priestertum Müntzer nie gepaßt. Die alte Kirche, Mittlerin der Gnaden und erste Anwärterin auf die Lehre vom richtigen Leben, erlag ja schon längst der Versuchung, sich in Gewalt befestigen zu lassen. Je mehr der Papst Macht anhäufte, je häufiger diese Kirche alles, was sie zu bieten hatte, gegen Bares verschacherte, desto tiefer klaffte der Abgrund zwischen Anspruch und Verwirklichung. Er kann auch zu Müntzers Zeit nicht überbrückt werden; er bestärkt, Jahrhundert um Jahrhundert, Zweifel und Abschied.

Und Luther, der anfängliche Gönner und Freund des jungen Theologen Müntzer? Der Zwiespalt wird unüberwindlich: Anders als Luther, der alles von drüben erwartet und die Menschen einer eigenen Tat entheben will, glaubt Müntzer an die Ankunft des Christenglaubens. Diese ist ein Werk im Werden, schwierig zu tun im Bund von Gott und Mensch. Gott ist, da schreien Schultheologen noch immer auf, für diesen Ketzerglauben nicht eine ganz und gar genommene Größe. Müntzer spricht ausdrücklich vom »Berechnen« der Ankunft.

Der Advent findet nach dem rechten Geistglauben in den Herzen der Auserwählten statt. Doch erlaubt dieser Glaube keine Gleichsetzung mit der in jeder Mystik lauernden Möglichkeit, sich abzusondern von der sogenannten Außenwelt. Eine Er-

kenntnis von Berufenen, deren Erleuchtetendünkel sich auf sich
selbst zurückzöge, ist nicht gemeint. Herz besagt bei Müntzer
nicht nur intime Stille, privates, der Gemeinschaft geraubtes
Glück. Müntzer gibt nicht der quietistischen Versuchung nach,
das Leben auch dann für gelebt zu halten, wenn es sich nicht in
Bewegungen, Veränderungen, Revolten beweist. Er betet nicht
zu einem Gott, der die Menschen nur geschehen ließe. Die Gewalt der Ruhe, die die ungerechte Welt wandeln soll, fordert er
nicht von den Seinen. Doch wurde er nie zum Prediger eines
aktivistischen Gottes oder zum Lärmer, der eine Welt des vollen-
deten Sündenstandes beschreit.

Müntzer: Gott ist, Herrgott nochmal!, in uns. Der heimliche
Besitz tritt ans Tageslicht, wenn wir bezeugen, daß Gott in uns
lebt. Wo sonst sollte er leben? Im Himmel? Bei irgendwelchen
»Pfaffen und Affen«? Nein. Bei Menschen, die ihn bezeugen
und Erwählte heißen. Die erfuhren, daß Gott mit ihnen »ach so
herzlich gern redet«. Die mutig nach außen tragen, was ihr Innen ist.

Müntzer spricht – wie alle, die Gott erlebten – mit Gott eine
kräftige Sprache. Wenn schon vom Bund die Rede ist, darf auch
Gott sich nicht lange bitten lassen. Aufwachen, lieber Herr, kommen, strafen, retten! Die Brandrede nimmt Gott so ernst, daß sie
sich an ihm ärgert und ihn dies wissen läßt. Keine bloße Begeisterung, kein laues Leben der Zuversichtler, keine Christen-
tümelei derer, die »auf Christi Kreide zechen«. Gott will nicht
gepflegt sein. Er muß aus dem Zorn der Seinen lernen. Die erho-
bene Faust als Signal: Wer keine Hand gegen Gott rührt, wird
auch für ihn keine rühren.

Müntzers Hoffnung richtet sich auf das Reich Gottes; dieses
reicht zwingend in das Diesseits hinein. Es stellt sich kritisch zu
allen innerweltlichen Entwürfen und hebt sie auf. Nicht hier die
gewaltig überweltliche Hoffnung – und dort die vielen kleinen
menschlichen Zuversichten. Kein Meer Gottes, das alle Tränen
der Menschen schluckte. Seeleneifer und Seelenfrieden sind kei-

ne Inhalte der müntzerischen Mystik. Gottes Reich lebt historisch, in Individuen, in gesellschaftlichen Tatbeständen.

Erlösung geschieht sichtbar; sie beseitigt soziale und politische Hindernisse für die Annahme des Glaubens, ist Auslösung aus der Macht des Antichristen, Befreiung des Menschen, nicht nur Traum von der Befreiung, schlichtweg Tat, »wirckung des heylgen geistes, wie man sich kegen Got halten sol und zur ankunfft des rechten christen glaubens kumen«.

Der Geist schafft Bündnisse unter Gleichen; Ketzer sind Brüder, in Notwehr gegen die Väter geeint und gezwungen in den Aufruhr. Sie wollen keine Ordnung, die sich von außen auf die Freien legt. Ihr »Bund«, im Deutsch der Zeit ein Synonym für den Aufstand schlechthin, ist gegen alle Herrschaft gerichtet und damit Kern wie Muster einer veränderten Gesellschaft. Die neuen Menschen in der neuen Gemeinschaft.

Ob die aufgezwungene Abseitigkeit – Müntzer lebt nie auf der Bühne der Epoche, bleibt weitgehend unbekannt, und kein Papst taucht in seiner Biographie auf – das Selbstverständnis dieses Predigers berührte? Seine ständigen Versuche, Bündnisse zu schließen, und zwar weit über sein Milieu hinaus, sprechen gegen ein Denken im Winkel. Ein anderes Problem, daß er zu seinen Lebzeiten keinen anderen Menschen auf Dauer erreichen und an sich binden konnte. Immer meinte der Einsamste von allen, dazuzugehören. Seine Einsamkeit blieb diskret; er warf sie sich und anderen nie vor. Kein Wort über wachsende Isolation; auch in der Todespredigt gegen die Fürsten kein Lamento über die eigene Lage, nur Angebot um Angebot an die Hörenden, mit ihm den Weg auf Gottes Ankunft hinzugehen.

»Wollüstige Schriftgelehrte«, die aus dem Wittenberg eines herzlich lahmen Luther kommen, verstehen von Müntzers »ankunfft« nichts. Sie kennen nicht einmal ihr Innen, geschweige denn das Außen, in das Konsequente getrieben werden. Gelehrte treiben ihre Wortspiele mit dem Advent, den Müntzer real vor sich sieht, verlegen die Zukunft in eine eigentlich gar nicht abzusehende und damit ungefährliche Folgewelt. Nach Müntzer »imaginieren« sie selbst den Jüngsten Tag.

Architekturen von Himmel und Hölle baut Müntzer nicht mit. Wie es drüben aussehen könnte? Kein Interesse. Wirkraum des Predigers, den Rom nie zur Kenntnis nimmt und Wittenberg instinktiv einen Ketzer, Volksverführer, Mörder heißt, ist die eine große Welt der Menschen. Müntzer, weltlicher Mystiker von höchsten Graden, verfrachtet sich und die Seinen nicht ein einziges Mal nach Utopia, um sich selbstverbannt gerettet zu glauben. Die reale Welt, nichts anderes, gilt es auf das Kommen Gottes vorzubereiten. Vorbereiten heißt gestalten.

Die Buchstaben der Heiligen Schrift und alle, die sie – im Urtext – lesen können, bewegen nichts. Auf sie Glauben zu setzen: Irrtum, verlorene Zeit. »Derhalben mußt du, gemeiner Mann, selber gelehrt werden, auf daß du nicht länger verführt werdest.« Der Satz solidarisiert mit dem Volk, bricht mit Rom und Wittenberg zugleich.

Das Christentum, eine typische Buchreligion, füllte das Abendland zwar mit Respekt gegen die Heiligen Schriften, die allen Menschen den Sinn ihrer irdischen Existenz bestimmen sollten. Allen Menschen? Mit erheblichen Unterschieden, gerade zur Zeit Müntzers: Die einen konnten und durften lesen, die anderen nicht. Wo wenige lasen und dies Lesen als Geheimnis der Macht betrachteten, blieben die allermeisten auf ein Minimum beschränkt, auf die Anwesenheit an einem vor ihnen zelebrierten Gottesdienst, auf eine Gesetzesmoral ohne jede Möglichkeit zu innovativer Phantasie. Da wird mit Bewußtsein und hartem Willen, im Lesenkönnen und -dürfen, entscheidend unterschieden: hier Hochkultur der Geweihten, Gelehrten – dort Kümmerkultur der sogenannten Volksfrömmigkeit.

Das muß anders werden, sagt Müntzer. Um für seine Rechte eintreten zu können, muß der gemeine Mann gelehrt werden. Denn jene, die ihn nicht handeln lassen dürfen, weil dies ihre Macht beschnitte, lassen ihn gar nicht erst lesen lernen. Bildung wird nur insoweit zugänglich gemacht, als sie ökonomisch, politisch, sozial erwünscht ist.

Der Magister Müntzer, der Bücher liebt, müht sich seinerzeit als einzelner um einen hellen Text, um »sichtige Augen«. Er weiß sich immer auszudrücken, wo Gelehrsamkeit gefragt ist, haßt aber »Diebsgeschwätz und Wortkrieg«. Wo Kleriker jeder Kirche versagen, in der Übung des rechten Glaubens, wo es um Gotteserfahrungen geht, bleiben Bücher Abbilder. Ihr geliehener Schein stillt den Menschenhunger nach Erfahrung nicht. Mich berührt Müntzers Bitte, die keine pädagogisierende Forderung ist und kein humanistischer Blaßtraum, »daß doch ein jeder lerne mit einem halben Aug sehen«.

Müntzers Leben und Tod beweisen, wieviel einer glauben muß, um seine Freiheit gegen den gemeinen Herrenglauben durchzusetzen. Mit Müntzer setzt ein ketzerisches Denken auf den Trümmern der von Luther zerschlagenen Geistigkeit zu jener weiteren Schau an, die diesen zeitlich Zweiten über die vom zeitlich Ersten gewählten Beschränkungen hinausführen wird. Bald wird Müntzer auf einem noch höheren Scherbenhaufen als Luther Fuß fassen: Nicht nur die Reste der Papstkirche liegen unter ihm, auch die der zu Wittenberg interpretierten Schrift. In dieser hat, schreibt Müntzer, ein neuer Papst sich etablieren können, um den Glaubenden statt Befreiung neue Knechtschaft zu bringen und das alte Joch durch noch feiner geknüpfte Fesseln zu ersetzen. Ein Prediger schaut auf Wittenberg herab: »Sie sprechen fast alle: Ei, wie sind wir gesättigt in der Schrift, wir wollen keiner Offenbarung glauben, Gott redet nicht mehr.«

Sein kurzes Leben lang wird Müntzer nicht mehr aufhören, die Seinen davon überzeugen zu wollen, daß Gott Leben ist und Leben Sprache. Der Buchstabe aber bleibt tot. »Was Bibel, Bubel, Babel, man muß auf einen Winkel kriechen und mit Gott reden!« Die Tiefe dieses Redens und die dieses Lebens treten ans Licht, da Luthers Exegese in jenem unwiederbringlichen Moment des Jahres 1525, als sie gefordert ist, gegen das Interesse des Volkes

versagt – und sich als das bezeugt, was sie ist: ebenso ungefähr-
dete wie ungefährliche Teilantwort auf die Lebensfragen der
Menschen.

Bloß buchgestützte Behutsamkeit, die niemanden schmerzt
oder gar im Gebrauch gottloser Gewalt gefährdet, führte nach
Müntzers Worten dazu, »daß die Christen die Wahrheit zu verteidigen geschickt sind gleich wie die Memmen, und dürfen danach wohl herrlich schwatzen, daß Gott nicht mehr
mit den Leuten rede, als ob er inzwischen stumm geworden
wäre; sie meinen, es sei genug, daß es in Büchern geschrieben
stehe ...«

Solche Leute verachtete er zutiefst. Verachtung? Seine Aggression ist eine defensive Technik. Hier verteidigt sich ein einzelner, um vor sich, dem Volk und Gottes Ankunft zu bestehen.
Wo ringsum Unglaube herrscht, fühlt sich der Glaubende gefährdet. Um sich zu retten, flüchtet er nicht in die bewährten
Refugien, betäubt sich nicht selbst, leugnet nicht, rationalisiert
nicht.

Müntzer sagt an keiner Stelle: Alles halb so schlimm. Ketzerische Aufrechnungen halbieren nicht, sie multiplizieren: alles
viel, viel schlimmer als erwartet.

Weil er sich gestört fühlt, stört er selber. Von niemandem läßt
er sich seinen Auftrag bestreiten, schon gar nicht von »närri-
schen, hodensäckischen Doktoren«. Gelehrte bleiben Hodensäk-
ke, sind keine Hirne, keine Herzen. Theologie, wie Herren sie
betreiben, regt nur zum Danken an; ihr Denken hält den Blick in
die Tiefe auf, der Kopfschmerzen bereiten könnte. Bei diesen
Denkern gedeiht auch das logische Übel prächtig, der Beweis für
Wahrheit sei nur eine Sache des Kopfes, nicht auch des Herzens.

Müntzer rechnete 1521 in seinem berühmten Prager Manifest
mit solchen ab. Nichts hörte er zeitlebens von ihnen über das,
was ihn bewegt. Nichts von einem einzigen »pechgesalbten Pfaffen« über die Tatsache, daß Gottes Geist in allen Geschöpfen
wirkt. Kein Wort von einem der »verschmitzten Schriftsteller«

darüber, daß Gottes Finger den ewigen Willen und die ewige Weisheit ins Herz schreibt. Nichts. Eine schreckliche Erkenntnistheorie, ein furchtbares Gericht des Geistes über die falsche Gelehrsamkeit.

Ich, bekennt Müntzer, habe kein höheres Pfand als mich selbst. Ich wandte heftigeren Fleiß als alle anderen auf, bis ich die seltene Wissenschaft vom Glauben geschenkt bekam. Ich fülle, in der Stadt des Jan Hus, des hochheiligen Streiters, erhelle Trompeten mit neuem Gesang. Hell ist im Deutschen ursprünglich ein Adjektiv, das zum Hören gehört. Erst die Zeit Müntzers überträgt es auf das Sehen. Müntzer nutzt beide Formen: heller Gesang, helles Licht, blinder Glaube, finstere Gelehrsamkeit, heller Geist, helles Wort.

Der Herr, alles andere als ein stumm geschriebener Gott, wird die Gemeinde bauen, trösten, vereinigen. Theologen, die über keine Erfahrung verfügen, die sie gefühlt haben, heißen den Geist des Herrn »fantastisch und narrenkoppisch«. Sie speien die Buchstaben der Schrift vor die Menschen wie der Storch die Frösche seinen Jungen ins Nest. Sie sind »gesetzt zu einer Plage des armen Volks«; sie teilen nicht ihr Wort mit den Herzen der Menschen, lehren einen honigsüßen Glauben. An diesem kann man sich »totfressen«, doch sättigt er nicht, und das Volk bleibt arm. Müntzer wiederholt kein Wort so oft wie dieses »arm«, das zwei-, dreimal aufgehäufte Adjektiv.

Arm? Abscheu erweckend oder Mitleid? Besitzlos oder elend oder beides? Die Diskussion schlägt sich um das Wort Müntzers. An ihm scheiden sich Theorien, entlarven sich Biographien. Meint es, wie die einen beschwichtigen, nur das religiöse Elend eines Volks? Oder darf es, heimlich, offen, auch soziale Not fassen?

Die Herren, die »schmeichelnden Schelme zu Wittenberg« zuerst, zahlen dem Schwärmer, Scharlatan, »Wiedertäufer« heim, was er ihnen antat. Auch in ihrer Aggression kennen sie nur die eigene Methode, verstehen Müntzer nicht, lernen nicht hinzu, »klecksen große Bücher voll«. Er, der nie eine Schreibstube besaß wie sie, ist ihrem nachtragenden Sammlerfleiß ausgeliefert: Die Suche nach Belegstellen, die den Gelehrten mit den griffbereiten Büchern leichtfällt, wird zum Ausdruck geistigen Hochmuts gegenüber einem Gehetzten, der von Ort zu Ort treibt, hier predigt, dort Zeilen auf Zettel wirft.

Seine Predigt, schnelles zündendes Wort, erfaßt – und verweht. Predigtsammlungen gibt es nicht, Bücher konnte er nicht schreiben. Er eilt hierhin, dorthin, bleibt kurz, muß weiter. Plakative Entwürfe überdauern am ehesten, und die auf Plakat, Handzettel, Flugschrift gestützten Taten. Doch Geruhsamkeit blieb Thomas Müntzer versagt, ebenso ein Alter, in dem er hätte ordnen können. Als Mittdreißiger schon ist er den Deutschen wieder genommen.

Seine akademischen Titel sind Müntzer unwichtig wie das Studium in Leipzig und Frankfurt an der Oder. In Wittenberg sitzt ein »Herr Doktor«; das reicht. Die für Müntzer ausschlaggebenden Titel, die er ausgiebig zitiert, gründen sich auf eigenes Recht. Kein einziges Mal verzichtete er auf sie: »Der mit dem Hammer« ist einer von ihnen.

Verständlich, daß Luther kein Verständnis aufbringt. Doch sein Desinteresse an Müntzers Berufung entlarvt sich als uninteressant: Die von Luther als Schwärmerei ins Abseits gestellte Geistigkeit Müntzers darf, zumal ihre Fragen näher an das Leben der vielen heranreichen, größere geschichtliche Wirksamkeit beanspruchen.

Soll Luther in derselben Höhe wie Müntzer Raum finden, muß dieser ausweichen. Für zwei Ungleiche ist nebeneinander kein Platz. Das Gesetz der Waagschalen: Wer Luther neu – politischer als früher – gewichtet, muß Müntzer leichter machen. Das sollte offen sagen, wer hier ausweigt. Womöglich nach dem Deutemodell: Der eine zieht den breiten Weg bürgerlicher Reformation, der andere führt den äußersten linken Flügel derselben Reformation? Diese Wortwahl ist vereinfachend; sie verrät

Gespür für Hackordnungen. Doch sagt sie über Müntzer nichts Neues: Das Lied vom Linksaußen kennen wir schon, Luthers Leute lieben es stets. Mit Extremen kann Müntzer leben.

Zu behaupten, Luther und Müntzer seien denselben Weg, mittendrin oder links am Rand, gegangen, ist nur denen möglich, die bewußt nivellieren, was die beiden übereinander sagten und gegeneinander taten. Schriften und Leben schaffen Tatbestände; Müntzers Wahrheit bleibt unversöhnt. Was »Bruder Mastschwein«, »Bruder Sanftleben« und die übrigen Klüglinge lästernd als ihren Christus, Gott, Geist verkündigen, gilt Thomas Müntzer dauerhaft als phantastischer Götz, gemalt Männlein, Spottvogel.

Müntzer, der »niemandes Schande zudeckt« und den Titel »von wegen der gemeinen Christenheit« wählt, schaut über die irdische Wirklichkeit hinaus, ohne sie an irgendein Jenseits zu verraten, das Gedankenspiel bleibt. Die Christen freilich, denen seine ungewöhnliche Glaubensintensität begegnet, tragen ungleich weniger Hoffnung auf den kommenden Herrn in sich als er selbst. Diesen Mangel rächen die »Leisetreter« an ihm, die ihrerseits »von Jugend an aufs allerzärtlichste erzogen wurden und ihr Leben lang keinen bösen Tag hatten«.

Tragik, die der Ketzer mit seinesgleichen teilt: »Ein Gutherziger möchte Blut weinen, der die Blindheit der christlichen Gemeinde recht beschaut.« Ringsum ein armes Volk ohne rechte Hirten, dafür Guthirtenideologie zuhauf, Unglaube unter dem schönen Schein des Glaubens; wohin der Mensch mit dem großen Herzen schaut, nur künstliche Organisation der Realität, Anpassung des Evangeliums an den Eigennutz, Maschinisierung des Mythos, Berechnung der Welt, um sie beherrschen zu können.

»Da niemand das Ruder des Schiffs ergreifen will (weil dies so mühsam), kann ich es nicht lassen, nachdem das Wasser der Verderbnis in die Seelen der Freunde Gottes gedrungen. Ich muß den vergifteten Schaden, der so tief eingerissen, aufdecken.« Müntzers differenzierendes Mehr.

Der Schaden: »Es ist der allergrößte Greuel auf Erden, daß sich niemand der Not der Bedürftigen annehmen will, die Großen machens, wie sie wollen!« Unter diesen wird ständig abgegrenzt und ausgegrenzt, damit Unterschiede zwischen religiösen und sozialen Schichten bleiben. Da bricht Gewalt von oben durch, ist keine Rede von der Einheit im Glauben. Der gemeine Mann gehört nach unten. Schlimm genug, sagen Herren, daß das Bewußtsein, einen Bund zu bilden, bei den Knechten wächst, daß die sich nicht einmal scheuen, Christus als einen der Ihren, als einen aus dem Volk zu sehen, geschmückt mit Werkzeugen des Handwerkers, des Bauern, des Gemeinen. Der Herr Christus, der mit dem Pflug, mit der Axt, mit dem Hammer? Das fehlte noch.

Solchem Volk gehört eins aufs Maul, erst recht seinen Wortführern, den Predigern der untauglichen Sache, den Aufrührern. Doch im Fall Müntzer zeigt sich Widerstand; dieser Mann läßt sich nicht fangen. Er schreit »groben, büffelwütigen Tyrannen« ins Gesicht, sie seien »zu allem Guten verstockt, mit Herzen, härter als Kieselstein, im Schwindelgeist unerschüttert und abgestumpft«. Und die »Aale und Schlangen«, »wuchersüchtige, zinserhebende« Kleriker und Politiker, »verunkeuschen sich auf einem Haufen«; dem Koitus der Hurer schaut kein Müntzer wortlos, tatenlos zu. »Das Volk wird frei sein!«

Die Handlungsanweisungen einer ketzerischen Tradition: Das Hoffen wird aus dem dumpf apokalyptischen Geraune befreit und umgesetzt in Handeln. Das Weltgericht steht vor der Tür, daher bläst einer jetzt zum Aufbruch. Wer sich bewahren will, muß auf und davon. Mit »Jetzt oder nie« gelockt, nichts auf die Endzeit verschoben, alles getan, die Situation zu nutzen. Das »arm, grob volck«, das Gott hört, kennt dabei nicht nur Gesang: »Schwerter sind in seinen Händen.« Ende des willfährigen Glaubens, Anfänge von Gegengewalt.

Müntzers Wort von den Schwertern wendet eine Welt, in der das Schwert als Zeichen der Erwählung gilt. Es gehört, so sagen, die es bisher führten, eben nicht in jede Hand. Eisen ist Macht,

ist für oben; Gemeinen bleiben Holz, Pflug, Dreschflegel. In jede
Hand ein Schwert? Niemals. Man wird über Gewaltmaßnahmen
nachdenken müssen, raunen Räte bei Hofe.

Die Fürsten wissen längst, woran sie sind, was sie zu tun haben. Zwei von ihnen hatte Müntzer noch in der »Fürstenpredigt«
von 1524 umzustimmen gesucht, in einer seiner berühmtesten
Äußerungen gegen die Adressaten, die seit dieser Todespredigt
seine Vernichtung planen. Erstmals unter Deutschen hatte er da
Auge in Auge mit den Herren eine reale Alternative für das Volk
genannt, und was für eine! Das Volk verweigert sich nicht nur,
predigte er, weil es euren Karren nicht mehr aus dem Dreck ziehen will, es übernimmt selbst die Lenkung. Unser Bundesgedan-
ke ist nämlich konstitutiv; weggescheucht sind Eide, Lehnsver-
pflichtungen, Sekundärrechte. Müntzer leugnet den sakralen
Charakter des Reichs: in der Geschichte deutscher Rechts- und
Staatsphilosophie der eine Augenblick, in dem der Atem stockt.
Bitte, keinen folgenlosen Dank. Reden zum Reformationsfest erreichen Müntzer nicht.

Seinen Brief an die Mansfelder Bergknappen vom April 1525,
als es zügig dem Ende entgegengeht, nannte Ernst Bloch das
»leidvollste, rasendste Revolutionsmanifest aller Zeiten«. Wird
das ekstatische Dokument des »Knechts Gottes wider die Gottlosen« je gelesen? Sind die Worte des emanzipatorischen Glaubens in Müntzers Meisterwerk etwa Pflichtlektüre an Deutschlands Schulen?

Luther nach Müntzers Ermordung durch die Fürstenjustiz:
»Ich habe auch Müntzer getötet; der Tod liegt auf meinem Hals.
Ich tat es auch deshalb, weil er selbst meinen Christus töten wollte.« Der Wittenberger, der in »seinem Christus« nochmals die
eigenen halben Konsequenzen verteidigt, mag wenigstens einmal die Tiefe der müntzerischen Passion erahnt haben: Dieser
durchschritt den Weg bis zum Ende; sein Leben ist Prüfstein für
die folgenden. Hier starb kein auf Lebenszeit dotierter Umstürz-
ler, kein luxurierender Neinsager, kein ruhig gebliebener Pro-

phet des Unfriedens. Diesem Ketzer wurde seltenste Folgerich-
tigkeit geschenkt: Nirgendwo sonst tut sich die Kluft zwischen
Theorie und realem Lebens- wie Arbeitszusammenhang so wenig auf wie bei ihm. Sein Tod gehört zu seinem Leben: Luther,
»verhinderter Märtyrer«, der in seiner Nachrede den eigenen
Anfang löscht, mußte nicht unter das Schwert, überlebte Müntzer bei »gutem Malvasierwein und Hurenköstlein« um zwei
Jahrzehnte; Zwingli nahm Zuwendungen auch von der römischen Kirche; Goethe aß nie sein Brot mit Tränen.

Münzters Mehr schmerzt. Schon seine Zeitgenossen bestimmten Leben und Auftrag vom jähen Abbruch her, nicht von
seiner Verheißung. So blieb das schimpflich gemachte Sterben
für sie – und für die Einmotiv-Historiker der Folgezeit – wichtigstes Datum. Am 27. Mai 1525, der Regenbogen ist seit Tagen
vergangen, wurde für sie im thüringischen Mühlhausen Satan
besiegt, auf den Pfahl gesteckt, dann ins Unbekannte, aus dem er
kam, gescharrt. Wer auf sich hält in der deutschen Theologie und
Politik, soll sich seiner nicht erinnern. Münzter geht nicht als
Person, sondern als magischer Name in die Geschichte ein, als
Name für ein Programm, das nach dem Willen der Herrschenden
keines sein darf. Ein verschleiertes, seltsam gestaltloses und undeutlich gehaltenes Leben, welches die gelenkte Legende bestimmt. »Wie zu lesen sei«, übersetze ich »Legende«.

Gewiß ist: Ein Mann, der als unverwechselbar einmaliger
Theologe der Revolution stehen müßte für die Achtung
Deutschlands durch die Welt, wurde beseitigt in Deutschland,
von kirchlichen, weltlichen, wissenschaftlichen Obrigkeiten.
Sein Aufstand, sein Denken wurden zusammen mit ihm niedergeworfen; künftig wissen alle, die sich mit ihm anfreunden, was
ihresgleichen erwartet. Die Rache der Sieger gilt nicht nur für
sein historisch faßbares Wirken, sondern zielt in die Zukunft.
Einen wie ihn soll es hierzulande nie mehr geben.

Der gescheiterte Aufständische, und Schluß. Bis in unser Jahrhundert hinein wird keine müntzerische Schrift in eine Fremd-

sprache übersetzt; deutsche Nachdrucke gibt es erst seit der Jahrhundertwende, eine wissenschaftliche Gesamtausgabe erscheint schließlich 1968. Andere Länder, andere Sitten: Für Wyclif fand sich ein Grabstein, von dem böhmische Anhänger Splitter schlugen. Gegen Jan Hus wurde sogar ein Gegenheiliger, Nepomuk, aufgeboten, um die Verehrung des Volkes in Bahnen zu lenken; der Tag des Märtyrertodes von Hus ist Nationalfeiertag. Die Bundesrepublik reicht bei weitem nicht heran: Sollen wir vielleicht mit den Mördern statt mit den Opfern von 1525 sympathisieren?

Sehr viele ließen ihre Hoffnung wirklich begraben. Deutschland bleibt das Land der abgebrochenen Aufbrüche. Um so perfekter wirkt die Lenkung: Von Thomas Müntzer erfahren die meisten nichts oder nur das sozial Zuträgliche. Seine, unsere Geschichte wird einfach umgeschrieben, weggestrichen: Der Prediger, der Aufrührer wurde, um ein Volk zu retten, gilt im Vaterland als ungebetener Gast; über sein Benehmen kein Wort. In den Dokumenten aus Zwickau, Jüterbog, Allstedt, die von ihm berichteten, wurde im Zuge der posthumen Kriminalisierung korrigiert, radiert, gefälscht; die Personalakte in der Universität Leipzig bekam den Zusatz »seditiosus«, Abseitiger, Außenseiter, Aufständischer.

Dies ist ein Beispiel für viele: Hochschulen taugen ebensowenig wie verfaßte Kirchen dazu, anstelle der Staatsnützlichkeit ihrer Lehren Widersetzlichkeit einzuüben. Ob Widerstandskraft eine Charakterstärke von Gelehrten sei, war noch keine akademische Preisfrage wert. Philosophie und Theologie bleiben gleichermaßen domestiziert; als praktisch-wohltätige Disziplinen nützen sie am besten. Was der Staatsrat von Kotzebue 1819 schrieb, gilt noch: »Wahrlich, jeder Vater muß jetzt zittern, einen Sohn auf die Universität zu schicken ..., wo unverständige Professoren ihm sagen, daß er berufen ist, sein Vaterland zu reformieren.«

Müntzer, am eigenen Land gescheitert, soll ein Mann für die

Kenner bleiben, die seinen Tod verwalten. Unwissenheit und Desinteresse sind wirksamste Waffen gegen Hoffnung. Deutsche Vergessensarbeit tut ihr Werk; seit die DDR fiel, die sich dieses Mannes gern erinnerte, darf Thomas Müntzer doppelt vergessen sein. Allenfalls ist die Rede von einem umstrittenen Theologen. Doch was genau besagt »umstritten sein«? Der Begriff wirft seine Beweislast auf das Opfer und verdeckt die Tat der Bestreitenden.

Im Geiste Müntzers zu handeln bedeutet dagegen: sich nicht mit solcher Schäbigkeit abzufinden, Roß und Reiter zu nennen, die Interessen derer aufzudecken, die Müntzer als umstritten abtun, so konkret wie möglich zu klären, bei wem und aus welchen Gründen ein Mensch bestritten ist, Müntzer zum Thema von Reden, Predigten, Taten zu machen, zu einem Mittelpunkt neuen Denkens und Lebens. Gegen das posthume Leiden eines Lebens an denen, die sich zu Chronisten aufschwingen, gegen den Triumph des geschriebenen Wortes über die Wirklichkeit gibt es kein anderes Mittel. Memoiren schrieb Müntzer nicht; auch dazu blieben ihm keine Jahre.

Dieser Tote ist nicht tot. Staat ist mit dem Ermordeten allerdings nicht zu machen. Während Luther mittlerweile als Sympathieträger empfohlen ist, wird Müntzer den Ruch des Fremden nicht los. Seine Texte zählen zu den kompliziertesten, aber auch eindrucksvollsten, die je in deutscher Sprache geschrieben wurden. Als erster, noch vor Luther, übertrug er liturgische Texte in die Muttersprache. Doch teilt er in den alten Bundesländern nicht gerade das Los der berühmten Deutschen: keine Denkmäler, keine Ovationen, keine Pietät. Eine Müntzer-Stiftung, ein Symposium, ein Literaturpreis?

Was wurde beispielsweise aus seiner Musik? Gibt es Schallplatten, Müntzer-Ensembles, Workshops? Wie häufig spielen ihn westdeutsche Rundfunkanstalten? Kennen Kirchenbesucher seine liturgischen Texte und Vertonungen? Wer weiß von Straßen, Plätzen, Kirchen, die nach ihm benannt sind – und nicht in den neuen Bundesländern liegen? In einem Land wie der früheren Bundesrepublik, das Königsalleen, Kaiserstraßen, Lutherkirchen zuhauf vorweist, wurde Thomas Müntzer noch nicht einmal in eine Nebenstraße abgedrängt.

Gut vielleicht für den zeitlebens Heimatlosen. Es könnte sein, daß er gar nicht zu Hause sein möchte in einem derart unvorbereitet gebliebenen Staat. Seine Tätigkeit für das Volk fiele noch heute, da die Todesstrafe abgeschafft ist, unter verschiedene Tatbestände des Strafgesetzbuches.

Sebastian Franck anno 1531: »Die Deutschen wissen eher von Indianern zu sagen als von Deutschen.« Doch zur Last, eine Deutsche, ein Deutscher zu sein, zählt bestimmt die Erinnerung an den, der alle Theologen unseres Landes aufwiegt, an Thomas Müntzer.

Literatur

E. Bloch: Thomas Müntzer als Theologe der Revolution, Frankfurt am Main 1985; K. Ebert: Thomas Müntzer. Von Eigensinn und Widerspruch, Frankfurt am Main 1987; W. Elliger: Thomas Müntzer. Leben und Werk, Göttingen 1975; D. Forte: Martin Luther und Thomas Müntzer oder: Die Einführung der Buchhaltung, Frankfurt am Main 1989; H.-J. Goertz: Thomas Müntzer. Mystiker, Apokalyptiker, Revolutionär, München 1989; H. Herrmann: Ketzer in Deutschland, München 1977; H. Herrmann: Der Regenbogenmann. Eine Thomas-Müntzer-Biographie, im Druck; G. Wehr: Thomas Müntzer in Selbstzeugnissen und Bilddokumenten, Reinbek 1972.

RALPH LUDWIG

JAKOB HUTTER

Wohl wenige Gestalten der Kirchengeschichte, deren Name noch heute von einer Bewegung getragen wird, sind so im dunklen geblieben, was ihre persönliche Überzeugung und Geschichte angeht, wie die Jakob Hutters (Huter oder Hueter). Sein Geburtsjahr ist unbekannt. Im ältesten Zeugnis der Geschichte der Hutterer, dem um die Mitte des sechzehnten Jahrhunderts von dem hutterischen Chronisten Kaspar Braitmichel aus Schlesien verfaßten »Großen Geschichtsbuch«, heißt es über Hutters Auftreten im Pustertal in Tirol im Jahr 1528 nur: »In dieser Zeit kam einer mit Namen Jakob, seines Handwercks ein Hueter (Hutmacher), gebürtig von Maß (Moos), eine halbe Meile von Prauneckhen (Bruneck) im Pustertal.« Wie und durch wen Hutter mit der »reinen Lehre« der Täufer bekanntgemacht worden war, läßt sich nicht erschließen. Über seine persönliche Geschichte bis zu seinem öffentlichen Auftreten ist nur soviel bekannt: Der Prediger hatte in Bruneck wohl sporadisch die Schule besucht, dann bei einem Meister Fischer in Prag das Hutmacherhandwerk erlernt und war dann nach Kärnten verschwunden. Als er zurückkehrte, fand die Gemeinde der Taufgesinnten im Pustertal, daß »er den Gnadenbund eines guten Gewissens nach der christlichen Taufe eingegangen war, um in rechter Ergebenheit nach der göttlichen Art zu leben. Als in mittlerer Zeit die Gaben Gottes bei ihm reichlich gespürt wurden, wählte und bestätigte man ihn für den evangelischen Dienst.«

Dieser »evangelische Dienst«, sucht man nach dessen theologischer Grundlage, ist gleichfalls nur in Ansätzen erkennbar. Einer seiner Anhänger, Michael Ebner aus Hörschwang, gab im Januar 1532 bei einem peinlichen Verhör zu Protokoll: »Der Hueter habe ihm auch verbotten, in ain kirchen zu geen, das er im auch willig zugesagt hab, denn es sei ain bapstlich gebot, wiewohl Christus templ zu machen geboten hab, jedoch nur ain rain herz damit gemeint hab ... Paulus des Apostels Lehr und die Jacob Hueters, ihres vorsteers, sei gleich ain ding. Er halt vom sacrament des altars nichts, das sei alles ain nichtigkait, die mess und aller gottsdienst, wie ihn die briester halten, wär ain abgötterei. Es sei auch mit der kindertauff in der jugend nichts, denn vor der tauff müsse der glauben sein. Der kaiser, der könig und alle, die sich nit bekeren lassen und zu irer bruderschaft kämen, wären rechte haiden.«

Eine »systematische« Darstellung der religiösen Ansichten Hutters ist unmöglich. Nie hat er sich schriftlich und zusammenhängend über Glaubensfragen Rechenschaft gegeben. Er rief dazu auf, niemals Gewalt anzuwenden oder sich gegen die Gewalt in der Verfolgung zu wehren. Das Abendmahl wurde als einfaches Gedächtnismahl gefeiert mit Brot und Wein. Einmal machte Hutter sich lustig über einen Pfarrer, der feierlich Gebete murmelnd dahinging, um einem Kranken das Abendmahl zu spenden: »Der weiß doch, daß er nur ein Stückel Brot in der Hand hält!« Hat die Tatsache, daß der »wahre Glaube« die Autorität der Kirche, die quälende Bevormundung durch die geistliche und mit ihr im Verein die weltliche, katholische Obrigkeit ablehnte, den eigentlichen Erfolg der neuen Lehre begünstigt? Dafür könnte sprechen, daß vor allem Handwerker und Landarbeiter sich taufen ließen und den Kirchgang verweigerten.

Hutter jedenfalls vermochte den Ton zu treffen, den die Bewohner des Pustertales und der anderen Seitentäler im Brixener Bistum verstehen konnten. Anders ist nicht zu erklären, daß er in wenigen Jahren Hunderte, einige Zeugnisse sprechen von rund sechshundert Anhängern, in seiner Heimat gefunden hat. Seine erste eigene Gemeinde entstand in Welsberg, wo er im Haus seines Verwandten Balthasar Hueter und auf dem Hof des Sensenschmieds Andre Planer die zur rechten Lehre Bekehrten taufte. Kirche und Staat wurden auf den neuen Führer der Taufgesinnten aufmerksam. Im Mai 1529 versuchte der Pfleger von Welsberg, Christoph Herbst, den »Verführer« festzunehmen, doch Hutter konnte entkommen.

Mit hohen Kopfgeldern und Bestechungen versuchten die Pfleger im Pustertal, Hutter zu greifen. Sein Steckbrief verrät nicht viel über die Person: »Jakob Hueter von Welsberg genannt, ain person, so ain schwarzen part hat, beklaidt mit ainem schwarzen lodein wappenrokh, ainem plaben wamms, weißen hosen, ainem schwarzen hut und der ain harkl am arm traget.«

Keiner der Getreuen aber verriet den Flüchtigen. Hutter selbst suchte und fand einen Ausweg aus der Bedrängnis: Bereits im Sommer 1528 (einige Quellen nennen das Jahr 1529) überquerte er die Alpen und reiste nach Mähren. Wer ihm dazu geraten hat, die »mährischen Brüder« als mögliche Gesinnungsgenossen und – wenigstens in den Jahren um 1530 – unbedrängt von der politischen Obrigkeit lebenden »Taufgesinnten« aufzusuchen und die Möglichkeit zu prüfen, ob die »Heiligen« aus Tirol nicht dort eine Bleibe finden könnten, läßt sich nicht erschließen. Als er ins Pustertal zurückkehrte, forderte er seine Gemeinden auf, den Weg nach Mähren zu gehen. Er selbst scheint nach seinem ersten Besuch in Nikolsburg und Brünn noch zweimal in Mähren gewesen zu sein.

In Mähren ist Hutters Person und vor allem sein Wirken genauer überliefert als in Tirol. Um 1533 – Hutter war das dritte Mal in Mähren – gab es dort drei große Täufergruppen mit wohl insgesamt rund fünftausend getauften Gliedern. Die radikalste war die Gruppe um Hutter, der in Auspitz am 11. August 1533 zum Prinzipalvorsteher gewählt wurde. Hutter gab dem Gemeindeleben in Mähren feste Formen, er perfektionierte die kompromißlose Gütergemeinschaft, die den »urchristlichen Kommunismus« nach dem Text der Apostelgeschichte (4, 32–37) verwirklichen wollte, und drängte auf genaue Einhaltung der Gemeinderegeln. Offenbar verstand Hutter seine persönliche Autorität wirkungsvoll einzusetzen, er gewann solchen Einfluß in Mähren, daß seine radikal verkündeten Zuchtmittel bei Vergehen gegen die strengen Regeln etwa der Besitzlosigkeit (ein Prediger wurde gebannt, in dessen Privatbesitz 24 Gulden gefunden wurden) große Lücken in die Brüdergemeinden rissen. Die aber, so berichtet die Hutterische Chronik, seien rasch geschlossen worden von den Emigranten aus Tirol.

Doch das politisch günstige Klima für die Taufgesinnten in Mähren währte nur kurz. Die blutigen Ereignisse in Münster veranlaßten Ferdinand I., nach dem Beschluß des Znaimer Landtages im Jahr 1535 zu befehlen, daß »bei Ungnade und Strafe kein Täufer mehr in Mähren geduldet« werden durfte. Die Gemeinde mußte Mähren verlassen. Die Hutterische Chronik berichtet darüber: »Also nahm der Jakob Hutter sein Bündel auf den Rucken, dergleichen täten seine Gehilfen, auch alle Brüder und Schwestern, mitsamt ihren Kindern, und zugen also Paar miteinander, dem Jakob Hutter, ihrem Hirten nach durch den Haufen der gottlosen verruchten Rauber.« In der Nähe des Dörfchens Tracht bei Nikolsburg in Mähren schrieb Jakob Hutter einen Brief an den Landeshauptmann, in dem er seine Gemeinde als »echte Liebhaber Gottes« vorstellte, »die wir vertrieben sind aus vielen Landen um des Namen Gottes willen bis hieher in Mährenland kommen«. Doch der Brief war mehr als ein Bittgesuch. Den König Ferdinand nannte Hutter einen »grausamen Tyrannen und Feind der göttlichen Wahrheit und Gerechtigkeit«, dem die mährischen Herren zugesagt und bewilligt hatten, die Frommen aus ihren Landen zu vertreiben.

Kaum war der Brief beim Landeshauptmann angekommen, schickte dieser seine Büttel aus, um Hutter festzusetzen. Nur durch die Flucht zurück nach Tirol konnte Hutter den Häschern entkommen. In welchem Monat des Jahres 1535 er in seine Heimat zurückkehrte, ist nicht überliefert. Mitte August jedenfalls bekam der Michelsburger Pfleger Ochs die Meldung, der Hutter taufe wieder in der Umgebung der Burg, bei einem Verhör gab eine Frau an, der Vorsteher habe »ain lederfarbenen langen rokh an und vorne falten« und wolle zu Allerheiligen in Taufers eine große Gemeinde sammeln. Am 30. November wurde Hutter in Klausen, der mittelalterlichen Zollstation, mit seiner hochschwangeren Frau Katharina von den bewaffneten Knechten des Pflegers von Säben gefangengenommen und nach Innsbruck überführt. Fassungslos berichtet die Hutterische Chronik vom Ende des Jakob Hutter: »Als sie ihm nun groß Marter und Pein anlegten, viel anfingen und ihn aber nicht mochten in seinem Gemut verrucken oder von der Wahrheit abfällig machen ... da vermeinten die Pfaffen aus ihrem bösen, rachgierigen Eifer, sie wollten den Teufel aus ihm bannen, liessen ihn in ein eiskaltes Wasser setzen und nachdem in eine warme Stuben führen und mit Ruten schlagen. Auch habens ihm seinen Leib verwundt, Branntwein in die Wunden gossen, an ihm angezündt und brennen lassen ... Da er aber beständig und redlich als ein christlicher Held in seinem Glauben verharret, ward er nach viel erduldeter Tyrannei von den argen Kaiphas- und Pilatusjüngern verurteildt, also lebendig in Scheiterhaufen getan und verbrennt. Das geschah um Lichtmess am Freitag vor der ersten Fastenwochen im 36. Jahr« (1536).

Die öffentliche Verbrennung am Platz vor dem »Goldenen Dach« in Innsbruck geschah auf persönliches Eingreifen von Ferdinand – entgegen den Bedenken des Richters, der Hutter vor Morgengrauen heimlich mit dem Schwert hatte hinrichten lassen wollen.

Den Gemeinden in Tirol fehlte fortan die Führerpersönlichkeit. Die Verfolgungen durch die politischen und kirchlichen Führer wurden noch schärfer, die »Martertafel« der Hutterischen Chronik verzeichnet im Pustertal, im Etschtal und im Inntal über 360 Hinrichtungen von »Heiligen«. Die »Hutterer« sind längst aus Tirol verschwunden, nur eine kleine Restgemeinde hat im Vinschgau bis zum Jahr 1880 überlebt.

Über die Herkunft der Lehre Hutters gibt es nur vage Vermutungen. Wahrscheinlich hat er die »sieben Artikel« der Täufer gekannt, die 1527 im nordschweizerischen Schleitheim auf der »Täuferkonferenz« schriftlich festgehalten worden waren. Sie waren bereits 1528 sowohl in Tirol als auch in Mähren verbreitet. Deren wesentliche Grundlagen, der Gedanke der Nachfolge, der Bruderschaft, der gegenseitigen Liebe und der Wehrlosigkeit jedenfalls fanden sich in den ersten Gemeindeordnungen der »hutterischen Brüder« in Mähren. Spätestens dort wird Hutter sie übernommen haben. Sicher ist auch, daß Hutter bereits die zweifache Ergänzung der »Schleitheimer Artikel« vertreten hat, die die Hutterer in ihrer Gemeindeordnung aufgenommen haben: die christliche Gemeinschaft der Güter und die Mission.

Literatur

Das Große Geschichtsbuch der Hutterischen Brüder. Hrsg. von der Gemeinde in Amerika und Kanada durch Rudolf Wolkan, Standoff-Colony bei Macleod/Alberta 1923; Hans Fischer: Jakob Hutter. Leben, Frömmigkeit und Briefe, Newton 1957; Michael Holzach: Das vergessene Volk, Hamburg 1980; Die Hutterischen Täufer. Geschichte, Hintergrund und handwerkliche Leistung. Hrsg. vom Bayerischen Nationalmuseum, München 1985; Bernd G. Längin: Die Hutterer, Hamburg/Zürich 1986; Grete Mecenseffy: Quellen und Forschungen zur Reformationsgeschichte, Gütersloh 1964–1985.

CHRISTOPH BOCHINGER

SEBASTIAN FRANCK

Sebastian Franck wurde etwa im Jahr 1499 geboren und wuchs im schwäbischen Donauwörth in ärmlichen Verhältnissen auf. Er studierte in Ingolstadt und Heidelberg Theologie. Danach war er Priester in der Diözese Augsburg, wohl bis 1524 in Benzenzimmern. Um diese Zeit schloß er sich der lutherischen Bewegung an und verließ seine Pfarrstelle. 1525 bis 1527 wirkte er als evangelischer Prediger im Nürnberger Raum. Nach seiner Heirat mit Ottilie Behaim gab er 1528/29 sein geistliches Amt auf. Er lebte zunächst in Nürnberg, zog aber 1530/31 weiter nach Straßburg. Dort wurde er auf Betreiben des Erasmus von Rotterdam inhaftiert und aus der Stadt verwiesen. Er ging nach Esslingen bei Stuttgart und verdiente seinen Unterhalt als Seifensieder. Von 1533 bis 1539 lebte er in Ulm und arbeitete als Buchdrucker. 1539 wurde er auch dort – nach einem Verfahren wegen Ketzerei – aus der Stadt gejagt und fand in Basel Zuflucht. Dort arbeitete er wiederum als Buchdrucker. 1541 heiratete er ein zweites Mal. Franck starb 1542 in Basel.

Wichtige Werke: Chronica und Beschreibung der Türkei, 1729; Chronica, Zeitbuch und Geschichtsbibel, 1531 (enthält die »Chronica der Römischen Ketzer«); Weltbuch, 1534; Paradoxa, 1534; Encomion, 1534; Germaniae Chronicon, 1538; Guldin Arch, 1538; Verbütschiert Buch, 1539; Kriegbüchlein des Friedens, 1539; deutsche Sprichwörtersammlung, 1541; Übersetzungen fremdsprachiger Bücher ins Deutsche und Bearbeitungen.

Trotz der spärlichen Anhaltspunkte zeigen sich an der Biographie Francks wichtige Elemente seines Wirkens: Er war theologisch gebildet, sowohl von der traditionellen katholischen Theologie wie von der lutherischen Reform geprägt, wandte sich aber von beiden ab und gab den Beruf des Priesters auf. Er verdiente seinen Lebensunterhalt mit praktischer Arbeit als Seifensieder und Buchdrucker. Bekannt wurde er nicht durch Predigt oder Lehre, sondern durch seine Bücher, die trotz mancher Hindernisse in Deutschland und vielen europäischen Ländern kursierten. Er führte ein unstetes Leben; kaum hatte er sich an einem Ort niedergelassen, zwangen die Umstände zum Weiterreisen. Er wurde von vielen Seiten bekämpft, beschimpft und verleumdet: Der große Humanist Erasmus von Rotterdam betrieb seine Ausweisung aus Straßburg, der ebenfalls humanistisch geprägte Reformator Philipp Melanchthon und andere setzten die Stadtväter von Ulm unter Druck, ihn zu verurteilen. Martin Luther nannte ihn »des Teufels eigenes und liebstes Maul«. Dabei waren es gerade die Einflüsse des Humanismus und der Reformation gewesen, die Francks Denken geprägt hatten. Aber er fügte sich weder in den Rahmen des einen noch des anderen.

In der Kritik an der Papstkirche stimmte Franck mit den Reformatoren in den meisten Punkten überein. Doch benannte er seinerseits mit scharfem Geist die unaufgearbeiteten Seiten der Reformation und ihre Folgen: Er beobachtete die religiöse und ethische Verwahrlosung der Bevölkerung in den reformierten Gebieten. Die »Freiheit des Christenmenschen« habe nicht zur inneren »Selbständigkeit« der Menschen geführt, sondern nur dazu, daß sie die gerade überwundenen Strukturen reproduzierten. Die Menschen wollten nichts anderes, als was sie schon haben: »Die Welt muß ein Papsttum haben, und sollt' sie's stehlen.«

Diese deprimierende Analyse geht mit einer Binnenkritik der reformatorischen Theologie parallel: Die einseitige Betonung des »Glaubens« als Grundlage für die Rechtfertigung des Menschen durch Gott vernachlässige die Sorge um ein wahrhaft gelebtes Christentum, in dem innere Haltung und äußere Handlung und Rede übereinstimmen. Wo dies nicht der Fall ist, sei alle Rede von christlicher Wahrheit Lüge und Heuchelei. Die Heilige Schrift werde so zum »papiernen Papst«, zu einer Autorität, die den Menschen unter ihr Joch zwingt und die Selbstverantwortung für seinen Glauben zugleich unnötig macht und verhindert. Daher fragte Franck: »Was hilft es uns, wenn wir wissen, daß der Papst ein Bube ist, wenn wir selber nicht besser werden wollen?«

Der Diagnose folgt auch ein Therapievorschlag: Der Mißbrauch der paulinischen Rechtfertigungslehre müsse durch die Berücksichtigung der *ganzen* Schrift überwunden werden. Franck wandte sich gegen die Einseitigkeit reformatorischer Bibelauslegung, gegen »alle die, so die Schrift halbieren und nit ebenso streng ob einem Wort Gottes halten als ob dem andern und die 5.–7. Kap. Math., 6. Kap. Lucae nit so gern und fleißig predigen als die Epistel zu den Römern und Galatern«. Franck meinte die Bergpredigt mit ihren ethischen Geboten der Nächsten- und Feindesliebe, der Gewaltlosigkeit, der Armut und des Machtverzichts, des Strebens nach Vollkommenheit, die ebenso ernst genommen werden müsse wie die beiden Paulusbriefe, in denen die Fundamente der Rechtfertigungslehre gelegt sind.

Franck selbst lebte und dachte in der Konsequenz dieser Erkenntnis. Er sammelte keine Schätze auf Erden. Er war ein erklärter Kriegsgegner (vgl. sein »Kriegbüchlein des Friedens« von 1539). Ein zentraler Anstoß für seine Trennung von den Lutheranern war die Erfahrung der Bauernkriege 1524/25. Franck wandte sich sowohl gegen die revoltierenden Bauern als auch gegen ihre gewaltsame Unterdrückung durch die Landesherren und deren Unterstützung durch die Wittenberger Reformatoren.

Wenn er also gegen die katholische Kirche, gegen Luther und Zwingli, aber auch gegen die Täufer vorging, was wollte er dann? Seine Konsequenzen waren radikaler als die aller vorhandenen

Richtungen der Reformation. In der Türkenchronik von 1531 schreibt Franck: »Es sind zu unsern Zeiten drei fürnehmlich Glauben aufgestanden, die großen Anhang haben, als Lutherisch, Zwinglisch, Täuferisch; der viert ist schon auf der Bahn, daß man alle äußerlich Predigt, Ceremoni, Sakrament, Bann, Beruf als unnötig will aus dem Wege räumen, und glatt ein unsichtbar geistlich Kirchen in Ewigkeit des Geistes und Glaubens versammelt unter allen Völkern und allein durchs ewig unsichtbare Wort von Gott ohn einig äußerlich Mittel regiert, will anrichten.«

Dieser »vierte Glaube« ist Francks Konsequenz aus den beobachteten Unzulänglichkeiten der bestehenden »Glaubensarten«. Es ist die Auflösung aller überkommenen Kirchenstrukturen. Die Sakramente der Kirche seien lediglich »Puppen« für das religiöse Kindesalter der Menschen, weshalb Franck den Sakramentenstreit der verschiedenen Parteiungen seiner Zeit nur belächeln konnte. Kult und Sakrament seien äußere Erscheinungen, wogegen die Vermittlung des Heils nur auf dem Weg der Aneignung des göttlichen Wortes im Menschen vollzogen werden könne. Nach lutherischem Verständnis ist zwar das Wort Gottes das eigentliche Sakrament der Kirche. Doch selbst diese Neufassung der traditionellen Sakramentenlehre war für Franck wegen der Fixierung auf die äußere Gestalt des Wortes in der Schrift ungenügend. Das »inwendige Wort« des Heiligen Geistes, das zwar in der Heiligen Schrift bezeugt wird, dürfe durch diese nicht ersetzt werden: »Die Schrift ist nichts weniger denn Gottes Wort, sondern derselben Geist.« Damit ist nicht eine generelle Geringschätzung der Schrift gemeint. Sie ist eine »Leuchte«, ein »Gefäß«, in dem Gottes Wort zum Menschen kommt. Doch dürfe die Schrift nicht verabsolutiert, das Papier nicht an die Stelle des lebendigen Geistes gesetzt werden. Deshalb schimpft Franck auf die evangelische Schriftfrömmigkeit: »Die nu an der Schrift ersättiget, an der Offenbarung des Geistes scheu sind worden, die hauen dem H. Geist sein Kopf ab, so viel an ihnen ist, und stoßen die Gnad mit Händ und Füßen von sich und erheben ihr Angesicht vor dem Licht des Geistes.«

Das inwendige Wort Gottes ist Ausdruck seiner Gnade. Gottes Wort wirkt unmittelbar im Herzen dessen, den er dazu erwählt. Franck schreibt: »Was nicht ins Herz geschrieben ist, geht die Christen glatt nichts an.« Das hat auch Konsequenzen für die Rechtfertigungslehre, das Kernstück der reformatorischen Theologie. Denn Franck folgerte: »Also mag ein Mensch, der von Gott erwählt ist, ohn Predigt und Geschrift selig werden.«

Das inwendige Wort Gottes ist »ewig«, »unsichtbar« und »ohne äußerlich Mittel«. Es finde sich »unter allen Völkern«, so daß Franck antike Philosophen wie Platon, Plotin oder den legen-. dären Hermes Trismegistos zum »Reich Christi« rechnete. Das bedeutet umgekehrt, daß kein Volk und keine Kirche ein besonderes Besitzrecht für sich reklamieren darf, was für Franck praktische Konsequenzen nach sich zog: Er stellte in radikaler Distanzierung von der kirchlichen Tradition die Kirchengeschichte nicht als allmählichen Durchbruch der einen Wahrheit dar, sondern entwickelte ein Geschichtsverständnis, das die christliche Kirchengeschichte als ständigen Prozeß von ursprünglicher Innerlichkeit zur Veräußerlichung in der Welt beschreibt. So gesehen, verliert die überkommene Einteilung in »Heilige« und »Ketzer« ihre scharfen Grenzen. Die Geschichte wird bestimmt von denen, die »der Welt Heilige« sind, während die wahren Christen »der Welt Ketzer« sind (vgl. sein Werk: Chronica, Zeitbuch und Geschichtsbibel, 1531). Franck kehrte die traditionelle Wertung jedoch nicht einfach um, sondern er stellte sich über die Parteinahme: »Ich kann, Gott hab Lob, als ein Unparteiischer, Ungefangener einen jeden lesen ... Ja, ich wirf auch kein Ketzer also hin, daß ich das Kind mit dem Bad ausschütt, ... sondern scheide das Gold vom Kot. Denn es ist kaum ein Heid, Philosophus oder Ketzer, der nit etwa ein gut Stück erraten hab, das ich nicht darum verwirf, sondern als Feingold anbet ... Darum ist mir ein Wahrheit ein Wahrheit und lieb sie, Gott geb, wer sie sag«.

Damit bereitete Franck zugleich einer kritischen und um Objektivität bemühten Geschichtswissenschaft den Weg (sein Entwurf war auch Vorbild für die »Unparteiische Kirchen- und Ketzerhistorie« Gottfried Arnolds von 1699). Francks Kriterium für die »Überparteilichkeit« war jedoch nicht das der modernen Geschichtswissenschaft, sondern die innere Begabung durch den Heiligen Geist, das ewige Wort Gottes, das als einzige Autorität inwendig im Menschen wohnt.

Mit dieser Haltung machte sich Franck in seiner Zeit selbst zum Ketzer, obwohl er aller »sektiererischen« Parteiung abgeneigt war. Er lehnte es ab, etwas »zu glauben, das ich nicht glauben kann«. »Unser Glaube fällt unter keine Regel, Urteil oder Kunst, also daß es nit überredens, sondern empfindens und gewiß sein gilt, inwendig vom Heiligen Geist gelehrt und versichert.«

Franck bemühte sich sehr, dieses »Gewißsein« des »inneren Menschen« vom schwärmerischen Wahn abzugrenzen. Er erläuterte: »Der innere Mensch muß sein Ding alles wissen, sehen, greifen und erkennen, soll er sich darauf erwägen [verlassen], ergeben, glauben und lassen; so wohl als der äußere Mensch nichts glaubt, denn das er mit den äußeren Sinnen begreift und mit einem vernünftigen Ausrechnen einfahet, ebenso gewiß muß der innere Mensch, der geistlich auf das Unsichtbare allein siehet und gerichtet ist, des Seinen sein, daß [es] Wahrheit und kein Gespenst, Geist und Leben und kein Dunst oder Beredung sei.«

Wenn Franck aber keine äußerliche Autorität mehr gelten ließ, weder die kirchliche Tradition noch die Heilige Schrift, woher nahm er dann das Korrektiv, mit Hilfe dessen der Mensch in sich den Unterschied zwischen Wahn und Wirklichkeit erkennt, die Fähigkeit zur »Scheidung der Geister« erwirbt? Franck hat sich dieser Frage durchaus gestellt. Seine Antwort lag in der Betonung der »Früchte des Glaubens«. Die Annahme der sittlichen Forderungen Gottes durch den Menschen ist die Voraussetzung dafür, daß die Quelle des inneren Wortes nicht verschüttet wird. Wenn diese Quelle offen ist, ist selbst die Macht der Erbsünde gebrochen. Umgekehrt ist die von ihm beobachtete sittliche Laxheit in den evangelischen Gebieten ein Indiz dafür, daß der reformatorischen Lehre nicht die nötige innere Haltung der Menschen entspricht. Damit aber ist sie für das Heil der Menschen wirkungslos. Franck stellte insbesondere die Wirksamkeit der reformatorischen Sündenlehre in Frage und schrieb: »Wie die Erbsünde niemand verdammt, als den, der dieselbe sich zu eigen gemacht hat, so macht die Erbgerechtigkeit niemand fromm, als den, der dieselbe annimmt und sich zu eigen macht.«

Francks Wirkungsgeschichte ist aufgrund seiner Ausgrenzung durch Reformatoren und Humanisten schwer zu ermitteln. Als Gegner aller Konfessions- und Sektenbildung sammelte er keine Gemeinde um sich. Doch seine Bücher waren weit verbreitet, und es gab in verschiedenen Gegenden Kreise, die seine Schriften lasen und im Leben umzusetzen versuchten. So ist seine mittelbare Wirkung nicht zu unterschätzen, was sich an der Rezeption vieler der bei Franck erscheinenden Themen in späteren »spiritualistischen« Entwürfen zeigt. Es ist gewiß kein Zufall, daß der moderne Ausdruck des »Spiritualismus« als Bezeichnung für einen neuen Typus von Religiosität, der sich weder ins Schema der »Kirchen« noch der »Sekten« einordnen läßt, zentral an Francks Werk gewonnen wurde.

Literatur

Alfred Hegler: Geist und Schrift bei Sebastian Franck, Freiburg, i. Br. 1892; Walter Nigg: Das Buch der Ketzer, Zürich 1949; Walter Nigg: Heimliche Weisheit, Zürich 1959; Peter Knauer (Hrsg.): Sebastian Franck – Sämtliche Werke, Bern u. a. 1992 ff.; André Séguenny: Art. »Sebastian Franck«, in: TRE, Bd. 11, Berlin 1983; Ernst Troeltsch: Die Soziallehren der christlichen Kirchen und Gruppen, Aalen 1977 (Nachdruck).

ALFRED PAFFENHOLZ

MICHAEL SERVET

Genf, 27. Oktober 1553, vormittags. Durch die Straßen der Stadt zieht eine schweigende, glanzlose Prozession. Die Hauptperson ist kein stolzer Bischof im Ornat unterm Baldachin mit der Monstranz in den Händen, die das Allerheiligste birgt, sondern eine eher demütige Gestalt, ein mittelgroßer, hagerer Mann, um die Vierzig, der still vor sich hinbetet und seinen Gedanken nachhängt. Für den in sich gekehrten Mann mit den schwermütigen, gleichwohl lebendigen Augen hat die letzte Stunde seines Lebens geschlagen. Der Mann heißt Michael Servet, man hat ihm den Prozeß wegen Ketzerei gemacht und ihn zum Tod auf dem Scheiterhaufen verurteilt. Servet ist Katholik, aber das Todesurteil über ihn ist nicht auf Betreiben der Heiligen Inquisition der römisch-katholischen Kirche von den weltlichen Behörden gefällt worden, seine Heimat Spanien hatte der Verurteilte bereits in jungen Jahren aus Furcht vor den Ketzergerichten verlassen. Nein, das Todesurteil über ihn hatte der Rat der Stadt Genf auf Betreiben des einflußreichen Reformators Johann Calvin gesprochen, dessen Machtposition zu dieser Zeit schon ziemlich angefochten war und der Servets Vernichtung mit allen Mitteln betrieben hatte.

Der Zug mit den Verurteilten bewegt sich auf den städtischen Richtplatz zu. An der linken Seite des betenden Servet geht Wilhelm Farel, der Reformator von Mömpelgard, der Westschweiz und der französischen Schweiz, unablässig auf Servet einredend.

Seine Absicht ist deutlich: Er will den Verurteilten zum Widerruf seiner Lehren nötigen und zum »wahren Glauben« bekehren. Der aber würdigt ihn keiner Antwort. Was mag in dieser Stunde im Kopf von Servet vorgehen? Läßt er sein nur 42 Jahre währendes Leben noch einmal Revue passieren?

Geburtsjahr: 1509 oder 1511, Geburtsort: Villanueva, ein kleines Dorf in der Provinz Huesca, Diözese Lerida am Alcanadre, rund 90 Kilometer oberhalb von Saragossa. Die Mutter Catalina Conesa und der Vater Antonio Serveto alias Reves, von Beruf Notar, waren Abkömmlinge adligen Geblüts und tief religiös, der Bruder Juan Serveto de Reves war Priester. Über Erziehung und Ausbildung, besonders über die frühe Kindheit ist so gut wie nichts überliefert; der Knabe soll sich durch einen wachen, frühreifen Verstand ausgezeichnet haben, aufgeschlossen und aufnahmebereit für die geistigen Strömungen seiner Zeit, einer Zeit des Umbruchs, dem Zeitalter von Reformation und Renaissance, wo so unterschiedliche Denkschulen wie Spätscholastik, Täufertum, Neuplatonismus, Geographie und biblische Wissenschaft einander durchdrangen.

Ruft sich der Verurteilte noch einmal in Erinnerung, wie alles begann? Wie er mit 14 Jahren in die Dienste des Franziskaners Juan de Quintana tritt, Doktor der Universität von Paris und Mitglied der Ständeversammlung von Aragon, ein Gelehrter vom Geist des Erasmus von Rotterdam? Quintana beurlaubt Servet bald für zwei Jahre zum Studium der Jurisprudenz an der Universität von Toulouse, wo der junge Mann auch theologische Studien treibt und die kirchenreformerische Spiritualität der Franziskaner in sich aufnimmt, obwohl Toulouse, einst von den Albigensern beherrscht, jetzt als Hochburg der Rechtgläubigkeit gilt und dort rasch jemand in den Verdacht der Ketzerei geraten kann. Mit Quintana, der zum Beichtvater seiner Kaiserlichen Majestät berufen wurde, reist Servet nach Italien: zur Krönung Karl V. zum Kaiser des Heiligen Römischen Reiches; die Wiederaufnahme der alten Sitte ist ein realpolitischer Schachzug des längst gekrönten Kaisers, der mit dem Segen des Papstes den Frieden zwischen weltlicher und kirchlicher Macht wiederherstellen will. Papst Clemens VII. hat sich, um Machtausgleich in Europa bemüht, unterstützend Frankreich zugewandt, was Karl V. mit einer Fehde beantwortet. Nach Italien ist Deutschland die nächste Station des Kaisers, hier sollen die Lutheraner zur Räson gebracht werden.

Prägende Eindrücke für den jungen Michael Servet: Die feudale Prachtentfaltung des Papstes wird zum Stachel seiner späteren Kritik am Papsttum. In der Folgezeit zieht sich Servet geschickt aus den Diensten Quintanas und vom Kaiserlichen Hof zurück, weitere Reisen führen ihn nach Basel, wo er möglicherweise Erasmus getroffen hat, wo er Gast des ihn später wegen seiner Lehren unnachsichtig kritisierenden Reformators Oekolampad war, und nach Straßburg, wo zu dieser Zeit ein relativ liberales Klima herrscht und Abweichungen von Rom, die längst auch in dem jungen Gelehrten nisten, nicht unbedingt verfolgt und bestraft werden.

Die Wende in Servets Leben markiert die Publikation seines Buches »De Trinitatis Erroribus«, in dem er einen fulminanten Angriff auf die herkömmliche Lehre von der Heiligen Dreifaltigkeit Gottes formuliert, der vom Konzil von Nicäa 325 für verbindlich verkündeten Trinitätslehre eine Absage als »Vielgötterei« erteilt und zwischen dem Jesus der Evangelien und dem Jesus Christus des Glaubens unterscheidet. Damit gilt Michael Servet bei Katholiken wie Protestanten als Ketzer. Das erste Dogma ist von den Kirchen der Reformation in seiner tradierten Form bewahrt worden und wird von ihnen vehement verteidigt. Antitrinitarier werden von Rom, Wittenberg und Genf verfolgt.

Michael Servet – ein Mann fortan auf der Flucht. In Spanien und in Toulouse fahndet die Inquisition nach ihm, in Basel und Straßburg ist er unerwünscht, seine Schriften werden verboten. Unter dem Namen Michel de Villeneuve (abgeleitet von seinem spanischen Geburtsort Villanueva) taucht er in Frankreich unter;

er studiert an der Hochschule von Calvi Medizin und veröffentlicht einige medizinische Abhandlungen, u. a. über den kleinen
Blutkreislauf des Menschen, als dessen Erfinder er gilt. Er weist
als erster den Blutkreislauf durch die Lunge nach. Seinen Lebensunterhalt verdient er sich als Korrektor beim Verlagshaus
Trechsel in Lyon, für das er auch als Herausgeber tätig ist. Als er
sich 1541 zur Herausgabe der Bibel in sechs Bänden verpflichtet,
weist ihn der Verlagsvertrag als »Docteur en Medecine« aus.

Den Verdacht, ein Ketzer zu sein, zieht er sich gleichermaßen
mit seinen medizinischen wie theologischen Schriften zu. Seine
Vorlesungen über Geographie, die auch Ausflüge in die Astrologie einschließen, was damals üblich war, tragen ihm den Vorwurf
ein, zu den Horden der Quacksalber und Scharlatane zu gehören.
Obwohl in der Gefahr, erkannt zu werden als derjenige, der er
wirklich ist, erscheint er vor Gericht in Paris und verteidigt sich
gegen die gegen ihn erhobenen Anschuldigungen, mit seiner
»Apologetica Disceptatio pro Astrologia« leichtfertig Weissagungen verbreitet zu haben. Im Urteil wird ihm untersagt, privat
wie öffentlich weissagende Astrologie zu betreiben, alle Ausga-
ben seiner »Apologia« werden eingezogen und konfisziert.

Servet geht als praktischer Arzt in die Provinz und läßt sich in
Vienne nieder, wo Trechsel eine Filiale seiner Druckerei eröffnet
hatte. Es werden zwölf friedliche Jahre, in denen Michael Servet
nahezu nichts von seinen innersten Überzeugungen verlauten
läßt. Geduldig arbeitet er an seinem neuen großen Werk mit dem
Titel »Christianismi Restitutio«, also Wiedereinsetzung bzw.
Wiederherstellung des Christentums. Das ist seine Idee, die ihn
von Anfang an umgetrieben hat, diesem Ziel hat er sich mit mis-
sionarischem Eifer verschrieben. Mit diesem Buch setzt er sich
auch zwischen alle Stühle (u. a. fordert Servet die Abschaffung
der Kindertaufe) und sich selbst neuen Verfolgungen von Katholiken und Protestanten aus. Man spürt ihn auf, er wird gefangengenommen, eingekerkert, verhört – und kann noch einmal entkommen.

Wohin wendet er sich? Nach Genf, ausgerechnet nach Genf, in die Stadt seines schärfsten Widersachers Johann Calvin! Der Reformator hat gegenüber Farel gedroht, er werde, falls Servet nach Genf komme, nicht dulden, daß er die Stadt lebend wieder verlasse. Diese Prophezeiung soll auf furchtbare Weise in Erfüllung gehen und einen dunklen Schatten auf die reformatorische Kirche werfen. Am 13. August 1553, einem Sonntag, wird Michael Servet beim Besuch eines Gottesdienstes erkannt und auf Betreiben Calvins durch den Magistrat von Genf verhaftet. Er ist, wie er vor Gericht aussagt, auf dem Weg nach Italien, nach Neapel, wo er als Arzt bei den Spaniern praktizieren wolle. Nur, mußte er unbedingt den Weg durch Genf nehmen? Straffreiheit ist von Calvin für Abweichler nicht zu erwarten, die Reformatoren gehen mit Ketzern nicht weniger intolerant und grausam um als die Inquisition der katholischen Kirche.

Die Unterscheidung Luthers zwischen Ketzerei, die nicht mit Zwangsmaßregelungen geahndet werden solle, und Gotteslästerung ist Calvin fremd. Das eine wie das andere bleibt für ihn Beleidigung Gottes. In Fragen von Ketzerei und angeblicher Gotteslästerung gibt es sogar zwischen Protestanten und Katholiken ein teuflisches Zusammenspiel. So stammt beispielsweise das belastende Material, mit dem die katholische Inquisition Servet in Frankreich konfrontierte, von Calvin.

In der Nähe der Flammen hat der »Feuergeist« Servet Zeit seines Lebens gelebt, seit er die Bibel studiert und die Schriften der Reformatoren. Früh schon ist ihm die Erkenntnis gekommen, daß die Reformation auf halbem Wege stehengeblieben war. Für ihn ist der Jesus der Bibel das Zentrum des Glaubens, nicht der Christus des Dogmas. Jesus ist für ihn zunächst einmal ein Mensch, der freilich an der Substanz des Vater-Gottes teilhatte. Statt – wie im Dogma formuliert – »ewiger Sohn Gottes« soll es nach Servet heißen: »Sohn des ewigen Gottes«. Denn – so Servets Auffassung – Jesus ist nicht von Anfang an ewig wie Gott, sondern wurde es erst als Erscheinungsform der göttlichen Substanz.

Servets Vision ist die Wiederherstellung des Christentums nach dem Vorbild der urchristlichen Glaubensgemeinschaft. Die Ursünde der Kirche sieht er im ersten Dogma, in der Dreifaltigkeitslehre, durch welche die Gläubigen verpflichtet wurden, »einen dreiköpfigen Zerberus« anzubeten, was völlig unbiblisch sei, da die Bibel keinen dreifaltigen Gott kenne. Da sich die Kirche mit den Dogmen der ersten Jahrhunderte auch das Papsttum eingehandelt hat, richtet sich Servets zweiter Angriff folgerichtig gegen den Papst, durch den – wie er es ausdrückte – Christus verlorengegangen sei.

Daß Calvin es ist, der Servet schließlich auf den Scheiterhaufen bringt, hat wohl zwei Ursachen: eine theologische und eine persönliche. Für Calvin ist Gott alles, für ihn opfert er sich auf, Gottes Ehre darf nicht angetastet werden. Wer sie verletzt, muß mit Strafen rechnen, auch mit der schwersten, der Todesstrafe. »Ich hoffe, daß das Urteil auf Todesstrafe ausfällt«, schreibt Calvin während des Genfer Prozesses gegen Servet an Freunde. Er hält es geradezu für seine kirchenpolitische Pflicht, diesen »unbezähmbaren Menschen, soviel an mir liegt, unschädlich zu machen«. In der Trinitätsfrage will das »protestantische Rom«, will Genf nicht weniger rechtgläubig sein als die Katholiken – so bringt es Walter Nigg in »Das Buch der Ketzer« auf den Punkt.

Erich Fromm hat in seinem Buch »Die Furcht vor der Freiheit« darauf aufmerksam gemacht, daß für Calvin – wiewohl er sich gegen die Autorität der Kirche und die blinde Anerkennung ihrer Lehrmeinung auflehnt – die Religion in der Ohnmacht des Menschen wurzelt: »Die Selbsterniedrigung und die Ausrottung des menschlichen Stolzes sind die Leitmotive seines gesamten Denkens.«

Servet hat sich mit seinen Ideen bereits Jahre zuvor auch schon direkt an Calvin gewandt, ist aber brüsk abgewiesen worden. Dabei mag – und das ist die persönliche Seite seines Verfolgungsrausches gegen Servet – sich Calvin daran erinnert haben, daß er selber einst Bedenken gegen das Konzil von Nicäa und das

Trinitätsdogma gehabt hat, wovon er später nichts mehr wissen will. Er will eine ketzerreine Weste haben. Dies um so mehr, als seine Stellung zu dieser Zeit nicht mehr unangefochten ist und sich Widerstand gegen seine Theokratie regt.

Dennoch, Calvins Zusammenstoß mit Servet ist mehr als persönlicher Natur. Zu diesem Schluß kommt Roland H. Bainton: »Es war der Kampf der Reformation mit der Renaissance, der Kampf des rechten Flügels der Reformation mit dem linken. Bereits bei Servet und Calvin trifft man auf alle bedeutenden geistigen Strömungen des 16. Jahrhunderts.« Servet wird zum Ketzer, weil er missionieren will, urteilt Bainton. Und weiter: »In der christlichen Lehre von der Dreieinigkeit sah er das größte Hindernis für die Bekehrung von Juden und Mohammedanern. Er steht im Durchdenken dieses Dogmas in der Mitte zwischen der spätmittelalterlichen Trinitätsspekulation und den Antitrinitariern des 16. Jahrhunderts. Auch zwei andere geistesgeschichtliche Erscheinungen prägen sein Denken: Täufertum und Neuplatonismus. Servet spricht sich nicht nur für die Abschaffung der Kindertaufe aus, sondern rechnet auch mit dem baldigen Weltende. Neuplatonisches Gedankengut spiegelt sich in seiner Lehre von der Vergottung der Menschheit durch Aufsteigen zum Absoluten und in seiner spekulativen Lichtmetaphysik wider: Christus als das Licht der Welt ist in aller Welt und in allen Kreaturen gegenwärtig.«

Das ist für Calvin Pantheismus, der zu verurteilen ist, auf den allerdings im Urteil des Stadtrats von Genf gegen Servet ebenso wenig Bezug genommen wird wie auf den Vorwurf der Leugnung der Unsterblichkeit. Zur Begründung des Todesurteils reichen zwei Anklagepunkte: Servets Widerspruch gegen die Trinitätslehre und gegen die Kindertaufe.

Michael Servet auf dem Weg zum Scheiterhaufen von Champel. Schaulustige bitten ihn, seine Schuld einzugestehen und seine Irrtümer zu widerrufen. Darauf sagt er – sehr zum Verdruß von Farel –, er leide schuldlos und bitte Gott, seinen Anklägern gnädig zu sein. Servet will standhaft sein, traut aber seinem Willen nicht so ganz und hat gebeten, man möge ihn mit dem Schwert hinrichten. Die Bitte ist ihm abgelehnt worden.

Der Zug ist am Richtplatz angekommen, Farel wendet sich an die Menge: »Da seht ihr, welche Macht Satan besitzt, wenn er einen Menschen in seiner Gewalt hat. Dieser Mann ist ein Gelehrter von Ruf, und er glaubte vielleicht, recht zu handeln. Nun aber besitzt ihn Satan, und euch könnte dasselbe widerfahren.« Als der Henker mit seiner Arbeit beginnt, flüstert Servet: »O Gott!« Darauf Farel: »Hast du nichts anderes zu sagen?« Servet antwortet: »Was könnte ich anderes tun, als von Gott sprechen?« Er wird auf den Scheiterhaufen gehoben, sein Körper wird mit einer eisernen Kette an den Pfahl gebunden, unter seinen Arm wird sein Buch geklemmt, auf den Kopf drückt man ihm einen Kranz aus Stroh und Laub, der mit Schwefel bestäubt ist. Damit nicht genug, es wird auch noch ein dickes Seil um seinen Hals geschlungen, vier- bis fünfmal. Der Todeskampf muß furchtbar lang gewesen sein. Er dauert eine halbe Stunde. Man hat – so wird berichtet – recht grünes Holz genommen, das nicht leicht brennt. Michael Servets letzte Worte sind: »Jesus, du Sohn des ewigen Gottes, erbarme dich meiner.«

Mit diesen Worten legt er noch im Sterben Zeugnis für seine Glaubensüberzeugung ab. Mit seinem Tod kommt die Frage der religiösen Freiheit endgültig auf die Tagesordnung.

Literatur

Roland H. Bainton: Michael Servet 1511–1553, Gütersloh 1960; Erich Fromm: Die Furcht vor der Freiheit, Frankfurt am Main 1980; Walter Nigg: Das Buch der Ketzer, Zürich 1949.

RALPH LUDWIG

MENNO SIMONS

Solange er den Priesterrock trug, zwölf Jahre lang, war Menno Simons Opportunist. Die Glaubenszweifel, die ihn schon bei der ersten Messe im Jahre 1524 befielen, hielt er zunächst für Eingebungen des Teufels, später, als er zum ersten Mal die Bibel in die Hand nahm (von der er lange glaubte, deren Lektüre könnte ihn verführen), erkannte er, daß die Kirche ihn betrogen hatte mit der Lehre von der Wandlung der Elemente. Doch sein Gewissen beruhigte er lange mit Luthers Schriften, beim Kartenspiel mit Kollegen und Saufgelagen. Auch als er beim weiteren Selbststudium der Heiligen Schrift erkannte, daß die Kindertaufe ohne biblische Legitimation war, blieb er still. Verwundert nahm er wahr, daß einige Wanderprediger umherzogen, die von einer »neuen Taufe« predigten und in den Niederlanden zahlreiche Christen zum neuen Glauben bekehrten. Erst ein furchtbares Blutgericht in der Nähe seines Geburts- und Dienstortes, dem friesischen Witmarsum, gab seinem Leben eine Wende. Rund dreihundert »Täufer« hatten das »Alte Kloster« (Oldekloster) besetzt und ein Reich nach dem Vorbild der Münsteraner Schwärmer aufrichten wollen. In den ersten Apriltagen des Jahres 1535 – Menno Simons zählte damals 39 Jahre – nahmen die Truppen des friesischen Statthalters Schenck van Toutenberg das Kloster nach heftiger Gegenwehr und brachten die Aufrührer um. Unter ihnen war ein Bruder von Menno Simons.

In seiner einzigen autobiographischen Skizze, dem »Ausgang

aus dem Papsttum« (1554), erinnerte sich Menno Simons später:
»Als das so geschehen war, fiel das Blut der Opfer, obgleich sie
verführt waren, so brennend auf mein Herz, daß ich es nicht
ertragen noch Ruhe in meiner Seele finden konnte. Ich dachte
über mein eigenes unreines, fleischliches Leben nach, sowie über
meine heuchlerische Lehre und Abgötterei, die ich täglich zum
Schein, ohne innere Neigung und meiner Seele zuwider trieb.«

Dabei hielt Simons sich inzwischen für einen derjenigen, die
»einige der papistischen Greuel teilweise mit entlarvt hatten«:
die »verkehrte Taufe«, das Abendmahl und den falschen Gottesdienst. Das (wenn auch im Irrtum vergossene) Blut der Opfer
würde gegen ihn zeugen, wenn er aus fleischlicher Furcht den
»rechten Grund der Wahrheit« nicht aufdeckte und die »un-
schuldig irrenden Schafe nicht zur rechten Weide Christi« führe.

So war das Feld bereitet, als ein Jahr später, 1536, sechs, sieben
oder acht Personen bei ihm in der Witmarsumer Pfarre anklopf-
ten und ihn baten, »Ältester« (Bischof) bei den »Gottesfürchtigen« zu werden. So nannten sich die Täufer, um der auf dem
Reichstag in Speyer 1529 erneut angedrohten Verfolgung und
Hinrichtung der Anabaptisten zu entgehen.

Dennoch zauderte Menno Simons. Er hielt sich für zu
schwach, zu unwissend und gering begabt. Schließlich stimmte
er zu: »So bin ich elender, großer Sünder vom Herrn erleuchtet
und zu einem neuen Sinn bekehrt worden. Ich bin aus Babel
geflohen, nach Jerusalem gezogen und zuletzt als Unwürdiger in
diesen hohen und schweren Dienst gekommen.« Im Januar 1536
legte Menno Simons die Soutane ab. Ob er sich kurz zuvor oder
unmittelbar danach taufen ließ von Obbe Philips, einem der Be-
sucher und Ältesten der »Gottesfürchtigen«, ist nicht mehr zu
klären. Seine Ordination zum Ältesten durch Obbe verschwieg
Menno ganz. Sicher ist, daß er sich im darauffolgenden Winter
zum Bibelstudium zurückzog und seine erste theologische
Schrift verfaßte, eine Meditation zum fünfundzwanzigsten
Psalm. Ein bewegender Text, in dem Simons die Psalmverse be-

tend meditierte und darin die Kämpfe beschrieb, die er durchzu-
stehen hatte, in denen er sich von seiner Vergangenheit löste. Er
bekannte: »Mein Wachen und Schlafen war unrein, mein Gebet
Heuchelei, nichts von all dem habe ich ohne Sünde getan!«
Der Preis seines Entschlusses war hoch: Bis zu seinem Lebens-
ende, fünfundzwanzig Jahre lang, war er auf der Flucht vor den
Häschern, gemeinsam mit seiner Frau, die Simons wahrscheinlich 1536 geheiratet hatte, als er sein Priesteramt aufgab, und drei
Kindern. Nur wenig wissen wir über sein wahres Leben. 1541
meldete der Kaiserliche Rat von Friesland nach Brüssel, Menno
Simons müsse als einer der Hauptführer der Sekte angesehen
werden, er sei seit drei oder vier Jahren flüchtig, besuche aber
ein- bis zweimal jährlich die Gegend. 1538 wurde ein Mann hingerichtet, weil er Simons beherbergt hatte. Am 7. Dezember 1542
setzte der Kaiser ein Kopfgeld auf die Gefangennahme von Simons in Höhe von einhundert Gulden aus. Wer mit ihm auch
nur ein Wort wechsle, werde mit dem Tode bestraft.

Einmal nur, im Jahr 1544, durfte er in Emden bei einem Kol-
loquium öffentlich auftreten. Die Hoffnung keimte auf, die
»Gottesfürchtigen« könnten im Disput mit dem Superintendenten à Lasco öffentlich anerkannt werden. Die Hoffnung trog,
man konnte sich nicht einigen. Menno konnte zwar »mit gutem
Abschied seine Straße weiterziehen«, in seinem Gepäck die Aufforderung à Lascos, binnen drei Monaten den Grund seines
Glaubens schriftlich zu formulieren. An einem geheimen Ort
schrieb Menno »Ein kurzes und klares Bekenntnis und schriftliche Anweisung« – eine Abhandlung, die nur die Menschwerdung Christi und das rechte Leben der Prediger und der
christlichen Gemeinde beschrieb. Doch kurz darauf wurde Menno ausgewiesen, und seine Rechtfertigungsschrift entgegen der
Abmachung veröffentlicht. Immerhin aber bestätigte sein Auftreten und seine Ausweisung das Gewicht, das Menno in den
Gemeinden der »Gottesfürchtigen« genoß: Fortan galt er auch
nach innen als einer der führenden Männer.

Neun Jahre lang konnte er den Nachstellungen immer wieder entkommen, nach seiner Ausweisung durchwanderte er zwei Jahre die »gottesfürchtigen Gemeinden« in der Gegend von Köln und Limburg, 1547 bis 1553 verweilte er in Lübeck und Umgebung, von wo aus der die »wahren Christen« in West- und Ostpreußen und sogar in Livland besuchte. »Manchmal war ich versucht, das einmal entdeckte Fundament zu verlassen und meine Arbeit aufzugeben, um in Sicherheit leben zu können. Doch: Wer hätte die Verfolgten besucht?«

Nach zweijährigem Aufenthalt in Wismar fand er schließlich Zuflucht auf dem Gut Fresenburg nahe dem holsteinischen Oldesloe. Dort zeigt man heute noch die sogenannte »Mennokate« – sicher kein Original, denn das Gut Fresenburg verschwand im Dreißigjährigen Krieg von der Landkarte. Geblieben sind die Schriften von Menno Simons – wie konnte ein Mann sich aufs Schreiben konzentrieren, der (wie er notierte) bei jedem Hundegebell aufschreckte, weil es das gewaltsame Ende bedeuten konnte?

Kein anderer Täufer des sechzehnten Jahrhunderts hat seine Gedanken so ausführlich niedergelegt wie Simons. Die Bedrängnis der Zeit diktierte ihm die Art seines Denkens: Stets war Menno darauf bedacht, jeden Zungenschlag zu meiden, der ihn und die »Gottesfürchtigen« in die tödliche Nähe der schwärmerischen Münsteraner bringen konnte. Darum wohl der durchgängig apologetische Charakter seiner Gedanken, darum wohl auch fehlt seinen Schriften der eschatologisch-apokalyptische Akzent. Simons Trost für die bedrängten Schwestern und Brüder verwies die Leidenden nicht auf ein baldiges Kommen des Gottesreiches und ein rasches Ende der Gewalt der Welt. Ihre Verfolgung sei ein Zeichen Gottes, ihre »Leydsamkeit« der Erweis der Erwählung. Die »Gottesfürchtigen« hätten sich nicht taufen lassen, um zu fechten und zu streiten, sondern einzig, um fortan das Kreuz Christi zu tragen. »Leydsamkeit«, Langmut, stilles Nach-innen-Gekehrtsein seien die Früchte des Glaubens: »Der große und starke Gott hat das Wort wahrer Buße, das Wort seiner Gnade und Kraft durch unseren geringen Dienst ... kund gemacht und die Gestalt seiner Gemeinde so herrlich werden lassen, ... daß auch viele hohe, stolze Herzen nicht allein demütig, die unsauberen nicht allein keusch, die trunkenen nüchtern, die gierigen milde, die grimmigen gütig und die gottlosen gottesfürchtig wurden, sondern daß sie auch um des herrlichen Zeugnisses Jesu Christi willen Gut und Blut, Leib und Leben getreulich verließen. Das sind nicht die Früchte einer falschen Lehre, das könnte auch unter solch schwerem elenden Kreuze nicht so lange bestehen, wenn es nicht des Allmächtigen Kraft und Wort wäre.«

Das Kreuz Christi soll in höchster Freude und Fröhlichkeit des Herzens angenommen werden, das Leiden ist der enge (smalle), der königliche Weg. Pries nicht auch Jesus die Verfolgten selig? In seinem Bemühen, die verfolgte Bruderschaft zu trösten, ging Menno bis an den Rand der Glorifizierung des Martyriums. Doch in Wahrheit trieb ihn die Sorge um die Seelen. Rastlos zog er von Gemeinde zu Gemeinde und stärkte die Ängstlichen. Seine persönliche Gegenwart hat viel dazu beigetragen, daß die Gemeinschaften die Zeit der blutigen Verfolgung überdauert haben – bis im Jahr 1577 endlich durch Wilhelm von Oranien die politische Duldung der »Gottesfürchtigen« verfügt wurde. Das zu erleben war Simons nicht mehr vergönnt, er starb fünfundsechzigjährig in Fresenburg.

Freilich zeugte die äußere Bedrohung der Gemeinde eine bedrohliche innere Tendenz: Im Bemühen, die rechte Lehre darzustellen und die Bruderschaft dabei zu halten, wuchs unter den Ältesten die Intoleranz und der Anspruch auf den Wahrheitsbesitz – eine Tendenz, der Menno Simons lange Widerstand leistete. Doch nach einem öffentlichen Disput im friesischen Harlingen (1557) mußte er sich beugen, stand zeitweilig in der Gefahr, selbst gebannt zu werden von den Hardlinern unter den Ältesten. Er habe fast den Verstand verloren, schrieb er in einem Brief an einen Freund, einsam verbrachte er die letzten drei

Jahre auf dem Bauernhof in Fresenburg, von Selbstvorwürfen gequält.

Doch sein Einlenken machte die »Gemeindezucht« zu einem wirksamen Mittel, die wachsenden Gemeinden beieinanderzuhalten. Menno als einer der wichtigsten Sprecher der »Gottesfürchtigen« nahm für sich in Anspruch, was er schreibe und meine, sei Christi Lehre und Christi Wille. Die übrige Christenheit, sowohl in der traditionellen als auch in den neugegründeten Kirchen seien auf dem falschen Weg. Ja, er erwähnte alle in einem Atemzug mit den »Münsterischen«. Nach Mennos Ansicht gab es nur eine Voraussetzung für das rechte Verstehen des Evangeliums: Man muß von oben, aus Gott geboren sein. So kann es auch nur eine wahre Kirche geben – die Schar der Wiedergeborenen, die auf dem »schmalen Weg gehen«. Wie es nur eine Arche Noah gegeben habe, so gebe es auch nur eine unsträfliche Kirche auf Erden. Wer diesen Weg verläßt oder zu verlassen droht, fällt unter den Bann der Ältesten.

Von Mennos drei Schriften über das Thema Gemeindezucht enthält die letzte (ca. 1558) rigorose Forderungen. 1559 bannten niederländisch-niederdeutsche Brüder nach scharfen Auseinandersetzungen in Köln alle Glieder der Bruderschaft, die nicht zur Durchführung scharfer Gemeindezucht bereit waren.

Ein großer systematischer Theologe war Menno Simons nicht. Er war – bis auf zwei Jahre recht flüchtiger Ausbildung »in literis latinis« – theologischer Autodidakt. Doch seine persönliche Lauterkeit und die einfache Klarheit seiner Gedanken haben ihn zu einem der bedeutendsten Täuferführer des sechzehnten Jahrhunderts gemacht.

Literatur

Christoph Bornhäuser: Leben und Lehre Menno Simons, 1986; Hans J. Hillebrand: Brennpunkte der Reformation, Göttingen 1967; C. Krahn: Menno Simons. Ein Beitrag zur Geschichte und Theologie der Taufgesinnten, 1936; Menno Simons: Die vollständigen Werke, Elkhart (USA) 1876.

GOTTFRIED HIERZENBERGER

GIORDANO BRUNO

Nikolaus Kopernikus war gerade fünf Jahre tot, als Giordano
Bruno 1548 in Nola bei Neapel geboren wurde. Zwischen den
beiden bestand also keine unmittelbare Verbindung. Dennoch
war Giordano Bruno jener Denker, der als erster und am inten-
sivsten – unter Einsatz seines Lebens – die revolutionären Berechnungen und Erkenntnisse des deutschstämmigen Polen aus
Thorn zur Grundlage seines Philosophierens und seiner Weltsicht genommen hatte. Schon in seinen Jugendjahren war ihm
Kopernikus' Werk »Über die Umdrehungen der Weltkörper«
(1543) in die Hände gekommen, und er erkannte sofort die Trag-
weite dieser revolutionären Perspektive: »... siehe, da öffnete
sich die lautere Quelle der Wahrheit.«
    Bruno erkannte die Rotation der Sonne um ihre eigene Achse.
Er wußte, daß die Fixsterne Sonnen sind und von Planeten um-
kreist werden. In seinen Schriften finden sich viele Äußerungen
über Erde, Mond, Sonne, Fixsterne und Planeten, die man damals
nicht nachprüfen konnte – das Fernrohr wurde erst zwanzig Jahre nach Brunos Tod (1600) entdeckt! –, die sich aber später nach
und nach als richtig erwiesen haben. Dabei war er durchaus kein
Fachastronom und auch kein Mathematiker, sondern ganz einfach ein Mensch mit einer phantastisch entwickelten geistigen
Vorstellungskraft und mit dem Mut, zum Vorkämpfer einer neu-
en Weltsicht zu werden. Darin ging er freilich noch weit über
Kopernikus hinaus und betonte schon die Unendlichkeit des

Universums und die Relativität alles Irdischen: »Erhebe deinen
Geist von dieser Erde zu den anderen Sternen, nein: Welten, und
lerne begreifen, daß überall dieselben Gattungen vorkommen,
dieselben stofflichen Grundlagen, dieselbe Ordnung, dieselbe
Gestalt, dieselbe Bewegung ... Nur ein Verrückter könnte glauben, im unendlichen Weltenraum, auf den Riesenwelten, von
welchen gewiß die meisten mit einem besseren Lose als wir ausgestattet sind, gäbe es nichts anderes als das Licht, das wir auf
ihm wahrnehmen ... Der Glaube, es sei irgendein Teil der Welt
ohne Leben, ohne Seele ... ist unberechtigt, albern, ja es ist pö-
belhaft zu glauben, es gebe keine anderen Lebewesen, keine anderen Sinne, keine anderen Denkvermögen als gerade die, welche
unsere Sinne wahrnehmen.«

In den vierhundert Jahren, die zwischen diesen Worten Brunos und der Gegenwart liegen, sind uns solche Perspektiven vertraut und bis zu einem gewissen Grad sicher Allgemeingut der
Menschheit geworden. Alle Fenster und Türen, die Bruno auf-
stieß, scheinen mir aber noch bei weitem nicht benützt zu werden oder durchschritten zu sein. Für die Menschen seiner Zeit
wurden sie zum unerträglichen Ärgernis und für ihn selbst zur
tödlichen Gefahr.

Um dies zu verstehen, muß man bedenken, daß sechs Jahre
vor Brunos Geburt die Inquisition durch Papst Paul III. in Italien
eingeführt worden war und über die »Reinheit des Glaubens«
wachte. Das erste Todesurteil wurde 1545 gesprochen, und viele
weitere folgten, ehe Giordano Bruno am 17. Februar 1600 am
Campo di Fiori in Rom als Ketzer verbrannt wurde. »Mit größerer Furcht verkündet ihr das Urteil, als ich es hinnehme«, rief
Bruno ungebrochen seinen Richtern zu, obwohl er acht lange
Jahre zuerst in Venedig und dann in Rom in den Gefängnissen
der Inquisition gefangengehalten worden war. Die Akten, denen
wir eine Dokumentation der Anschuldigungen, der Zeugenaus-
sagen und die Verteidigung des Angeklagten entnehmen können, schweigen über das, was ihm in dieser Zeit angetan wurde.

Was man sonst von der Vorgangsweise der Inquisition weiß, läßt auf Schreckliches schließen. Offensichtlich blieb er standhaft, widerrief nicht und wurde deshalb als »hartnäckiger Ketzer« verurteilt und der weltlichen Gewalt übergeben.

Wer war dieser »hartnäckige Ketzer«, und warum mußte er sterben? Der ungewöhnlich aufgeweckte Filippo Bruno kam mit elf Jahren zu seinem Onkel nach Neapel und trat mit 15 in den Dominikanerorden ein. Der Orden setzte offenbar große Hoffnungen in ihn und gab ihm den Namen Jordans von Sachsen, des zweiten Ordensgenerals.

Giordano wurde in allen einschlägigen Wissenschaften unterwiesen und nützte – dank seines fabelhaften Gedächtnisses – die Ausbildungsjahre dazu, sich auch in der klassischen, mittelalterlichen und zeitgenössischen Literatur und Philosophie umzusehen und sie kritisch zu verarbeiten.

1572 erhielt er die Priesterweihe und wurde 1575 zum Doktor der Theologie promoviert. Doch schon ein Jahr später wurde er von seinen eigenen Mitbrüdern der Ketzerei bezichtigt. Er entzog sich der Gefangennahme und verließ den Orden: »Die Zensoren wollten mich von würdigeren und höheren Beschäftigungen abziehen«, schrieb er später, »sie wollten meinen Geist in Fesseln legen, wollten aus einem Freien im Dienst der Tugend einen Sklaven einer elenden und törichten Heuchelei machen.«

Wahrscheinlich hatte er schon damals die Komödie »Il Candelajo« geschrieben, in der er die ungezügelte Schamlosigkeit und fromme Heuchelei des Klosterlebens seiner Zeit (Spätrenaissance und Gegenreformation) geißelte. Auf alle Fälle baute er in diesen Jahren als Kleriker jenen inneren Widerstand und jenes geistige Unbehagen in sich auf, das ihn zwischen 1576 und 1591 zum »Wanderer« von einer Hohen Schule Europas zur anderen machte.

Zuerst wandte er sich nacheinander nach Genua, Turin, Venedig, Padua, Brescia, Bergamo und Mailand, hatte jedoch als »entsprungener Mönch« keine Chance, eine feste Anstellung zu erhalten. So verließ er Italien und wandte sich nach Genf – wohl in der Hoffnung, in der Hochburg der Reformation Calvins Verständnis für seine Lage und seine revolutionären Ideen zu finden. Doch er geriet vom Regen in die Traufe, denn die schweizerische Theokratie war um nichts weniger engstirnig und intolerant als die römische Inquisition. Hier, wo ein Vierteljahrhundert zuvor Michael Servet auf dem Scheiterhaufen gestorben war, fiel Bruno – als Korrektor in einer Druckerei – bald wegen kritischer Äußerungen unangenehm auf und mußte die Stadt verlassen.

So wandte er sich nach Toulouse, errang hier einen Doktorhut und einen theologischen Lehrstuhl und hielt aufsehenerregende Vorlesungen über die »Gedächtniskunst« des Raimundus Lullus. Das erregte aber den Neid von Kollegen, die seine Exkommunikation zum Anlaß nahmen, um ihn aus seinem Lehramt zu vertreiben.

Im Jahr 1581 hielt er sich in Paris auf, wo er einflußreiche Gönner fand und am freisinnigen Collège de France lehren durfte. Als er aber seine in Neapel verfaßte Komödie »Il Candelajo« veröffentlichte, bezogen die Pariser Dunkelmänner Brunos Kritik auf sich und erreichten seine Ausweisung.

Bruno wandte sich nach London und verlebte dort die wahrscheinlich glücklichste Zeit seines Lebens. Er veröffentlichte den spritzig geschriebenen Dialog »Das Aschermittwochsmahl«, in dem er erstmals das heliozentrische Weltbild des Kopernikus diskutierte und seine neue Kosmologie entfaltete. Neben anderen Dialogen gab er hier die philosophischen Schriften »Von der Ursache, dem Prinzip und dem Einen« sowie »Über das Unendliche, das Universum und die Welten« und »Die heroischen Leidenschaften« heraus. Alle diese Schriften erschienen auf italienisch, was deutlich macht, wie weit sich damals die italienische Kultur bereits ausgebreitet hatte. Seine freizügigen Gedanken und seine Kritik an der engen Denkweise und Lebensführung seiner Umgebung brachten ihm aber auch hier bald wieder Mißfallen und Mißtrauen ein und vertrieben ihn auch aus England.

Die nächste Station seines Lebens war Deutschland. Über Mainz und Marburg landete er in Wittenberg und fand dort für zwei Jahre ungestörte Lehrfreiheit. Er bedankte sich dafür mit den Worten: »Ich kam zu euch – ein Mann ohne Namen, ohne Ruf und ohne Ansehen ... Keine fürstliche Protektion empfahl mich. Ihr habt mich nicht einmal gefragt und geprüft in den Lehren eurer Religion und habt mir keinerlei Feindseligkeit gezeigt. Nur weil ich ein Schüler im Tempel der Musen war, habt ihr mir einen Platz in eurer Gesellschaft eingeräumt, in dem ich das Deutsche Athen, eine wahre Akademie erblicken durfte.«

Doch auch in der Hochburg des Luthertums fand er jene Freiheit des Geistes nicht, die er suchte. Das Jahr 1588 findet ihn wieder auf der Wanderschaft. Er wandte sich nach Prag an den Hof Kaiser Rudolfs II., wo er Tycho Brahe und Johannes Kepler traf; aber für ihn war kein Platz, und er mußte weiterwandern. Über Frankfurt (wo er drei weitere bedeutsame Schriften in lateinischer Sprache herausbrachte) und Zürich kam er 1591 zurück nach Italien. Der reiche Venezianer Giovanni Mocenigo hatte ihn in Frankfurt als seinen Lehrer engagiert und wollte bei ihm die »Gedächtniskunst« lernen. Er wurde sein Verräter.

»Aus Gewissenszwang und auf Geheiß meines Beichtvaters zeige ich hiermit an, daß ich Giordano Bruno aus Nola bei verschiedenen Gelegenheiten, als er sich in meinem Haus mit mir unterhielt, habe sagen hören, es sei eine große Torheit der Katholiken zu behaupten, das Brot verwandle sich in Fleisch, er sei ein Feind der Messe und achte keine Religion ... die Welt sei ewig, und es gäbe unzählige Welten ... Die Seelen seien von der Natur geschaffen und wanderten von einem Lebewesen ins andere. Unser katholischer Glaube sei voll von Lästerungen gegen die Majestät Gottes ...« Mit diesen Beschuldigungen lieferte Mocenigo seinen Lehrer der Inquisition aus und brachte ihn für acht lange Jahre hinter Gitter – die er nur mehr verlassen sollte, um auf dem Campo di Fiori verbrannt zu werden.

In den Verliesen der Inquisition hat Giordano Bruno seine

»Zeugenschaft der Wahrheit« in bewundernswerter Weise in
großer Einsamkeit und Anfechtung durchgehalten. Seine revolutionären Visionen vom unendlichen Geist im unendlichen
Universum ließen ihn nicht feige werden und den Haarspalterei-
en der Vernehmungsbeamten nachgeben. Wir wissen aus den
erhaltenen Protokollen, daß er mutig deutlich gemacht hat, worin und warum er anderer Meinung sei und sein müsse als die
herrschende und tradierte Lehrmeinung.

Giordano Bruno war seiner Zeit weit voraus. Er war einer der
bedeutendsten Pioniere der modernen Weltansicht, der Freiheit
des Geistes, der unzerstörbaren Menschenwürde und der Uner-
meßlichkeit Gottes. Er war weder ein Spötter noch ein Atheist.
Aber er war auch kein Christ im üblichen Sinne des Wortes und
alles andere als ein treuer Katholik und demütiger Predigerbruder. Er nahm sich vielmehr heraus, die Dogmen zu reflektieren
und zu kritisieren, und er durchschaute glasklar die Schwächen
nicht nur des römisch-katholischen Kirchensystems, sondern
auch der Reformation in allen ihren Ausformungen, die er in
Genf, London und Wittenberg kennengelernt hatte. Er stieß die
Tore zur Erneuerung des Geistes weit auf, knüpfte dabei an die
beste Tradition sowohl der Antike wie des Mittelalters und der
beginnenden Neuzeit an und war eine Leuchte der Sprache, des
sprühenden Dialogs und der europäischen Philosophie.

Weil er aber überall auf Engstirnigkeit und Ablehnung, auf
Unverständnis und Widerspruch stieß, ließ er das Pendel der
Wahrheit extrem in die andere Richtung ausschlagen und ent-
ging in vielen Punkten sicher nicht der Einseitigkeit und der
Übertreibung. Alles in allem hatte er aber keine Chance, denn
seine neuen Denkansätze und Perspektiven fanden keine Gnade.
So wurde er als »Freigeist« denunziert, zum »Ketzer« verurteilt
und schließlich als hartnäckiger Querdenker eliminiert.

Bleibt die Frage: Was wäre gewesen, wenn die Kirche nicht die
Macht gehabt hätte, ihn gefangenzuhalten, zu quälen, abzuurtei-
len und »dem Staat zur unblutigen Exekution« zu übergeben?

Die Frage ist müßig, denn er war eben ein Mensch der zweiten Hälfte des 16. Jahrhunderts. Heute wäre er vielleicht ein angesehener Professor, ein Bestsellerautor, ein angestaunter Geistesriese – weil die Scheiterhaufen erloschen sind und der Geist sich etwas freier entfalten kann. Viele seiner Ideen, Erkenntnisse und Perspektiven sind aber trotz allem wirksam geworden und lebendig geblieben – nicht zuletzt sein persönliches Beispiel eines unbestechlichen Wahrheitssuchers:

> »Nein, von himmlischen Höhn winkt dir die Heimat
> entgegen,
> denn wenn ein Gott dich berührt, loderst in
> Flammen du auf«,

formuliert er das Endziel seines irdischen Lebens in einem Gedicht, dem er den bezeichnenden Titel »An den eigenen Geist« gab.

Literatur

Giordano Bruno: Heroische Leidenschaften, Hamburg 1957; Giordano Bruno: Von der Ursache, dem Prinzip und dem Einen, Leipzig 1984; Abel Groce: Giordano Bruno. Der Ketzer von Nola, Wien 1970; Michael Schwartz: Giordano Bruno. Der wandernde Ritter der Philosophie, in: Gottgläubiges Deutschland, Bd. 7, Erfurt 1939.

EIKE CHRISTIAN HIRSCH

JAKOB BÖHME

Im Jahre 1613 geht im schlesischen Görlitz der Stadtdiener Oswald vom Rathaus durch schmale Gassen zum Schuhmachermeister Böhme, der zwischen den Toren hinter der Spitalschmie-
de wohnt. Der Stadtdiener, der Büttel des Magistrats, hat Auftrag
vom Herrn Bürgermeister Scultetus, den Schuster abzuholen
und aufs Rathaus zu bringen. Als er an die Haustür klopft und
laut den Namen des Schusters Böhme ruft, den er abführen solle,
weiß jeder, was die Stunde geschlagen hat. Jakob Böhme, ein
schmächtiger Mann, an dem nur die hohe Stirn und die großen
Augen auffallen, ahnt, daß es um das Buch gehen soll, das er
heimlich geschrieben hat, »Morgenröte im Aufgang« heißt es. Es
ist ungedruckt, aber Verehrer des Schusters haben davon Abschriften gemacht und kursieren lassen.

Nun wird sich der Autor verantworten müssen, denn er habe
sich in aufwiegelnder Weise, munkelt man, in Religionsfragen
gemischt, und das will die lutherische Pastorenschaft sowenig
dulden wie die ebenfalls streng lutherische Obrigkeit der Stadt
Görlitz. Während Böhme neben dem Stadtdiener Oswald zum
Rathaus geht, mögen ihm einige Stellen seines Manuskripts ein-
gefallen sein, die ohne Zweifel bei den Kirchenherren Anstoß
erregt haben müssen. Er verlangt darin nämlich eine neue, eine
wahre »Geistkirche«, die lutherische Landeskirche aber verwirft
er als »Mauerkirche«.

Selbstsicher hat er den Geistlichen seine eigene Schrift als die bessere Predigt angeboten: »Ihr Theologi, allhier tut euch der Geist Tür und Tor auf. Wollt ihr nun nicht sehen und eure Schäflein auf grüner Weide weiden, sondern auf dürrer Heide, so sollt ihr das vor dem ernsten und zornigen Gerichte Gottes verantworten. Da sehet eben zu!«

Bürgermeister Scultetus, von Beruf Buchdrucker und ein durchaus gebildeter Mann, sitzt drohend in seinem Amtszimmer und fragt den Schuhmacher nach seiner heimlichen Schreiberei. Genaues will er hören über Eingebungen und Gesichte dieses einfachen und einfältigen Mannes, der nun im Verdacht der Ketzerei und der Anstiftung zum Aufruhr steht. Er wirft dem Handwerker einen »enthusiastischen Glauben« vor, was heißt, er sei einer der Schwärmer und Radikalen, gegen die schon Luther habe kämpfen müssen, denn er beanspruche für sich, die Bibel nicht zu brauchen, weil er unmittelbare Offenbarungen von Gott habe.

So von seinem Bürgermeister zur Rede gestellt, hat sich Jakob Böhme vielleicht auch hier mit den Worten verteidigt, die er schon in der Morgenröte niedergeschrieben hatte: »Ich nehme den Himmel zum Zeugen, daß ich allhier verrichte, was ich tun muß; denn der Geist treibet mich dazu, daß ich auch mit ihm gänzlich gefangen bin und mich seiner nicht erwehren kann, was mir auch immer hernach begegnen möchte.«

Keine Verteidigung hilft dem Schuster, der Bürgermeister ruft weitere Büttel herbei, läßt den störrischen Bürger abführen und ins Gefängnis bringen, wo man auch noch seine Hand- und Fußgelenke in den Block schraubt. Stadtdiener Oswald hat derweil den Befehl, im Hause Jakob Böhmes das originale handgeschriebene Exemplar der »Morgenröte im Aufgang« zu beschlagnahmen. Als Oswald mit dem Stapel Blätter wieder da ist, wird Böhme zwar entlassen, aber nicht ohne streng ermahnt zu werden, solche Sachen nicht mehr zu verfassen, ja überhaupt nicht mehr zu schreiben.

Das geschieht am Freitag, den 26. Juli 1613. Zwei Tage später sitzt der gescholtene und gedemütigte Jakob Böhme mit seiner Familie wie an jedem Sonntag in der Kirche Sankt Peter und Paul unter der Kanzel des Pastor Primarius, also des Probstes oder Dekans von Görlitz, des heftigen und eifernden Lutheraners Gregor Richter. Der hat zweifellos schon hinter der Verhaftung und Beschlagnahme gesteckt, jetzt donnert er vor versammelter Gemeinde noch einmal von der Kanzel herab über Ketzerei und Schwärmertum, und jeder weiß, welches Gemeindemitglied gemeint ist. Nicht genug damit, zwei Tage später, am Dienstag, den 30. Juli, wird der Verleumdete von einem Pfarrer ins Dekanat zum Primarius Richter geführt und dort vor geistlichen Zeugen einem Glaubensverhör unterzogen.

Ihm werden Stellen aus der »Morgenröte« vorgehalten, in denen der Schuster behauptet, Gott gesehen zu haben:»Unser Leben ist wie ein steter Krieg mit dem Teufel. Wenn er aber überwunden ist, so gehet die Himmelspforte in meinem Geiste auf. Dann siehet der Geist das göttliche und himmlische Wesen, nicht außer dem Leibe, sondern im Quellbrunnen des Herzens gehet der Blitz auf die Sinnlichkeit des Hirns, darinnen spekulieret der Geist.«

Das ist freilich nicht mehr und nicht weniger als die Behauptung, eine Himmelfahrt wäre dem Menschen möglich, eine Himmelfahrt in das eigene Innere. Schuhmacher Böhme leugnet nicht, solche Erlebnisse gehabt zu haben. Das liege schon dreizehn Jahre zurück, sagt er leise, er sei damals vierundzwanzig Jahre gewesen, erst jetzt aber habe er es aufgeschrieben. Die versammelten Pastoren sind empört, schüchtern ihn ein und verbieten ihm, jemals wieder zur Feder zu greifen.

Jakob Böhme hat sich in den folgenden Jahren wirklich an dieses anmaßende Verbot gehalten. Aber seine Sache ist schon zu weit fortgeschritten, als daß sie sich noch ganz hätte vertuschen lassen. Vor allem unter schlesischen Landadligen hat er Gönner, die in ihm ein Werkzeug Gottes sehen, einen Boten, durch den eine neue Reformation anbrechen soll. Den Beruf eines Schusters und Schuhhändlers hat Böhme, schon ein Vierteljahr bevor es in Görlitz zu öffentlichem Aufsehen kommt, aufgegeben. Mit seiner Frau zusammen betreibt er einen Garnhandel, der es ihm erlaubt, Reisen in die Umgebung zu machen und dabei Gruppen seiner Anhänger zu besuchen, die auch für seinen Lebensunterhalt aufkommen.

Später heißt es in einem Brief Böhmes über diese seelsorgerlichen Reisen: »Habe auch mein Handwerk um deswillen liegen lassen, Gott und meinen Brüdern in diesem Berufe zu dienen und meinen Lohn in dem Himmel zu empfangen, ob ich gleich von Babel und dem Antichrist muß Undank haben.«

Zu einem Reformator der Kirche und der Politik ist Jakob Böhme nicht geworden, so sehr er die Hoffnung auf eine neue Morgenröte noch angesichts der ersten Schlachten des Dreißigjährigen Krieges nicht aufgegeben hat. Aber dieser grübelnde und erleuchtete Gottessucher ist in späterer Zeit um so mehr als »Philosophus teutonicus«, als deutscher Philosoph, gewürdigt worden. Auch die Pietisten zählen ihn bald zu ihren Ahnherren, weil ihm die innige, persönliche Gotteserfahrung über alles geht. In erster Linie aber gilt er als der größte protestantische Mystiker.

Das völlig erstarrte Luthertum seiner Zeit muß ihn fürchten, schon weil er als einfacher Mensch selbst denkt und Gott nicht oben, sondern unten sucht, in der Tiefe. Vom Geheimnis des Glaubens schreibt er: »Dieses wird in der Tiefe in großer Einfalt aufgehen. Warum nicht in der Höhe, in der Kunst? Auf daß sich niemand rühmen darf, er habe es getan, und des Teufels Hoffart hier mitten aufgedeckt und zunichte gemacht werde.«

Gott ist in der Tiefe, nicht in der Höhe, und diese Tiefe ist im Menschen selbst. Ein revolutionärer Gedanke. Böhmes rechtgläubige Zeitgenossen sind es gewohnt, Gott als das strenge Gegenüber des Menschen dargestellt zu bekommen: Er ruft zur Buße, wir antworten; er gewährt Gnade, wir danken. Gott und Mensch, das ist wie das Gegenüber von Herrscher und Untertan.

Ganz anders sieht es der Görlitzer Schuhmacher. In der Tradition der Mystik erlebt er Gott in der Tiefe und damit in sich selbst. Er sucht die Einheit von Gott, Welt und Mensch. Genau diese Suche nach der Einheit von allem, was ist, hat dem schlichten Mann die Ehre zuteil werden lassen, von vielen Nachgeborenen als erster deutscher Philosoph anerkannt zu sein. Hegel urteilt über ihn: »Die Grundidee bei ihm (dem ersten deutschen Philosophen) ist das Streben, alles in einer absoluten Einheit zu erhalten – die absolute göttliche Einheit und die Vereinigung aller Gegensätze in Gott ...«

Diese Erfahrung der Einheit ist wohl die Kraft aller Mystik, dieses: »Gott in uns – und wir in Gott.« Jakob Böhme hat es in jungen Jahren erlebt und in der »Morgenröte« beschrieben. Aber was er erfahren hat, war offenbar unaussprechlich, jedenfalls wird sein Stil stammelnd und dunkel, wenn er den Inhalt seiner Erkenntnisse für den Leser niederschreiben will. In den folgenden Jahren verstummt Jakob Böhme, wie gesagt, er gehorcht ängstlich der Obrigkeit. Aber es bleiben wohl auch einfach die Eingebungen und Gesichte aus. Er fürchtet, gar nicht mehr göttlicher Einsichten gewürdigt zu werden.

Zu dieser Not kommt, daß er und seine Familie in Görlitz zum Gespött gemacht werden. Rückblickend schreibt er in einem Brief an Freunde über den Primarius Gregor Richter: »Er hat mich die ganze Zeit schmählich gelästert und mir öfters Dinge zugemessen, derer ich gar nicht schuldig bin, und also die ganze Stadt lästernd und irre gemacht, daß ich samt meinem Weibe und Kindern habe ein Schauspiel, Eule und Narr unter ihnen sein.«

Fünf Jahre nach dem Verbot schreibt er dann doch wieder, diesmal über den Ursprung des dreieinigen Gottes, zweifellos ein hochspekulatives Thema. Er ist vom Seher zum Grübler geworden, macht merkwürdige Anleihen bei Geheimlehren. Vom Stein der Weisen ist die Rede, Zahlenspiele kommen vor. Man schreibt das Jahr 1618, in dem der Dreißigjährige Krieg seinen Anfang nimmt, als Böhmes zweite Schaffenszeit beginnt. Zufällig ist er

in Prag, als dort in vollem Prunk der von den Ständen neu gewählte König der Böhmen einzieht, der bald von den katholischen Truppen geschlagen wird und nach Schlesien flieht. Böhme hat schreckliche Gesichte von großem Krieg und Gericht.

Ein weiteres Erlebnis erschreckt den ängstlichen Schuster zu
dieser Zeit. Er steht in seiner Heimatstadt Görlitz zufällig gerade
auf der großen Brücke, die über die Neiße führt, und blickt ver-
sonnen aus einem Brüstungsfenster in das Wasser, als neben ihm
ein ganzer Brückenbogen einstürzt. In einem Brief schreibt er:
»Es geschah in einem Blitz und Hui, als schösse man ein Rohr
ab; weil ich auf der Brücken gestanden, habe ich es selber gesehen
und Gottes große Macht fast übernatürlich gespüret. Ein solches
mich arg bestürzet hat, denn ich war, im Brückenfenster liegend,
um ins Wasser zu sehen, nicht weiter als drei Ellen vom Abbruch
entfernt; lief aber im Schracke davon, sahe es nur in einem Blicke
an; und ehe ich mich umsah, war alles in Grund augenblicklich.«

Alles, was Jakob Böhme erlebt, kann ihm zum göttlichen Zeichen werden, und so deutet er die Schrecken des Krieges als
Beginn der verheißenen Endzeit. In diesen Jahren, es sollen die
letzten seines Lebens sein, schreibt er sehr viel, seine frommen
Anhänger erwarten immer neue geheime Offenbarungen. Unter
anderem verfaßt er eine Erklärung des Ersten Buches der Bibel,
mehr als neunhundert Seiten lang.

Immer noch erwartet er das neue Zeitalter: »Es gaffe niemand
mehr nach der Zeit. Sie ist schon geboren. Wen's trifft, den
trifft's; wer da wachet, der siehet's, und der da schläft, der sieht's
nicht. Sie ist erschienen die Zeit und wird bald erscheinen; wer
da wachet, der sieht sie …« Und für die Eingeweihten fügt er
hinzu: »Wisset, daß euch mitternächtigen Ländern eine Lilie
blühet!«

Die Lilie ist unter den Gesinnungsfreunden zum Symbol der
neuen Zeit geworden. Sie erwarten eine zweite Reformation, die
eine neue, innige Frömmigkeit bringen soll und eine geisterfüllte
Kirche. Um den Prozeß zu beschleunigen, entschließt sich einer

seiner adligen Freunde, einige kleine seelsorgerliche Traktate Jakob Böhmes unter dem Titel »Der Weg zu Christo« im Druck erscheinen zu lassen, mitten in Görlitz, elf Jahre nach dem Verbot jeder Veröffentlichung. Der Pastor Primarius Gregor Richter schäumt vor Wut, behauptet, das kleine erbauliche Werk stinke nach Pech und Schusterschwärze, es enthalte so viele Gotteslästerungen, wie es Zeilen zähle, und es werde ohne Zweifel noch schwere göttliche Strafe auf die Stadt herabziehen. Als es vor dem Rat der Stadt Görlitz zur Verhandlung wegen des Buches kommt, findet sich unter den Stadträten immerhin keine Mehrheit für eine Verurteilung; man legt Böhme, der ohnehin viel auf Reisen ist, nur nahe, für eine Weile zu verschwinden. Da er eine Einladung von einflußreichen Herren am kursächsischen Hof zu Dresden hat, entschließt er sich zur Reise dorthin, hoffend, man werde ihm da Schutz gewähren oder er werde gar die allerhöchste Protektion des Landesherrn gewinnen können, wenn er Audienz erhalte.

Zuvor sieht er sich aber genötigt, auf die Schmähungen seines Oberhirten mit einer »Schutzschrift« zu antworten, obwohl er darin versichert, »daß ich dem verfluchten Schmähen, Lästern, Kirchen- und Schulgezänke und den ehrsüchtigen Streitschriften von Herzen feind bin«. Dennoch ist er sich nicht zu schade, den gemeinen Vorwurf zurückzuweisen, er trinke Branntwein und schreibe in trunkenem Zustand. Diese Anschuldigung gibt er zurück: Manchmal werde vielmehr der Herr Primarius in Trunkenheit unter dem Tische aufgelesen und nach Hause geführt. Nein, er selbst ist zweifellos nüchtern, wenn er seine Visionen hat. Er muß schreiben, das nimmt er für sich in Anspruch. Aber gerade darum will er den Geistlichen fragen: »Meinet ihr, daß der Heilige Geist an eure Schulen gebunden sei?«

Das ist in der Tat die entscheidende Frage. Ist es denkbar, daß der Heilige Geist sich mit göttlichen Einsichten in einem einzelnen Menschen offenbart? So etwas zu glauben ist für uns heutige Menschen schwer, weil wir in solchen Sehern gleich einen psychiatrischen Fall vermuten. Böhmes lutherischen Zeitgenossen aber ist es aus einem anderen Grunde meist unmöglich, ihm zu glauben, weil es nämlich lutherische Lehre ist, daß allein die Heilige Schrift die Offenbarung enthält; die müsse zwar ausgelegt werden, aber auch das dürfe wiederum nur durch einen studierten rechtgläubigen Mann geschehen. Alles andere ist Ketzerei, Schwärmertum und Teufelszeug.

Im Mai 1624 bricht Jakob Böhme nach Dresden auf, besucht unterwegs viele Freunde, wird bei einflußreichen Herren des kursächsischen Hofs empfangen und hofft darauf, auch dem Kurfürsten vorgestellt zu werden. Aber er wird enttäuscht, kehrt nach Görlitz zurück und macht im August eine Reise zu schlesischen Anhängern. Dort führt er, wie es bei einem Zeitgenossen heißt, »erbauliche Gespräche von der hochseligen Erkenntnis Gottes«, erkrankt aber bald schwer und kehrt, auf den Tod darniederliegend, nach Görlitz zurück. Seine Frau ist auf einer Geschäftsreise, sein Hausarzt Tobias Kober übernimmt die Pflege. In einer Biographie Jakob Böhmes lesen wir über diese Stunden, daß der Sterbende das letzte Abendmahl erst nehmen durfte, nachdem der Geistliche seine Rechtgläubigkeit mündlich geprüft hatte. Ein beschämendes Ketzergericht für einen selbständigen Gottsucher, dem die Rechtgläubigen nicht trauen.

Nach Mitternacht ruft Jakob Böhme seinen Sohn Tobias und fragt, ob er auch die schöne Musik höre, und als der verneint, läßt er die Türen öffnen, damit man den Gesang besser hören könne. Mit dem Wort: »Nun fahre ich hin ins Paradeis!« verabschiedet sich Böhme von seiner Familie und schläft ruhig ein.

Die lutherische Geistlichkeit der Stadt weigert sich, den Ketzer zu beerdigen. Erst als der Rat der Stadt nach langer Debatte das Begräbnis förmlich anordnet, findet sich ein Pfarrer bereit, erklärt jedoch zu Beginn der Feier, er tue seine Pflicht nur unter Zwang. Das Grabkreuz, von seinen Freunden dem Verstorbenen errichtet, wird von aufgehetzten Görlitzern bald beschädigt und beschmiert.

Tod und Auferstehung, beides hat Jakob Böhme schon in jungen Jahren als Stationen seines geistigen Weges erlebt. In seinem Erstlingswerk, der »Morgenröte«, hat er beschrieben, wie er mit tiefen Depressionen zu kämpfen hatte, bis er davon erlöst wurde: »Nach etlichen harten Stürmen ist mein Geist durch der Höllen Pforten durchgebrochen bis in die innerste Geburt der Gottheit und allda mit Liebe umfangen worden wie ein Bräutigam seine liebe Braut umfähet. Was das aber für ein Triumphieren im Geiste gewesen, kann ich nicht schreiben oder reden. Es läßt sich auch mit nichts vergleichen als nur mit dem, wo mitten im Tode das Leben geboren wird, und vergleicht sich mit der Auferstehung von den Toten.«

Solche göttlichen Erlebnisse zu haben, das ist einem ordentlichen Kirchenchristen nie erlaubt, ja die Theologenzunft hat es lieber bestritten, daß ein Mensch überhaupt zur mystischen Schau fähig ist, als einzuräumen, daß es außer Predigt und Sakrament noch andere Wege zu Gott gibt. Andere jedoch können es dem Görlitzer Schuhmachermeister glauben, wenn er sagt: »Mir ist die Leiter Jakobs gezeiget, darauf bin ich gestiegen bis in'n Himmel.«

Heute möchte man vermuten, nur Neid könne Christen daran hindern, solche Erfahrungen für möglich zu halten. Und wenn es einen einfältigen, frommen und ehrlichen Mann gegeben hat, dem man seine Berichte glauben möchte, dann ist es dieser schlesische Handwerker. Heute gibt es wohl immer mehr Menschen, die sich nach einem Glauben sehnen, der nicht nur auf dem Papier steht, von Amts wegen verordnet ist und sich im Verstand abspielt, sondern der auf eigener Erfahrung Gottes beruht. Ein Vorbild dafür gibt es offenbar sogar mitten im alten, stocksteifen Protestantismus. Nur ein Vorbild! Denn das sind wohl Erfahrungen, die jeder, soweit es ihm vergönnt ist, für sich selbst machen muß.

Um zum Schluß noch einen eigenen Eindruck auszusprechen: Das meiste von dem, was Jakob Böhme von seinen Himmelfahrten zu berichten wußte, bleibt mir fremd und kommt mir verworren vor. Vielleicht sind solche Erfahrungen eben unaussprechlich. Aber daß er im Himmel war, warum sollte ich das bezweifeln?

Literatur

Werner Buddecke (Hrsg.): Jakob Böhme. Die Urschriften. 2 Bde., Stuttgart/Bad Cannstatt 1963/1966; Johannes Claassen: Jakob Böhme. Sein Leben und seine theosophischen Werke. 3 Bde., Stuttgart 1885; Paul Deussen: Jakob Boehme. Über sein Leben und seine Philosophie, Kiel 1925; Julius Hamberger: Die Lehre des deutschen Philosophen Jakob Böhme, Hildesheim 1975 (Nachdruck); Emanuel Hirsch: Geschichte der neueren evangelischen Theologie, Bd. 2, Gütersloh 1951; Will-Erick Peuckert: Das Leben Jakob Böhmes, Jena 1924; Gerhard Wehr: Jakob Böhme in Selbstzeugnissen und Bilddokumenten, Reinbek 1975; Gerhard Wehr: Die deutsche Mystik, Bern 1988; Werner Elert: Die voluntaristische Mystik Jakob Böhmes, Aalen 1973 (Nachdruck); Bo Andersson:»Du Solst wissen es ist aus keinem stein gesogen«. Studien zu Jakob Böhmes Aurora oder Morgen Röte im auffgang, Stockholm 1986.

ANTJE SCHRUPP

PHILIPP JAKOB SPENER

Philipp Jakob Spener – ein Ketzer? Der bedeutendste evangelische Theologe neben Martin Luther – in einer Tradition mit Wiedertäufern, Schwärmern und Scharlatanen? Ein schon zu Lebzeiten hochdotierter Kirchenrepräsentant – Seite an Seite mit
Jan Hus, Giordano Bruno und anderen, die ihre Kirchenkritik mit
dem Tod bezahlten?

Auf den ersten Blick mag es tatsächlich merkwürdig erscheinen, den als »Erfinder des Pietismus« bekannten Spener in diesem Buch wiederzufinden. Doch trotz der hohen Kirchenposten,
die er zeitlebens innehatte, trotz aller Lobeshymnen, die bis heute in kirchenoffiziellen Handbüchern auf ihn gesungen werden
– Philipp Jakob Spener hat in einem tiefen Wortsinn »ketzerische« Ansichten vertreten, hat die orthodoxe Kirchenobrigkeit
so grundsätzlich kritisiert wie kaum ein anderer. Viel radikaler
als Luther hat er vor allem die Beteiligung der nichtstudierten
Menschen – der Dienstmädchen und Handwerker, der Bäuerin-
nen und Händler – an der Kirche und an der Theologie gefordert
und, wo er es konnte, auch umgesetzt.

Daß er der Verfolgung nicht nur entging, sondern sogar noch
hochgelobt wurde, liegt auch an Speners diplomatischer Klug-
heit, die aber nicht mit Opportunismus verwechselt werden darf:
Er suchte sich einflußreiche Freunde, die ihm den notwendigen
Freiraum schafften, er vermied Alleingänge und sammelte immer eine ausreichende Anzahl Verbündete hinter sich. Doch das

allein hätte ihm vermutlich nichts genutzt, wenn sich nicht schon bald gezeigt hätte, daß er die Zeichen der Zeit einfach besser erkannte als seine Kontrahenten in der lutherischen Orthodoxie: Speners Neudefinition von Kirche und Glauben war es letztlich, die den Protestantismus angesichts der politischen und gesellschaftlichen Veränderungen im Europa des 17. Jahrhunderts überlebensfähig machte: Im Zeitalter des Absolutismus, das nun heraufzog, mußte auch die lutherische Kirche sich ändern. Spener legte dafür den Grundstein. Zu seinen Lebzeiten noch wurde offensichtlich, daß aus dem jungen und idealistischen Pfarrer mit den ketzerischen Ansichten der Retter der lutherischen Kirche geworden war.

Philipp Jakob Spener wurde 1635, mitten im Dreißigjährigen Krieg, geboren. Sein Vater war Archivar in einem hochherrschaftlichen Haus – bei Philipp Ludwig von Rappoltstein –, die Mutter kam aus einer angesehenen Rappoltsteiner Familie. Ab 1651 studierte Spener Philosophie und Theologie, zuerst in Straßburg, dann in Basel. Auf ausgedehnten Studienreisen nach Genf, Württemberg und Lyon verschaffte er sich einen gewissen Überblick über die geisteswissenschaftliche und religiöse Vielfalt seiner Zeit. Er heiratete die Straßburger Patriziertochter Susanne Ehrhardt und begann 1663 seine berufliche Laufbahn relativ unspektakulär als Freiprediger in Straßburg.

Aber nur drei Jahre später, Spener war gerade mal 31 Jahre alt, geschah das Unglaubliche: Der Magistrat der freien und lutherischen Messestadt Frankfurt ernannte den unbekannten Prediger Spener zum Senior der Stadt, das heißt, zu ihrem bedeutendsten Pfarrer an der zentralen Barfüßerkirche, der Vorgängerin der heutigen Paulskirche. In der Forschung ist noch immer umstritten, wie es zu dieser spektakulären Entscheidung kam. Die einen sagen, man habe keinen anderen für dieses Amt finden können; andere meinen, wichtige Messegäste aus Straßburg hätten Spener empfohlen. Vielleicht haben aber auch ganz banal Beziehungen eine Rolle gespielt: In Genf hatte Spener den jungen

Studenten Johann Vinzenz Baur von Eysseneck aus einer einflußreichen Frankfurter Patrizierfamilie kennengelernt und sich
mit ihm angefreundet. Gut möglich, daß der seinen Freund dann
aus Straßburg nach Frankfurt geholt hat.

Was auch immer der Grund war: Daß Spener als junger und
noch idealistischer Pfarrer einen solch wichtigen Posten bekam,
dürfte für seine Wirksamkeit als Kirchenerneuerer nicht unwichtig gewesen sein. In seiner zwanzigjährigen Amtszeit in
Frankfurt entwickelte er ein Reformprogramm für die lutherische Kirche, das enorme Wirkung hatte.

Zunächst jedoch waren die Zeiten alles andere als rosig. Als
Spener nach Frankfurt kam, war der Dreißigjährige Krieg noch
nicht einmal zwei Jahrzehnte vorbei. Die Verwüstungen, die er
hinterlassen hatte, waren noch weithin sichtbar: Verwahrloste
Kinder und Jugendliche hielten sich mehr schlecht als recht am
Leben, Krankheiten und Seuchen grassierten, die Menschen waren desillusioniert und ohne allzu großes Vertrauen in die Obrigkeiten und einen gerechten Gang der Weltgeschichte. Diese
trübe Stimmung herrschte nicht nur in Frankfurt, nicht nur in
Deutschland, sondern in ganz Europa. Und wie immer in Krisen-
zeiten, suchten viele Menschen ihre Hoffnung in der Religion.
Die hatte jedoch nicht viel zu bieten.

Drei christliche Konfessionen - die lutherische, die katholische
und die calvinistische Kirche – konkurrierten damals um die Vorherrschaft in Europa, indem sie um die Gunst der europäischen
Fürsten und Könige buhlten: Schließlich bestimmten diese seit
dem Augsburger Religionsfrieden von 1555 darüber, welcher
Konfession ihre Untertanen angehören mußten. Die europäischen Herrscher waren der religiösen Streitereien jedoch über-
drüssig geworden. Sie beanspruchten mehr und mehr die unum-
schränkte Herrschaft über ihr jeweiliges Einflußgebiet, der sich
auch die Kirchen unterordnen sollten – es begann der Aufstieg
des Absolutismus. In den Pfarrern und Predigern sahen sie längst
keine ernstzunehmenden politischen Berater mehr, sondern nur

noch willige Handlanger, die dem Volk Moral und Gehorsam predigen sollten. Unter den absolutistischen Herrschern setzte sich zunehmend die Ansicht durch, daß Moral und Religion etwas fürs gewöhnliche Volk sei, während das Regieren und Politiktreiben pragmatischen Kriterien folgen müsse. Kein Wunder, daß an vielen europäischen Höfen jener Zeit die Hofprediger nach und nach durch Hofjuristen ersetzt wurden.

Die Mehrzahl der Berufstheologen, eben die sogenannte lutherische Orthodoxie, wollte diesen Prestigeverlust lange Zeit nicht wahrhaben. Sie schrieben immer ausgefeiltere Predigten und ersannen die scharfsinnigsten Argumente, um ihre Position an den Höfen zu wahren. Auf die religiösen Erwartungen und Hoffnungen der Menschen, die nach den Verheerungen des Dreißigjährigen Krieges Trost und Orientierung suchten, gaben sie keine Antwort. Ein fruchtbarer Boden also für allerlei Scharlatane, Wunderprediger und Sektengründer. In ganz Europa schossen neue religiöse Gruppierungen wie Pilze aus dem Boden; den etablierten Kirchen erwuchs eine ernstzunehmende Konkurrenz.

Philipp Jakob Spener war strenggläubiger Lutheraner und machte es sich deshalb zum Anliegen, seine Kirche aus dieser Krise zu retten. Anders als die Orthodoxie glaubte er nicht, daß das Paktieren und Buhlen um die Gunst der Fürsten ein erfolgversprechender Weg sei. Früher als die meisten seiner Kollegen hatte er erkannt, daß es zum Wesen des Absolutismus gehörte, den Einfluß der Kirche auf einen leeren Formalismus zu reduzieren und sie so zu entmachten. Er war der Meinung, daß Lamentieren und starres Festhalten an alten Gewohnheiten und Privilegien auf Dauer nichts nutzen werde. Schon in seiner Dissertation im Fach philosophische Ethik im Jahr 1653 hatte sich Spener als erster Deutscher mit den Theorien des englischen Philosophen Thomas Hobbes beschäftigt, der den Absolutismus und die Instrumentalisierung der Religion wissenschaftlich begründete. Gleichzeitig sympathisierte er mit der lebendigen, die

Herzen und Gemüter ansprechenden Erweckungsreligiosität,
die er auf seinen Studienreisen kennengelernt hatte.

Spener fand einen Ausweg aus der Krise: Der lutherische
Glaube, so seine Überzeugung, muß von der Gunst und dem
Wohlwollen der Fürsten unabhängig gemacht werden, und zwar,
indem man ihn im alltäglichen Leben der Menschen verankert.
Dadurch würde die Volkskirche auch wieder attraktiv und »kon-
kurrenzfähig« auf dem bunten Markt der religiösen Bewegungen. Christlicher Glaube, so Speners Forderung, muß eine
persönliche und für das eigene Empfinden bedeutsame Angelegenheit werden und darf nicht länger ein äußerliches, von oben
verordnetes Merkmal sein. Die Theologen haben sich daher nicht
nur mit der Entwicklung theoretischer Glaubenssätze zu beschäftigen, sondern auch mit der emotionalen Vermittlung des
Glaubens in ihren Gemeinden. Spener verwirklichte dieses Programm, indem er in Frankfurt Kathechismuskurse einrichtete, in
denen er Kindern und Erwachsenen die Grundlagen des lutherischen Glaubens vermittelte und mit ihnen ernsthaft ihre Zweifel
und Hoffnungen diskutierte.

Aber noch ein anderer Punkt war ihm wichtig: Die Kirche
muß nicht nur den Verstand und das Gemüt befriedigen, sondern
auch auf die materiellen Bedürfnisse der Menschen reagieren.
Spener gründete in Frankfurt das erste Armen- und Waisenhaus
Deutschlands. Bei der Finanzierung verließ er sich nicht auf die
Unterstützung der Obrigkeit, sondern bat die reichen Gemeindemitglieder zur Kasse – nicht als Almosen, sondern als christliche Pflicht: »Wer denkt schon daran, daß eine andere Gemeinschaft der Güter notwendig sei? Warum? Weil ich daran denken
muß, daß ich nichts zu eigen habe, denn es ist alles meines Gottes
Eigentum, ich bin nur ein darüber bestellter Haushalter. Und es
steht mir durchaus nicht frei, das Meinige für mich zu behalten,
wann und wie lange ich es will, sondern wo ich sehe, daß es zu
Ehren des Hausvaters und zur Notdurft meiner Mitknechte die
Liebe erfordert, das, was mir gehört, hinzugeben, so habe ich es

zu tun. Denn es ist ein gemeinschaftliches Gut. Der Neben-
mensch kann es von mir nach weltlichem Recht nicht fordern.
Doch darf ich es ihm ohne Verletzung des göttlichen Rechtes der
Liebe nicht vorenthalten, obwohl es sonst mir gehört.«
Die Quintessenz des Spenerschen Denkens war die Erkenntnis, daß das Wesen einer Religion nicht von den dogmatischen
Festlegungen ihrer Theologen abhängt, sondern vom Alltags-
glauben der ganz normalen, unstudierten Menschen. Um die
wirklich wichtigen religiösen Inhalte und Regeln zu erkennen –
das ist das entscheidend Neue an seinem Denken –, muß man
nicht Theologie studiert haben, sondern braucht nur ein gewis-
ses Maß an gesundem Menschenverstand. 1675 veröffentlichte
Spener dieses Reformprogramm in der Schrift *Pia Desideria*
(»Fromme Wünsche«). Das Büchlein wurde schon bald ein enor-
mer Erfolg, unzählige Male reproduziert und schaffte ihm in
ganz Deutschland Anhängerinnen und Anhänger.

Mit dem Erfolg kam aber schon die Verfälschung: Statt der
verknöcherten Orthodoxie die lebendige Vielfalt einer allgemeinen Laientheologie entgegenzustellen, wie es Spener beabsichtigt hatte, gründeten sich bald landesweit frömmlerische und
radikal-pietistische Gruppen, die den exklusiven Kreisen der Orthodoxen noch exklusivere Kreise der wahrhaft Frommen und
Rechtgläubigen entgegenstellen wollten. In Frankfurt geschah
dies auf Initiative des Magistratsjuristen Johann Jakob Schütz,
der die – von manchen fälschlicherweise Spener selbst zugeschriebenen – *Collegia Pietatis* gründete: Intime Hauskreise, in
denen Frauen und Männer zusammenkamen, die sich insgeheim
schon von der lutherischen Volkskirche gelöst hatten. Es kam
sogar so weit, daß sich diese »Saalhof-Pietisten« (der Name geht
auf ihren Versammlungsort in der Saalhof-Residenz zurück, deren Überreste noch heute in Frankfurt neben dem Historischen
Museum zu sehen sind) weigerten, das Abendmahl gemeinsam
mit den vermeintlich »ungläubigen« Durchschnittschristinnen
und -christen einzunehmen. Dennoch nahm Spener sie lange

Zeit in Schutz, weil er auf Verständigung hoffte. Erst in den achtziger Jahren kam es endgültig zum Bruch, und er distanzierte
sich von der Gruppe. Bei seinen weiteren beruflichen Stationen
– als Oberhofprediger in Dresden und als Konsistorialrat in Berlin, wo er 1705 starb – hat er von der Gründung solcher *Collegia
Pietatis* wohlweislich die Finger gelassen.

Da war es aber schon zu spät. Schon bald wurden Teile der
pietistischen Bewegung radikal antiwissenschaftlich; statt theologischer Vorlesungen gab es Bekehrungspredigten, Intoleranz
gegenüber Andersdenkenden machte sich breit. Ein besonders
trauriges Beispiel ist die noch mit Speners Unterstützung einge-
richtete theologisch-pietistische Fakultät in Halle unter August
Hermann Franke: Durch Denunziation beim preußischen Hof
erreichte er, daß der Philosoph Christian Wolff, der vorsichtig
versucht hatte, aufklärerisches Gedankengut auch in die deutsche Wissenschaft einzubringen, bei Androhung der Todesstrafe
aus Preußen verjagt wurde.

Diese traurige Entwicklung zeigt vielleicht Schwächen in
Speners Reformprogramm, kann seine Vorstellungen jedoch
nicht grundsätzlich diskreditieren. Daß eine Religion etwas mit
alltäglicher Lebensführung und persönlicher Überzeugung der
Menschen zu tun haben muß, daß die dogmatischen Spitzfindigkeiten der Theologen und die formale Zugehörigkeit zur
»richtigen« Konfession demgegenüber relativ unwichtig sind,
ist auch heute noch längst nicht selbstverständlich. Im Gegenteil: Der biblische Ratschlag »An ihren Früchten sollt ihr sie
erkennen«, den Spener als Kriterium für die Diskussion mit
Andersgläubigen deutlich zu Gehör gebracht hat, gewinnt im
heutigen »interreligiösen Dialog« vielleicht mehr Aktualität
denn je.

Literatur

Erich Beyreuther: Geschichte des Pietismus, Stuttgart 1978; Dietrich Blaufuß (Hrsg.): Spener-Arbeiten. Quellenstudium und Untersuchungen zu Philipp Jakob Spener und zur frühen Wirkung des lutherischen Pietismus, Bern/Frankfurt 1975; Dietrich Blaufuß (Hrsg.): Pietismus-Forschungen. Zu Philipp Jakob Spener und zum spiritualistisch-radikalpietistischen Umfeld, Bern/Frankfurt 1986; Martin Greschat: Zur neueren Pietismusforschung, Darmstadt 1977; Johannes Wallmann: Philipp Jakob Spener und die Anfänge des Pietismus, Tübingen 1970.

VERA NÜNNING

WILLIAM PENN

Als William Penn seinem Vater 1667 mitteilte, daß er nun Quäker sei, brach für den hochangesehenen Admiral Sir William
Penn eine Welt zusammen. Sein Sohn, Stammhalter der Familie
und Erbe großer Landgüter, sollte zu diesen anarchistischen, ex-
zentrischen und die Bibel mißachtenden Quäkern gehören, die
als überaus gefährlich galten und zuhauf die Gefängnisse bevöl-
kerten? Sir Williams Entsetzen war durchaus nicht unbegründet.
Obwohl die Quäker ab den 1670er Jahren für ihre Friedlichkeit,
Bescheidenheit, Nächstenliebe und ihre strikte Moral bekannt
werden sollten, hatten sie sich in den ruhelosen Jahren nach der
Hinrichtung Karls I. 1649 in vielfacher Hinsicht als religiöse und
soziale Ruhestörer erwiesen. Nicht nur verweigerten sie den
Geistlichen der Staatskirche die Zahlung des Kirchenzehnten, sie
störten auch deren Gottesdienste und öffentliche Versammlungen und liefen schon mal nackt durch die Straßen, um ein Zeichen gegen die vorherrschende Gottlosigkeit zu setzen.

Die frühen Protesthandlungen der Quäker waren von der
Überzeugung getragen, Gottes Willen zu folgen und gegen alles
Böse in der Welt vorzugehen. Für die Quäker lebte Gott nicht in
Kirchen, die von Menschenhand geschaffen waren, sondern
durch das »innere Licht« in jedem Menschen, der bereit war, dem
göttlichen Willen zu folgen. Selbst die Offenbarung durch die
Bibel war Quäkern weniger wichtig als die direkte Erfahrung
Gottes durch das »innere Licht«, denn die Widersprüche und

Zweideutigkeiten der Heiligen Schrift konnten nur von jenen Gläubigen richtig verstanden werden, die direkt von Gott geleitet wurden. Daher sollten nur solche Menschen predigen, die nach langen und ernsthaften Zweifeln von Christus zu einem völlig neuen Leben erweckt worden waren. Als Quäker konnte William Penn somit Prediger werden, ohne eine spezielle Ausbildung erhalten zu haben. Diese galt vielmehr als ebenso überflüssig wie kirchliche Zeremonien und Sakramente, deren materieller Charakter dem Geist Gottes angeblich nicht gerecht wurde.

Sich selbst nannten die Quäker »Kinder des Lichts«, »Freunde der Wahrheit« oder einfach »Freunde«. Als Quäker wurden sie zuerst 1650 von einem Richter bezeichnet, vor dem sich der Prediger George Fox wegen Blasphemie zu verantworten hatte. Dieser abschätzige Begriff war eine Anspielung auf das Zittern und Schütteln der Gläubigen während der religiösen Erfahrung des »inneren Lichts«.

Quäker eckten jedoch nicht nur wegen ihrer individualistischen religiösen Überzeugungen an. Seit 1661 bekannten sie sich zwar zum Pazifismus und lehnten fortan die Beteiligung an politischen und militärischen Ämtern ab. Dies besagte jedoch nur, daß sie keine Waffen gebrauchen und keinen aktiven Widerstand gegen den Staat leisten wollten. All denjenigen Sitten und Gesetzen, die ihrer Ansicht nach biblischen Forderungen widersprachen, unterwarfen sie sich aber nicht, sondern nahmen stoisch die jeweiligen Strafen auf sich. Insbesondere hielten sie es für Gotteslästerung, Kirchensteuern zu bezahlen und Eide zu leisten. Dies machte die Quäker in den Augen der Obrigkeit sehr gefährlich und führte zu regelmäßigen Verhaftungen: Wie sollte man in unruhigen Zeiten auf die neue Friedfertigkeit der Quäker bauen, wenn sie den Treueeid verweigerten und man zudem nicht wußte, was das »innere Licht« im nächsten Moment von ihnen verlangen würde?

Von Anfang an bildeten die Quäker auch eine soziale Protestbewegung, die das Prinzip der Gleichheit aller Menschen vor

Gott in der Gesellschaft verwirklichen wollte. Sie traten für die
gleiche Behandlung aller vor dem Gesetz ein und wandten sich
gegen jede Art von Stolz, der auf der gesellschaftlichen Stellung
gründete. Anstatt sich den Sitten der strikt hierarchischen Gesellschaft anzupassen, in denen selbst der Vater nicht mit »du«
angesprochen werden konnte, zeigten die Quäker durch ihr tägliches Verhalten, daß sie die Eitelkeiten dieser Welt hinter sich
gelassen hatten. Sie kleideten sich in schlichte graue Gewänder
und verweigerten alle Respektsbekundungen gegenüber den sozial Höhergestellten.

Sir William war daher nicht nur um das Seelenheil seines
Sohnes besorgt, sondern fürchtete auch um dessen soziales Ansehen. Er versuchte zunächst durch wohlmeinende Ratschläge
und dann durch Verstoßen aus der Familie, William Penn zur
Umkehr zu bewegen. Bei den Diskussionen mit seinem Sohn
fragte er genau nach, ob William denn auch vorhabe, die rigiden
gesellschaftlichen Unterschiede zu negieren, seinen Hut in der
Gegenwart von Respektspersonen aufzulassen und niemanden
mit dem höflichen »Sie« anzusprechen? Diese Fragen betrafen
mehr als bloß Etikette, denn solche Verhaltensweisen waren tatsächlich mit Gefahren verbunden: Den Hut nicht zu ziehen
konnte, wie William am eigenen Leib erlebte, Duelle und Haft-
strafen zur Folge haben. Besonders prekär wurde William Penns
Lage dadurch, daß er im Gegensatz zu anderen Quäkern, die
meist aus den mittleren Schichten stammten, Zugang zu höchsten gesellschaftlichen Kreisen hatte – selbst zum König, den er
natürlich auch duzen wollte.

Sein Gegner Richard Baxter traf einen wunden Punkt, als er
Penn vorwarf, den bescheidenen Quäker zu mimen, während er
selbst im Geld schwimme. Seine privilegierte soziale Stellung
brachte Penn in ein Dilemma, das ihm in vielen Bereichen das
Leben schwermachte. Einerseits war er zutiefst von den Glaubensinhalten der egalitären und individualistischen Quäker
überzeugt, die für Selbstbestimmung eintraten und ihre politi-

schen Grundsätze vom Standpunkt der Untertanen aus entwik-
kelt hatten. Andererseits glaubte er in staatlichen und teilweise
auch in kirchlichen Belangen an die Notwendigkeit einer starken
zentralen Leitung, die Harmonie und Ordnung aufrechterhalten
sollte. Obwohl er Titel und Kleidung als Zeichen gesellschaftlicher Privilegien verachtete, beharrte er auf Gehorsam. Anstatt
sich darauf zu beschränken, der Regierung als Untertan passiv zu
gehorchen, nutzte er seine Position dazu, selbst Politik zu machen
und der Verfolgung seiner Leidensgenossen durch konsequenten
Einsatz am königlichen Hof und im Parlament entgegenzutreten.
So sehr er von der Gleichheit und Brüderlichkeit aller Menschen
überzeugt war und später mit Indianern freundschaftliche Beziehungen pflegte, so sehr bestand er auf seinen Rechten als reicher
Landbesitzer und sah kein Unrecht darin, Sklaven zu halten.

Wie schwer sich Penn anfangs mit einigen Glaubensinhalten
der Quäker tat, zeigt sich bereits in einer der ersten Versammlungen, an denen er teilnahm. Als ein Soldat dieses nach gelten-
dem Recht illegale Treffen störte, warf ihn der Gentleman Penn,
der 1666 noch gern Offizier in der irischen Armee geworden
wäre, kurzerhand hinaus. Sein impulsives Verhalten, das eine offizielle Anklage gegen alle Anwesenden zur Folge hatte, bereute
Penn jedoch sofort. Obwohl ihn der zuständige Richter als
Gentleman erkannte und freilassen wollte, beharrte er auf der
gleichen Behandlung wie seine Leidensgenossen.

Damit begann der erste von vielen Gefängnisaufenthalten
Penns, in denen er immer größere Gewißheit über seinen Glauben erlangte und die meisten seiner religiösen und politischen
Schriften verfaßte. In den Gerichtsverhandlungen lernte er die
ganze Verfolgungswut und Willkür kennen, die seiner Glaubensgemeinschaft entgegengebracht wurden. So konnten Quäker inhaftiert werden, wenn sie sich zu mehr als fünf Gläubigen
zum Gebet versammelten oder sich weigerten, einen Eid abzulegen. Als es Penn in einer Gerichtsverhandlung 1670 gelang, die
Anklage selbst zurückzuweisen, griff der erzürnte Richter zu

einem altbewährten Mittel, um Quäker zu verurteilen: Er befahl, daß Penn sein Hut aufgesetzt werde, um ihn dann aufzufordern, ihn in Ehrerbietung vor seiner Autorität wieder abzuziehen. Als Penn dies verweigerte, ließ er ihn wegen Mißachtung des Gerichts einsperren. Ungerechtigkeiten wie diesen begegnete der streitbare Penn jedoch nicht wie andere Quäker mit bloßem passiven Leiden. Vielmehr setzte er sich energisch für eine Verbesserung der Situation der Quäker und anderer Dissenter in England und Amerika ein.

In der Mehrzahl seiner über 150 Schriften legte Penn dar, warum Toleranz gegenüber Andersgläubigen aus religiösen und menschlichen Gründen erforderlich sei. Religiöser Zwang widerspreche nicht nur der Natur des Menschen, weil wahre Religion auf der inneren Überzeugung gründe, sondern widersetze sich auch der Autorität Gottes, der allein Herr über das Gewissen der Menschen sei. Penns unermüdlicher Einsatz für religiöse Toleranz, die er im Gegensatz zu fast allen Engländern prinzipiell auch Katholiken zugestand – obwohl er sie aus politischen Gründen aus dem Parlament ausschließen wollte –, führte seit 1673 zu einer immer engeren Zusammenarbeit mit dem späteren englischen König Jakob II., der selbst Katholik war und Katholiken zu gleichberechtigten Bürgern machen wollte. Obwohl Penn den katholischen Glauben mit Skepsis betrachtete, setzte er sich als politischer Berater und Lobbyist für Jakob und dessen Toleranzbestrebungen ein. Als 1689 jedoch endlich ein Toleranzgesetz verabschiedet wurde, war Jakob schon abgesetzt, und Penn wurde wegen seiner früheren Beziehungen zu ihm verfolgt und erneut inhaftiert.

Die Gründung von Pennsylvania durch William Penn zu Beginn der 1680er Jahre machte die Widersprüche in seiner Persönlichkeit besonders deutlich. Als Gegenleistung für Schulden, die der König bei seinem Vater gemacht hatte, erlangte Penn die Erlaubnis, eine Kolonie in Amerika zu errichten. Obwohl ihm weniger Freiräume gelassen wurden als früheren Eigentümern von Kolonien, bot ihm die Ausarbeitung einer Verfassung für Pennsylvania die Möglichkeit, seine politischen und religiösen Vorstellungen in die Praxis umzusetzen. Der Konflikt zwischen seinem freiheitlichen, egalitären Glauben und dem Beharren auf Disziplin und Gehorsam zeigte sich in seiner Regierung als Gouverneur der Kolonie, die von vielen Quäkern als zu autoritär kritisiert wurde. So stieß sein aristokratisches Verhalten gegenüber dem Abgeordnetenhaus auf Widerstand. Andererseits gewährte er allen, die an einen Gott glaubten, religiöse und politische Gleichberechtigung. Trotz der Strafen für moralische Vergehen wie Trunkenheit, Hurerei, Kartenspiele, Theaterbesuche und Fluchen errichtete Penn einen vergleichsweise milden Gesetzeskodex. Auf diese Weise verwirklichte er in Pennsylvania weitgehende religiöse Toleranz, Gleichheit vor dem Gesetz und politische Mitsprache der Bürger.

Penn selbst war zwar vom streitbaren Verhalten der Bürger Pennsylvanias enttäuscht und schaffte es trotz seines geschäftsmännischen Geschicks nicht, seine Schulden durch die Landverkäufe in der Kolonie zu begleichen. Aufgrund seiner Missionsreisen durch Deutschland und Holland, seiner religiösen Schriften, seiner praktischen Unterstützung vieler Quäker vor Gericht und seiner Tätigkeit als Politiker verdient dieser untypische Quäker jedoch auch heute noch unsere Aufmerksamkeit. Besonders mit seiner Gründung von Pennsylvania setzte sich Penn – ungeachtet all seiner Schwächen – ein nicht nur für einen Ketzer außergewöhnliches Denkmal.

Literatur

Vincent Buranelly: The King and the Quaker. A Study of William Penn and James II., Philadelphia 1962; Mary M. Dunn: William Penn. Politics and Conscience, Princeton/New Jersey 1967; Mary M. und Richard S. Dunn (Hrsg.): The World of William Penn, Philadelphia 1986; Melvin B. Endy jr.: William Penn and Early Quakerism, Princeton/New Jersey 1973; Catherine O. Peare: William Penn. A Biography, London 1956.

BEWEGUNGEN

Daniela Müller

BOGOMILEN

»In den Tagen des orthodoxen Zaren Peter lebte im Land Bulgarien ein Priester namens Bogomil (von Gott geliebt), der in
Wirklichkeit nicht von Gott geliebt *(Bogu ne mil)* war, der als
erster die Häresie im Land Bulgarien gesät hat«, schrieb um 977
der Priester Kosmas in bewährter polemischer Ketzerbekämp-
fungsmanier. Kosmas nennt als erster den Namen des Gründers
der Bewegung, deren Anfänge bis in die erste Hälfte des 10. Jahrhunderts zurückzuverfolgen sind, und seine Worte geben fast
alles, was wir über den »größten Volkshäresiarchen des Mittelalters« (Runciman, S. 89) wissen, wieder.

Entscheidender Impuls für die Bewegung war die soziale Unzufriedenheit der bulgarischen Bauern, die durch den Feudalisie-
rungsprozeß des Landes, der nach byzantinischem Vorbild ablief,
immer mehr in die Lage von Unterdrückten und Unfreien ab-
sanken.

Nur recht vage überlieferte Kosmas die bogomilische Lehre:
Das Neue Testament legten sie – unter Ablehnung des Alten
Testaments – allegorisch aus, gestützt auf eine dualistische Mythologie, die im Teufel, dem jüngsten Sohn Gottes, den Schöpfer
dieser Welt sah. Christus war nur dem Anschein nach »ins
Fleisch« gekommen; geradezu sinnbildlich war ihre Weigerung,
das Kreuz zu verehren. Um sich der unsichtbaren geistigen Welt
zu vergewissern, bedurfte es einer strengen Askese, die den materiellen Körper abtötete. Sie lehnten nicht nur die Hierarchie

der orthodoxen Kirche ab, sondern auch deren Sakramente, Liturgie und Gebräuche. Über ihre Organisation und den von ihnen *consolamentum* genannten Einweihungsritus, der zwar nahelegt, daß ihre Gemeinden in zwei Gruppen – die *electi* und die Gläubigen – aufgeteilt waren, erfahren wir kaum etwas. Einflüsse von seiten der vom byzantinischen Kaiser in Thrakien angesiedelten Paulikianer auf Bogomil sind nicht zu übersehen.

Anders aber als die kriegerischen Paulikianer, die einen nationalistischen Kampf gegen den orthodoxen Kosmopolitismus von Byzanz führten, gingen die Bogomilen den Weg des passiven Widerstands. »Sie lehren ihre Leute, den Herrn nicht zu gehorchen. Sie prangern die Reichen an, verabscheuen den (bulgarischen) Zaren, machen die Ältesten lächerlich und verfluchen die Edlen; wer dem Zaren dient, ist für sie verhaßt in den Augen Gottes, und sie verbieten allen Sklaven, dem Gebot ihrer Herrn zu folgen«, beklagte Kosmas die Situation. Deutlich sind ihre sozialen Forderungen in einem religiös-ethischen System begründet.

Hauptzentren ihrer Verbreitung in Bulgarien waren die Gebiete Mazedonien und Thrakien. Nach westlichen Quellen vollzieht sich – wohl im 11./12. Jahrhundert – in der Bewegung eine Spaltung, die durch den Übergang vom gemäßigten zum radikalen Dualismus gekennzeichnet war. Die *ecclesia Bulgaria* blieb dem gemäßigten treu, während die *ecclesia Dragovitsae* bzw. *Drugunthiae* sich durch den Glauben an zwei unabhängig voneinander existierende Prinzipien, Gut und Böse, definierte. 1211 berief Zar Boril ein Konzil gegen sie ein, dessen wichtigstes Dokument, das Synodikon, die Anathematismen enthielt.

Bis zur Eroberung Bulgariens durch die Türken (1393–1396) tauchten die Bogomilen immer wieder sporadisch in den Dokumenten auf, danach schweigen die Quellen.

Doch die Bewegung war nicht auf ihr Kernland Bulgarien beschränkt. Die Bogomilen betrieben eifrig Mission, die durch die Angliederung Bulgariens als Provinz von Byzanz begünstigt wurde. Die ersten Berichte über sie in Byzanz stammen schon aus der Mitte des 11. Jahrhunderts. Euthymios von Akmonia, Mönch des Klosters Peribleptos in Konstantinopel, gibt einen der ältesten Berichte über ihre Anwesenheit in der Hauptstadt. Er nannte sie »Phundagiagiten« und erwähnte einen Johannes Tzurillas als ihren Führer. Hier, in Konstantinopel, entwickelte sich ihr Zentrum, hier wurde auch erstmals ein Häresieverfahren gegen sie durchgeführt: Der byzantinische Kaiser Alexios I. ergriff die Initiative gegen den Mönch und Arzt Basileios, Oberhaupt der Bogomilen zu Beginn des 12. Jahrhunderts. Dieser und seine zwölf »Apostel« genannten Begleiter wurden verhört, ihre Aussagen protokolliert und sie daraufhin wegen Häresie verurteilt. Basileios, der nicht zum Abschwören bereit ist, wurde im Hippodrom verbrannt.

Alexios beauftragte nach diesen Geschehnissen den bekanntesten Theologen seiner Zeit, Euthymios Zigabenos, damit, eine Widerlegung des bogomilischen Glaubens zu verfassen. Offensichtlich faßte hier der Bogomilismus, anders als in Bulgarien, besonders im Mönchtum Fuß und übernahm von diesem bestimmte gnostische, der Bewegung der Messalianer zu verdankende Impulse. Auffällig ist dabei, daß Zigabenos, wie schon Kosmas, die Bogomilen nur mit dem gemäßigten Dualismus in Verbindung brachte, wonach sie zwar noch immer den Teufel als Sohn Gottes ansahen, ihn nun aber, wie bei den Messalianern, als seinen ältesten Sohn deuteten. Das *consolamentum* verstanden die Bogomilen als Taufe Christi, die sie unter Geistanrufung und indem sie das Evangelium des Johannes auf den Kopf des Neulings legten, vollzogen. Das Selbstverständnis dieser nun klar als *electi* bezeichneten männlichen und weiblichen Initiierten empörte Zigabenos besonders: Sie behaupteten, jedem von ihnen komme der Titel »Gottesmutter« zu, da in jedem von ihnen der Heilige Geist seinen Sitz habe und so jeder das Wort gebäre.

Trotz der kaiserlichen und kirchlichen Unterdrückungsversuche gewannen die Bogomilen weiter an Einfluß. 1143 war ein ehemaliger Mönch namens Niphon ihr Leiter, der sogar den Patriarchen Kosmas II. Attikos so beeindrucken konnte, daß dieser sich für dessen Freilassung aus Klosterhaft einsetzte. Nun aber reagierte der Kaiser: 1147 wurde Niphon erneut verhaftet und Kosmas II. wegen seiner Sympathien abgesetzt. Im 14. Jahrhundert beschäftigten sich in Konstantinopel zwei Synoden mit den Bogomilen, gleichzeitig wurde ihr Einfluß in der Mönchsrepublik Athos spürbar, wobei pikanterweise der Impuls für eine bogomilische Mission von einer Frau ausgegangen war: Irene, die eine Herberge zu Füßen des Athos leitete, konnte bei ihr einkehrende Mönche von ihrem Glauben überzeugen, den diese dann mit sich nach Athos nahmen.

Die Bedeutung Konstantinopels für die Entwicklung und Konsolidierung von Heterodoxien erschließt sich aus der Tatsache, daß um 1167 ein aus Konstantinopel kommender *Papa Nicetas* auf dem Konzil der südfranzösischen Katharer in St.-Félix-de-Caraman den Vorsitz übernahm. Fast einhellig wird er in der Forschung als Bogomile identifiziert und darauf eine Verhältnisbestimmung Bogomilismus–Katharismus begründet. Dies jedoch bedarf einer differenzierteren Betrachtung. Die Nachrichten von »bulgarischen« Ketzern im Westen könnten dahingehend verstanden werden, daß es sich hierbei nicht um Bogomilen, sondern um östliche Katharer, die sich von den Bogomilen getrennt hatten, handelte.

Außer in Byzanz versuchten die bogomilischen Missionare ihren Glauben auch in Serbien zu verbreiten, wo sie aber 1170 abgeurteilt und des Landes verwiesen wurden. In Bosnien dagegen sah es anders aus: Hier ist in älteren Darstellungen immer wieder zu lesen, daß die Ende des 12. Jahrhunderts auftauchenden *Patarener* genannten heterodoxen Bogomilen gewesen seien. Diesen Patarenern war es bis zum Ende des Jahrhunderts gelungen, zur Staatskirche aufzusteigen, der selbst der Herrscher, der Ban, mit Familie und die meisten des Adels anhingen. Die weiteren Vorkommnisse erinnern stark an das Schicksal der albigensischen Katharer: Innozenz III. mischte sich ein und wandte auch hier konsequent den Gedanken des Ketzerkreuzzuges an. Unter dem Druck der anrückenden Ungarn schworen 1203 der Ban und seine Untertanen der Häresie ab. Doch trotzdem gelang es nicht, die bosnische Kirche zu vernichten. Deren Ende kam erst mit der Eroberung des Landes durch die Türken in der zweiten Hälfte des 15. Jahrhunderts. Neuere Untersuchungen belegen die Eigenständigkeit der bosnischen Kirche und lassen ein undifferenziertes Ineinssetzen mit dem Bogomilismus fraglich werden. Könnte das Verhältnis Bosnische Kirche – Bogomilismus nicht ähnlich wie die von der gegenwärtigen Forschung angenommene Beziehung Katharismus – Bogomilismus gedeutet werden: Ging auch die bosnische Kirche aus einer Spaltung der Bogomilen hervor? Ist sie vielleicht sogar eher als Tochterkirche des (östlichen) Katharismus zu sehen denn als bogomilische Organisation?

Für die Entwicklung der Katharer im Westen und die der Bogomilen im Osten ist auf jeden Fall die Frage zu stellen, welches jeweilige soziale Umfeld eine dualistische Weltdeutung plausibel erscheinen ließ. Galten im Osten wie im Westen vielleicht annähernd gleiche Plausibilitätsnetze, die nach einer solchen Erklärung der Welt verlangten, so daß östliche Prediger und Predigerinnen mit ihrem sicher reicheren Mythenmaterial, das sich im östlichen Mönchstum lebendig erhalten hatte, genau die Bedürfnisse und die gleichen – dualistisch-gnostischen – Ansätze im Westen trafen?

Hieraus ließen sich einerseits ihr »Erfolg«, andererseits aber auch die Bemerkungen über »bulgarische« Vorläufer und Kirchen erklären, da ohne Zweifel der vom Osten kommende Mythenstrom einen großen Einfluß auf eine zunächst vielleicht originäre dualistische Lehrentfaltung des Westens ausgeübt haben könnte. Hiermit dürften Hypothesen, die von einem bloßen »Herauswachsen« der einen aus der anderen Bewegung bzw. gar von einer Identität der beiden oder von deren je eigenständigen

Entwicklung ausgehen, nicht nur zumindest fragwürdig erscheinen; solche modellhaften Überlegungen scheinen generell wenig geeignet zu sein, das komplexe Beziehungsverhältnis von Menschen und Ideen zu klären, geschweige denn das Handeln und den Glauben der Menschen von damals zu erhellen.

Die Bogomilen erreichten jedenfalls in Byzanz ihre volle Ausprägung; vor allem konnten sie dort fast alle gesellschaftlichen Schichten ansprechen. So hatte sich das Gesicht und damit wohl auch die Gewichtung der Lehre verändert: von einer anfänglich in sozialem Unrecht wurzelnden Bewegung der armen und ausgebeuteten Bevölkerungsschichten, die »diese«, die konkret erfahrene Welt, nicht als »gute« Schöpfung begreifen konnten, hin zu einer Organisation, die ihre asketische Kraft besonders aus dem Mönchtum bezog, das die Welt als das »Diesseitige« schlechthin ablehnte und vor allem auch gehobene Schichten in Kirche und Gesellschaft ansprach.

Bulgarien auf der Schwelle zwischen Ost und West war das Sammelbecken für gnostisches Gedankengut, das sich in der östlichen Kirche länger lebendig gehalten hatte und Ausdruck in einer farbenprächtigen apokryphen Literatur fand. Zusammen mit der sozialen Unruhe, wie sie das Feudalsystem erzeugte, wurde es zum Ausgangspunkt für verschiedene Heterodoxien, die ihre je eigenen Merkmale in je eigenen gesellschaftlichen und ökonomischen Räumen ausprägten.

Literatur

Art. »Bogomilen«, in: TRE, Bd. 2, 1982; S. Rakova: Le Bogomilisme et L'Eglise Bosniaque, in: Heresis 19 (1992) 19–29; G. Rottenwöhrer: Der Katharismus, Bd. 3, Bad Honnef 1990; St. Runciman: Häresie und Christentum, München 1988; G. Semkov: Der sozial-ökonomische Hintergrund der Bogomilen in Bulgarien und Byzanz wie auch der Patarener in Bosnien, Leiden 1984.

DANIELA MÜLLER

KATHARER

Sie sind die Erzketzer schlechthin, die »Füchse im Weinberg des Herrn«, das »Krebsgeschwür« am (mystischen) Leib der Kirche, die »Jünger Satans«, die in widernatürlichen Orgien ihre Adepten aufnahmen, welche im Verlauf ihrer abstoßenden Riten den Teufel als ihrem Herrn huldigen müssen. Der theologengerühmte Frühscholastiker Alanus ab Insulis weiß denn auch ihren Namen passend abzuleiten: Luzifer, ihr Meister, erscheint bei ihren Versammlungen in Gestalt einer schwarzen Katze *(cattus)*, der sie als Zeichen ihrer Unterwerfung den After küssen. Katharer sind demnach Katzenanhänger, womit nicht nur die Schilderung des späteren Hexensabbats vorweggenommen, sondern auch die Verteufelung der Katzen eingeleitet ist. Wird im 12. und 13. Jahrhundert von »Ketzern«, *haeretici*, gesprochen, so sind zunächst immer sie gemeint.

Eigentlich aber geht ihr Name auf Ekbert von Schönau, den Bruder der bekannten Visionärin Elisabeth, zurück, der sie erstmals als *cathari* bezeichnet, womit er bewußt eine Anknüpfung an die spätantike Bewegung um Novatian nahelegen will, deren Mitglieder schon von der alten Kirche als »Ketzer« ausgeschieden worden sind und deren Glaubensüberzeugung, die Lehre Christi »rein« zu erhalten, sich in der Eigenbezeichnung als die »Reinen« *(catharoi)* niedergeschlagen hat. Für die Kirche kann dies jedoch nur ein übersteigertes elitäres Bewußtsein ausdrükken, das in verdächtiger Nähe zu gnostischen Strukturen und damit gegen die eingeschlagene Richtung einer Massenkirche steht. Da schon für die Christen des 4. und 5. Jahrhunderts die gefährlichste Bedrohung von den Manichäern auszugehen scheint und somit diese zuallererst diffamiert und verfolgt werden müssen, bietet sich die Übertragung auf die mittelalterliche Bewegung der Katharer an. Von Gnostikern, deren Glauben ja zu weiten Teilen im jüdisch-christlichen wurzelt, wird wohlweislich offiziell nicht mehr geredet; dafür aber um so mehr von »Manichäern«, die als Anhänger des aus dem persischen Osten stammenden Mani deutlich als »nichtchristlich« identifiziert werden können. Sich selbst bezeichnen die Katharer und Katharerinnen als »gute Christen« bzw. »gute Christinnen«, womit sie klar erkennen lassen, daß sie sich in der ausschließlichen und wahren Nachfolge Christi sehen, was bereits eine deutliche, gegen die römische Kirche gerichtete Kritik enthält und programmatisch vor Augen führt, daß hier eine ernstzunehmende Konkurrenz, eine »Gegenkirche« entstanden ist, also nicht etwa eine auf Reformen bedachte, sondern eine die Strukturen überwindende Bewegung. Hier wird der römischen Kirche ihre Grundlegitimation abgesprochen, jemals Kirche Christi gewesen zu sein.

Das erste Mal tauchen sie 1143 in Köln als organisierte und fest umrissene Gruppe im Westen auf. Der Propst Everwin von Steinfeld ist verwirrt; zu unerhört stellt sich ihm ihre Gemeindestruktur dar, in »Erwählte« und »Gläubige« unterteilt, wobei, und dies ist wohl besonders unfaßbar für den Kirchenmann, sogar Frauen im Rang der »Erwählten« zu finden sind. Doch überfordert ist Everwin vor allem durch das Verhalten der Ketzer angesichts des Todes: Nachdem zwei von den »Erwählten« sich auch nicht durch eine gelehrte Glaubensdiskussion hatten »bekehren« lassen, sondern standhaft – in den Augen der Kirche natürlich »verstockt« – in ihrem Glauben verharren, werden sie vom aufgebrachten Volk ergriffen und verbrannt, wobei nun die beiden Männer zum großen Erstaunen Everwins nicht nur unglaubliche Ruhe, sondern geradezu Freude zeigen. Hatten dieses Verhalten nicht auch die frühen Märtyrer gezeigt, die für die Richtigkeit ihres Glaubens ihr Leben gaben, fragt der Propst besorgt Bernhard von Clairvaux in einem Brief. Doch dieser beruhigt ihn: Gerade indem sie vorgeben, christlich zu sein, keusch, arm und in der Nachfolge Christi und der Apostel zu leben, entlarven sie die ganze Heimtücke des Teufels und sind um so beharrlicher zu verfolgen. 1163 brennen erneut die Scheiterhaufen in Köln. Von Flandern aus war eine Gruppe Katharer ins Rheinland gekommen, in der Hoffnung, im stillen missionieren zu können. Doch sie vergessen, daß der sonntägliche Kirchgang den wahren Christen auszeichnet, und so werden sie ergriffen: vier Männer und ein Mädchen. Niemand von ihnen will zurück in den Schoß der Mutter Kirche, so werden sie exkommuniziert und vor den Toren der Stadt verbrannt. Auch das Mädchen, dessen Anmut und Liebreiz erwähnt werden, zieht den Tod beharrlich Heiratsangeboten oder Vorschlägen, ins Kloster zu gehen, vor.

Ekbert von Schönau kennt neben der Gemeindestruktur der Gruppe schon ihren zentralen Ritus, das *consolamentum*, die Geisttaufe, mit welcher sie zu »guten Christen« und »guten Christinnen« – »Erwählten« in der Sprache der Kirchenleute –, also zu Katharern im eigentlichen Sinne werden. Da diese Geisttaufe sich auf die Feuerzungen des Pfingstereignisses in der Apostelgeschichte bezieht, meint Ekbert in grausigem Sarkasmus, daß schließlich die beste »Feuertaufe« für die Katharer der Scheiterhaufen sei.

Bald treffen die Kirchenleute überall auf sie, Verbrennungen und Verfolgungen können ihre Anziehungskraft, die sie auf Kleriker und Laien, hier auch auf Frauen, ausüben, nicht bremsen: Hildegard von Bingen predigt in Mainz und Köln gegen sie, Bernhard von Clairvaux begegnet ihnen in Nordfrankreich, in England scheitert eine katharische Mission. In der zweiten Hälfte des 12. Jahrhunderts haben sich Norditalien und Südfrankreich als ihre eigentlichen Zentren herausgebildet. In Norditalien zerfällt ihre Organisation aufgrund von Lehrdifferenzen schon vor 1190 in sechs Diözesen mit unterschiedlichen Konfessionen: Albaneser, Bagnolenser, Concorezzianer. In Südfrankreich dagegen, wo sie nach ihrer ersten Diözesengründung in der Stadt Albi auch Albigenser genannt wurden, stellen sie eine zwar in vier Diözesen (neben Albi Toulouse, Carcassonne und Agen) unterteilte, dogmatisch und organisatorisch aber verbundene Gruppe dar. Dort, wo sie von Beginn an besonders auch den örtlichen Adel begeistern, kommt es schon 1181 aufgrund machtpolitischer Überlegungen des Grafen von Toulouse zu einer kriegerischen Unternehmung gegen sie, welche aber nicht verhindern kann, daß weiterhin die Menschen aller Stände ihnen zuströmen.»Reden die Ketzer, erstaunen alle, redet der Katholik, sagen sie: Wer ist denn das«, schildert erschreckt der päpstliche Kardinallegat die dortige Situation.

Frauen, insbesondere des Adels, schließen sich, getrieben von der Sorge um Erlösung, der Bewegung an, die ihnen ein auf Weltentsagung gerichtetes Leben, aber auch eine aktive, mitbestimmende Rolle in der Verkündigung und Gemeindeorganisation ermöglicht. So empfangen nach der üblichen, etwa einjährigen Vorbereitungszeit 1204 in einer feierlichen Zeremonie Esclarmonde de Foix, Aude de Fanjeaux, Fays de Durfort und Raimonde de Saint-Germain in Fanjeaux das *consolamentum*. Künftig leben sie, wie alle »guten Christinnen« und »guten Christen«, strengsten Moralanforderungen gemäß: Sie haben gelobt, nicht mehr zu lügen, nicht mehr zu töten (auch keine Tiere), nicht mehr zu schwören, kein Fleisch und keine Tierprodukte mehr zu essen. Sie müssen sexuell enthaltsam leben, haben jeder Machtausübung entsagt und sich statt dessen hartem Fasten und Gebetsregeln unterworfen. Für diejenigen Gläubigen, denen ein solches Leben nicht möglich zu sein scheint, entwickelt sich das sogenannte »Krankenconsolamentum«: Der Gläubige wird erst im Angesicht des Todes konsoliert. Sollte er

jedoch wieder genesen, bleibt die erlösende Wirkung des *consolamentum* nur erhalten, wenn er sich entschließt, zukünftig wie
ein »guter Christ« zu leben. Kehrt er aber in die Welt zurück,
muß er, will er gerettet werden, vor seinem Tode erneut die
Geisttaufe empfangen.

Während die männlichen Katharer überwiegend zu zweit
durch das Land wandern, um zu predigen und zu missionieren,
leben die Frauen in der Mehrzahl in festen Häusern, die oft von
adeligen »Erwählten« gestiftet worden waren. Auch Frauen haben das Recht zu predigen und sich in theologische Diskussionen
einzumischen, die in jener Zeit zwischen Katholiken und Katharern ausgetragen werden. Dies aber stößt bei den Kirchenmän-
nern auf harsche Kritik: »Geht, Herrin, und spinnt euren Rok-
ken, in einer Versammlung wie dieser steht es euch nicht zu, zu
sprechen«, schleudert empört der Mönch Etienne de la Miséri-
corde der »guten Christin« Esclarmonde de Foix entgegen, als sie
sich in einer Disputation zu Wort meldet. Das Weib hat schließlich zu schweigen in der Kirche; auch hierin, in der Nichtbefol-
gung der »guten« paulinischen Regel, beweisen die Ketzer ihre
unerhörte, unchristliche Verkündigung!

Dominikus will den Katharern zumindest ihre weibliche Ge-
folgschaft entfremden und Frauen ein katholisches Alternativ-
angebot bieten: So gründet er, der von den Ketzern die Wichtig-
keit des armen Lebens und der Wanderpredigt kennengelernt
hat, in Prouille, nahe bei der berüchtigten Ketzerburg Fanjeaux,
ein Haus für bekehrte Katharerinnen. Zunächst mit wenig Erfolg: Gerade sechs Frauen lassen sich bekehren.

Alle auf Überzeugung ausgerichteten Versuche der Kirche
können aber gegen den Zulauf zu den Katharern nichts ausrichten. Nun schlägt das Klima um, ändert sich der Ton der Auseinandersetzung. Zu unerträglich ist es für Rom geworden, die Aktivität der Gegenkirche hinnehmen zu müssen, da die weltlichen
Machthaber im Midi nicht einschritten. Wie hätten auch der
Graf von Toulouse, dessen Schwester selbst in einer katharischen

Domus lebt, oder der Graf von Foix, dessen Tante Esclarmonde de Foix ist, gegen die Katharer etwas unternehmen können – und warum auch?

Der Anlaß zum Eingreifen kommt mit der Ermordung des päpstlichen Gesandten Peter von Castelnau, der geglaubt hatte, eine Exkommunikation wegen quasi unterlassener Hilfeleistung bei der Ketzerverfolgung gegen Raimund VI., Graf von Toulouse, aussprechen zu müssen. Papst Innozenz III. ist wie vom Schlag getroffen; nun gibt es kein Zögern, kein Bedenken mehr, den Kreuzzugsgedanken gegen eine christliche Bevölkerung in die Tat umzusetzen.

Der Albigenserkreuzzug beginnt 1209 und endet 1229. Dazwischen liegen Blut, Gewalt, Vergewaltigung, Scheiterhaufen und Gemetzel. Danach ist das ehemals blühende Land des Südens, das kulturelle Schatzkästchen Europas, in Schutt und Asche gelegt, die Sprache der Troubadours dem Verfall anheimgegeben, hat der Norden über den Süden triumphiert. Im Albigenserkreuzzug wird so manche Rechnung beglichen, bringt so mancher vom Erbe vernachlässigte Adelssproß seine Schäfchen ins Trockene, gelingt dem französischen Königtum die Ausschaltung seines mächtigsten Vasallen. Und die Katharer? Zu Hunderten werden sie verbrannt; die einzige Wahl, die die Kreuzfahrer ihnen lassen, ist Abschwören oder Scheiterhaufen. Fast alle, Männer wie Frauen, ziehen den grausigen Tod in den Flammen vor: etwa 140 bei Minerve, etwa 400 bei Lavaur.

Unter dem Druck der Gewalt ändert sich das Leben der Männer und Frauen radikal: Aus offen auftretenden Predigern werden gehetzte, ständig nach sicherem Versteck suchende Verfolgte. Die Frauen müssen ihre Häuser aufgeben und ziehen nun, wie die männlichen »guten Christen«, zu zweit durchs Land, angewiesen auf die Hilfe und Versorgung der Gläubigen, die den katharischen Glauben für wahr halten, aber sich noch nicht stark genug fühlen, der Welt so radikal zu entsagen, wie es Voraussetzung für den Empfang des *consolamentum* war. Doch selbst der

Kreuzzug kann den Glauben der Menschen, ihre Überzeugung, nicht ausrotten: Die katharische Kirche organisiert sich neu, findet einen letzten Anlaufpunkt in der als unzugänglich geltenden Burg von Montségur. Hierhin flüchten die dem Kreuzzugsheer Entgangenen und hoffen auf »ruhigere« Zeiten. Doch sie hoffen vergebens: Von Rom wird ein neues, unglaublich effizientes Schwert geschmiedet: 1231 setzt Papst Gregor IX. die päpstliche Inquisition gegen die Katharer ein. Dominikaner und später Franziskaner werden von Bettelmönchen zu Inquisitoren, einzig dem Papst verantwortlich. Neue unerhörte Rechtsgrundsätze kommen zur Anwendung: Schon der Verdacht auf Ketzerei oder Ketzerbegünstigung genügt zur Verurteilung, Denunziation wird zur Pflicht für jede Frau ab 12 und für jeden Mann ab 14 Jahren. Geistliche Strafen wie Exkommunikation oder diffamierende Kleiderkennzeichnung, aber auch Verbannung und Güterkonfiskation genügen bald nicht mehr: Folter und Scheiterhaufen sind nun die probaten Mittel der Ketzerbehandlung.

Verzweifelt kämpfen die Menschen vor der Inquisition um ihr Leben; so etwa glaubt der Weber Jean aus Toulouse die Inquisitoren von seiner »Rechtgläubigkeit« überzeugen zu können, indem er ihnen vor Augen führt: »Ich bin kein Ketzer, denn ich habe eine Frau, mit der ich schlafe und Kinder habe. Ich esse Fleisch, ich lüge und ich schwöre: ich bin also ein treuer Christ.« Doch auch dieser aussagekräftige »Beweis« seiner Orthodoxie kann das Glaubensgericht nicht überzeugen; er wird eingekerkert. Im Gefängnis trifft er zwei Katharer, von denen er sich das *consolamentum* erteilen läßt, was sein Todesurteil bedeutet: Bewußt entscheidet er sich, ihr Schicksal, den Scheiterhaufen, mit ihnen zu teilen. Seine Entscheidung im Kerker zeigt exemplarisch die Ernsthaftigkeit des katharischen Glaubens und die der Gläubigen – denn ein solcher war er wohl – auf, die keineswegs so moralisch indifferent lebten, wie gerne angenommen wird.

Der Druck der Inquisition provoziert immer wieder Verzweiflungstaten der Bevölkerung, wie die Ermordung der Inquisitoren bei Avignonet. Auch jetzt läßt der Gegenschlag nicht lange auf sich warten: 1244 fällt Montségur, 210 Menschen sterben in den Flammen, einige haben sich erst in der Nacht zuvor, als der Termin der Übergabe der Burg bekannt gegeben wurde, konsolieren lassen. Jetzt geht es für die »guten Christen« um Leben oder Tod. Vor allem für die Frauen, denn als Umherziehende sind sie schon allein wegen ihres unsteten Lebens auffällig, und ihre Familien üben, rigoroser als auf die männlichen Katharer, Druck auf sie aus, sich zu bekehren, denn wer eine Ketzerin – oder einen Ketzer – in seiner Familie hat, muß mit Güterenteignung und Hausverbrennung rechnen. Viele Frauen, die zu entkommen versuchen, werden auf der Flucht gefangen und sterben unbeugsam für ihren Glauben, wie Séréna und Agnès de Châteauverdun, die als Katharerinnen erkannt werden, weil sie sich weigern, ein Huhn zu töten. Als letzte Bitte vor ihrer Verbrennung verlangen sie, die sich zur Tarnung geschminkt haben, nach frischem Wasser, um sich das Gesicht zu waschen, da sie nicht so »bemalt« vor ihren Herrn treten wollen.

Ende des 13. Jahrhunderts gibt es keine »gute Christin« mehr in Südfrankreich. Eine letzte Blüte erlebt der katharische Glaube dort durch die Missionierung der Brüder Pierre und Guillaume Authier, die in abgelegenen Pyrenäendörfern Gläubige beiderlei Geschlechts gewinnen können. Doch auch ihr Ende ist gewaltsam. In diesen dunklen Tagen entwickelt sich in Südfrankreich jener düstere Ritus, der Anlaß zu zahlreichen überzogenen Interpretationen gab: Da es immer fragwürdiger wurde, ob ein »guter Christ« rechtzeitig würde zur Stelle sein können, um das *consolamentum* zu spenden, bildet sich der Brauch heraus, die Kranken, die konsoliert worden sind, verhungern zu lassen. d. h., das ursprünglich als *endura* benannte rituelle Fasten der Katharer jetzt bis zum Äußersten auszudehnen. Besonders Frauen sterben in der *endura;* die strukturelle Gewalt von außen mündet in die Gewalt gegen sich selbst. 1321 wird der letzte südfranzösische »gute Christ« Guillaume Bélibaste verbrannt; ein Katharer, der kein makelloser Vertreter des Katharismus mehr ist, der sich oft seine eigenen Glaubenssätze bastelt; aber am Ende zeigt auch er sich als ein überzeugter »Erwählter«, der das Recht auf seinen eigenen Glauben dem Leben vorzieht. In Nordwestitalien und in Sizilien können sich die Katharer länger halten, bis zur ersten Hälfte des 15. Jahrhunderts. Dort sind die machtpolitischen Interessen anders gelagert als im Midi, Kaiser und Papst tragen ihre Auseinandersetzungen auf anderen Gebieten aus. Für welchen Glauben aber sind diese Menschen bereit zu sterben? Nur vordergründig geht es für sie um die Frage nach der »wahren« Lehre; was sie bewegt, war die Urfrage allen religiösen Denkens, der grandiose, nie zum Schweigen gebrachte Schrei des Menschen zu Gott: Warum läßt du das Böse zu? Die Katharer sind besessen von der Suche nach der Antwort. Dieser Daseinskonflikt scheint ihnen nur lösbar, indem sie Gott radikal von der Verantwortung für das Böse und das Leiden freisprechen. So sehen sie zwar – wie Augustinus – die Wurzel des Bösen im Menschen, können diesen aber nicht als Geschöpf Gottes begreifen, da Gott als Schöpfer auch für sein Geschöpf und für die Möglichkeiten seines Geschöpfes verantwortlich gewesen wäre. Der Mensch muß noch einen anderen Ursprung haben, einen Ursprung, der für das Böse zuständig, aber streng von Gott zu trennen ist. Die Katharer nehmen eine neben Gott unabhängig existierende Macht des Bösen an, aus der eine zweite Schöpfung entsprang. Wenn es auch keine dogmatische Festlegung ihrer Lehren, sondern eine freie mythologische Ausgestaltung ihres Glaubens gibt, folgt doch eine Mehrheit von ihnen einem sogenannten Radikaldualismus, der zwei Prinzipien annimmt: ein gutes, Gott, den Schöpfer der Geister und Engel, und ein böses, dessen herausragendste Manifestation Satan, der Teufel, ist. Der göttliche Keim im Menschen ist seine Geistseele. Denn ursprünglich, in der grauen Vorzeit des Mythos, hat es nur die Engel gegeben, die von Gott mit Geist, Seele und (himmlischem) Körper geschaffen worden sind. Doch durch List und Tücke ist

es Satan gelungen, in das Reich Gottes einzudringen, und in
einem Kampf fallen zwei Drittel der Engel aus dem Himmel. Die
Seelen dieser gefallenen Engel schließt Satan in ein Gefäß aus
Fleisch, den Körper, ein, damit sie ihren himmlischen Ursprung
vergessen und fortan seine Werke tun.
Doch Gott läßt seine Geschöpfe nicht im Stich. Er sendet seinen Sohn, Christus, einen Engel, um den gefangenen Engelseе-
len die erlösende Botschaft, die Erinnerung an ihre Heimat zu
geben. Diese Erlösung vollzieht sich zunächst durch die Vereinigung von Engelseele und Engelgeist, die sich durch die Spendung
der Geisttaufe ereignet. Nun, vereinigt mit seinem Geist, weiß
der Mensch um sein Schicksal und muß Buße tun für seinen Fall
als Engel. Da Engel un- oder besser übergeschlechtlich sind, gibt
es im Reich Gottes keine Bevorzugung oder Benachteiligung
eines Geschlechts; ja gerade die Tatsache der Zweigeschlechtlich-
keit ist Mittel und Werkzeug des Bösen, der dadurch die Begierde
in die Welt setzt, um die göttliche Geistseele von der Erinnerung
abzuhalten. Da der bedeutende wirksame Schritt, um in das
Reich des Vaters zu gelangen, mit dem *Consolamentum* getan
wird, darf es auch keine sichtbaren Einschränkungen für die
Frauen mehr geben. Doch in diesem Punkt sind auch die Katharer zu stark in ihrem religiösen und sozialen Herkommen ver-
wurzelt: Theoretisch bejahen sie zwar die Fähigkeit der »guten
Christin«, auch das *Consolamentum* zu spenden, aber tatsächlich darf sie dies nur in Notfällen, und so sind auch nur ganz
wenige Fälle nachweisbar überliefert, in denen Frauen dies taten.
Für alle Katharer, Männer wie Frauen, erweist sich diese Welt als
die Schöpfung des Bösen, auf der zwangsläufig Gewalt und Tod
und Leiden herrschen. Durch das *Consolamentum* aber können
sie dem Bösen die Spitze brechen und die Gewißheit erlangen,
nach ihrem Tod ins Reich des Vaters einzugehen. Die Sünde des
Menschen besteht demnach nicht in einer moralischen Unge-
horsamstat, sondern ist durch seine Seinsweise bedingt. Als
Mensch gehört er zum Teil (mit seinem Körper) auch dem Bösen

und muß somit dem Einfluß des Bösen unterworfen sein. Nur durch das *Consolamentum* entgeht er dem Teufelskreis. Das Werk Satans wird zuallererst also durch die geschlechtliche Fortpflanzung getan, durch die der Teufel neue Gefängnisse für die Engelseelen erhält.

In ihrer Antwort nach der Herkunft und dem Sinn des Bösen sind die Katharer somit stark gnostischen Einflüssen verhaftet, Einflüssen, die durch Kontakte mit Gruppen aus dem Osten verstärkt worden sein dürften, wobei wohl die Bedeutung der Bogomilen differenziert untersucht werden muß. Ihre Wurzel ist im Christentum; erst durch das von Christus eingesetzte *Consolamentum* ist für sie Erlösung möglich, immer wieder rekurrieren sie auf Christus und seine Lehre. Was sie von der katholischen Seite unterscheidet, ist ihre Ablehnung der Inkarnation; Christus ist für sie durch seine Lehre wichtig, nicht durch sein Sein. Denn seinsmäßig ist er nicht anders als sie alle: ein Engel, der teil hatte an der göttlichen Substanz und deshalb als »Gottes Sohn« bezeichnet werden kann. Im tieferen Sinn aber sind alle Engel Gottes Kinder, da alle letztlich Ausfluß des göttlichen Geistes sind.

Christlich sind die Überlieferungen, auf die sie sich stützen: die Evangelien; gnostisch ist ihre Auslegung, in deren Zentrum immer der Fall der Engel steht. Auch in ihrer Organisation, die sich an die altchristlichen Ordines anlehnt, zeigt sich ihr christliches Fundament. Sie kennen keine hierarchische, sondern eine egalitäre Verfaßtheit ihrer Kirche, die ihren tieferen Grund wiederum in ihrem Glauben an die gleiche Substanz aller Geistwesen hat. Jegliche Herrschaft auf Erden lehnen sie ab, da für sie jede Form der Machtausübung dem Teufel zu verdanken ist, der damit gerade die Tatsache der Gleichheit aller verbergen will. Machtstrukturen innerhalb der Menschen sind nicht von Gott gewollt, sondern Prinzipien »dieser«, also teuflischen Welt. Sie versuchen in einer radikalen Spiritualisierung der Lehre Christi die Trennung zwischen irdischer und jenseitig-mystischer Kirche aufzuheben, die die römische Kirche immer wieder benutzt, um die eigene Fehlerhaftigkeit und Sündhaftigkeit theologisch zu erklären – unter Verweisung auf die übergeordnete, im Jenseits erfahrbare Fülle der Kirche. Für die Katharer und Katharerinnen dagegen kann es nur *eine* Kirche geben, die hier und jetzt ihre eschatologisch-soteriologische Aufgabe zu bekunden und zu erfüllen hat. Die Strukturen im Jetzt sind auch die Strukturen des Jenseits; am Jetzt hat sich die Berechtigung für die Heilsvermittlung im Jenseits zu bewähren. An dieser selbst von ihnen nicht herbeizuzwingenden Identität ist aber auch ihre Lehre zuletzt zerbrochen, da auch sie erkennen mußten, daß das *Consolamentum* nicht in allen Menschen den teuflischen Anteil besiegte. So mußten auch sie weitere Riten herausbilden, etwa einen Bußritus, der streng genommen ihr Ideal von der Erlösung durch das *consolamentum* unterläuft, oder das Säuglingsconsolamentum, obwohl ursprünglich der persönliche Glaube wichtigste Voraussetzung für das im *consolamentum* geschenkte Heil war.

Durch ihre religiös begründete Ablehnung der irdischen Strukturen schaffen sie einerseits Raum für neue Formen des Zusammenlebens von Menschen, in denen der Unterschied zwischen Mann und Frau, Reich und Arm tatsächlich weitgehend aufgehoben ist, andererseits fordern sie gerade damit die herrschenden Mächte heraus, denen sie die Legitimierung ihrer Herrschaft als »gottgewollt« aberkennen, ob dies nun die *potestas* der Kirche, das Gottesgnadentum des Königs bzw. Kaisers, die Ständeordnung oder die patriarchal bestimmte Ehe und Familie ist. Sie sind somit Rebellen gegen einen Gott, dessen Schöpfungsallmacht die konkrete Wirklichkeit als »gut« erschaffen intendiert, wie auch gegen die menschlichen Ordnungen, die sie als »gottgewollt« ablehnen. So gesehen sind sie radikale Pessimisten. Aber sie gewinnen die Menschen, und sie gewinnen sie vor allem durch ihr moralisches Beispiel, das sie deutlich vom damaligen Klerus abhebt. Doch vielleicht treffen sie auch den

Puls der Menschen, indem sie immer wieder auf das Problem des Bösen eingehen, dies aber nicht, um Furcht und Schrecken zu erzeugen, durch welche sich Machtverhältnisse so gut aufrechterhalten lassen, sondern um den Ausweg zu zeigen, den sicheren Weg der Erlösung, die kein Endgericht mehr braucht, da über Heil oder Unheil allein der Empfang des *Consolamentum* entscheidet.

Die Katharer werden vernichtet; jedoch erscheint es fraglich, ob eine tatsächliche »Widerlegung« des katharischen Dualismus je stattgefunden hat.

Die Katharer sind Christen, die auf christliche Fragen oft radikalisierte Antworten geben, wobei sich aber ihre Bedeutungsgeschichte nicht erhellt, wird sie allein durch den Filter heutiger theologischer Entwicklung interpretiert. Die Katharer verweigern jedenfalls den »Mittelweg« und fordern von jedem und jeder, nicht nur von einer bestimmten Gruppe, die äußerste Weltentsagung. Ihrer Weltdeutung liegen gnostische Mythen zugrunde, doch ihre Lebenspraxis atmet zutiefst den Geist des frühen Christentums; so halten sie auch die Endzeiterwartung und die sich hieraus ergebenden Konsequenzen lebendig, wodurch sie kritisch die Praxis der römischen Kirche beleuchten, einer Kirche, die sich in der Welt eingerichtet hat und es sich dort gutgehen läßt. Somit stellen sie die andere Seite der christlichen Welterfahrung dar, die »dunkle« Seite.

Literatur

L. Baier: Die große Ketzerei, Berlin 1984; H. Gougoud: Die Verwandlungen des Bélibaste, Bad Münstereifel 1982; E. Le Roy Ladurie: Montaillou. Ein Dorf vor dem Inquisitor, Frankfurt/Wien 1980; D. Müller: Katharer, in: TRE, Bd. 18, Berlin 1989; D. Müller: Frauen vor der Inquisition, Habil. theol., Würzburg 1994; G. Rottenwöhrer: Der Katharismus, 3 Bde., Bad Honnef 1990; E. Werner/M. Erbstößer: Ketzer und Heilige, Berlin 1986.

Helmut Feld

ARMUTSBEWEGUNGEN

Die Armutsbewegung ist ein Teil der vielfältigen, zuweilen revolutionären Strömungen, die um die Mitte des 11. Jahrhunderts in der westlichen Christenheit in Erscheinung treten. Im Zuge der sogenannten »Gregorianischen Reform« begann sich ein neues, radikaleres Verständnis von Armut in der Kirche durchzusetzen. Die aus dem burgundischen Kloster Cluny und seinem Umkreis kommenden mönchischen Reformbestrebungen hatten teilweise die gleichen Ziele wie die religiösen Volksbewegungen. Deshalb konnte sich der Papst Gregor VII. (1073–1085) auf dem Höhepunkt der Auseinandersetzung zwischen *sacerdotium* und *imperium* (Investiturstreit) in seinem Kampf gegen Simonie (Kauf und Verkauf kirchlicher Ämter und Weihen) und Nikolaitismus (Leben von Priestern in ehelichen und quasi-ehelichen Verbindungen) mit der revolutionären Bewegung der *Pataria* in Mailand verbinden.

Auch in Deutschland bildeten sich schon in der zweiten Hälfte des 11. Jahrhunderts zahlreiche Laiengemeinschaften, die sich für eine Trennung des weltlichen und des geistlichen Bereichs sowie für eine arme Kirche einsetzten. Inspiratoren dieser Bewegung waren Mönche der Abtei Hirsau im Schwarzwald und anderer Klöster, in denen die von Hirsau ausgegangene Reform Fuß gefaßt hatte. Die Hirsauer Mönche waren im Investiturstreit entschiedene Parteigänger Gregors VII. Sie verließen die Klöster, zogen umher und hetzten das Volk gegen den Kaiser Heinrich IV.

(1053–1106) und die »simonistischen« und »nikolaitischen« Priester auf. Man kann in diesen Hirsauer Predigermönchen die unmittelbaren Vorläufer der Wandermönche sehen, die dann gegen Ende des 11. Jahrhunderts eine gewaltige Volksbewegung für eine arme, am Vorbild Christi und der Apostel orientierte Kirche auslösten.

Der revolutionäre, doch phantastische Plan einer totalen Trennung des weltlichen und des geistlichen Bereiches, einer Zuweisung der politischen Herrschaft und des materiellen Besitzes (Regalia, Temporalia) an das Königtum und einer Beschränkung der Kirche (d.h. des Hochklerus) auf die geistlichen Aufgaben (spritualia), den der Papst Paschalis II. (1099–1118) entwickelte, zeigt, daß die radikalen Reformideen, freilich nur für einen kurzen Augenblick, sogar die Spitze der Römischen Kirche erreicht hatten. Bekanntlich scheiterte das unrealistische Vorhaben in dem Tumult, den die Kirchenfürsten anläßlich der Krönungsfeier Heinrichs V. am 12. Februar 1111 in der Peterskirche in Rom veranstalteten, als sie von der entsprechenden Vereinbarung zwischen Papst und Kaiser erfuhren und ihre Macht und ihre Privilegien bedroht sahen.

Von Franziskus von Assisi her gesehen, in dem die Armutsbewegung ihren Höhepunkt und ihre extremste Radikalität erreichte, werden die Wanderprediger und Eremiten des frühen 12. Jahrhunderts nicht selten als »Vorläufer« charakterisiert. Damit wird man ihrer Eigenart jedoch nicht ganz gerecht. Andererseits steht das Franziskanertum, trotz seines Anspruchs auf Originalität, Einzigartigkeit und Neuheit, den ja Franziskus selbst schon erhoben hat, in der Kontinuität der Armutsbewegungen, die vor allem in Frankreich und Italien bereits ein gutes Jahrhundert früher verbreitet waren. Viele radikale Ideen im Zusammenhang mit der Forderung nach einer am Leben Christi und der Urkirche orientierten Kirchenreform waren in der Christenheit bekannt, längst ehe die Bettelorden in Erscheinung traten. Franziskus allerdings hat viele der ihm überkommenen Ideen in der ihm eigenen Weise verwandelt und radikalisiert. Eine der frühesten bedeutenden Gestalten des Reformmönchtums war der Florentiner Johannes Gualberti, der 1036 die Abtei Vallombrosa gründete. Vom Ideal der *vita evangelica* und *apostolica* bestimmt, bekämpfte er den simonistischen Klerus von Florenz, an dessen Spitze der Bischof Petrus Mediabarba (Pietro Mezzabarba) stand. Die umherziehenden Mönche erregten das Mißfallen des Papstes Alexander II. (Anselm von Lucca), der doch immerhin der Mailänder *Pataria* sehr nahegestanden hatte. Der Eintritt des Johannes Gualberti in das mönchische Leben war mit einem visionären Bekehrungserlebnis in der Kirche San Miniato bei Florenz verbunden: Er hatte dem Mörder eines nahen Verwandten, der sich wehrlos in Kreuzesform vor ihm ausgestreckt hatte, unter Verzicht auf die Blutrache Verzeihung gewährt. Als er kurz darauf die Kirche S. Miniato betrat, nickte ihm der Kruzifixus (zustimmend und dankend) zu. Zwar spricht der Kruzifixus noch nicht, wie fast zweihundert Jahre später der Kruzifixus von S. Damiano zu Franziskus, aber die Parallelität der Ereignisse läßt sich kaum übersehen, und man erkennt den Beginn einer Kreuzesmystik, die später im Franziskanertum ihren Höhepunkt erreichen wird.

Gegen Ende des 11. Jahrhunderts schlossen sich die Anhänger herausragender Einsiedler zu neuen Gemeinschaften zusammen, die an den Idealen von Eigentumslosigkeit und strenger Buße orientiert waren und keine andere Norm als das Evangelium anerkannten. Stephan von Thiers († 1124) gründete um das Jahr 1080 in der Einöde von Muret mit Erlaubnis des Papstes Gregor VII. eine Eremitengemeinschaft. Aus ihr entstand der Orden von Grandmont. Stephan lehnte die alten Mönchsregeln des Basilius, Augustinus und Benedikt für seine Gemeinschaft ab. Im Prolog der Regel des Grammontenserordens spricht er ihnen die Originalität ab: Sie seien Ableger *(propagines)*, Blätter *(frondes)*, nicht die Wurzel *(radix)* selbst; Wurzel und Ursprung sei allein das Evangelium. Man erkennt auch hier die Nähe der Vorstellungen zu denen des Franziskus und zugleich, daß dessen Zurückweisung der älteren Mönchsregeln für seinen Orden und der Anspruch auf Neuheit (die in der einfachen Befolgung des im Evangelium vorgezeichneten Weges lag) so ganz neu nicht gewesen ist.

Weitere Eremiten dieser Zeit, aus deren Wirken Ordensgemeinschaften entstanden, waren Bernhard von Thiron (†1117), Vitalis von Savigny (†1122), Girald von Salles (†1120), der den Orden von Cadouin gründete, und Robert von Arbrissel (†1116), der Gründer des berühmten Doppelklosters und des Ordens von Fontevraud (ältere Schreibweise: Fontevrault). Robert hat von ihnen allen wohl am eindrücklichsten und nachhaltigsten gewirkt, nicht nur auf seine engeren Gefolgsleute, sondern auch auf das einfache Volk der Bretagne und der benachbarten Landschaften, wo die kultische Erinnerung an ihn bis auf den heutigen Tag lebendig geblieben ist. Robert war Erzpriester in Rennes und engster Berater des dortigen Bischofs gewesen. Nach dessen Tod mußte er die Stadt fluchtartig verlassen. Es folgte ein zweijähriger Studienaufenthalt in Angers. Dann zog er sich (1095) in den Wald von Craon zurück. Dort kam es zur Gründung einer Einsiedlergemeinschaft, die ein Leben nach dem Vorbild der Urkirche *(more primitivae ecclesiae)* führte. Robert selbst zog ein Wanderleben in der Nachfolge Christi »ohne Stab und Tasche« vor. Er wollte sich total von allem Weltlichen abwenden, um so als »Nackter« dem nackten Christus am Kreuz zu folgen.

Das Apophthegma »Nudum Christum nudus sequi«, das uns schon in den Briefen des heiligen Hieronymus in verschiedener Gestalt begegnet, bringt im 11. und 12. Jahrhundert überaus häufig das Lebensideal der »Armen Christi« und der Wanderprediger, dann aber auch der von der Römischen Kirche sich entfernenden oder aus ihr hinausgedrängten Häretiker zum Ausdruck. Im Leben des Franziskus und in der franziskanischen Spiritualität gewann die Nacktheit eine eigene und zentrale Bedeutung. Auch die beiden großen Reformorden, die sich in der ersten Hälfte des 12. Jahrhunderts mächtig ausbreiteten, verstanden sich als »Arme Christi«. Zisterzienser und Prämonstratenser sahen die Einöde als geeigneten Ort zur Verwirklichung des mönchischen Ideals an. Bernhard von Clairvaux, durch den die anfänglich kaum lebensfähige Gemeinschaft des »Neuen Klosters« von Cîteaux ihren entscheidenden Auftrieb erhielt, bezeichnete sich einmal als den »Diener der Armen Christi von Clairvaux«. In seinen Augen waren die Mönche seines Klosters die wahren *pauperes,* die Christus in allem und in vollkommener Weise nachfolgten.

Norbert von Xanten, der Gründer der reformierten Chorherren-Gemeinschaft der Prämonstratenser, erblickte sein Lebensideal in einem Wanderleben als »Nackter« in der Nachfolge des nackten Gekreuzigten. Wie später Franziskus wollte er auf Tasche und Schuhe verzichten und sich mit nur einem Oberkleid begnügen. Wie Ernst Werner zutreffend bemerkt hat, konnte »ein Nachleben Christi in dieser Form, die eine wandernde Askese in rogorosester Art darstellte, Hunger und Kälte, Armut und Niedrigkeit förmlich suchte, ... unmöglich im Sinne des Reformpapsttums und der Hierokratie liegen«. Norbert wurde deshalb, wie vor ihm schon andere, genötigt, an dem Ort Prémontré bei Laon (1120) eine feste Niederlassung zu gründen, die seiner Gemeinschaft den Namen gegeben hat.

Die Reformbewegung Norberts entwickelte sich so wie die Einsiedlerbewegungen eine Generation vor ihm und im übrigen auch die Zisterzienser: Ihre Klöster wurden in kürzester Zeit sehr reich. Damit war in allen Fällen der Elan der Reform gebrochen. »Das echte Erbe der Pauperes Christi übernahmen dualistische Ketzer, nicht katholische Klöster. Es war die Tragik der Wanderprediger, daß sie in der Kirche ihrer Zeit kein Verständnis für ihr Ideal fanden, das ein Leitstern weitester Kreise geworden war, und sich unter ein altes Joch beugen mußten, unter dem ihr

Werk verkümmerte. Für die Tat des Waldes fehlte ihnen der Mut, für eine franziskanische Genossenschaft der Kirche das Verständnis. Damit öffnete die Papstkirche den häretischen Pseudoaposteln selbst die Tore zu den aufgewühlten Gemütern des Volkes, ohne zu wissen, wie sie die neue Flut eindämmen sollte« (E. Werner).

Was im Mittelalter als Ketzerei und Häresie zu gelten hat, ist in vielen Fällen nicht eindeutig auszumachen. Die Distanzierung von der traditionellen Kirchenlehre und der herkömmlichen Kirchenordnung unter Berufung auf die Autorität der Heiligen Schrift, die persönliche Gottesoffenbarung oder das individuelle Charisma kann nicht einfach als unterscheidendes Merkmal der Häresie gegenüber dem rechtgläubigen Christentum angesehen werden. Denn kritisches Abstandnehmen vom Überkommenen auf der Basis einer subjektiven religiösen Erfahrung ist auch bei Reformern des kirchlichen und monastischen Lebens festzustellen, die nicht in einen dauernden Konflikt mit der Hierarchie gerieten und im Verband der katholischen Großkirche bleiben oder in ihn zurückkehren konnten.

Jedenfalls darf die mittelalterliche *christianitas* nicht nach den oft anachronistischen Sprachregelungen der neuzeitlichen Konzilien, des Tridentinum und des Vaticanum I gemessen und beurteilt werden, worauf schon Karl August Fink hingewiesen hat: »Diese sogenannten häretischen Bewegungen des Mittelalters sind demnach zunächst noch nicht Ketzerei, sondern ein Zeichen für eine lebendige Auseinandersetzung mit dem Statischen in Kirche und Gesellschaft, freilich oft bis zum Extrem: Christ ohne Kirche. Die Terminologie der späteren Kirchengeschichtsschreibung darf nicht ohne genaue Prüfung der zeitgenössischen Vorgänge übernommen werden, auch wenn sie sich mit Hartnäckigkeit festgesetzt hat … Dem Vorschlag, nicht mehr nur von Ketzern, sondern eher von Reformern zu sprechen, kann man wohl auf eine weite Strecke hin folgen.«

In der Realität des gesellschaftlichen Lebens zeigt sich das mittelalterliche Ketzertum als Minderheiten, die wegen ihrer besonderen Lehr- und Lebensauffassungen von der offiziellen Kirche oder Teilen von ihr und im Gefolge davon auch von der »weltlichen« (königlichen und kaiserlichen) Macht verfolgt werden. Einer der ersten Wanderprediger, die offen gegen den kirchlichen Kult und die Hierarchie auftraten, war der Priester Peter von Bruis, einem kleinen Dorf in den französischen Hochalpen. Er lehnte Kindertaufe, Messe und Eucharistie ab, verwarf die Autorität der kirchlichen Tradition, des Alten und teilweise auch des Neuen Testaments. Nur an den vier Evangelien hielt er fest. Außerdem wandte er sich gegen kirchliche Gebäude und Kreuze. Holzkreuze schichtete er auf und verbrannte sie. Eine solche Aktion kostete ihn das Leben: Erboste »rechtgläubige« Christen verbrannten ihn, um das Jahr 1139, bei St.-Gilles-les-Boucheries im Rhônetal auf einem von ihm errichteten Scheiterhaufen. Die Anschauungen Peters von Bruis kennen wir aus dem gegen ihn gerichteten Traktat »Contra Petrobrusianos« des Abtes Petrus Venerabilis von Cluny. Er ist wohl kein Katharer gewesen, wenngleich bogomilische Einflüsse bei ihm nicht auszuschließen sind.

In ähnlicher Weise, jedoch mit größerem Erfolg als Peter von Bruis, wirkte der Mönch Heinrich von Lausanne, von Bernhard von Clairvaux, der gegen ihn predigte, als der »wilde« Heinrich bezeichnet. Heinrich trat ab 1111 als Bußprediger auf. 1116 erhielt er in Le Mans durch den dortigen Bischof Hildebert de Lavardin (1067–1133) die Predigterlaubnis. Als er sich gegen die reiche Kirche und den unwürdigen Klerus wandte, kam es zu tumultartigen Ausschreitungen, die zu seiner Ausweisung aus dem Bistum Le Mans führten. Danach konnte Heinrich jahrelang ungestört in Südfrankreich wirken. In dieser Zeit kam er auch mit Peter von Bruis zusammen. 1119 verurteilte ihn eine Synode in Toulouse. 1135 brachte ihn der Erzbischof von Arles vor ein in Pisa tagendes Konzil. Dort legte er ein Schuldbekenntnis ab, und Bernhard von Clairvaux bot ihm Asyl in Cîteaux an. Es gelang Heinrich jedoch, sich abzusetzen, und er nahm erneut die apostolische Wanderpredigt auf. 1147 mußte er vor Bernhard, der eine große Predigtkampagne gegen ihn inszeniert hatte, aus Toulouse fliehen. Danach geriet er in Gefangenschaft, in der er wahrscheinlich umgekommen ist. Heinrich ist vielleicht der bedeutendste unter den apostolischen Wanderpredigern der ersten Hälfte des 12. Jahrhunderts. Er besaß eine große Bibelkenntnis und eine überzeugende Rednergabe. Als Quelle des Glaubens ließ er nur das Evangelium gelten und lehnte die Tradition ab. Die erste Sünde betrifft nach seiner Meinung nur Adam und Eva; es gibt also keine Erbschuld. Weiterhin trat Heinrich für die Erwachsenentaufe ein. Die Ehe ist kein Sakrament, sondern nur ein Vertrag zwischen den Ehepartnern, der die Kirche nichts angeht. Die Vollmacht, zu binden und zu lösen, haben nicht nur die Priester, sondern auch die Laien. Die Eucharistie kann gültig nur von würdigen Priestern gefeiert werden. Damit ist die Kirche als heilsnotwendige Mittlerinstanz zwischen Gott und Menschen abgeschafft; die Hierarchie, auch kirchliche Gebäude und Einrichtungen sind überflüssig. Wie vor ihm schon Peter von Bruis hat Heinrich auch die Fürbitten für die Toten abgelehnt.

Der fromme Eifer des heiligen Bernhard richtete sich auch gegen Arnold von Brescia. Arnold (Ernaldus) war Regularkanoniker in Brescia. In Paris hatte er bei Abaelard studiert, der ja von Bernhard ebenfalls als Häretiker diskriminiert worden war. Arnold trat für das Ideal einer armen, wandernden, am Vorbild der Urkirche *(ecclesiae primitivae forma)* orientierten Kirche ein. Von Bischöfen und Priestern verlangte er ein an Christus ausgerichtetes Leben. Natürlich sollte das auch für den Papst gelten: Er hatte nur insofern Anspruch auf die Bezeichnung »apostolisch«, als sein Leben und seine Lehre mit denjenigen der Apostel übereinstimmten. Für dieses Ziel setzte sich Arnold auch aktiv ein: Als die Römer gegen den Papst Eugen III. (1145–1153) den Aufstand probten und den Versuch machten, die antike Republik und die Freiheit der Bürger wiederherzustellen, war Arnold mit-

ten unter ihnen. Die Macht des Papstes sollte allein auf den geistlichen Bereich reduziert werden, und er sollte sich, wie es in der
Alten Kirche üblich gewesen war, mit den freiwilligen Zuwendungen der Gläubigen begnügen. In dieser Situation schrieb
Bernhard von Clairvaux einen Brief an die Römer, in dem er sich
nicht etwa für die Ideale der Urkirche einsetzte, sondern für die
Sache des Papstes, der Zisterzienser und sein Schüler gewesen
war.

Arnold, der 1155 in die Gewalt des Kaisers Friedrich I. Barba-
rossa gefallen war, wurde von diesem aus Gefälligkeit an den
Papst Hadrian IV. ausgeliefert. Als sich Kaiser und Papst von
Rom zurückziehen mußten, wurde Arnold in der Nähe des Ber-
ges Soracte durch den Stadtpräfekten als Ketzer und Rebell ge-
henkt und anschließend verbrannt. Ob er, hinsichtlich der von
ihm vertretenen Auffassungen, tatsächlich ein Häretiker gewesen ist, scheint noch fraglicher als im Falle der anderen Wanderprediger dieses Zeitalters. Jedenfalls war er eine bedeutende
prophetische Gestalt: Er durchschaute mit scharfem Blick die politischen Kräfte seiner Zeit; seine Ideen wirkten weit in die
Zukunft. Nach allem, was uns bekannt ist, bildeten die Anhänger
Arnolds keine eigene, von der Römischen Kirche getrennte Sekte. Doch wird der »Arnoldismus« der späteren Mission der Waldenser in Oberitalien den Boden bereitet haben.

Wie Bernhard von Clairvaux in dem Mönch Heinrich, so fand
sein Freund Norbert von Xanten, der Stifter der regulierten
Chorherren von Prémontré, seinen häretischen Gegner in Tanchelm von Antwerpen, der in Flandern und Brabant ab etwa 1112
predigte. Auch Tanchelm (Tanchelmus, Tanchelinus) bekämpfte
den sündigen Klerus. Die kirchlichen Sakramente, insbesondere
die Eucharistie, lehnte er ab. Zur Begründung seiner Lehren berief sich Tanchelm auf die göttliche Inspiration, die ihm die Fülle
des Heiligen Geistes gegeben und ihn gottgleich gemacht habe.
Entsprechend pompös war, im Schutze eines bewaffneten Gefol-
ges, sein Auftreten. In der Predigttätigkeit Norberts und seiner

Gefährten gegen Tanchelm ist schon in gewisser Weise die Predigt gegen die Häretiker vorgebildet, wie sie später durch die von Dominikus und Franziskus gegründeten Ordensgemeinschaften praktiziert wurde.

Dem Auftreten Tanchelms ähnlich war das des Eon von Stella (Éon de l'Étoile), eines bretonischen Adeligen, der sich für den Sohn Gottes hielt. In seiner Lehre glaubte man Elemente der keltischen Religion zu erkennen. 1148 wurde er aufgegriffen und am 22. März vor die in Reims unter dem Vorsitz des Papstes Eugen III. tagende Synode gestellt. Man verurteilte ihn dort als Geistesgestörten zu lebenslanger Haft. Doch hat er sich möglicherweise nur verrückt gestellt, um sein Leben zu retten. Er starb jedoch nach kurzer Haft. Seine Anhänger wurden, soweit man ihrer habhaft werden konnte, verbrannt.

Zu den Armutsbewegungen gehörten auch die Humiliaten und die Waldenser. Die ersteren und Teile der letzteren wurden durch den Papst Innocenz III. unter zum Teil unwürdigen Bedingungen der Römischen Kirche wieder inkorporiert. Ihr reformerischer Elan war damit gebrochen. Die Waldenser aber sind die einzige unter den Armutsbewegungen des Hochmittelalters, die als selbständige Kirche bis auf den heutigen Tag überlebt hat.

Literatur

M. Erbstößer: Ketzer im Mittelalter, Leipzig/Stuttgart 1984; James Fearns: Peter von Bruis und die religiösen Bewegungen des 12. Jahrhunderts, in: Archiv für Kulturgeschichte 48 (1966) 311–335; Helmut Feld: Art. »Johannes Gualberti«, in: Bio-bibliographisches Kirchenlexikon, Bd. 3, Herzberg 1992; Karl August Fink: Papsttum und Kirche im abendländischen Mittelalter, München 1981; Herbert Grundmann: Religiöse Bewegungen im Mittelalter, Darmstadt 1977 (Nachdruck); Ernst Werner: Pauperes Christi. Studien zu sozial-religiösen Bewegungen im Zeitalter des Reformpapsttums, Leipzig 1956.

ANTJE SCHRUPP

WALDENSER

Das Anliegen dieser Frau Waldes machte den Lyoner Erzbischof Guichard ratlos: Sie verlangte nämlich, daß die kirchliche Obrigkeit ihrem Mann verbietet, auf der Straße zu betteln. Keine leichte Entscheidung: Schließlich gehörte Frau Waldes zu den angesehensten Bürgerinnen der Stadt. Seit der »Bekehrung« ihres Mannes zum radikalen Wanderprediger bewirtschaftete sie allein die nicht unerheblichen Güter der Familie, ihre Gewässer, Wälder und Wiesen, Weinberge, Häuser, Mühlen und Bäckereien. Konnte man einer solchen Frau ihr Anliegen einfach so abschlagen?

Andererseits: Mit welcher Begründung sollte der Erzbischof Waldes das Betteln verbieten? Waldes war einfach einer von diesen neuen Armutsfanatikern, die umherzogen und gegen die Mißstände im katholischen Klerus protestierten: Gegen die Praxis, kirchliche Ämter zu kaufen, gegen Unkeuschheit, gegen Maßlosigkeit, gegen Korruption. Irgendwie hatten sie damit ja sogar recht. Schließlich war selbst Papst Alexander III. schon längst darüber verärgert, wie immer mehr kirchliche Ämter durch Schiebereien und Vetternwirtschaft besetzt wurden, und zwar von Leuten, die eher die Interessen der weltlichen Herrscher vor Ort im Auge hatten als die der Kirche in Rom. Außerdem waren Leute wie Waldes ein gutes Propagandamittel gegen die Ketzer, die Katharer, die sich in Südfrankreich immer mehr breitmachten. Glaubwürdige Prediger, die moralisch einwandfrei lebten, die verweltlichte Kleruskirche in Maßen kritisierten, aber doch dogmatisch rechtgläubige Katholiken waren – genau das konnte man jetzt gebrauchen. Allerdings könnte der Schuß auch nach hinten losgehen: Was, wenn Waldes' Anhängerschaft zunahm und sich die Wut der Bevölkerung – auch das war schon vorgekommen – am Ende gegen die Kirche selbst richtete? Guichard wußte nicht, was er machen sollte. Am besten wäre es wohl, wenn der Papst selbst entscheiden würde.

Ob der Erzbischof Guichard den Lyoner Exkaufmann und Armutsprediger Waldes im Jahr 1179 zum 3. Laterankonzil nach Rom zitierte oder ob Waldes von sich aus dorthin ging, um sich offiziell seine Rechtgläubigkeit bestätigen zu lassen, ist unklar. Belegt ist nur, daß der Bischof letztlich dem Anliegen der Frau Waldes nachgab und verfügte, daß ihr Mann sich bei seinen Aufenthalten in Lyon in ihrem Haus verpflegen lassen mußte, statt auf der Straße zu betteln.

Allerdings erledigte sich zumindest dieses Problem schon bald von selbst: Das Laterankonzil hatte nämlich den »Armen Lyons«, wie die Gruppe um Waldes inzwischen hieß, das selbständige Predigen ohne ausdrückliche Erlaubnis des Bischofs verboten – nicht, weil sie vom Pfad katholischer Rechtgläubigkeit abwichen, sondern einfach, weil das im Ordnungsprinzip der Priesterweihe nicht vorgesehen war. Als die waldensischen Predigerinnen und Prediger aber dennoch nicht aufhörten, die Evangelien eigenständig zu interpretieren und entsprechende Volksversammlungen zu veranstalten, sprach der Nachfolger Guichards auf dem Lyoner Bischofssitz, Johannes von Bellesmains, ein Machtwort. Anfang der achtziger Jahre exkommunizierte er die Gruppe und vertrieb ihre Mitglieder – in seiner Eigenschaft als weltlicher Feudalherr – aus der Stadt. Die anderen französischen Bischöfe und die Gesamtkirche zogen nach. 1184 wurde die Waldenser Bewegung offiziell auf die Liste der verdammten Bewegungen gesetzt, und in der Folge sprachen auch die Bischöfe von Narbonne, Aragon und der Provence solche Verbote aus.

Diese Exkommunizierung der Waldenserbewegung wird von den meisten Kirchengeschichtlern heute übereinstimmend als eklatante Fehlleistung der katholischen Kirche gewertet. In der Tat waren die »Armen Lyons« in ihren Anfangsjahren alles andere als »Ketzer«. Das haben auch die Kirchenoberen damals nicht anders gesehen. »Ketzer«, mit diesem Wort war vor allem in Frankreich, ausschließlich die katharische bzw. albigensische Bewegung gemeint, die in ihren Hochburgen die katholische Kirche bereits von der Spitze der Macht verdrängt hatte. Besonders gefährlich war es für den Klerus, daß viele Adlige Gefallen an dieser neuen Religion fanden – sicher auch, weil sie darin eine gute Gelegenheit sahen, der Kirche den Zehnten zu verweigern und ihre eigene Politik zu betreiben. Die Anhängerinnen und Anhänger dieser katharischen »Kirche«, die sich schon teilweise institutionalisiert hatte, kritisierten nicht nur die Prunksucht und die Korruption des katholischen Klerus, sie bestritten auch Kernpunkte des katholischen Glaubensdogmas und der katholischen religiösen Praxis. Die Katharer boten eine alternative Philosophie an, eine Weltanschauung, die sie explizit von der katholisch-christlichen absetzten.

Ganz anders die Waldenserinnen und Waldenser. Selbst nach ihrer Exkommunizierung vertraten sie noch weitgehend einen orthodox-katholischen Glauben. Sie anerkannten das klerikale Ordnungssystem, die Sakramente, die kirchliche Autorität. Ihr vorrangiges Ziel war in diesen Jahren gerade nicht die Kirchenkritik, sondern die Propaganda gegen das Katharertum. Ein eindrucksvoller Beleg dafür ist neben dem »Glaubensbekenntnis des Waldes« (1180) vor allem das »Buch gegen die Ketzerei«, das Durandus von Osca, ein enger Mitarbeiter von Waldes, verfaßte. Die Strategie ist zweigleisig: Die berechtigte Kleruskritik der Katharer wird aufgenommen und überflüssig gemacht, indem man selbst eine moralisch einwandfreie »katholische« Bewegung aufbaut. Die theologischen »Irrtümer« der Katharer, also die Punkte, an denen sie von der katholischen Kirchenlehre abweichen, werden durch exegetische Bibelkenntnis auf kompetente Weise widerlegt. Von dieser doppelten Strategie erhofften sich die »Armen Lyons« eine größere Effektivität der Katharer-Bekämpfung als von den größtenteils hilflosen, im Zweifelsfall einfach brutalen Aktionen des offiziellen Klerus.

Wer aber die katharische Weltanschauung argumentativ – und das heißt im Kontext der damaligen Geistesgeschichte auf dem Boden der biblischen Schriften – widerlegen wollte, mußte wissen, was überhaupt in der Bibel steht. Die wichtigste Grundlage der Waldenserbewegung war daher die »Volksbibel«, die Waldes hatte anfertigen lassen, eine Übersetzung der vier Evangelien und einiger anderer wichtiger Bibeltexte in die gallischromanische Volkssprache. So hatten die Predigerinnen und Prediger einen eigenen Zugang zum »Kern« des Christentums, eine Grundlage, die sie im Kampf gegen das Katharertum einsetzen wollten.

Und genau damit hatte die offizielle Kirche ihre Probleme: Daß theologisch ungebildete Laien eigenständig die Evangelien auslegen wollten und ihre dadurch gewonnenen Erkenntnisse auch noch durch Predigten im Volk verbreiteten, brachte die kirchliche Hierarchie durcheinander, in der das Priesteramt, das auch die Vollmacht zur Predigt einschloß, nach einem festen Ordnungsprinzip von oben nach unten gewährt wurde. Dies haben die »Armen Lyons« in der Anfangsphase auch gar nicht in Frage gestellt: Nur für den Fall, daß der örtliche Priester korrupt oder sonstwie disqualifiziert ist, wollten sie sozusagen in die Bresche springen – eine gute Laienpredigt sei immer noch besser als die eines schlechten Priesters, war ihr Motto.

Mit der Zeit aber wuchs in der Bewegung aus den neu gemachten Erfahrungen eine immer deutlichere Kritik an der offiziellen Kirchenpraxis: Wenn in der eigenen Gruppe Frauen und Männer predigen durften, warum war es dann in der offiziellen Kirche den Frauen verboten? Wenn eigenständiges Denken und verständiges Auslegen der Evangelientexte so viele neue und wichtige Erkenntnisse brachten, warum sollte man sich dann immer noch vom Kirchenklerus als »idiote et illiterati«, als dumm und ungebildet, lächerlich machen lassen? Wieso sollten rechtschaffene, keusche und ehrliche Frauen und Männer jedesmal den korrupten, fettgefressenen und ausbeuterischen Bischof um Erlaubnis fragen, wenn sie vor einer Volksversammlung sprechen wollen?

Der Exkommunizierung der Waldenserinnen und Waldenser durch die Synode in Verona im Jahr 1184 korrespondierte so auf der anderen Seite eine wachsende Kirchenkritik, die nach und nach Kernpunkte des katholischen Dogmas selbst in Frage stellte. Das wirkte sich auch institutionell aus: Manche waldensischen Gruppen bauten eigene Leitungsgremien auf, Schulen wurden gegründet zur Ausbildung waldensischer Predigerinnen und Prediger – alles Schritte auf dem Weg der Abgrenzung von der katholischen Kirche. Dieser Prozeß verlief jedoch nicht einheitlich. Die Vertreibung der »Armen Lyons« aus ihrer Stadt hatte zur Folge gehabt, daß sich die Bewegung nun erst recht ausbreitete. Die Waldenserinnen und Waldenser gingen nach Südfrankreich, Spanien und Norditalien. In den verschiedenen Gruppen entwickelte sich auch die Praxis und der Glauben der waldensischen Bewegung unterschiedlich weiter.

Nicht alle wurden immer radikaler und kirchenkritischer: Die in Pamiers gelandete Gruppe um Durandus von Osca, von dessen »Buch gegen die Ketzerei« bereits die Rede war, kehrte zum Beispiel im Jahr 1207 wieder in den Schoß der katholischen Kirche zurück. Die teilweise »Rückgewinnung« einzelner waldensischer Gruppen für die Kirche ging vor allem auf eine differenziertere Ketzerpolitik des neuen Papstes Innozenz III. zurück, der seit 1198 in Rom herrschte. Er hatte eingesehen, daß es keinen Zweck hat, alle zu exkommunizieren, die an irgendwelchen kleinen Punkten vom Dogma der katholischen Kirche abweichen. Sein Motto war: äußerst hartes und kompromißloses Vorgehen gegen alle Ketzerinnen und Ketzer – also gnadenlose Verfolgung und Hinrichtung – aber Vorsicht bei der Entscheidung darüber, wer der Ketzerei bezichtigt wird. Vorrang vor der vorschnellen Ausrottung habe der Versuch, die »Verirrten« wieder für den rechten Glauben zu gewinnen. Bei vielen Waldenserinnen und Waldensern der »ersten Stunde« hatte diese Taktik Erfolg. Durandus zum Beispiel konnte für seine »Rekatholizisierung« genau dieselbe Bedingung aushandeln, wegen der er einst vom Lyoner Erzbischof exkommuniziert worden war: die ausdrückliche Erlaubnis, als armer apostolischer Wanderprediger zu wirken – und mehr hatten die »Armen Lyons« ja ursprünglich auch gar nicht gewollt.

Allerdings waren inzwischen knapp dreißig Jahre vergangen; viele jüngere, radikalere Anhängerinnen und Anhänger der Bewegung waren damit nicht mehr zufrieden. Sie verstanden ihren Glauben zunehmend antikatholisch, als neue Weltanschauung, die auch den Erfordernissen einer neuen Zeit viel besser gerecht wird als die unflexible Machtkirche. Die zunehmende Trennung der Waldenserbewegung von der katholischen Kirche hatte nämlich nicht nur einen religiösen Hintergrund, sondern auch einen gesellschaftlichen. Ihr Erfolg ist auch darauf zurückzuführen, daß sie eine Antwort auf viele Fragen und Probleme bot, welche die geänderten Lebensbedingungen der Menschen im Spätmittelalter in politischer und wirtschaftlicher Hinsicht mit sich brachten.

Sozial verorten läßt sich die Waldenserbewegung, wie sie sich im Lauf der Jahrzehnte entwickelte, im neu entstehenden Bürgertum ihrer Zeit. Dazu gehörten in erster Linie Kaufleute sowie Handwerkerinnen und Handwerker, die sich – anders als das Bauerntum – immer mehr aus grundherrschaftlichen Zwängen lösten, also auf eigene Rechnung arbeiteten und wirtschafteten: Starkes Wachstum der Bevölkerung, Steigerung der Produktion des Handwerks, Ausweitung von Handel, Verkehr und Geldumlauf waren die Folgen. Auch im Bewußtsein der dadurch neu entstehenden Bevölkerungsschicht veränderte sich einiges: Ihre

eigenverantwortliche Tätigkeit brachte Werte wie Rationalität,
Individualität und Verantwortung zum Vorschein, die sich an
vielen Stellen mit dem vermeintlich gottgegebenen und un-
hinterfragbaren Ordnungsverständnis der katholischen Kirche
rieben.

Die waldensischen Gruppen wurden schnell zum Forum für
diese neue Tendenz der spätmittelalterlichen Gesellschaft. Daß
ihre Gemeinschaften nicht »Orden« oder »Bruderschaft« hießen, sondern »Societas« – ein aus der Handelssprache entnom-
mener Begriff – deutet für sich schon darauf hin, ebenso wie die
Legende, nach der Waldes den Priester und den Schreiber, die für
ihn die Evangelienübersetzung anfertigten, mit einem Backofen
entlohnte: Die »Volksbibel« hat ihre Entstehung also letztlich
der erfolgreichen Profitwirtschaft eines Kaufmanns zu verdanken, der es sich leisten konnte, zwei qualifizierte Arbeiter über
einen längeren Zeitraum zu beschäftigen. Charakteristisch ist
für das Waldensertum zudem eine – selbst im Vergleich mit anderen Volkshäresien – außerordentlich hohe Beteiligung von
Frauen. Protokolle von Inquisitionsprozessen legen die Vermutung nahe, daß Frauen in vielen Orten weit über die Hälfte der
Anhängerschaft ausmachten.

Zunächst scheint es sich bei der Waldenserbewegung um eine
Art frühes »Aussteigertum« gehandelt zu haben. Denn natürlich
hatte die neue wirtschaftliche Entwicklung auch ihre Schatten-
seiten: Die Schere von Arm und Reich öffnete sich jetzt mitten
durch die einfache Bevölkerung, die Unterschiede zwischen bäu-
erlicher und handwerklicher Lebensweise vergrößerten sich; das
Alltagsleben der breiten Masse von Menschen, die bisher als ein
Ganzes den »Reichen«, nämlich Adel und Klerus, gegenüberge-
standen hatte, wurde zunehmend auch »intern« von Egoismus
und Materialismus geprägt. Dagegen wollten die ersten waldensischen Gruppen protestieren. Nicht nur der geradezu klassische
Impetus der Legende um Waldes selbst, der auf seine bürgerlichen Privilegien verzichtet, seinen Reichtum den Armen spendet

und dem egoistischen, kaufmännischen Lebensstil radikal entsagt, deutet darauf hin. Auch in den Regeln und Glaubenssätzen der frühen Bewegung kommt diese Grundhaltung zum Ausdruck. In den ersten Jahren bestand in den waldensischen Gruppen geradezu ein Arbeitsverbot. In den frühen Schulen, in denen Predigerinnen und Prediger ausgebildet wurden, mußte ein vierfaches Gelübde abgelegt werden – und gleich nach Gottesgehorsam und Keuschheit enthält es als dritten Punkt den Verzicht auf den Erwerb des Lebensunterhaltes aus eigener Arbeit. Dahinter stand die schon damals wohl gemachte Erfahrung, daß ethisch gutes, gottgemäßes Verhalten sich in der Regel nur schwer mit ökonomischem Eigeninteresse in Einklang bringen läßt.

Indes, diese frühe »materialismuskritische« Haltung wurde schon bald geändert. Spätestens seit ihrer Vertreibung aus Lyon und der Verfolgung durch die Inquisition waren die waldensischen Predigerinnen und Prediger gezwungen, ihren Lebensunterhalt durch Arbeit selbst zu verdienen. Der ursprünglich zwingende Grundsatz über das Arbeitsverbot wurde dann – zumindest in den neu entstehenden Gruppen – auch relativ schnell aufgegeben und – im Gegenteil – sogar als Propaganda gegen katholische Priester gewendet, denen man jetzt häufig auch Parasitentum vorwarf, da sie nicht von ihrer eigenen Arbeit lebten. Die Handarbeit wurde um so mehr zum Ideal der Waldenser, je endgültiger die Trennung von der katholischen Kirche wurde. Armut war zwar auch weiterhin ein tragendes Motiv, sie wurde jedoch zunehmend differenzierter gesehen. Daß die Kirche als Feudalherrin auf Eigentum verzichten, daß der Zehnt abgeschafft werden mußte, war weiterhin unbestrittener Grundsatz. Auch die waldensischen Predigerinnen und Prediger sollten in Armut leben, selbst wenn sie sich den notwendigen Lebensunterhalt durch Teilnahme am ökonomischen Prozeß der Gesellschaft verdienten. Die einfachen Gläubigen jedoch sollten in ihrer wirtschaftlichen Potenz gestärkt werden, und zwar durch Abschaffung zahlreicher kirchlicher Regelungen, die von vielen waldensischen Gruppen als Hemmschuh für die neue, erste kapitalistische Züge tragende Wirtschaftsform interpretiert wurden. So wollten waldensische Gruppen zum Beispiel alle kirchlichen Feste und das Fasten abschaffen mit der Begründung, beides hemme die Arbeitsfähigkeit und die Produktivität der Arbeiterinnen und Arbeiter und schädige so die wirtschaftlichen Interessen der gesamten Bevölkerung.

Unumstritten war diese »Kehrtwende« von der kleinen Aussteigerbewegung hin zum ideologischen Überbau einer neuen wirtschaftlich potenten Bevölkerungsschicht jedoch nicht. Im Jahr 1205 führte sie sogar zur Spaltung des Waldensertums, bei der sich die französischen und die italienischen Gruppen gegenüberstanden. Die »Leonisten«, also Waldes selbst und seine Anhängerinnen und Anhänger in den Provinzen um Lyon herum, standen für gemäßigte Kirchenkritik, den Verzicht auf den Aufbau eigener Institutionen und ein radikales Arbeitsverbot für waldensische Predigerinnen und Prediger. Die »lombardischen Armen«, also die neugegründeten Gemeinschaften in Norditalien, aber auch in Österreich und Deutschland, standen mehrheitlich für die radikale Ablehnung der katholischen Kirche, den Aufbau eigener institutioneller Strukturen sowie die ausdrückliche Arbeitsverpflichtung für Predigerinnen und Prediger, um sich von dem »parasitären« katholischen Klerus abzuheben.

Die radikale Fraktion wurde in den folgenden Jahren immer stärker – was auch eine Reaktion auf die immer brutaler werdende Ketzerverfolgung war, die sich in den 1208 beginnenden Albigenserkriegen entlud. Zudem kostete der Krieg gegen die katharischen Gruppen in Südfrankreich auch zahlreiche Waldenserinnen und Waldenser der »leonistischen« Richtung das Leben. Die harte Linie des 4. Laterankonzils im Jahr 1215, das den Krieg gegen das Ketzertum in seiner bis dahin schon erwiesenen Brutalität ausdrücklich für notwendig erklärte, machte die Sache nicht besser. Der immer härter werdende Kampf ums eigene Überleben veranlaßte die zerstrittenen waldensischen

Gruppen, sich wieder stärker zusammenzuschließen. Das Einigungstreffen fand 1218 in Bergamo statt. Man fand Kompromißformeln für die alten Streitigkeiten, indem man die Institutionalisierung der »lombardischen Armen« mit dem apostolischen Missionsanspruch der Lyoner verband: Von nun an war die waldensische Bewegung institutionell etabliert als explizite und einheitlich verfaßte Alternativorganisation zur katholischen Kirche.

Theologisch wurden beim Treffen in Bergamo dieselben Themen verhandelt wie beim 4. Laterankonzil drei Jahre zuvor. Der Dissens mit der katholischen Kirche machte sich dabei – theologisch – vor allem an zwei Punkten fest: Die Waldenserinnen und Waldenser erteilten den Sakramenten als einigendem Band aller Gläubigen eine Absage und setzten die apostolische Mission an ihre Stelle. Die Formalität der Kirchenrituale sollte also definitiv von der persönlichen Integrität und dem Engagement der Predigerinnen und Prediger abgelöst werden. Und zweitens beschlossen sie einen anderen Weg beim Umgang mit Ketzerei: Theologische »Irrtümer« sollten im Sinne christlicher Nächstenliebe argumentativ »korrigiert« werden unter ausdrücklichem Verzicht auf Gewaltanwendung. Dazu müsse sich die Kirche von jeder weltlichen Machtausübung loslösen und an ihre Stelle die Missionstätigkeit setzen. Die waldensischen Gemeinschaften verstanden sich nun als die eigentliche Kirche und datierten den »Sündenfall« der katholischen Kirche auf die konstantinische Schenkung. Durch diese Übernahme weltlicher Macht sei die katholische Kirche vom Weg des Urchristentums abgekommen, den die waldensische Bewegung nun wieder aufgreife.

In den folgenden Jahrzehnten, dem sogenannten »goldenen Zeitalter« des Waldensertums, erlebte die Bewegung eine rasante Ausbreitung. In vielen italienischen Städten wurden waldensische Gemeinden in den ersten Jahrzehnten des 13. Jahrhunderts offiziell anerkannt, durften Schulen bauen und ungehindert predigen. In Österreich und Bayern wurden sie in einigen Gegenden gar zur tragenden religiösen Kraft. Dabei profitierten sie von den andauernden politischen Streitigkeiten zwischen Papst Gregor IX. und Kaiser Friedrich II. In vielen Städten Italiens hatten sich inzwischen zwei Parteien gebildet, die die Kontroverse zwischen Papst und Kaiser gewissermaßen auf der kommunalen Ebene wiederholten: Die »Welfen«, die auf der Seite Gregors standen, und die »Ghibellinen«, die sich auf die Seite Friedrichs schlugen, wobei sie vor allem auch ihre kommunale Unabhängigkeit im Auge hatten. Ihrer Unterstützung haben die waldensischen Gruppen ihren wachsenden Einfluß zum großen Teil zu verdanken.

Doch gerade diese »Etablierung« sollte sich auf das revoltierende, unkonventionelle Potential der Waldenserbewegung fatal auswirken. Auch sie war nämlich nicht davor gefeit, mit der zunehmenden eigenen Absicherung zu erstarren, aus Angst, die errungenen Vorteile wieder zu verlieren. Was sich damals abspielte, war sozusagen eine frühe Variante der Kontroverse »Realos« gegen »Fundis«: Der radikale Kampf für eine grundsätzliche Veränderung der Gesellschaft und eine Niederwerfung des katholischen Klerus wurde aufgegeben zugunsten der eigenen Existenzsicherung im erkämpften Einflußbereich. Da ist es wenig überraschend, daß auch die Frauen wieder ins zweite Glied zurückgeschickt wurden: 1270 begannen die lombardischen Waldenser, ihren weiblichen Mitgliedern die Ordination zu verweigern, und die französischen Glaubensbrüder zogen schon bald nach. Es wurde eine Priesterhierarchie etabliert, die von der katholischen bald kaum noch zu unterscheiden war – zumal die Amtskleidung der waldensischen Prediger, um Verfolgungen zu entgehen, zunehmend der ihrer katholischen Kollegen angeglichen wurde. Damit einher ging die Pflege der eigenen Tradition: Der Kaufmann Waldes – der vermutlich im Jahr 1206 gestorben war – wurde mit dem Vornamen »Petrus« ausgestattet und so mit dem päpstlichen Anspruch der katholischen Kirche deutlich parallelisiert.

Doch das »goldene Zeitalter« der Waldenser ging schon bald zu Ende: Seit dem plötzlichen Tod Friedrichs im Jahr 1250 suchten viele italienische Kommunen wieder eine Annäherung an die katholische Kirche, die ihrerseits Entgegenkommen versprach. Mit dem Aufkommen der franziskanischen und dominikanischen Bettelorden wurde auch innerhalb der katholischen Kirche eine Alternative zur verknöcherten Tradition angeboten, die den waldensischen Gemeinschaften häufig den Wind aus den Segeln nahm. Zudem wurde die Inquisition unter Papst Gregor IX. erneut gestrafft und unter die Aufsicht der Dominikaner gestellt, welche die waldensischen Gruppen nun in gleicher Härte verfolgten wie die katharischen – bis in die dreißiger Jahre hatte es da noch Differenzierungen gegeben.

Die inquisitorische Verfolgung führte am Ende des 13. Jahrhunderts zur Vernichtung der Waldenserbewegung als tragende politische oder religiöse Kraft, aber nicht zu deren Aussterben. Die über ganz Europa verteilten waldensischen Gruppen tauchten ab und pflegten im Geheimen ihre antikatholischen Traditionen. Später gewannen sie Einfluß in anderen reformatorischen Bewegungen, etwa im Hussitismus, bei den Herrenhutern oder auch im Calvinismus. In den unzugänglichen piemontesischen Alpentälern gelang es einigen Gruppen, die Verfolgungen zu überleben und ihre Tradition allen politischen Schwankungen zum Trotz zu bewahren. Im 19. Jahrhundert wurde den Waldenserinnen und Waldensern in Italien Religionsfreiheit gewährt; sie gründeten ein eigenes Studienzentrum in Torre Pelice – bis heute ist hier das geistliche Zentrum der Waldenser Kirche –, ein Verlagshaus in Turin sowie Kirchen und Hospitäler. Seit 1920 gibt es auch eine waldensische theologische Fakultät in Rom. Inzwischen hat sich die Waldenser Kirche mit der methodistischen Kirche Italiens zusammengeschlossen.

Literatur

Wolfgang Erk (Hrsg.): Waldenser, Geschichte und Gegenwart, Frankfurt 1971; Barbro Lovisa: Italienische Waldenser und das protestantische Deutschland 1655 bis 1989, Göttingen 1994; Amedeo Molnár: Die Waldenser. Geschichte und europäisches Ausmaß einer Ketzerbewegung, Göttingen 1980; Martin Schneider: Europäisches Waldensertum im 13. und 14. Jahrhundert, Berlin 1981; Giorgio Tourn: Geschichte der Waldenser-Kirche, Erlangen 1980; Edmund Weber: Zur Entwicklung des Waldensertums im Mittelalter, in: Unterwegs für die Volkskirche. Festschrift für Dieter Stoodt, hrsg. von Wilhelm-Ludwig Federlin und Edmund Weber, Frankfurt am Main 1987.

HILDE SCHMÖLZER

BEGINEN

Die religiöse Frauenbewegung des Mittelalters, der in jüngster Zeit vornehmlich die feministische Geschichtsforschung im Zuge der Aufarbeitung weiblicher Geschichte ihr Interesse zuwandte, hat wahrscheinlich in der Beginenbewegung ihren reinsten und konkretesten Ausdruck gefunden. Die Entstehungsgeschichte der Beginen ist ebenso umstritten wie die Herkunft ihres Namens. Nachdem sich die über Jahrhunderte hinweg kolportierte Ansicht von einem Begründer namens Lambert le Begue (= der Stammler) aus Lüttich ebenso als Irrtum erwiesen hatte wie jene, die die heilige Begga (gest. 694 n. Chr.), Tochter Pippins des Älteren zur Namenspatronin machen wollte, blieben nur noch etymologische Erklärungsversuche – etwa: »Beginen« würden sich vom angelsächsischen Wort »begge« = betteln ableiten oder vom deutschen »beginnen« im Sinne von »ein klösterliches Leben anfangen«. Diesen zahlreichen Spekulationen schließt sich dann noch jene jüngere Forschung an, die den Namen Begine von Al-bigenser herleiten. Konkrete Hinweise gibt es jedoch auch dafür nicht.

Was die Entstehung dieser Bewegung betrifft, so steht lediglich fest, daß sich das Beginentum als Spezialform einer umfassenden religiösen Erneuerungsbewegung gebildet hatte, der unverhältnismäßig viele Frauen angehörten. In dem überwältigenden Andrang religiös oder sonstwie motivierter Frauen, für die eine reine Männerkirche in ihrem Aufbau und ihrer Organisation nicht gerüstet war, sind auch die eigentlichen Wurzeln der religiösen »Frauenfrage« des Mittelalters zu suchen. Sie hat zu weitgehend eigenständigen Organisationsformen wie dem Beginentum geführt, das – zum Teil protegiert, zum Teil abgelehnt – in einer gewissen Außenseiterposition stets um Anerkennung rang und an seiner unsicheren Stellung zwischen kirchlicher Ordnung und Laienstand schließlich auch scheiterte. Damit ist das Problem bereits genannt. Der Widerstand der Orden, Frauen aufzunehmen bzw. eigene Frauenklöster zu gründen, der sich durch die gesamte Geschichte des Mittelalters zieht, führte einerseits zu den zahlreichen Wohngemeinschaften frommer Frauen, aus denen sich das Beginentum entwickelte, andererseits aber auch zu den Scharen herumziehender, bettelnder oder von der Prostitution lebender Frauen, unter denen sich ebenfalls viele Beginen befanden. Besonders letztere erzeugten Unruhe und Argwohn, weil sie sich häufig den Lehren der Ketzer und Sekten anschlossen, die durch die Wanderprediger verbreitet worden waren.

Die Kirche hat die Gefahr sehr wohl erkannt und durch verschiedene Maßnahmen versucht, dieser Entwicklung entgegenzusteuern. Die Gründung des Frauenklosters in Prouille im Jahre 1206 durch Dominikus als bewußte Alternative zu den – weiblichen – Ketzergemeinschaften in Südfrankreich ist hier nur ein Beispiel unter vielen. Und doch konnte damit ebensowenig wie mit der schon viel früher erfolgten Gründung von Doppelklöstern der Prämonstratenser und der Errichtung von zahlreichen Frauenklöstern durch die Bettelorden das eigentliche Problem gelöst werden. Denn dieses lag in der Hierarchie der Kirche begründet, die Frauen das Priesteramt verweigerte (bzw. verweigert) und damit von der Betreuung durch Männerklöster abhängig machte, welche sich ihrerseits durch diese zusätzliche Belastung überfordert fühlten. Weil nur Priester befugt waren, die Sakramente zu spenden, zu lehren und zu unterrichten, mußten diese Tätigkeiten auch in den Frauenklöstern von Männern übernommen werden. Die Überlastung, die sich daraus für die Ordensbrüder ergab, dürfte wohl der Hauptgrund für ihre ablehnende Haltung gegenüber der Gründung von Frauenklöstern gewesen sein. Daß die Frau außerdem stets als sittliche Gefährdung galt, weil sie als Inkarnation der Fleischessünde zur »Verführerin« des Mannes stilisiert wurde, geht ebenfalls aus zahlreichen zeitgenössischen Berichten hervor und hat seine Ursache im christlichen Asketentum, das für die verwerfliche Libido immer die Frau verantwortlich gemacht hat.

Nachdem sich bereits im 12. Jahrhundert die Prämonstratenser geweigert hatten, weitere Frauen aufzunehmen, Anfang des 13. Jahrhunderts die Zisterzienser ebenso wie die Dominikaner diesem Beispiel folgten und außerdem 1215 auf dem Laterankonzil ein Verbot erlassen wurde, weitere Orden zu gründen, blieb den derart ausgeschlossenen Frauen nichts anderes übrig, als sich selbst zu organisieren. Denn obwohl in der Folgezeit die Kurie, die von der Notwendigkeit der Eingliederung der Frauengemeinschaften in die neuen Orden überzeugt war, die Bettelorden durch verschiedene Bullen und Erlässe zwang, die organisatorische und geistliche Leitung der Frauenklöster zu übernehmen (allein in der deutschen Ordensprovinz hatten die Dominikanerorden in der Zeit von 1245–1250 mindestens 32 Frauenklöster in ihre Obhut nehmen müssen), reichte diese Zahl bei weitem nicht aus, dem Ansturm der Frauen zu genügen. Es ging also darum, die in freier Gemeinschaft lebenden religiösen Frauen in irgendeiner Weise anzuerkennen.

Ein besonderes Verdienst wird hier Jakob von Vitry zugesprochen, der als Regularkanoniker und Pfarrer zu Lüttich engen Kontakt zu solchen Frauengruppen unterhielt. Er hat auch die Vita der herausragendsten Gestalt dieser Frauenkreise, Maria von Oignies, niedergeschrieben, um sie als nachahmenswertes Beispiel den südfranzösischen Ketzern entgegenzuhalten. Und ihm ist es gelungen, für diese frommen Frauen nicht nur des Bistums Lüttich, sondern ganz Frankreichs und Deutschlands die

– wenn auch wahrscheinlich nur mündlich gegebene – Erlaubnis
Papst Honorius III. zu erreichen, in klösterlichen Gemeinschaften ohne Anschluß an einen bestehenden Orden und ohne Annahme einer approbierten Klosterregel in freiwilliger Armut ein
Gott geweihtes Leben führen zu dürfen.

Das war wesentlich, denn mit dieser Anerkennung einer
neuen Erscheinungsform der religiösen Bewegung wurde die
Grundlage für die in den folgenden Jahrzehnten zahlreich entstehenden halbreligiösen Beginengemeinschaften geschaffen.
Sie zeichneten sich durch eine relative Selbständigkeit aus: Beginen konnten sich innerhalb einer gewissen Hausordnung frei
bewegen, ein eigenes Handwerk ausüben und in einem späteren
Stadium auch ihren Besitz frei verwalten. Sie mußten diese Freiheiten aber mit einer rechtlichen Ungeschütztheit, häufigen An-
feindungen, Kritik, Spott und schließlich Häresieverdacht bezahlen.

Daß sich Emanzipationsbestrebungen von Frauen, die im Rahmen von mittelalterlichen Vorstellungen begriffen werden müssen und mit den Zielen der heutigen Frauenbewegung wenig gemeinsam haben, nie innerhalb der katholischen Kirche, sondern
bestenfalls in häretischen Gruppen vollziehen konnten, beweist
nicht nur die relative Gleichberechtigung der Frauen bei den
Waldensern, Katharern und Bogomilen. Es gab hier auch Sekten,
die eine tatsächlich radikal feministische Einstellung vertraten
wie etwa die Guglielmiten, deren Gründerin Guglielma (gest.
1279) als Inkarnation des Heiligen Geistes und Nachfolgerin
Christi verehrt wurde. Auch die südfranzösische Ketzerin Prous
Boneta (gest. 1325), die als Vertreterin der Herz-Jesu-Mystik Visionen und symbolische Gesichte hatte, hielt sich für die Erlöse-
rin des Menschengeschlechts.

Von derartigen Radikalismen waren Beginen allerdings weit
entfernt. Vor allem die Vertreterinnen des seßhaften Beginentums bemühten sich vielmehr ständig, einerseits durch entspre-
chendes Wohlverhalten in den Genuß päpstlicher Schutzbriefe

zu gelangen, andererseits aber sich an die Bettelorden anzuschließen, um so einen gewissen Rückhalt zu gewinnen.
Wie sehr die Beginen unter Angriffen litten, geht aus zahlreichen Beschwerden hervor, mit denen sie sich sogar an die Kurie
wandten. Vor allem ihr Keuschheitsgelübde schien ständig bedroht, weshalb auch Gregor IX. mehrfach die deutschen Bischöfe
und Kanoniker aufforderte, die Beginen gegen Belästigungen
und Verführungen durch Mönche, Kleriker und Laien in Schutz
zu nehmen.

Das Beginentum entwickelte sich allerdings nicht nur
aus Wohngemeinschaften, zu denen sich die ursprünglich ein-
zeln oder im Familienverband fromm und keusch lebenden
Frauen zusammengeschlossen hatten. Auch die umfangreichen
Wohnsiedlungen religiös motivierter Frauen, die sich um die
Spitäler der Klöster und später, als sich die Klöster dem Andrang der Frauen nicht mehr gewachsen fühlten, den Spitälern
der selbständigen, von kirchlichen Instanzen unabhängigen
Bruderschaften angeschlossen hatten, bildeten eine Vorstufe
späterer Beginengemeinschaften. Es waren Frauen, die in freiwilliger Armut und aus religiösen Gründen die Pflege Kranker,
Alter und Schwacher übernommen hatten, bei denen jedoch
später, als wegen übergroßem Andrang keine Frauen mehr aufgenommen werden konnten, das religiöse Leben vorrangig
wurde.

Um der Überfüllung in den kleinen von den Frauen bewohn-
ten Häuschen, der dadurch entstandenen Seuchengefahr und der
meist großen wirtschaftlichen Not, in der die Beginen lebten,
entgegenzusteuern, begannen reiche Wohltäter eigene Spitäler
zu stiften, die sogenannten Infirmerien, in denen die kranken,
schwachen und alten Frauen von ihren Mitschwestern gepflegt
werden konnten. Daneben aber bildeten auch Spitäler der Bruderschaften, die den Frauen zur Gänze überlassen wurden, den
Grundstock für die nun zahlreich entstehenden Beginengemeinschaften, die sich vornehmlich in Flandern, Brabant und im

Rheinland, aber auch in Südfrankreich, Katalonien und Italien bildeten.

Während sich das Beginenwesen im Norden, besonders in Flandern in der klosterähnlichen Form der Beginenhöfe verbreitete, die wie kleine mittelalterliche Städte angelegt waren, eine Schutzmauer, Gräben und große Tore besaßen und von vielen hundert Beginen bewohnt wurden, war es in den südlichen Ländern weniger organisiert. Im rheinischen Raum entwickelten sich die sogenannten Konvente, Gemeinschaften von drei oder mehr Frauen, die entweder durch Eigeninitiative oder durch eine Stiftung entstanden waren. In Köln, wo die meisten Beginen lebten, gab es bis 1250 fünf bis sechs Konvente mit rund 60 bis 70 Frauen. Um 1300 war die Zahl der Konvente bereits auf sechzig angewachsen, die 575 Frauen beherbergten, und 1351 schließlich wurde die Spitzenzahl von 1170 Beginen erreicht, die in den folgenden Jahrzehnten allerdings kontinuierlich absank.

An der Spitze jeder Gemeinschaft standen eine oder zwei Meisterinnen, die für Ordnung zu sorgen hatten. Den bedeutenden Beginengemeinschaften ist es außerdem stets gelungen, die Ausgliederung aus dem Pfarrverband, dem sie als Laien unterstanden, zu erreichen und eigene Priester anzustellen.

Es waren vor allem Frauen des niederen Adels und des Stadtpatriziats, die bei den Beginen Aufnahme fanden. Der Anteil der Frauen aus dem niederen Bürgertum und den Handwerkskreisen scheint eher gering gewesen zu sein. Im 15. Jahrhundert dominierte dann die mittlere Bürgerschicht, die in den Klöstern, die hauptsächlich vermögenden adeligen Frauen Zutritt gewährten, keine Aufnahme fanden. Auch das Armutsideal, das die frühen Beginen predigten und lebten, wurde jetzt durchbrochen. Daß sich eine Begine entweder durch eigenes Vermögen oder durch ihrer Hände Arbeit selbst erhalten konnte, wurde vielmehr bei einer Aufnahme zur Voraussetzung gemacht.

Die Tätigkeiten, mit denen die Beginen ihren Lebensunterhalt verdienten, waren vielfältig und spiegeln die ganze Bandbreite weiblicher Berufe im Mittelalter. Die Krankenfürsorge und -pflege, die ursprünglich als karitativer Dienst am Nächsten, nicht aus wirtschaftlichen Gründen erfolgte, gehörte lange zu ihren wichtigsten Aufgaben. In späterer Zeit kam dazu die Betreuung und Bestattung der Toten. Vor allem in den großen Beginenhöfen Flanderns, aber auch in den rheinischen Konventen bildete außerdem die Textilkunst einen Haupterwerbszweig. Im Weben, Spinnen und Nähen waren die Beginen, begünstigt durch ein Privileg der Steuerfreiheit, bald so erfolgreich, daß sie in Konflikt mit den Zünften kamen, worauf ihre Tätigkeit teilweise eingeschränkt wurde. Aber auch Brotbacken und Bierbrauen ebenso wie die Kerzenherstellung gehörten zum Tätigkeitsbereich der Beginen. Manche von ihnen schrieben und vervielfältigten Handschriften. Es gab hochgebildete Beginen wie etwa Schwester Hadewich, die wahrscheinlich in der ersten Hälfte des 13. Jahrhunderts im Kreis der Maria von Oignies in dem Städtchen Nivelles in Brabant lebte. Hadewich führte eine umfangreiche Korrespondenz mit frommen Laien, aber auch Ordens- und Weltgeistlichen, die bis nach Sachsen, Thüringen, England, Paris und in das ferne Böhmen reichte.

Über die Gründe, warum so viele Frauen in die Orden oder religiösen Gemeinschaften strebten, ist bislang viel gerätselt worden. Während vorwiegend Historiker des 19. Jahrhunderts dafür religiöse Ergriffenheit verantwortlich machten, sprachen marxistisch ausgerichtete Geschichtswissenschaftler von der wirtschaftlichen Notlage vieler mittelalterlicher Frauen und dem Wunsch, versorgt zu sein. Beide Ansichten treffen nur Teilaspekte, müssen die Ursachen doch aus der gesamten religiösen ebenso wie gesellschaftlichen Situation der mittelalterlichen Frauen heraus begriffen werden. Sicherlich spielte die religiöse Komponente eine wesentliche Rolle, daneben haben aber auch noch viele andere Faktoren mitgewirkt. Die Tatsache etwa, daß die Ehe mit ihren vielen gefährlichen Schwangerschaften und Geburten, in welcher der Mann außerdem das Züchtigungsrecht besaß, keinesfalls immer als erstrebenswert erschien, geht aus vielen Berichten und Zeugnissen hervor. Oft haben Frauen gegen den starken Widerstand ihrer Familie, der bis zu Gewalttätigkeiten und Verfolgung ging, das Leben in einem Kloster oder einer Beginengemeinschaft einer Ehe vorgezogen. Wobei sicherlich vor allem die klosterähnlichen Gemeinschaften der Beginen mit ihren lockeren Klausurbestimmungen für viele Frauen reizvoll gewesen sind. Aber auch ökonomische Gründe mögen eine Rolle gespielt haben. Immerhin war die Mitgift, die adelige Töchter bei einem Eintritt in ein Kloster beistellen mußten, wesentlich niedriger als jene, die bei einer Heirat notwendig war. Und auch wenn die Beginengemeinschaften nicht als jene »Versorgungsinstitute für arme Frauen« anzusprechen sind, als die sie vielfach bezeichnet wurden, haben sie doch häufig Konvente für arme, mittellose Frauen gegründet, um diesen damit den Eintritt in ihre Gemeinschaft zu ermöglichen.

Es fällt nicht schwer, sich die Anziehungskraft dieser Konvente oder Beginenhöfe auf die mittelalterliche Frau vorzustellen. Bot sich doch hier als einzige Alternative zur Ehe die Möglichkeit, zusammen mit Gleichgesinnten ein ruhiges, kontemplatives Leben zu führen, ohne dabei auf einen gewissen Freiraum verzichten zu müssen. Vor allem die zum Teil heute noch bestehenden Beginenhöfe in den Niederlanden vermitteln mit ihren kleinen, in Reihen angeordneten Häuschen und den mit bunten Blumen bepflanzten Gärten nach wie vor den Eindruck zurückgezogener Beschaulichkeit und stillen Friedens.

Ein Frieden, der keinesfalls immer gesichert war. Denn nach dem Wohlwollen, dessen sich die Beginen nach der Genehmigung Papst Honorius III. als gutgeheißene Alternative zu den Ketzerbewegungen erfreuten und das in zahlreichen Stiftungen und Schutzbriefen Ausdruck fand, begann bereits um die Mitte des 13. Jahrhunderts die allgemeine Meinung umzuschlagen. Vor allem die armen, herumziehenden, bettelnden Beginen, die meist den unteren Schichten angehörten und daher keine Aufnahme in den Gemeinschaften fanden, gerieten in das Kreuzfeuer der Kritik, weshalb auch die seßhaften Beginen gesteigerten Wert darauf legten, sich von ihnen abzugrenzen. Trotzdem wurden von den Verordnungen, Verboten und schließlich Verfolgungen beide Erscheinungsformen des Beginentums erfaßt. Vorerst wurde auf deutschen Provinzialsynoden beschlossen, daß den Beginen das Herumziehen und Betteln zu verbieten sei, außerdem wurde zur Festigung der allgemeinen Sittlichkeit das Mindestalter für den Eintritt in ein Konvent auf 40 Jahre festgesetzt und ihnen untersagt, sich der Aufsicht und Seelsorge des Pfarrklerus zu entziehen. Vor allem der letztgenannte Punkt bildete ein ständiges Streitobjekt, fühlten sich die Beginen doch stets von den Bettelorden besser betreut, was zu Reibereien mit den Pfarreien führte, die damit eine Verringerung ihres Einflusses und finanzieller Zuwendungen hinnehmen mußten.

Der Häresieverdacht, unter den vor allem die vagierenden Beginen geraten waren, wurde erstmals auf dem Konzil von Lyon im Jahre 1274 geäußert. Der Franziskaner Simon von Tournai warf den Beginen vor, sie würden theologische Schriften in der Volkssprache lesen und diskutieren, ohne dazu die nötige Bildung zu besitzen, was zu entsprechenden Fehlschlüssen führe und die Lehre der katholischen Kirche gefährde.

In der Tat hatte das pantheistisch-theologische Gedankengut, das durch die Wanderprediger verbreitet wurde, auch die Beginen erfaßt. Wobei vor allem die sogenannte »Lehre vom freien Geiste« eine besondere Faszination auf die schweifenden Frauengruppen ausübte. Allerdings handelt es sich bei diesen »Brüdern und Schwestern vom freien Geist«, die häufig in den erhaltenen Protokollen erwähnt werden, keinesfalls um Anhänger eines geschlossenen, einheitlichen Lehrsystems, sondern es wurden verschiedene Elemente einer mystisch-ekstatischen Gotteserfahrung zu diesem Begriff vereinigt, die einerseits von den pantheistisch-neuplatonischen Thesen Amalrichs von Bena, andererseits aber von den Lehren einer um 1260 im schwäbischen

Ries auftretenden Ketzergruppe beeinflußt waren. Diese radikalen Ansichten von der Sündlosigkeit des Menschen, für den die
reine, individuelle Gotteserfahrung wichtig war unter Ausschluß von Priestern und Sakramenten, mußte für die Kirche
natürlich gefährlich werden. Den armen, besitzlosen Schichten
des Volkes jedoch verhieß sie Freiheit von weltlichen und geistlichen Gesetzen.

Tatsächlich strebten fast alle freigeistigen Ketzer eine völlige
Neuordnung der Gesellschaft an, die für sie auch praktische Konsequenzen hatte. So etwa führte die These von der Sündlosigkeit
des Menschen zu der Folgerung, daß die Keuschheitsgelübde
nicht eingehalten werden müßten, was für viele arme Frauen, die
von der Prostitution lebten, eine Entlastung ihres Gewissens bedeutet haben mag. Ebenso brachte die Ablehnung der Sakramente den armen Leuten Vorteile, weil damit die Kosten für Taufen,
Eheschließung und Totenfürbitte umgangen werden konnten.

Diese mystische Gotteserfahrung, in welcher der Mensch den
höchsten Grad religiöser Vollkommenheit erreicht hatte, wenn
er »Gottes nicht mehr bedarf«, wenn er über Gott hinaussteigt
und »Gott um Gottes willen läßt«, ist häufig auch bei Mystikern
anzutreffen. Bei Meister Eckart beispielsweise oder einer der berühmtesten Beginen, der Mystikerin Mechthild von Magdeburg,
deren Hauptwerk »Das Fließende Licht der Gottheit« weit bekannt und viel gelesen wurde. Beide waren auch häresieverdächtig: Meister Eckart wurde aus diesem Grunde von seinem Orden
in Sicherheit gebracht und nach Straßburg versetzt; Mechthild,
die dreißig Jahre als Begine in Magdeburg gelebt hatte, zog sich
in das Zisterzienserinnenkloster Helfta zurück. Wie es allerdings
der bettelnden, wandernden Begine Katrei aus Straßburg ergangen ist, die 1317 vom Gebrauch der Sakramente ausgeschlossen
wurde, wissen wir nicht. Meister Eckart hat mit ihr einen inter-
essanten Dialog aufgezeichnet, in dessen Verlauf sie sich von der
Schülerin zur Lehrerin des Meisters entwickelt, deren mystische
Erfahrung in dem Bekenntnis gipfelt: »Herr, freut euch mit mir,

ich bin Gott geworden ... Ich war da, wo ich war, ehe ich geschaffen wurde und dort ist nur Gott und nur Gott ...«
Diese Nonnen und Beginen haben eine eigene Mystik entwickelt, in der Frauen in ihren Visionen eigene Empfindungen ausdrücken, als Mutter oder als Geliebte Christi. Sie haben außerdem das Entstehen einer volksprachlichen Literatur wesentlich beeinflußt, einerseits, weil sie, da häufig des Lateins unkundig, ihre Werke meist in der Landessprache verfaßten, andererseits aber auch, weil die männlichen Orden, die ihre Betreuung übernommen hatten, in einer den Frauen verständlichen Sprache predigen und lehren mußten.

In den ersten Jahrzehnten des 14. Jahrhunderts schlug dann die Verfolgungswelle über den Beginen und der – unbedeutenderen – männlichen Linie der Begarden zusammen. Eine Kölner Synode ging 1307 mit dem Verbot voran, die Mainzer Synode von 1310 untersagte bei Strafen der Exkommunikation allen Beginen und Begarden, in besonderer Tracht bettelnd durch die Straßen der Städte und Dörfer zu ziehen und öffentlich oder in geheimen Versammlungen zu predigen. In demselben Jahr wurde die Begine Margarete von Porète aus dem Hennegau in Paris als rückfällige Ketzerin verbrannt, weil sie ein mystisches Werk verfaßt und verbreitet hatte, in dem sie die Ansicht vertrat, daß die von Gott erfüllte Seele auf die Vermittlerfunktion der Kirche verzichten könne. Ihr Buch »Spiegel einfacher Seelen« wurde in mehrere Sprachen übersetzt und trotz Verbot immer wieder weitergegeben.

Das Konzil von Vienne in den Jahren 1311 und 1312 hat dann schließlich das Beginentum verboten mit der Begründung, es sei kein Orden, lege kein Gesamtgelübde ab, verzichte nicht auf Privateigentum und befolge keine approbierte Regel. Dafür verbreite es häretisches Gedankengut und gefährde damit die katholische Rechtgläubigkeit. In der Folge wurde dann dieses Verbot mehrmals zurückgenommen und erneut bekräftigt, wobei sich die Angriffe stets vornehmlich gegen das wandernde Beginentum richteten, während die seßhaften Beginen eher in Schutz genommen wurden. Diese allgemeine Unsicherheit in der Beginenfrage führte dann dazu, daß sie in den einzelnen Bistümern unterschiedlich behandelt wurde, je nach Einstellung des Bischofs und der örtlichen Inquisitoren.

In manchen Gegenden wurden die Beginen aus ihren Konventen und Höfen vertrieben, ihr Eigentum eingezogen, sie selbst verfolgt und vor Inquisitionsgerichte gestellt, eingekerkert oder verbrannt. In anderen Bistümern wiederum stellte sich der Rat oder auch der Bischof schützend vor die Gemeinschaften, die dadurch relativ verschont blieben. Einer besonderen Verfolgung waren die Beginen im Rheinland ausgesetzt, während es ihnen in Flandern, Holland und Brabant besser gelang, der Verfolgung zu entgehen. Weil sie sich in den niederländisch-belgischen Gebieten weitgehend im orthodoxen Rahmen bewegten und häretisches Gedankengut von ihren geschlossenen Höfen fernhielten, waren sie nicht nur geduldet, sondern genossen vielfach auch das Ansehen kirchlicher ebenso wie weltlicher Kreise.

Eine weitere Zuspitzung der Lage ergab sich durch die Erlasse Kaiser Karls IV. im Jahr 1369, die sich in scharfer Form gegen Beginen und Begarden richteten, die Abschaffung ihrer Lehre, Vernichtung ihrer Schriften und Einzug ihres Eigentums durch päpstliche Inquisitoren verfügten.

Trotzdem vermochten weder kaiserliche Verbote, noch päpstliche und bischöfliche Synoden- und Konzilsbeschlüsse die Beginenbewegung völlig auszulöschen. Wurde ein Konvent aufgelöst, entstand bald ein anderer daneben. Vor allem im belgisch-niederländischen Raum hat sich das Beginentum sehr lange, in letzten Ausläufern bis in das 20. Jahrhundert hinein erhalten. Während es im Rheinland die Reformation nicht überlebte, erreichte es im heutigen Belgien im 17. Jahrhundert eine neue Blütezeit: Beginenhöfe wurden neu gebaut oder erweitert und neue Frauen aufgenommen. Im Beginenhof St. Elisabeth in Gent beispielsweise haben im Jahre 1666 etwa 900 Beginen gelebt.

Bereits im 18. Jahrhundert allerdings ist ein allgemeiner Niedergang festzustellen, und die französische Revolution versetzte dieser Bewegung den Todesstoß. Seit dem Ende des Zweiten Weltkrieges werden keine neuen Beginen mehr aufgenommen, aber einige wenige alte Beginen leben heute noch im flämischen Gebiet von Belgien. Im Jahre 1988 waren es rund dreißig.

Literatur

Peter Dinzelbacher: Mittelalterliche Frauenmystik, Paderborn 1993; Martin Erbstößer: Ketzer im Mittelalter, Leipzig 1984; Herbert Grundmann: Religiöse Bewegungen im Mittelalter, Berlin 1935; Gottfried Koch: Frauenfrage und Ketzertum im Mittelalter, Berlin 1962; Eva Gertrud Neumann: Rheinisches Beginen- und Begardenwesen, Melsenheim/Glan 1960; Otto Nübel: Mittelalterliche Beginen- und Sozialsiedlungen in den Niederlanden, Tübingen 1970; Brigitte Meyer: Die Beginenbewegung im belgischen, niederländischen und niederrheinischen Raum, (Dipl.) Innsbruck 1988; Eva Schirmer: Mystik und Minne. Frauen im Mittelalter, Berlin 1984.

JOHANNES THIELE

GEISSLER

Der religiös motivierte Flagellantismus bildete sich im Mittelalter als Form der asketischen Buße zu einem förmlichen System heraus; dabei ist der Zusammenhang zwischen Religion und Sexualität besonders auffällig. Die mittelalterliche Kirche bediente sich der Abtötung des Fleisches als eines beliebten Instruments, um die Verbreitung der christlichen Tugend der Keuschheit zu fördern. Durch die in Gang gekommene Stellvertretungstheorie im Bußwesen war dieses immer mehr herabgesunken. Die Menschen zweifelten mehr und mehr daran, eine Vergebung ihrer Sünden erlangen zu können, solange sie nur etwas Äußerliches von ihrem Besitz opferten. Sie glaubten, eine eindringliche Buße zu üben, wenn sie ihren eigenen Körper angriffen. Schon im Jahr 1260 trat die Geißelbuße, bisher nur von einzelnen geübt, als Massenphänomen auf. Durch Italien, Kärnten, Steiermark, Böhmen, Mähren bewegten sich die Geißlerzüge bis nach Ungarn und Polen, nach Flandern und in die Picardie.

Gestützt auf die Bibelstelle Galater 5,24 (»Alle, die zu Christus Jesus gehören, haben das Fleisch und damit ihre Leidenschaften und Begierden gekreuzigt«), suchten die Flagellanten, Geißelbrüder und -schwestern während des 13. und 15. Jahrhunderts durch öffentliche Auspeitschung des eigenen Körpers die Vergebung ihrer Sünden zu erlangen. Zunächst von Päpsten, Bischöfen und Kirchenlehrern empfohlen, breitete sich diese

Massensuggestion in allen Staaten des alten Europa aus. Durch
sie aufgestachelt, zogen ganze Scharen, Frauen und Männer
jeden Standes, geführt von Priestern mit Kreuzen und Fahnen, selbst im strengsten Winter nackt bis zum Gürtel, durch
die Lande, um sich unter Stöhnen und Seufzen bis aufs Blut zu
quälen. Der Tod, der den Tanz anführt, war der Initiator dieser Flagellantenzüge, die im Gefolge der großen Seuchen des 13. und
15. Jahrhunderts stattfanden, als entfesselte Orgien und sado-
masochistische Schauszenen im alles bedrohenden Schatten der
Pest:»In den Jahren 1348 bis 1351 brach die Katastrophe des
Schwarzen Todes herein: er raffte mit einem Schlag mehr als ein
Drittel der Bevölkerung hinweg und löste bei den Geißlern einen
wilden Bußenthusiasmus aus, durch den Gottes Zorn besänftigt
und die Sünden des einzelnen Büßers getilgt werden sollten«
(Malcolm Lambert). Der Gottesgeißel des epidemischen Mas-
sensterbens wollte man mit dem ekstatischen Massenwahn begegnen, mit der niederprasselnden Geißel der Selbstkasteiung.

Die Schätzungen der Reichweite und der Anhängerschaft des
Flagellantismus gehen weit auseinander; während der Pestepide-
mie soll es allein in Frankreich einige Hunderttausend Geißler
gegeben haben. Das Verschwinden des Schwarzen Todes aber zog
regelmäßig auch ein Abflauen der Bußbewegungen nach sich.

Doch auch das Milieu permanenter Bedrohung, politischer In-
stabilität und kirchlichen Macht- und Ansehensverlusts führte
zunächst zu einem stetigen Anwachsen dieser Bewegungen. In
einer Zeit, in der die Segnungen der Kirche fast nur durch Geld
zu erkaufen waren, erschien die Geißelung als ein probates Mittel, um der erzürnten Gottheit die Vergebung der Sünden gleichsam abzunötigen. Der Ursprung der Geißlerzüge ist sicherlich
auch aus diesem Verlangen nach Buße angesichts wachsender
Orientierungslosigkeit zu erklären. Doch bleibt es ein Rätsel,
warum sich diese Bewegungen geradezu epidemisch ausbreiten
konnten und worin ihre Faszination bestanden hat, zumal sie

nicht auf kirchlichem Boden wuchsen oder eine Entartung kirchlicher Bußpraxis darstellten, sondern eine Reaktion auf die
wachsende Ohnmacht der Laien und der unteren Schichten der
Gesellschaft zu sein schienen.

Anfangs waren die Geißlerfahrten sicherlich noch religiöse
Exerzitien: In großen, zunächst wohlorganisierten Prozessionen
gingen die Menschen zu zweit nebeneinander her und befolgten
dabei ein strenges Ritual: Gebete, Lieder und Geißelungen wech-
selten sich ab. Diese fanatisierten Scharen, die durch Dörfer und
Städte zogen, Bußpsalmen sangen und sich in Kasteiungen über-
boten, zeigten dabei ein nicht selten irritierendes Spektakel.»Das
Auffallendste bei diesen Bußprozessionen ist die Tiefe der Ge-
mütsbewegung, welche die qualvollen, wiederholten Selbstpei-
nigungen veranlaßte. Sie erinnert an die stark emotionalen Züge,
die in der volkstümlichen Geisteshaltung noch immer latent vorhanden waren ... Wer unter die Geißler gehen wollte, der nahm
das Gelübde auf sich, daß er seine Geißelung dreiunddreißigein-
halb Tage lang durchführen wolle – wobei man sich daran erinnerte, daß Christi irdisches Leben so viele Jahre gedauert hatte;
ferner verpflichtete er sich, bei den Meistern der Bewegung seine
Beichte abzulegen, seine Schulden zu bezahlen oder für vergangenes Unrecht Genugtuung zu leisten. Während der Prozessionen befolgte er ein striktes Ritual und gehorchte den Meistern.
Er geißelte sich zweimal am Tage in aller Öffentlichkeit und einmal in der Nacht. Nach Beendigung des Pilgerzuges versprach er,
sich für den Rest seines Lebens an allen Karfreitagen zu geißeln«
(Malcolm Lambert).

Doch mit der Zeit, als sich die Büßer schreiend auf öffentlichen Marktplätzen blutig geißelten und sich unter Visionen
lallend auf der Erde wälzten, trat das Gesetz der fortschreitenden
Sinnentleerung aller religiösen und pseudoreligiösen Riten in
Kraft: Wie aus dem idealistischen Kreuzzugsgedanken schließlich ein merkantiles Spekulationsunternehmen wurde, so entwickelte sich aus der spektakulären Bußfertigkeit der Massen

eine erotische Revue mit allen Merkmalen unterschwelliger, zur Explosion drängender Sexualität, die zur treibenden Kraft bei den Geißlerfahrten wurde. Der Flagellantismus mochte zunächst durchaus unter dem Gesichtspunkt der Sündenabtötung und zum Zweck der Buße gedacht worden sein. Aber es konnte nicht ausbleiben, daß bei dem längeren Zusammensein der beiden Geschlechter sexuelle Instinkte und Obsessionen die Oberhand gewannen. Was lag auch näher, als die Sünden der sexuellen Lust durch eine neue Geißelung zu büßen. Schon bei den ersten Geißlerfahrten kam es zu schweren sexuellen Ausschreitungen, und bald erwiesen sich die Geißlerscharen als Zentren der Prostitution und Kuppelei. Es war nur natürlich bzw. folgerichtig, daß sich bald Flagellantenbünde bildeten, die heimlich ihre Zusammenkünfte abhielten, bei denen die Flagellation nur als Auftakt für die darauffolgenden sexuellen Ausschweifungen anzusehen waren.

Ein wesentliches Moment dieser merkwürdigen sexuellen Inszenierung darf nicht außer Betracht gelassen werden: Die Geißlerbünde und Flagellantenzüge rekrutierten ihre Anhängerschaft nicht nur bei den Männern, sondern vor allem auch bei bußsüchtigen Frauen. Ihre Beteiligung an den nackten oder halbnackten Prozessionen dürfte den sexuellen Charakter der Veranstaltungen noch erheblich verstärkt haben.

Das wichtigste Requisit bei dieser blutigen Choreographie war das *flagellum*. In der Chronik des Heinrich von Herford findet sich folgende Schilderung in kaum zu überbietender Drastik: »Jede Geißel war eine Art Stock, von welcher drei Stränge mit großen Knoten herabhingen. Durch diese Knoten liefen von beiden Seiten, kreuzweis, eiserne, nadelscharfe Stacheln, die so lang wie ein Weizenkorn oder etwas länger über die Knoten hinausragten. Mit solchen Geißeln schlugen sie sich auf die nackten Körper, so daß diese blaufarbig entstellt aufschwollen. Das Blut lief nach unten ab und bespritzte die nahen Wände der Kirchen, worin sie sich geißelten. Zuweilen trieben sie sich die eisernen

Stacheln so tief ins Fleisch, daß sie erst beim zweiten Versuch herausgezogen werden konnten.«

Das *flagellum*, die Zuchtrute, spielte im mittelalterlichen Denken eine tiefverwurzelte Rolle. Die Züchtigung mit der Rute, der Gerte, hatte eine geradezu mythische Vergangenheit im germanischen Sitten- und Brauchtum, war aber auch aus der Antike übernommen worden. Es galt als urtümlicher Fruchtbarkeitsritus, wenn man Frauen mit der Gerte – einem Phallussymbol – »fitzte«.

So wurden Schuld und Sühne auf offener Bühne zur Aufführung gebracht, in einer Mischung aus ritueller Choreographie und vollendetem Schauspiel. Die Geißelung geriet zu einem mimischen Sündenregister, zum getanzten Beichtspiegel, zum sexuellen Theater. Wobei wir nicht annehmen dürfen, daß die Bußfertigen sich wegen tatsächlicher Vergehen züchtigten; sie stellten imaginäre Vergehen dar, Sünden in Gedanken, Sünden heimlicher Vorstellungen, Wunschhandlungen und -träume, natürlich vorwiegend der bösen Fleischeslust.

Die Geißler boten, wie sehr sie auch vielleicht von tiefer Glaubensinbrunst durchdrungen sein mochten, eine unmißverständliche sexuelle Show mit religiös-fanatischem Einschlag. Weit mehr als religiöse Ergriffenheit, innere Einkehr und mystische Faszination wird das blutige Schauspiel beim Publikum sexuelle Erregungen erzeugt haben. So entsteht das merkwürdige Paradox, daß der Ursprungsgedanke des Geißlerwesens sich ins Gegenteil verkehrt: Der zunächst antisexuelle Gedanke der Abtötung des Fleisches durch das Erlebnis der Selbstkasteiung wird korrumpiert, denn unter der Folter sterben die sexuellen Gefühle nicht, sondern feiern ihre Auferstehung. Bezeichnenderweise fanden die Geißelungen als selbstvernichtende Kasteiungen ja nicht im stillen Kämmerlein, gleichsam in der innigen Zwiesprache mit dem erlösenden Gott statt, sondern in aller Öffentlichkeit. Die Flagellanten geißelten ihren sündigen Körper, aber sie taten es demonstrativ, in zeremoniösen Spektakeln. Im Exzeß aber kippte der ursprüngliche Sinn bald ins Gegenteil um. Die kirchliche Reaktion darauf war entsprechend heftig.

Die Geißler waren jedoch keineswegs massenpsychotische Irre, sondern Geheimbünde, Brudergesellschaften mit regelrechten Statuten, in denen die Observanzen niedergelegt waren. Ihre Organisation war ordensähnlich und damit sehr mittelalterlich-zeitgeistig. Ohne die Faszination auf die sexuelle Stimmung breiter Volksschichten aber hätten sie kaum ihre massive Wirkung entfalten können.

Die Hierarchie, die anfangs diesen Massenwahn im Sinne der Bußfertigkeit durchaus begünstigte, gelangte bald dazu, ihren Standpunkt gründlich zu ändern. Nicht etwa, weil sie solchen religiösen Wahnsinn prinzipiell mißbilligte, der Grund lag viel tiefer. Die Geißler setzten sich durch ihre Selbstpeinigung über die kirchlichen Bußordnungen hinweg, da nach ihrer Auffassung die Bluttaufe der Geißel an die Stelle der christlichen Sakramente trat. Hätte die Kirche weiterhin tatenlos zugesehen, so hätte sie selbst ihrer Entmachtung zugestimmt, da keine Veranlassung mehr bestand, den Klerus als Mittler für die himmlische Glückseligkeit in Anspruch zu nehmen. Die Kirche erkannte instinktiv, daß mit diesen Demonstrationen des Massenwahns ein unerwünschtes Moment in die menschliche Bußfertigkeit kam.

Noch bevor die Geißler schließlich als Ketzer eingestuft wurden, erreichte die amtskirchliche Ablehnung einen ersten Höhepunkt, als Papst Clemens VI. in seiner Bulle »Inter sollicitudines« vom 20. Oktober 1349 die Geißlerfahrten bei Strafe des Kirchenbanns verbot, ohne jedoch sofort eine gänzliche Unterdrückung zu erreichen. Er erkannte mit diesem Tadel der eigenmächtigen Bußverfahren richtig, welche Gefahr für die Kirche von den flagellomanischen Laienbewegungen ohne geistliche Kontrolle ausging: Absolution nicht aufgrund sakramentaler Freisprechung durch den Priester, sondern als Folge der Marterbuße in der Gemeinschaft – das überschritt in seiner zu Ende gedachten Konsequenz die Toleranzschwelle der Kirche erheblich. Verboten wurde

mit dieser an die deutschen Bischöfe erlassenen Bulle die öffentliche massenhafte Selbstgeißelung, und die Oberhirten wurden
angewiesen, gegen die Flagellanten nicht nur *per censuram eccle-
siasticam,* sondern auch *per poenas temporales* vorzugehen und
bei Widerstand zum *auxilium brachii saecularis* zu greifen.
Erstaunlich aber war, daß der Papst in seiner Bulle das Wort
»Häresie« nicht verwendete, was sich der Forschung zufolge daraus erklären läßt, daß er selbst wenige Monate vorher in Avignon
an mehreren Geißelprozessionen teilgenommen hat und daß
auch im Kardinalskollegium Sympathisanten der Flagellanten
saßen.

Trotz der zunächst ambivalenten Haltung der Kirchenfüh-
rung zeigte die päpstliche Bulle Wirkung. In Deutschland, wo
schon vorher einzelne Bischöfe, Stadtmagistrate und Fürsten gegen die Geißler Stellung bezogen hatten, kam es allenthalben zu
einem massiven Vorgehen gegen die Flagellanten. Einige spekta-
kuläre öffentliche Hinrichtungen trugen dazu bei, daß die Resonanz der Geißelbußen bei der Bevölkerung rasch abklang und
sich die Masse der Geißler offenbar innerhalb weniger Wochen
verlief. Doch die Bewegung war damit keineswegs am Ende.
Zwar gingen auch 1353 und 1357 Kölner Provinzialsynoden erneut gegen die Flagellanten vor, doch blieb das Thema kirchen-
politisch bis zum Konzil von Konstanz aktuell: Auf der Sitzung
vom 18. Juli 1417 legte Johannes Gerson seinen Traktat »Contra
sectam se flagellantium« vor. Der »harte Kern« der Geißler blieb
bestehen, scharte sich neu und definierte sich vor allem mit noch
deutlicheren kirchenkritischen Akzenten. Die Geißler griffen zu
einem probaten Mittel, um sich dem kirchenamtlichen Zugriff
zu entziehen: Mit dem Einsetzen der Verfolgung und nachdem
ihnen der kirchliche Boden entzogen war, gingen sie in den Untergrund und wurden nun erst recht zu Ketzern. In geheimen
Konventikeln pflegten sie die Geißelbuße als Zeichen der Ablehnung des kirchlichen Heilsapparates weiter und entwickelten sie
zum Kernstück einer geschlossenen Sektenideologie.

Die Geißler lehnten den vollen Umfang der Heilsvermittlung durch die Kirche und ihre Priester ab bzw. bestritten ihn. Ein ketzerischer Gedanke war, daß die Buße unmittelbarer Ausdruck der eigenen Innerlichkeit sein sollte. Die Flagellanten wurden verketzert, weil sie mehr oder weniger offen diesen Angriff auf die alleinseligmachende Kirche propagierten oder zumindest insgeheim billigten oder förderten. Peter Segl macht darauf aufmerksam, daß die Geißlerbewegung ganz eindeutig schon von Anfang an – aus einer tiefsitzenden Unzufriedenheit mit der kirchlichen Sakramentsverwaltung und mit der geistlichen Betreuung der Bevölkerung heraus – mehr oder weniger antiklerikal und kirchenkritisch eingestellt gewesen war.

Als die dritte große Geißlerfahrt 1399, von den allgemeinen elenden Zuständen und der traurigen Lage der Kirche durch das päpstliche Schisma veranlaßt, ihre Richtung auf Rom hin einschlug, ließ Papst Bonifaz IX. den Anführer der »Weißen« (wie die Flagellanten wegen ihres weißen Bußgewandes hießen) hinrichten. Er sah in den Geißlerbewegungen ein kaum zu unterschätzendes Mißtrauensvotum, denn sie ignorierten nicht nur die Bußdisziplin, sondern bedrohten auch das Zentrum kirchlicher Macht.

In dem Maße, wie das erregende Massensterben nachließ, verloren auch die Flagellanten an Faszination und Zuspruch. Wo sie sich hielten und zuweilen wieder aufflackerten, gingen sie mit verschärfter Kritik am Klerus und mit ketzerischem Gedankengut einher. Vor allem in Thüringen und Franken neigten sie zu größerer Heftigkeit und zum vehementen Antiklerikalismus: Die untergetauchten und sich nunmehr heimlich geißelnden Kryptoflagellanten im thüringischen Raum wurden 1369 in Nordhausen vom päpstlichen Inquisitor Walter Kerlinger aufgespürt; dieser schickte etliche von ihnen auf den Scheiterhaufen, darunter auch ihren Anführer Konrad Schmid, der nicht nur die Selbstgeißelung als einziges Heilmittel anerkannte, sondern auch als Prophet der Endzeit aufgetreten war und das Weltgericht für 1369 angekündigt hatte. Schmid lehnte jegliche weltliche und kirchliche Obrigkeit radikal ab und sah sich selbst als *caput christianitatis,* als Haupt der Christenheit.

Nach dem Verbot der Geißlerfahrten durch die Hierarchie wurde die Flagellomanie in die kirchliche, mehr aber noch die klösterliche Bußdisziplin aufgenommen, und in den Klöstern hielt sie sich noch jahrhundertelang. Einsiedler, Mönche und Nonnen traktierten sich mit Geißel und Peitsche selbst oder gegenseitig mit begeistertem Eifer, in dem Glauben, damit den Teufel auszutreiben. In den meisten Klöstern bestand die Strafe für einen Mönch, »der allein und in freundschaftlicher Unterhaltung mit einem Weib« angetroffen wurde, in zweitägigem Fasten oder zweihundert Peitschenhieben (da die meisten Speisen und Wein zu schätzen wußten, entschieden sie sich in der Regel für die Peitsche).

In der Frühzeit der Kirche wurden die Hiebe auf die Schulterblätter verabfolgt, aber im Laufe der Zeit kam man zu der Überzeugung, daß der Delinquent dadurch verletzt werden könnte. Diese offensichtlich berechtigte Sorge führte dazu, eine tiefer gelegene Region der menschlichen Anatomie zur Bestrafung heranzuziehen, was zur Folge hatte, daß das Vergnügen sowohl des Strafvollstreckers wie des Bestraften erheblich erhöht wurde, besonders, wenn es sich bei letzterem um eine hübsche junge Frau handelte und die Strafe von einem lustvollen Priester erteilt wurde.

Die Biographien der ersten Heiligen sind voll von Schilderungen, wie fromme Männer häufig von lüsternen Frauen bestürmt wurden und die Heiligen die schönen Sünderinnen selten entließen, ohne sie vorher gezüchtigt zu haben. Den *Acta Sanctorum* kommt ein wichtiger Platz in der Literatur der Flagellation zu. Zum Beispiel wurde St. Edmund, der spätere Bischof von Canterbury, während seiner Studienjahre in Paris von einer außerordentlich schönen Frau gequält, die ihn mit all ihren Reizen herausforderte. Unfähig, der Verführung länger zu widerstehen, befahl er sie in sein Zimmer, wo er sie nackt auszog und so lange peitschte, bis ihr Körper mit blutigen Striemen bedeckt war. Dies war eine ziemlich beliebte unter Klerikern kreisende erotische Phantasie. Auspeitschungen als Buße erfreuten sich einer solchen Beliebtheit, daß sich schon im 8. Jahrhundert Papst Hadrian IV. gezwungen sah, den Priestern das Züchtigen reuiger Sünder zu verbieten. Doch päpstliche Erlasse zeigten wenig oder gar keine Wirkung. Die Auspeitschung war nach wie vor die am meisten praktizierte und am häufigsten erwartete Sühne für die Sünden des Fleisches. Ein mittelalterlicher Holzschnitt zeigt eine Äbtissin, eifrig damit beschäftigt, das nackte Hinterteil eines Bischofs mit der Birkenrute zu bearbeiten; nach dem Gesichtsausdruck zu urteilen, fanden beide daran außerordentlich viel Gefallen.

Auch die Selbstzüchtigung wurde unvermindert praktiziert. Der Karmeliterorden zeigte sich der Herrschaft der Birkenrute besonders verfallen. Teresa von Avila genoß es ebenso, gepeitscht zu werden wie andere zu peitschen. Maria Magdalena de Pazzi, die 1607 starb, 1626 selig- und 1668 heiliggesprochen wurde, erlebte die höchsten Wonnen, wenn die Äbtissin ihr die Hände auf den Rücken band und sie in Gegenwart der anderen Nonnen mit äußerster Strenge geißelte. Auch sich auf dem Boden in Dornenzweigen zu wälzen und sich mit Ketten zu schlagen gehörte zu ihren bevorzugten Beschäftigungen. Maria Magdalena de Pazzi ist das klassische Beispiel einer sexuell pervertierten asketischen Flagellantin und einer masochistischen Exhibitionistin mit deutlich erkennbaren sadistischen Merkmalen.

Flagellantismus ist also keineswegs durchgängig als Ketzerei zu bewerten. In der klösterlichen Disziplin spielte er als bevorzugtes Instrument der Bußpraxis eine wichtige Rolle, während außerhalb dieser kirchlicherseits observierten Binnenräume der amtliche Argwohn wuchs, daß sich die bußfertigen Christen gerade mit der Züchtigungs- und Geißelpraxis aus den Machtbefugnissen der Kirchen emanzipierten.

Literatur

Jacques Boileau: Historia Flagellantium. De recto et perverso Flagrorum Usu apud Christianos. Ex antiquis Scripturae, Patrum, Pontificum, Conciliorum & Scriptorum Profanorum monumentis, Paris 1700; Martin Erbstösser: Sozialreligiöse Strömungen im späten Mittelalter. Geißler, Freigeister und Waldenser im 14. Jahrhundert, Berlin 1970; Martin Erbstösser: Ketzer im Mittelalter, Leipzig 1984; Frantisek Graus: Pest – Geißler – Judenmorde. Das 14. Jahrhundert als Krisenzeit, Göttingen ²1988; Malcolm Lambert: Ketzerei im Mittelalter. Häresien von Bogumil bis Hus, München 1981; Peter Segl: Geißler, in: TRE 12 (1984) 162–169.

MATTHIAS BENAD

FREIGEISTER

Es ist mit den Freigeistern wie mit vielen anderen abweichenden religiösen Bewegungen im katholischen Europa des Mittelalters: Wir kennen sie nur aus dem, was ihre Gegner uns hinterlassen haben. Seit der zweiten Hälfte des 13. Jahrhunderts tauchen sie unter Namen wie »Brüder und Schwestern vom Freien Geist« in Synodalbeschlüssen, Inquisitionsakten und bischöflichen Dekreten auf. Vor allem am Rhein waren die Bischöfe auf sie aufmerksam geworden (Köln 1307, Trier 1310, Mainz 1310, Straßburg 1317). Aber auch aus anderen Gebieten liegen Nachrichten vor, zum Beispiel aus Schwaben, Thüringen, Schlesien, Lothringen oder Mähren. Auch bei der Verbrennung der Begine Margarete Porète in Paris 1310 spielt freigeistiges Gedankengut eine Rolle. Immer wieder hieß es, Männer und Frauen zögen bettelnd umher unter dem Deckmantel freiwilliger Armut. Sie predigten ohne Erlaubnis der Pfarrer und Bischöfe. Da sie besondere Kleider trugen, wurden sie für Beginen und Begarden gehalten.

Man meinte also, die Freigeister seien Angehörige jenes Standes, in welchem besonders in den Städten ledige Personen nach religiösen Regeln lebten, ohne einem von der Kirche genehmigten geistlichen Orden anzugehören. Diese Lebensform war weit verbreitet. So gab es allein in Köln im 14. Jahrhundert über 100 Frauenkonvente mit schätzungsweise ca. 600 Beginen, in Frankfurt am Main über 50 Konvente. Dieser Stand war besonders für Witwen und unverheiratete Frauen attraktiv, die aus der mate-

riell wenig gesicherten städtischen Mittelschicht stammten. Oft
reichte ihre Witwenausstattung bzw. ihre Mitgift nicht zur
(Wieder-)Verheiratung. Die hohen Eintrittsgelder in eines der
Frauenklöster vermochten sie erst recht nicht aufzubringen. In
dieser Lage bot das Leben als Begine eine religiös definierte, eigenständige soziale Rolle.

In manchen Fällen ging die Übereinstimmung der Freigeister
mit den Beginen und Begarden über Äußerlichkeiten hinaus:
Aus Schweidnitz in Schlesien und aus Köln wissen wir von Konventen, die ihre Mitglieder zu Freigeistern erzogen. Sie verfügten über weitreichende Verbindungen zu Gleichgesinnten.
Trotzdem hat die ganz überwiegende Mehrheit der Beginen und
Begarden sich in kirchlich genehmen religiösen Bahnen bewegt.
Die meisten Konvente vertrauten sich nämlich der geistlichen
Leitung von Priestern an, wobei Dominikaner und Franziskaner
bevorzugt wurden. Das teilweise Überlappen von Freigeistern
und Beginen/Begarden hat es den kirchlichen Autoritäten
schwergemacht, gegen die abweichende Lehre wirksam vorzugehen. So beschloß das Konzil von Vienne 1311 im Dekret »Cum
de quibusdam mulieribus« ein allgemeines Verbot der Beginen.
Sie hätten »über die Heiligste Dreifaltigkeit und über die göttliche Wesenheit« diskutiert und »über die Glaubensartikel und die
Sakramente der Kirche dem katholischen Glauben widerspre-
chende Meinungen« ausgestreut. Den Bettelmönchen wurde
verboten, diese Lebensform weiterhin zu empfehlen. Am Schluß
des Dekretes betonten die Konzilsväter aber, man wolle nicht
diejenigen Frauen treffen, die »ehrsam in ihren Hospizen leben«.
Da die Unterscheidung beider Gruppen sehr schwierig war, blieb
das Verbot ohne Wirkung. Statt dessen trat die Inquisition auf
den Plan.

Worum es inhaltlich ging, läßt das dogmatische Dekret »Ad
nostram« erkennen, das ebenfalls in Vienne erlassen wurde. Es
verdammte eine Reihe von Sätzen deutscher Beginen und Begarden. Ihr gemeinsamer Grundgedanke war es, daß der Mensch

einen Stand der Vollkommenheit erreichen könne, in dem er Gott gleich sei: Es war behauptet worden, die vernünftige Kreatur werde von sich aus selig und brauche keine göttliche Erleuchtung. Irdisches Leben könne vollkommen sündlos werden. Ein Fortschritt im Gnadenstand sei dann nicht mehr möglich. Der so Vollkommene genieße bereits in diesem Leben die gleiche Seligkeit wie im Jenseits. Die Gnadenmittel der Kirche seien für ihn ohne Bedeutung. Deshalb hieß es auch, ein Vollkommener brauche sich nicht – wie damals allgemein üblich – zu erheben und hinzuschauen, wenn in der Elevation während der Heiligen Messe die gewandelten Elemente emporgehoben würden. Es käme nämlich einem Abstieg ins Unvollkommene gleich, wenn er von den Höhen der Kontemplation herabstiege, um an das Geheimnis der Eucharistie zu denken. Auch brauche ein vollkommener Mensch weder zu fasten noch zu beten, noch müsse seine Seele sich in Tugenden üben. Die Sinne eines Vollkommenen seien dem Heiligen Geist unterworfen. Deshalb könne er dem Leib alles gewähren, was dieser begehre. Dementsprechend hieß es, ganz entgegen den strengen Sexualvorschriften der Kirche, bei natürlicher Neigung sei Beischlaf keine Sünde. Ohne solche Neigung sei die Umarmung der Frau (osculum) dagegen Todsünde. Der Vollkommene schulde niemandem Gehorsam, denn »Wo der Geist des Herrn ist, da ist Freiheit« (2. Korinther 3, 17).

Die Lehren der Freigeister haben in der historischen Forschung sehr verschiedene Würdigungen erfahren. Oft wurde auf die Nähe zu neuplatonischem Denken hingewiesen, das im *Unio-mystica*-Gedanken der zeitgenössischen Mystik, etwa bei Meister Eckhart, eine Rolle spielt. Manche Interpreten bewegen sich weiter in den Denkbahnen der spätmittelalterlichen Konzilsväter und halten »den Vollkommenheitsdrang und -wahn dieser Ketzer« für eine Folge mangelnder kirchlicher Regulation von »religiös erregten Kreisen«, die der mystischen Frauenbewegung zuzurechnen seien (Grundmann). Wären sie beizeiten kirchlicher Ordnung unterworfen worden, hätten die pantheistischen Auswüchse vermieden werden können. Wieder andere Forscher sehen im Gedanken von Vergottung und Sündlosigkeit den Protest verarmter Bauern und städtischer Plebejer gegen feudale Ausbeutung. Sie seien zum Betteln gezwungen gewesen und hätten in der »Ablehnung der weltlichen und kirchlichen Gewalt ... die Idealisierung des eigenen Lebens« gefunden (Erbstösser). Freigeistiges Gedankengut erscheint hier als kritische Abkehr von der römischen Kirchenlehre als der religiösen Ideologie des Feudalismus. Umstritten blieb auch die Organisationsform der freigeistigen Bewegung. Grundmann meinte, keinerlei diesbezügliche Strukturen erkennen zu können. Gegen ihn ist aber zu Recht darauf verwiesen worden, daß in vielen Quellen zwischen einem äußeren und einem inneren Kreis der Freigeister unterschieden wird. Schwierigkeiten bereitete auch das Nebeneinander von strenger Askese und Freizügigkeit, insbesondere auf sexuellem Gebiet. Während manche diesen »Libertinismus« der Freigeister den gezielten Fragen oder den Verleumdungen der Inquisitoren anlasten möchten (Erbstösser, Lerner, Manselli), gehen andere davon aus, daß hier ein realer Kern angenommen werden muß (Grundmann). Wie wir aus anderen Quellen dieser Zeit wissen, waren die sexuellen Praktiken der Freigeister nicht besonders ausgefallen. Ungewöhnlich war jedoch, daß sie ihr Verhalten ohne Umschweife bejahten.

Es liegt auf der Hand, daß viele Zeitgenossen in den in Vienne verurteilten Sätzen bestürzende Inhalte erkennen mußten: Der vollkommene Freigeist steht über dem zentralen Geheimnis der Eucharistie. Sakramente, Priesteramt und Kirche tragen zum Heil des Menschen nichts bei. Folglich wurzeln Papsttum und Hierarchie, Klöster, Stifte und Pfarreien mit ihrem Grundbesitz, ihren Zehnten, Pachten und Feudalrenten, mit ihren Privilegien und politisch-militärischen Machtmitteln nicht im Heilsplan des dreieinigen Gottes. Die ganze Kirche und mit ihr aller theologischer und politischer Streit um ihre Freiheiten und Privilegien wurde von den Freigeistern beiseite gewischt. Gleiches galt für die von ihr vertretenen sittlichen Normen: Für den Freigeist waren sie ohne Belang. Er hatte teil an der Gottheit und an ihrer Autonomie. Er lebte der Befriedigung dessen, was von ihm als Ausdruck göttlicher Bedürfnisse verstanden wurde. Dabei wurden auch die strengen kirchlichen Vorschriften über Ehe und geschlechtlichen Umgang außer Kraft gesetzt. Daran aber hing der Erbgang bei Bauern, Bürgern und Grundherrn, hingen politische und ökonomische Bündnisse, die mit Ehen und legitimen Kindern besiegelt zu werden pflegten. Der vollkommene Freigeist erklärte den gesamten von der Kirche gelehrten und sanktionierten Regelapparat, der das individuelle und gesellschaftliche Leben ordnen und steuern soll, für nichtig. Die Kirche lehrte, jeder sei ihren Geboten unterworfen, auch wenn er wieder und wieder dagegen verstoße. Kirchenkritische Bewegungen wie die Waldenser, ja selbst die Katharer, sprachen zwar der römischen Kirche die Fähigkeit ab, Gottes Gesetz zutreffend und bindend zu verkündigen, aber sie teilten doch die Auffassung, daß ein solches Normensystem nötig sei und bei jedem Menschen Geltung beanspruchen dürfe. Anders der vollkommene Freigeist: Er kannte keine allgemeinen Normen und unterwarf sich nicht, weil er glaubte, mit Gott über allem zu stehen.

Ihre prinzipielle Weigerung, sich auf den religiös fundierten Grundkonsens einzulassen, vollzogen die Freigeister üblicherweise nicht im einmaligen Akt einer Bekehrung. Ihre selbstbezogene Lebensweise war vielmehr das Ergebnis eines langen Gewöhnungs- und Umerziehungsprozesses, der als Anfängerstatus *(status incipiencium)* bezeichnet wurde. Erst wenn diese Phase durchschritten war, erlangte der Freigeist jene Vollkommenheit *(status perfectionis)*, auf die sich die in Vienne verurteilten Sätze bezogen. Die beiden Status brachten es mit sich, daß bei den Mitgliedern der Freigeister ein äußerer und ein innerer Kreis zu unterscheiden war. Das geht auch aus dem autobiografischen Bericht des Johannes von Brünn hervor. Er war vor 1310 durch einen Begardenkonvent in Köln als Freigeist aufgenommen worden und hatte zwanzig Jahre im Anfängerstatus und weitere acht Jahre als Vollkommener gelebt, bevor er gegen 1335 in die Fänge der Inquisition geriet, abschwor und dem Dominikanerorden beitrat. Das folgende nimmt besonders auf seinen Bericht Bezug. Es wird in den Grundlinien durch andere Überlieferungen bestätigt und gilt auch für die Frauen in der Bewegung.

Aufnahme als Freigeist im Anfängerstatus konnte finden, wer sich für die freiwillige Armut entschied, die von den Wanderpredigern gepredigt wurde. Der Kandidat bekam dann vielleicht einen Konvent seßhafter Begarden genannt, der die Aufnahme rituell vollzog. Vorausgehen sollte, sofern vorhanden, der Verkauf aller Habe, gegebenenfalls die Abfindung des Ehepartners und vermutlich auch der Kinder. Nach außen war ein solcher Konvent, der wandernden Brüder bzw. Schwestern als Anlaufstelle diente, nicht als freigeistige Genossenschaft erkennbar. Im Aufnahmeritus trat der Neuling, nachdem er die ihm noch verbliebene Habe für immer der Gemeinschaft übertragen hatte, nackt in den Kreis der Brüder, die ihm eine aus lauter Flicken bestehende Tunica überzogen. Dabei wurde Christus als Vorbild eines Freigeistes im Anfängerstatus vorgestellt. Der Bruder sollte von allen zeitlichen Dingen frei werden, so wie es Christus am Kreuz war. Dementsprechend war der Anfängerstatus eine harte asketische Schule. Es galt, die alte, äußerliche Natur (*natura exterior*) zu zerbrechen. Von Kindheit an vertraute Verhaltensmuster und Gewissensvorstellungen sollten überwunden und neue Verhaltensweisen eingeübt werden. Ziel war es, zur Befriedigung seiner wahren Natur (*satisfactio naturae*) durchzudringen.

Zu diesem Zweck wurden alle Brücken zum bisherigen Leben abgebrochen. Der Neuling wurde mit einem erfahrenen Bruder auf Bettelfahrt geschickt, um Hunger, Durst und die Ablehnung der Menschen kennenzulernen. Es war ausdrücklich verboten, Plätze aufzusuchen, an denen Almosen verteilt wurden. Nur solche Nahrung durfte entgegengenommen werden, die vom Spender gebracht wurde. Während auf diese Weise Hunger leicht zum Problem wurde, wurde gleichzeitig erlaubt, unabhängig von Fastenbestimmungen zu jeder Zeit alles zu essen, was man bekam. Die Bettelregeln dienten also dazu, in Abkehr von den geltenden Fastennormen die individuelle Bedürfnisbefriedigung einzuüben. Entgegen der vertrauten Fastenaskese wurde gehungert und gegessen mit dem Ziel der Selbstbesinnung auf den eigenen Körper. Auch im Hinblick auf andere wohlvertraute religiöse Bräuche wurde schrittweise der Verstoß eingeübt. Zwar durfte der Freigeist im Anfängerstatus weiterhin täglich zur Frühmesse eine Kirche aufsuchen. Aber er sollte lernen, nicht wie das übrige Volk bei der Elevation während der Messe Leib und Blut Christi anzuschauen. Zu diesem zentralen Motiv der Volksfrömmigkeit – dem Schauen der fleischgewordenen Gottheit – galt es Abstand zu nehmen. Auch Kommunionempfang blieb erlaubt. Aber Geschlechtsverkehr in der vorangehenden Nacht wurde – entgegen kirchlichen Verboten – ebenfalls erlaubt. Hinzu trat die Ermahnung, davon in der Beichte, die der Kommunion voranging, nichts zu sagen. Auch hier wurde gegen die geltenden religiösen Bräuche und Normen Selbstbesinnung auf den eigenen Körper eingeübt.

Hatte der Freigeist durch diese und ähnliche Verhaltensweisen nach und nach gelernt, ohne Gewissensbisse seine körperlichen Bedürfnisse zu befriedigen, so galt er als vollkommen einsgeworden mit Gott, auch körperlich (corporaliter). Die Engel, so sagten die Freigeister, könnten im Spiegel der Dreifaltigkeit nicht mehr unterscheiden zwischen Gott und Seele. Da der Freigeist nun selbst Anteil an der Dreifaltigkeit hatte, war Christus für ihn ohne Funktion. Freigeistige Christologie bezog sich nur auf den Anfängerstatus. Den Vollkommenen wurde weiterhin häufige Teilnahme an Beichte und Kommunion empfohlen. Damit sollten vielleicht Verdächtigungen durch die Inquisition vermieden werden. Die Wirksamkeit der Sakramente wurde aber weiterhin

ausdrücklich bestritten. Auch das Sterbesakrament galt als unnötig; ein sterbender Freigeist werde direkt erlöst. Teufel, Hölle
und Fegefeuer seien betrügerische Erfindungen der Priester. In
ihnen drücke sich die psychische Marter aus, die ein Mensch sich
selbst zufüge, der daran glaube und seinem Gewissen folge.
Wer als Freigeist so weit gelangt sei, daß er sich von der göttlichen Natur bestimmen lasse, habe solche Gewissensqualen
überwunden. Die Bedürfnisse, die der Freigeist im Status der
Vollkommenheit körperlich verspürte, seien die Bedürfnisse
Gottes selbst. Sie ohne Gewissensqualen zu befriedigen galt als
Gottesdienst. Der Freigeist verstand sich dabei nicht als Herr seiner selbst, sondern es war Gott, der ihn vollkommen bestimmte.
Deshalb hatte er jederzeit völlige Freiheit in der Ernährung. Geschlechtsverkehr vor und nach der Kommunion war erlaubt.
Dem Wunsch anderer Freigeister, Männer wie Frauen, auch nach
mehrmaligem Verkehr war Folge zu leisten. Auch Lügen, Zech-
prellerei, Diebstahl, Betrug und Totschlag wurden nicht ausgeschlossen, sofern sie der materiellen Befriedigung körperlicher
Bedürfnisse dienten: »Alles, was das Auge sieht und begehrt, das
soll die Hand befolgen« (Johannes von Brünn). Die oberste Maxime freigeistiger Lebensführung bestand also darin, materielle
Wünsche möglichst umfassend im Diesseits zu befriedigen. Diese individuell-autonome Stiftung von Lebenssinn war verankert
im Vergottungsgedanken. Die entsprechende Lebensführung
setzte eine gründliche Umerziehung des Gewissens voraus.

Wiederholt ist bemerkt worden, daß die Religiosität der Freigeister neuzeitlich-moderne Züge trägt: Der Gedanke, daß im
individuellen Konsum das Wesen des Menschen auf höchster
Stufe verwirklicht werden könne; verbunden mit der ständigen
Aufforderung, Sexualität auszuleben; dazu die radikale Dies-
seitsorientierung und Verweltlichung, die begleitet wird von der
Auflösung mythisch-transzendenter Vorstellungen in die Im-
manenz hinein, indem Himmel, Hölle und Sakramente als Prie-
sterbetrug oder als Ausdruck seelischer Angstzustände inter-

pretiert werden – all das erinnert an die diesseitig orientierte Religiosität sich autonom wähnender moderner Individuen. Das moderne Bewußtsein ist aber entstanden aufgrund der tatsächlich entwickelten Möglichkeiten zu umfassender individueller Bedürfnisbefriedigung im Massenkonsum. Die vom Bürgertum in Gang gesetzte kapitalistisch-industrielle Entwicklung war die Voraussetzung dafür, daß die alten Weltbilder in einem jahrhundertelangen Prozeß schrittweise kritisiert, uminterpretiert oder aufgelöst wurden und die alten Gewissensbindungen ihre Kraft verloren. Die Religiosität der Freigeister entstand dagegen als Utopie der Bedürfnisbefriedigung in einer gesellschaftlichen Umwelt, die von fortwährendem Mangel gekennzeichnet war. Folgerichtig mußten die anerkannte Heils- und Weltordnung und die materiellen Interessen der Mitmenschen theoretisch und praktisch angegriffen werden, sobald unter den gegebenen materiellen Verhältnissen aus der Utopie eine praktizierte Lebensweise werden sollte.

Literatur

Matthias Benad: »Alles, was das Auge sieht und begehrt, soll die Hand befolgen.« Zentrale Motive freigeistiger Religiosität nach der Confessio des Johannes von Brünn, in: Reformatio et Reformationes, FS Lothar Graf zu Dohna, Darmstadt 1989; Martin Erbstösser/Werner Ernst: Ideologische Probleme des mittelalterlichen Plebejertums, Berlin/DDR 1960; Martin Erbstößer: Sozialreligiöse Strömungen im späten Mittelalter, Berlin/DDR 1970; Martin Erbstößer: Ketzer im Mittelalter, Leipzig 1984; Herbert Grundmann: Religiöse Bewegungen im späten Mittelalter, Darmstadt 1977 (Nachdruck); Herbert Grundmann: Ketzergeschichte des Mittelalters, Göttingen 1963; Joseph Lecler: Vienne. Geschichte der ökumenischen Konzilien, Bd. 8, Frankfurt am Main 1965; Robert E. Lerner: The Heresy of the Free Spirit, Berkeley 1972; Raoul Manselli: Brüder des freien Geistes, in: TRE, Bd. 7; Edmund Weber: Vergleich der Grundstrukturen der Ketzerei der Brüder und Schwestern vom Freien Geist und der Kirche der Katharer, in: Christentum zwischen Volkskirche und Ketzerei, Frankfurt am Main 1985.

ANTJE SCHRUPP

HUSSITEN

Wäre der Prager Prediger, Universitätsdozent und Kirchenkritiker Jan Hus am 6. Juli 1415 nicht auf dem Scheiterhaufen hingerichtet worden, das Wort »Hussitismus« würde es – zumindest
in seiner jetzigen Bedeutung – gewiß nicht geben. Denn die Meinungen, Gruppen, Interessen und Aktionen, die sich nun prakti-
scherweise unter diesem Begriff zusammenfassen lassen, sind so
unterschiedlich, wenn nicht gar gegensätzlich, daß ein einziger
Mensch schwerlich seinen Namen für das Ganze hätte hergeben
können: Das Spektrum der Interessengruppen reicht vom Hochadel bis zum Bauernvolk; beteiligt sind moralische Kirchenreformer und fromme Prediger, aber auch libertinäre Kommunen, die
»freie Liebe« praktizieren, intellektuelle Universitätsmagister,
stürmische Idealistinnen, windige Juristen und glänzende Mili-
tärstrategen. Es geht um theologische Spitzfindigkeiten ebenso
wie um Nationalehre und Patriotismus, um den Widerstreit neuer philosophischer Systeme ebenso wie um profane Geldgier,
meist um aristokratische oder klerikale Machtinteressen,
manchmal aber auch um republikanische oder gar sozialrevolu-
tionäre Utopien.

Jan Hus, der ungefragte Namensgeber dieser komplizierten
Epoche in der Geschichte Böhmens, die im Jahr 1419 mit einer
Revolte gegen König Wenzel IV. begann, in deren Verlauf mehrere römische Kreuzfahrerheere vor den Aufständischen kapitu-
lieren mußten, bis sich schließlich eine von Rom unabhängige

Kirche offiziell etablierte, hat von alldem nichts mehr mitbekom-
men. Daß die Hinrichtung eines häretischen Universitätstheolo-
gen solch weitreichende Folgen haben sollte, hätte sich wohl auch
die römische Kirche nicht träumen lassen. Vielleicht aber hätte
sie das Auftreten von Jan Hus auf dem entscheidenden Konzil
von Konstanz schon skeptisch machen können: Mit einer an
Sturheit grenzenden Hartnäckigkeit wies er nämlich alle goldenen Brücken zurück, die die Theologen und Juristen ihm bauten.
Ihnen ging es nur um einen formalen Widerruf, aber um was
ging es Hus? Selbst auf den Vorschlag, er solle – um seiner Überzeugung nicht untreu werden zu müssen – nur solche Schriften
widerrufen, die er überhaupt nicht verfaßt hatte, ging er nicht
ein. Strenge Drohungen, weitgehende Kompromißformeln, güt-
liches Zureden und körperliche Folter, nichts half. Jan Hus widerrief nicht. Er wollte seine Anhängerinnen und Anhänger in Böhmen nicht durch einen Widerruf kompromittieren, selbst nicht
durch einen scheinbaren. Er starb eher, als sich propagandistisch
mißbrauchen zu lassen – und daß er damit zum Märtyrer wurde,
war ihm durchaus bewußt. So gesehen ist es also doch nicht ganz
falsch, die Ereignisse, zu denen sein Tod das Fanal gab, als »Hussitismus« zu bezeichnen.

Der Weg eines Märtyrers, gar eines Revolutionärs, war Jan
Hus gewiß nicht vorgezeichnet. Der um das Jahr 1370 geborene,
aus einfachen Verhältnissen stammende Philosophiestudent, der
1396 an der Prager Universität zum Magister promovierte und
dort eine glänzende Karriere als Wissenschaftler vor sich hatte,
schwamm lange Zeit im *mainstream.* 1398 begann er zusätzlich
ein Theologiestudium, wurde zwei Jahre später zum Priester geweiht und erhielt bald darauf den Predigtauftrag an der dreitausend Zuhörerinnen und Zuhörer fassenden Bethlehemkirche in
Prag – ein glänzendes Forum für den sprachgewandten Intellektuellen. Zu Hus' regelmäßigen Zuhörerinnen gehörte auch Königin Sophie, was ihm – ebenso wie sein Eintreten für böhmische
Nationalinteressen in der internen Hochschulpolitik – das Wohl-

wollen des Königs sicherte. Auch das Verhältnis zum Prager Erzbischof Zbynek war freundschaftlich, Hus wurde zu Predigten
vor Synoden und anderen Gremien beauftragt. Daß er den weltlichen Reichtum des Klerus kritisierte, garantierte ihm zudem
die Unterstützung des Adels – vor allem seine Forderung nach
Säkularisierung der Kirchengüter.

Inhaltlich stand Hus auf der Seite der Reformer an der Universität. Kontrovers diskutiert wurden im Magisterkollegium
und in den Vorlesungen vor allem die Thesen von John Wyclif,
einem englischen Theologen, der 1384 gestorben war und dessen
Schriften in Prag seit der Heirat der böhmischen Königsschwe-
ster Anne mit dem englischen König Richard II. modern geworden waren. Die katholische Kirche jedoch stufte Wyclifs Thesen
als häretisch ein: Schließlich verdammte er die katholische Kirche als »Antikirche« und vertrat in seinem Eucharistieverständnis die sogenannte »Remanenzlehre«, war also der Meinung, daß
Brot und Wein »bleiben«, was sie sind und sich nicht in Leib und
Blut Christi verwandeln.

Der Reformstreit an der Prager Universität machte sich an der
Verteidigung oder Ablehnung Wyclifs fest, und Hus stand eindeutig auf der Seite der Reformer. An der »Verwandlung« von
Brot und Wein in der Eucharistie hielt er zwar fest, um so deutlicher kritisierte er jedoch die institutionalisierte Kirche und
wurde zum Fürsprecher einer Kirchenreform, die – wie bei
Wyclif – vor allem die Säkularisierung ihres Reichtums beinhalten sollte.

Das gefiel zwar seinen adligen Förderern, zog Hus aber auf
Dauer den Unmut des Prager Erzbischofs Zbynek zu, der ihn
schließlich im Jahr 1409 vor den Inquisitor zitierte und zweihundert Handschriften von Wyclif öffentlich verbrennen ließ. Hus,
der sich des Rückhalts nicht nur der Universität – die ihn just in
diesem Wintersemester zum Rektor machte –, sondern auch der
Mehrheit seiner Predigtgemeinde und nicht zuletzt des Königs
und des Adels sicher war, ließ es auf eine Konfrontation ankom-

men. 1411 wurde er wegen Nichterscheinen vor der Kurie exkommuniziert und kurz darauf das Interdikt über die Stadt Prag verhängt. Hus und Prag nahmen es gelassen auf.

Doch schon bald wendete sich das Blatt: Durch eine geschickte Politik der katholischen Kirche verlor Hus die Unterstützung des Königs. Wenzel, dem vom Erzbischof die Letztentscheidung in diesem Fall übertragen wurde, bedankte sich mit dem Versprechen, Böhmen von allen Irrlehren zu säubern. Als Jan Hus dann auch noch 1412 in seinen Predigten scharfe Kritik an einem neuen Kreuzzugsablaß übte – an dem auch Wenzel ein finanzielles Interesse hatte –, war es mit der königlichen Protektion vorbei. Hus mußte Prag verlassen und lebte die nächsten zwei Jahre im Exil, unterstützt von einigen adligen Familien, die nach wie vor hinter ihm standen. Hier verfaßte er seine wichtigsten Schriften, vor allem »De ecclesia«, und versicherte sich durch einen regen Briefwechsel und zahlreiche Predigten einer wachsenden Zahl von Anhängerinnen und Anhänger.

Der zentrale Punkt in Hus' Kirchendefinition, wie sie sich nun – allerdings in starker Abhängigkeit von John Wyclif – herauskristallisierte, ist die Unterscheidung zwischen einer »unsichtbaren« und einer »sichtbaren« Kirche. Zu der unsichtbaren und eigentlich maßgeblichen Kirche gehören alle die, die von Gott dazu vorherbestimmt, »prädestiniert« sind. Auf der anderen Seite steht die »sichtbare« Kirche, die katholische Institutionskirche, die nur eine Berechtigung hat, soweit sie mit der »unsichtbaren« übereinstimmt. Das einzig maßgebliche Haupt der Kirche ist Christus, nicht der Papst. Problematisch an dieser Definition ist nicht so sehr die Prädestinationslehre, da Hus die Vorherbestimmung der Menschen zu Angehörigen entweder der Kirche oder der Antikirche nicht als unumkehrbar verstand, sondern sie vom jeweiligen Verhalten, vom gottgemäßen Leben abhängig machte. Allerdings überließ es Hus weitgehend der subjektiven Einsicht, konkrete Kriterien auszuarbeiten, an denen man die »unsichtbare« Kirche erkennen könnte. Ihm ging es vorrangig um eine

Neubestimmung, wenn nicht gar um die Abschaffung des von kirchlicher Seite geforderten Gehorsams gegenüber den Repräsentanten der Institution. Insofern war seine Theologie auch der Versuch einer Antwort auf das Schisma der Kirche, die zu jener Zeit zwischen drei konkurrierenden Päpsten hin- und hergerissen war. Der so faktisch gar nicht vorhandenen kirchlichen Autorität setzte Hus die von Gott selbst prädestinierte unsichtbare Kirche entgegen – ein Konzept, dem die Dringlichkeit genommen war, als beim Konzil von Konstanz zwei Päpste abgesetzt wurden, einer zurücktrat und der Weg zur Wahl eines neuen geebnet wurde. Ab 1417 hatte die katholische Kirche mit Papst Martin V. wieder ein allgemein anerkanntes Oberhaupt.

Jan Hus war insofern nicht nur durch seinen Märtyrertod der geeignete Stifter einer antikatholischen Bewegung in Böhmen geworden, auch seine Theologie von der unsichtbaren Kirche, die von verschiedenen Gruppen je nach Belieben gefüllt werden konnte, war eine äußerst ausbaufähige Basis. Mehrere Interessengruppen lassen sich ausmachen, die sich nach dem Konstanzer Konzil in Böhmen zum Kampf gegen die katholische Kirche, zur Hussitenbewegung, formierten: das reformerische Magisterkollegium an der Prager Universität, der Adel, das aufstrebende Bürgertum sowie radikale, zum Teil bäuerliche Gemeinschaften außerhalb der Hauptstadt. Ihr gemeinsamer Nenner war, verglichen mit den eigentlichen Interessen der verschiedenen Gruppen, klein: die Forderung nach dem »Laienkelch«, nach der Eucharistie mit Brot und Wein auch für die Laien. Diese Forderung war unabhängig von Hus in den Reformkreisen entstanden, er hatte ihr kurz vor seinem Tod lediglich zugestimmt. Der Kelch wurde zum tragenden Symbol und – auf Fahnen und Schriften gemalt – auch äußerlich sichtbar zum verbindenden Element der Hussitenbewegung.

In den vier Jahren zwischen Hus' Tod 1415 und dem gewalttätigen Ausbruch der Revolte 1419 formierten sich die unterschiedlichen Interessengruppen zu zwei großen Flügeln der

Hussitenbewegung. Die gemäßigte Fraktion der »Utraquisten«
(nach der Kommunion »sub utraque«, in beiderlei Gestalt, also
mit Brot und Wein) war prinzipiell an einer Einigung mit der
Kirche interessiert und bestand im wesentlichen nur auf der Mi-
nimalforderung nach dem Laienkelch. Sie wurde getragen von
der Mehrheit der Reformer an der Universität, vom Hochadel
sowie vom wohlhabenden Bürgertum und setzte sich in Prag
weitgehend durch – bereits 1416 waren alle Kirchen der Stadt
mit »Kelchpriestern« besetzt. Ihr gegenüber stand der radikalere
Flügel, der insgesamt weitergehende Forderungen vertrat: nach
Abschaffung der Kirche, nach Bestrafung sündiger Priester, teilweise sogar nach einer sozialen Umgestaltung auch der weltlichen Ständegesellschaft. Diese radikale Fraktion organisierte auf
dem Land regelrechte Massenveranstaltungen, vor allem riesige
Abendmahlsfeiern mit Laienkelch. Sie veranstalteten große
Wallfahrten zu verschiedenen Orten, die sie nach biblischen Namen »Oreb« oder »Tabor« benannten – daher leitet sich auch der
Begriff »Taboriten« ab, der sich als Bezeichnung für diesen radikalen Flügel durchgesetzt hat. Nicht selten kam es hier auch zu
militanten Aktionen: Mönchs- und Nonnenklöster wurden
überfallen, Kirchengut enteignet, Ikonen zerstört.

Zu einer Zusammenarbeit zwischen Gemäßigten und Radikalen, zwischen Utraquisten und Taboriten, kam es vor allem durch
die zunehmend prokatholische Politik des Königs Wenzel. Auf
Druck seines Halbbruders, des deutschen Königs Sigmund, und
der katholischen Kirche sah er sich zu rigorosen Einschränkungen der Freiheit hussitischer Prediger in Prag veranlaßt. Als
Wenzel im Sommer 1419 dreizehn antihussitische Ratsherren
und Beamte einsetzte, brachte er damit das Faß zum Überlaufen.
Prag wurde von revoltierenden Gruppen eingenommen, die
Ratsherren abgesetzt – der sogenannte erste Prager Fenstersturz
–, und vier hussitische Hauptleute übernahmen das Stadtregi-
ment. Wenige Wochen später starb Wenzel an einem Schlaganfall. Als sich nun sein Halbbruder, der deutsch-römische König

Sigmund anschickte, den freigewordenen böhmischen Thron zu besteigen, hatte die Hussitenbewegung nicht mehr nur ein gemeinsames Symbol, sondern auch ein gemeinsames politisches Ziel: diese Machtübernahme durch Sigmund zu verhindern. Denn Sigmund war es gewesen, der auf die Reise von Jan Hus zum Konstanzer Konzil gedrängt hatte, der ihm freies Geleit zugesichert hatte und der in den Augen der Hussitinnen und Hussiten daher für den Tod des Märtyrers verantwortlich war. Welches waren aber nun die treibenden Kräfte dieser Revolte – und was waren ihre Interessen? Die Magister der Prager Universität, damals die größte Universität Mitteleuropas, sind in ihrer Bedeutung für den Hussitismus häufig überbewertet worden – was freilich auch darauf zurückzuführen ist, daß sie es waren, die die meisten Schriften verfaßten und so auswertbares Quellenmaterial produzierten. Ihnen ging es noch am ehesten um eine akademisch-theologische Auseinandersetzung – die allerdings mit nationalistischen Ansprüchen verbunden war. Den Disput um die Thesen von John Wyclif in den ersten Jahren des Jahrhunderts hatten sie zum Anlaß genommen, mit den nichtböhmischen Nationalitäten an ihrer Universität abzurechnen. Traditionell hatte nämlich jede der vier Universitätsnationen in Prag eine Stimme: Bayern, Sachsen, Polen und Böhmen. Inzwischen war diese Verteilung problematisch geworden, da der Anteil der nichtböhmischen Nationen unter den Studenten wie unter den Magistern erheblich gesunken war. Dem korrespondierte eine inhaltliche Kontroverse zwischen den Böhmern und den »Deutschen«, also den drei nichtböhmischen Nationen, über »Realismus« versus »Nominalismus«. Während die deutschen Nominalisten in ihrer philosophischen Methode mehr und mehr dazu übergingen, zwischen Realität und Begriff zu trennen, beharrten die böhmischen Realisten in Anlehnung an John Wyclif auf der Ansicht, daß allgemeine Begriffe und Ideen ontologisch wesentlich sind, also nicht nur Namen oder Verständigungsmittel.

Dem eigentlich fortschrittlicheren Denken der »Nominalisten« korrespondierte allerdings eine pragmatische, wenn nicht gar opportunistische Anpassung an gegebene Verhältnisse, während das eher altmodische Denken der »Realisten« sie dazu führte, Theorie und Praxis als untrennbar anzusehen, also ihre akademischen Einsichten unmittelbar umzusetzen. Insofern hatte dieser Streit, auch wenn er sich zunächst reichlich abstrakt anhört, bedeutsame Folgen, nämlich in der Kontroverse um das Eucharistieverständnis: Während die Realisten die Verwandlung von Wein in Blut, von Brot in Leib bestritten, gelang es den Nominalisten mit ihrem spekulativeren Repertoire, den Widerspruch zwischen verstandesmäßiger Skepsis und theologischem Dogma philosophisch aufzulösen und so der orthodoxen katholischen Lehre treu zu bleiben. Als König Wenzel im Jahr 1409 die Prager Universitätsverfassung änderte und den Böhmern drei, den anderen Nationen aber gemeinsam nur noch eine Stimme zubilligte, verließen die meisten deutschen Studenten und Magister Prag und gingen nach Leipzig, wo sie eine eigene Universität gründeten. Die antideutsche Haltung der intellektuellen Elite Prags kam jedoch erneut zum Ausbruch, als mit Sigmund ein deutscher König Anspruch auf den böhmischen Thron erhob.

Verbündete fanden sich in den Adelskreisen des Landes. Schon kurz nach dem Märtyrertod von Jan Hus hatte der böhmische Adel in einem gemeinsamen Protestschreiben mit mehreren hundert Unterschriften gegen diese Hinrichtung protestiert. Adlige Familien hatten Hus in der Zeit seines Exils unterstützt. In erster Linie war das sicher durch materielle Interessen motiviert – schließlich predigte Hus die Säkularisierung der kirchlichen Besitzstände –, und das kam dem Adel sehr gelegen, dessen eigene Besitztümer durch die Vererbung an Söhne und Töchter immer mehr zersplittert wurden, während der Feudalbesitz der Kirche infolge des Zölibats stetig wuchs. Aber der Adel hatte sich längst auch inhaltlich mit hussitischen Forderungen identifiziert, vor allem mit der Forderung nach dem Laienkelch und nach

Bestrafung sündigender Priester, was den Machtbereich der unteren weltlichen Justiz, also seinen eigenen, ausgeweitet hätte.

Jetzt, nach dem Tod Wenzels, sahen die adligen Familien Böhmens in ihrer Unterstützung der hussitischen Bewegung zudem eine gute Gelegenheit, einen ihnen genehmen König zu inthronisieren. Ihr Wunschkandidat war der im Vergleich zum deutschen König Sigmund relativ schwach scheinende Neffe des polnischen Königs Wladyslaw, Sigmund Korybut.

Eine dritte Gruppe im hussitischen Bund waren die aufstrebenden bürgerlichen Kreise von Kaufleuten, Handwerkerinnen und Handwerkern in Prag. Sie fanden in dem früheren Prämonstratenser Jan Zelivsky einen Agitator, dessen Predigten vor allem die Aufforderung zur Gehorsamsverweigerung gegenüber »sündhaften« Obrigkeiten enthielten. Die Möglichkeit, sich selbst als die eigentliche, »unsichtbare« Kirche von dem offiziellen Klerus abzusetzen, entwickelten sie weiter zu einer auch politischen Suche nach neuen Formen der Regierungsbildung. In diesem Milieu kursierten auch frühe republikanische Ideen, wurde nicht nur über eine Neuorganisation der feudalen Ständegesellschaft diskutiert, sondern auch über deren Abschaffung. In den gebildeteren, wohlhabenderen Kreisen des Bürgertums wurde dies jedoch eher hin zu einer ausgeprägt nationalistischen Argumentation gewendet, was sich etwa in der Forderung ausdrückte, einen böhmischen König einzusetzen statt des polnischen, den der Adel favorisierte. Das Bürgertum – das zu dieser Zeit noch keine homogene Schicht bildete – spaltete sich auch am deutlichsten von allen Interessengruppen zwischen Utraquisten und Taboristen auf. Während Universität, Adel und wohlhabendes Bürgertum mehrheitlich gemäßigte Politik betrieben, ging vor allem die kleinbürgerliche Bevölkerung der Prager Neustadt unter der Führung von Zelivsky ins Lager der Radikalen über.

Die vierte Gruppe schließlich, diejenige, die in der Geschichtsschreibung die meiste Furore machte, waren eben die radikalen

Gemeinschaften in der Provinz. Vor allem, als es zum Krieg mit
Rom kam, waren sie als militärischer Schlagarm der Bewegung
hochwillkommen. Auf dem Land war es in den Jahren nach Hus'
Märtyrertod zu Aufständen verschiedener revoltierender Gruppen gekommen. Bislang unterdrückte Volkshäresien und auf der
Flucht vor der Inquisition eingewanderte religiöse Gemeinschaften fühlten sich durch die grundsätzliche Legitimierung ketzerischer Ansichten durch die böhmische Führungsschicht in Prag
ermutigt. Sie vertraten ihre Ansichten, die bisher nur im geheimen gepflegt worden waren, nun öffentlich – solange sie sich nur
»Hussiten« nannten, waren sie aus der Illegalität befreit.

Am einflußreichsten war das Waldensertum, das die Ablehnung von Eid und Fegefeuer, der Heiligen- und Bildverehrung
sowie die Forderung nach Verkürzung der Messe in die hussitische Bewegung einbrachte – alles Punkte, die im »eigentlichen«
Hussitismus nicht vorkamen. Theologisch verarbeitet wurde
diese Verbindung von waldensischen und hussitischen Gedanken in den Büchern des Nikolaus von Dresden. Die Mobilisie-
rung der Volksmassen brachte aber auch chiliastisches Gedankengut von einem unmittelbar bevorstehenden tausendjährigen
Reich in den Hussitismus ein, man erwartete die Vernichtung
des Bösen und einen Sieg des Guten durch Gottes Beistand – ein
Motiv, das im Verlauf des Krieges immer tragender wurde. Prager Magister und Priester wie Nikolaus von Hus oder Jan Zizka,
vom allzu vorsichtigen Agieren der »Utraquisten« enttäuscht,
gingen aufs Land, um sich dem radikalen Flügel des Hussitismus
anzuschließen, und übernahmen dort Führungspositionen. Auch
vom niederen Adel wurden die Taboriten teilweise unterstützt,
vor allem bei der Ausstattung ihrer Heere.

Als im November 1419 die Utraquisten mit der Königinwitwe
und Interimsregentin Sophie, die für ihre Sympathie mit hussi-
tischem Gedankengut bekannt war, einen Waffenstillstand aus-
handelten und für die Erlaubnis zum Laienkelch die Einstellung
der Angriffe auf Klöster und Kirchen versprachen, gingen diese

Beschlüsse den Taboriten und ihren intellektuellen Führern nicht weit genug. Aus Prag vertrieben, sammelten sie sich im Westen des Landes; ihr Zentrum lag in Pilsen. Als in Prag im März 1420 jedoch eine Bulle von Papst Martin V. bekannt wurde, in der er einen Kreuzzug gegen das böhmische Ketzertum ankündigte, rückten die beiden Flügel des Hussitismus wieder zusammen. Utraquisten und Taboriten formulierten gemeinsam die sogenannten »Vier Prager Artikel«, die vom böhmischen Landtag zum Landesgesetz erhoben wurden und in den folgenden Kriegsjahren das einigende Band der hussitischen Bewegung bildeten: Laienkelch, Predigtfreiheit, Priesterarmut und Bestrafung der Todsünder. Dieser letzte Artikel war strittig, ursprünglich sollte er die Forderung nach Wiederherstellung der böhmischen Nationalehre beinhalten – möglicherweise spiegelt sich hier eine Kontroverse zwischen Bürgertum und Adel, bei der letzterer die Oberhand behielt.

Der Krieg mit Rom war nun unausweichlich. Das Heer von König Sigmund hatte sich bereits in der Nähe von Kuttenberg gesammelt, im Juni rückte es gegen die Hauptstadt vor und besetzte den Hradschin. Indem sich Sigmund mit der sogenannten »Trotzkrönung« zum böhmischen König machen ließ, vereitelte er endgültig alle Verhandlungsmöglichkeiten, die von manchen Utraquisten bis dahin noch gesehen worden waren. Die militärischen Erfolge der Hussitenbewegung, zunächst unter der strategischen Führung von Jan Zizka und ab Sommer 1426 unter Prokop dem Kühnen, sind legendär. Fünf zahlenmäßig weit überlegenen Kreuzzugsheeren haben die hussitischen Heere jahrelang standgehalten. Und nicht nur das – sie sind dabei auch noch weit in ihre Nachbarländer vorgedrungen und haben Anhängerinnen und Anhänger auch außerhalb von Böhmen gewonnen. Insbesondere Jan Zizkas Kriegsführung – er gilt als Erfinder der Wagenburgen – und sein Heeresaufbau sind für spätere europäische Armeen beispielhaft geworden. Ein Teil der hussitischen Strategie war dabei jedoch von Anfang an auch die

Überzeugungsarbeit an den gegnerischen Soldaten: Ganze Kontingente der polnischen Armee etwa sind zu den Hussiten übergelaufen.

Allerdings können diese Erfolge nicht darüber hinwegtäuschen, daß es intern alles andere als friedlich zuging. Trotz der äußerlichen Einigung unter den vier Prager Artikeln bekämpften sich die verschiedenen Flügel der Bewegung auch weiterhin. So wurde der Prager Prediger und Agitator Zelivsky im März 1422 durch konservative Kräfte hingerichtet, der Taboritenführer Zizka ließ allzu radikale Gruppen exekutieren, zum Beispiel die Frauen und Männer, die aus der Picardie nach Böhmen geflüchtet waren (»Pikardisten«), oder die für sexuelle Ungebundenheit eintretenden »Adamiten«. Andere, pazifistisch gesinnte Gruppen wandten sich von der zunehmend auf militärischen Erfolg ausgerichteten Bewegung ab, vor allem die Gemeinschaft um Petr Chelcicky, die späteren »Böhmischen Brüder«.

1433 gab sich die deutsch-katholische Koalition nach andauernden Niederlagen geschlagen und war zu Verhandlungen mit den Hussiten über die vier Prager Artikel bereit. Im Schlußpapier der in Basel und Prag geführten Verhandlungen – den sogenannten »Kompaktaten« – blieb von den ursprünglichen Forderungen jedoch im Prinzip nur die nach dem Laienkelch übrig – und allerdings die für den Adel wohl ausschlaggebende Zusage, konfisziertes Kircheneigentum, und inzwischen war fast alles konfisziert worden, nicht wieder zurückgeben zu müssen. Natürlich waren die radikalen Taboriten mit diesem Ergebnis nicht einverstanden und ebensowenig die kleinbürgerlichen Kräfte in der Prager Neustadt. Gegen die nun vereinten Heere utraquistischer und katholischer Barone und Städte konnten sie jedoch nichts ausrichten. Die Taboriten wurden im Mai 1434 vernichtend geschlagen; Prokop der Kühne fand dabei den Tod. Die »Kompaktaten« wurden zum Landesgesetz erhoben, und Adel und wohlhabendes Bürgertum, die ihre finanziellen Vorteile gewahrt sahen, waren nun mit König Sigmund auf dem Thron einver-

standen. Radikale Taboritinnen und Taboriten, die in den Folge-
jahren weiter zum Widerstand aufriefen, wurden hingerichtet.
Obwohl die Kompaktaten päpstlicherseits nicht anerkannt
waren und sogar von Pius II. 1462 ausdrücklich annulliert wurden, blieben sie bis zum Sieg der katholischen Heere im Dreißigjährigen Krieg 1623 Grundlage der utraquistischen Kirche.
Die allerdings unterschied sich schon bald nur noch durch Laienkelch, Kinderkommunion und Hus-Verehrung von ihrer katholischen Schwester. Von kirchengeschichtlicher Bedeutung ist
ihre Etablierung aber trotzdem, weil es hier einer religiösen Bewegung zum ersten Mal gelang, sich offiziell als Alternative zur
katholischen Kirche zu etablieren. 1485 wurde diese Koexistenz
im sogenannten »Kuttenberger Religionsfrieden« auch schriftlich fixiert und damit erstmals von weltlicher Seite explizit die
Konfessionsfreiheit von Bürgerinnen und Bürgern festgeschrie-
ben – wobei diese Freiheit allerdings nicht für andere Gemeinschaften, insbesondere die »Böhmischen Brüder«, galt. Und die
taboritisch-waldensische Bewegung Böhmens war bereits in den
vierziger Jahren endgültig ins Exil getrieben worden, das sie iro-
nischerweise ausgerechnet in Deutschland fand.

Literatur

Richard Friedenthal: Ketzer und Rebell. Jan Hus und das Jahrhundert der Revo-
lutionskriege, München 1972; Die Hussiten. Die Chronik des Laurentius von
Brezová 1414–1421, Graz 1988; Robert Kalivoda: Revolution und Ideologie. Der
Hussitismus, Köln 1976; Josef Macek: Die Hussitenbewegung in Böhmen, Prag
1958; Josef Macek: Die hussitisch-revolutionäre Bewegung, Berlin 1958; Renate
Riemeck: Jan Hus. Reformation 100 Jahre vor Luther, Frankfurt am Main 1966;
Ferdinand Seibt: Hussitica. Zur Struktur einer Revolution, Köln 1965; Gerhard
Wehr: Jan Hus. Ketzer und Reformator, Gütersloh 1979.

HANS-JÜRGEN GOERTZ

TÄUFER

»Einige hat man gereckt und gestreckt, so daß die Sonne durch
sie hindurchscheinen konnte, einige sind an der Folter zerrissen
und gestorben, einige sind zu Asche und Pulver als Ketzer verbrannt worden, einige an Säulen gebraten worden, einige mit
glühenden Zangen gerissen, einige in Häusern eingesperrt und
alle miteinander verbrannt worden, einige an Bäumen aufge-
hängt, einige mit dem Schwert hingerichtet, erwürgt und zer-
hauen worden. Vielen sind Knebel in den Mund gesteckt und
die Zunge gebunden worden, damit sie nicht reden und sich verantworten konnten. So sind sie zu Tode geführt worden ... Wie
die Lämmer führte man sie oft haufenweise zur Schlachtbank
und ermordete sie nach des Teufels Art und Natur« (Rudolf Wolkan, 184).

Das ist ein schrecklicher Bericht, der in einer Chronik mähri-
scher Täufer überliefert wurde. Er erinnert daran, wie gefährlich
es war, sich für die Erneuerung der Christenheit an der Schwelle
vom Mittelalter zur Neuzeit besonders eifrig einzusetzen. Nachdem die altgläubigen und evangelischen Reichsstände auf dem
Zweiten Reichstag zu Speyer 1529 beschlossen hatten, gegen die
»jetzt kürzlich newen aufgestanden irsal und sect des wider-
tauffs« gemeinsam vorzugehen, wurde die Lage ausgesprochen
ernst. Wer die Taufe an einem Menschen vollzog, der schon als
Säugling getauft worden war, und wer sich noch einmal taufen
ließ, sollte bestraft werden. Verführte Mitläufer konnten damit

rechnen, noch einigermaßen glimpflich davonzukommen, sofern sie widerriefen und Reue zeigten; »fürprediger, hauptsächer, landläuffer und aufrührische aufwigler« dagegen sollten unerbittlich verfolgt werden – über alle Grenzen hinweg. Auf Wiedertaufe stand, wie schon im *Codex Justinianum* verordnet, Tod in den Flammen. Dieses kaiserliche Gesetz aus dem 6. Jahrhundert wurde reaktiviert und vor allem in den habsburgischen Ländern, in Vorderösterreich und in den Niederlanden, erbarmungslos zur Anwendung gebracht.

Behutsamer gingen die Protestanten mit dem Ketzervorwurf um, denn sie standen selber unter Häresieverdacht und setzten alles daran, ihre Orthodoxie unter Beweis zu stellen. Sie sahen in den Wiedertäufern, deren Ursprung ihnen zur Last gelegt worden war, nicht eigentlich Ketzer als vielmehr Gotteslästerer und Aufrührer, die das öffentliche Leben störten und dem göttlichen Auftrag zuwiderhandelten, die Welt in Ordnung zu halten. Auch in den evangelischen Territorien wurde die Todesstrafe an Unruhestiftern vollstreckt, allerdings nicht in dem Maße wie in den altgläubigen Herrschaften. Doch verfolgt und bestraft wurde auch hier. Abtrünnige, »Schwärmer« und »Enthusiasten« hatten keine Chance, ein ruhiges Leben zu führen. Ausgerechnet auf dem Reichstag, auf dem die evangelischen Stände mit ihrer *protestatio* vor Kaiser und Reich das Recht für sich in Anspruch nahmen, in Glaubensdingen einzig und allein ihrem Gewissen zu folgen, haben sie aber das Gewissen anderer nicht respektiert. Der Reichstag zu Speyer war zwar die Geburtsstunde des »Protestantismus«, jedoch nicht der Toleranz und Religionsfreiheit. Er war darüber hinaus die Stunde, in der das große Sterben derjenigen eingeläutet wurde, die Ketzer und Aufrührer genannt wurden. Die Zahl derer, die zu Tode kamen, ist zwar oft übertrieben worden – nach neueren Schätzungen dürften es nur zwei- bis dreitausend Männer und Frauen gewesen sein –, aber das Elend, das über die Menschen gekommen war, die mit dem herkömmlichen Ritual der Säuglingstaufe gebrochen hatten, schrie zum Himmel.

Ketzer und Aufrührer wollten die Verfolgten nicht sein; sie wollten nur den Spuren Jesu Christi folgen, nicht in der Welt des kirchlichen Zeremoniells, sondern in ihrer Alltäglichkeit. Sie vermieden die »antichristlichen Gebräuche« und suchten nach Formen einfacher Religiosität. Sie versammelten sich nicht in Kirchen und Kapellen, sondern in Privathäusern und Scheunen, im Wirtshaus und auf Dachböden, sie trafen sich in Waldhöhlen und in unwegsamem Gelände, um miteinander ihre Gottesdienste zu feiern, sich gegenseitig zu trösten und für den täglichen Kampf der Bewährung zu stärken. Sie verachteten güldenes Kultgerät, sie tranken den Wein vielmehr aus hölzernen Bechern und brachen das Brot am Küchentisch, wenn es sein mußte, zum Gedächtnis an das letzte Mahl Jesu mit seinen Jüngern. Sie schöpften das Taufwasser aus einer Schüssel und gossen es mit einer »Gutzi«, einer Schöpfkelle, über den Täufling. Es kam auch vor, daß sie im Fluß tauften, wie Jesus einst im Jordan getauft worden war. Sie schätzten nicht die Predigt, sondern lasen miteinander in der Heiligen Schrift und berieten miteinander, wie alles zu verstehen sei. Sie baten Gott um Erleuchtung durch den Heiligen Geist, ermahnten einander und schieden wieder voneinander.

Das war ihr Gottesdienst: ein Kult im Untergrund. Sie verabscheuten theologische Gelehrsamkeit und legten Wert auf eine schlichte, gottgefällige Lebensführung. Sie wollten »anders« sein als diejenigen, die sich in »Babylon« eingerichtet hatten. Viele erwarteten das »neue Jerusalem« und zogen ihm entgegen. Sie hatten einen dornigen Weg vor sich, das wußten sie von Anfang an, und rechneten mit Anfechtung, Leid und Trübsal, ja, mit dem Martyrium in seiner schlimmsten Konsequenz. Ein Anführer, der wegen seiner hochgestellten Position in Straßburg und Augsburg einigermaßen unangefochten leben konnte, bestärkte seine Anhänger auf ihrem Weg: »Welcher nicht auf sich nimmt (sagt Christus) sein Kreuz und folgt mir nach, der ist mein nicht würdig, ja Maulchristen, aber nicht Kreuzchristen wollen sie

gern sein, es wird aber nicht helfen« (Hans-Jürgen Goertz, 196).
Es gab viele, die den Verfolgungsdruck nicht aushielten und widerriefen, es gab aber ebenfalls viele, die ihrem Herrn in Demut
oder in verbissenem Eifer nachfolgten. Der »Märtyrerspiegel«
der niederländischen Taufgesinnten hat zahlreiche Berichte von
einem standhaften, erschütternden Martyrium gesammelt, und
Jan Luycken hat die Szenen des Elends und der Entrückung in
Kupfer gestochen (1660).

Die frühen Jahre der Reformation waren turbulente Jahre,
beherrscht von »Pfaffenhaß« und »groß Geschrei«. Priester,
Mönche und Nonnen, Bischöfe, Kardinäle und Prälaten wurden
verhöhnt, beschimpft und gelegentlich auch tätlich angegriffen:
»ganz hochverdammte Bösewichte« und eine »Plage des armen
Volkes« (Thomas Müntzer). Der Papst, der die Hierarchie der
Kirche anführte, wurde als Antichrist stigmatisiert und für den
desolaten Zustand der Christenheit zur Rechenschaft gezogen.
Ein vehementer Antiklerikalismus hatte die Gemüter erfaßt und
den Willen zur Erneuerung kirchlicher und gesellschaftlicher
Lebensverhältnisse mit Vitalität und Sprache versehen. Dem
häßlichen Priester wurde der fromme Laie entgegengesetzt. Bild
und Gegenbild, Wort und Widerwort zündeten im Volk. Hier
kam manches zur Sprache: auch die wirtschaftliche Not, unter
der viele litten, die politische Herrschaftswillkür, der sich der
»gemeine Mann« ausgesetzt sah, vor allem aber die tägliche Erfahrung mit dem Klerus, der das Bedürfnis der Laien nach auf-
rechter Religiosität nicht mehr ernst genug nahm. So vermischte
sich Religiöses mit Sozialem, Politischem und Wirtschaftlichem.
Die Priesterkultur, die bereits im späten Mittelalter zu verfallen
begann, wurde von der Laienkultur abgelöst. In diesem Milieu
entstanden Bewegungen, die auf unterschiedliche Weise nach
Wegen suchten, die menschlichen Verhältnisse nach dem Willen
Gottes neu zu ordnen.

Oft wurden die Täufer so dargestellt, als hätten sie dieses Milieu weit hinter sich gelassen und als seien sie einzig und allein

darauf bedacht gewesen, die Gemeinde der Christen aus der Apostelgeschichte wiederherzustellen. Doch davon kann keine Rede sein. Neuere Forschungen haben gezeigt, daß diejenigen, die später »Täufer« genannt wurden, zunächst tief in die Auseinandersetzungen verwickelt waren, die zwischen dem »gemeinen Mann« und der Obrigkeit in Zürich um die kirchlichen Abgaben und die politische Autonomie der Landgemeinden ausgetragen wurden. Der Streit spitzte sich zu, als Ulrich Zwingli, der Reformator Zürichs, sich auf die Seite des Rates stellte, der dieses Streben nach Selbständigkeit nicht duldete. Die von Zwingli geweckte Hoffnung darauf, geistliche Erneuerung und politische Autonomie miteinander verbinden zu können, war enttäuscht worden.

In dieser Situation entstand die Idee, nicht nur die Abgaben, sondern auch die Taufe an Säuglingen zu verweigern, um mit Reformen da anzusetzen, wo alles begann: beim »Eingangstor« zur Christenheit. Die Situation spitzte sich zu, und die Verweigerung der Säuglingstaufe ging im Januar 1525 recht konsequent in eine neue Praxis über: Unter Zittern und Zagen wurden in Zürich und in Zollikon die ersten Erwachsenen getauft. In dieser Taufe wurde »Besserung des Lebens« gelobt – im Bereich privater genauso wie öffentlicher Moral. Die Obrigkeit mußte darin einen Affront sehen, einen Angriff auf die Ordnung des christlichen Abendlandes. Wer die Taufe zum Bekenntnisakt machte, kündigte in ihren Augen den abendländischen Grundkonsens des *Corpus christianum* auf und erklärte den großen Rest der Menschen zu einer heidnischen Gesellschaft. Diese Taufe wurde zum Politikum. Die einen sahen in ihr das Wiederaufleben einer alten Ketzerei und die anderen das Fanal zum Aufruhr. Wer sich taufen ließ, wußte, was ihm bevorstand: Verfolgung, Kerker und schlimmstenfalls Tod.

Geistliche und Handwerker, Gelehrte und Bauern waren unter den Täufern und sorgten für eine schnelle Verbreitung dieser nonkonformistischen Reformationsvariante. In einigen Gegen-

den hatte sie sogar vorübergehend eine Massenbewegung ausgelöst. Nach kurzer Zeit mußte sie aber dem obrigkeitlichen
Druck weichen, und die Täufer fanden sich in einer tiefen Krise
wieder. Einige ihrer Anführer berieten sich 1527 in Schleitheim,
inmitten des ehemaligen Aufstandsgebiets am Oberrhein, über
einen Weg aus dieser Krise und legten ihre Meinungsverschie-
denheiten, die es wohl gegeben hatte, in der »Brüderlichen Vereinigung« bei. Waren sie zuvor von einem aggressiven Willen
zur Erneuerung beseelt, setzten sie jetzt auf ein Programm der
Separation. Die Zeichen des reformerischen Angriffs, dazu zählte
auch die Bekenntnistaufe, wandelten sich zu Zeichen der Absonderung. Die Taufe wurde zum Aufnahmeakt in eine abgesonder-
te Gemeinde, die Wahl des eigenen »Hirten« zum Ausdruck
religiöser Selbstbestimmung, der Bann zu einem Instrument in-
nergemeindlicher Disziplin, das Abendmahl zur Manifestation
der Geschlossenheit. Die Verweigerung des Eides und des Wehr-
dienstes ebenso wie die Aufforderung an die Gemeindeglieder,
Streitigkeiten nicht vor Gericht auszutragen, gaben zu erkennen,
daß die Absonderung von der »Welt« rigoros vollzogen wurde.
Auf diese Weise haben die Täufer das anfängliche Streben nach
Gemeindeautonomie einer Metamorphose unterzogen. Das Ergebnis war das Grundmodell einer Freikirche: frei von obrigkeit-
lichem Einfluß und gegründet auf den freien Entschluß der Gemeindeglieder. So sehr sich die Ambitionen gewandelt haben,
darf doch nicht vergessen werden, daß die Idee der Freikirche
eine Wurzel im Autonomiestreben des »gemeinen Mannes«,
einen revolutionären Ursprung hatte.
     Es gab jedoch nicht nur ein Täufertum schweizerischen Ur-
sprungs. Andere Wege gingen ehemalige Sympathisanten Thomas Müntzers in Mitteldeutschland. Sie verknüpften Vorstellungen von den inneren Läuterungen des Menschen (Mystik)
mit der großen Scheidung von Auserwählten und Verdammten
am Ende der Tage (Apokalyptik) und trugen den bereits im
Bauernkrieg erprobten, dort aber gescheiterten Vorsatz nach

Franken, Oberdeutschland, Tirol und Mähren weiter, sich jeder geistlichen Bevormundung zu entziehen und jeder sozialen Unterdrückung zu widersetzen. Sie erwarteten zwar das Ende der Welt in nächster Zeit, gaben aber die Losung aus, das im Bauernkrieg gezogene Schwert vorerst wieder in die Scheide zu stecken. Was manche als Hinwendung zum täuferischen Pazifismus deuteten, war in Wahrheit nur aufgeschobene Revolution. Die Täufer warteten in ihrer Ohnmacht darauf, daß die Mächtigen vom Stuhl gestoßen und die Auserwählten, nachdem die Türken die letzte Schlacht geschlagen hätten, in die Herrschaft über die Erde eingesetzt würden.

Auch hier war die Taufe das Zeichen, das die Gleichgesinnten miteinander verband, sie trug aber einen anderen Charakter als in der Schweiz. Sie »versiegelte« die Auserwählten mit dem Zeichen des Kreuzes an der Stirn, um sie vor dem Zorn des Weltgerichts zu bewahren, während die Schweizer Brüder in der Taufe den selbstbestimmten Beitritt zu einer von der Welt abgesonderten Gemeinde sahen. Konsequenterweise sind in dem weiten Verbreitungsgebiet dieser Täufer auch keine geschlossenen Gemeinden, sondern nur lose Sammlungen entstanden. Wohl werden die Menschen zur Absonderung von der »Welt« aufgerufen, gemeint war aber vor allem die leidvolle Reinigung des Herzens von jeder Anhänglichkeit an das Kreatürliche. Die Absonderung wurde zur Gelassenheit gegenüber den Angelegenheiten der »Welt« verinnerlicht und hatte keinerlei gemeindebildende Kraft entfaltet. Lange konnte sich dieses Täufertum nicht halten, es begann schon um 1530 wieder zu verfallen. Hier und da hielt es sich noch ein wenig länger in teilweise bizarren Gemeinschaften: der Sekte der Uttenreuter Träumer, der Sabbatarier in Schlesien und dem messianischen Königreich Augustin Baders bei Ulm.

Impulse dieses Täufertums haben sich aber in der Gemeinschaft der Hutterer erhalten. Sie trugen den Namen des Tiroler Täufers Jakob Hutter und fanden sich in Mähren, auch unter dem Eindruck schweizerischer Reformimpulse, nach leidvollen

internen Auseinandersetzungen zu einem Gemeinwesen prakti-
zierter Gütergemeinschaft zusammen. Latent war der Auftrag
aus der Apostelgeschichte, alles miteinander zu teilen, überall im
Täufertum wirksam, doch zur vollen praktischen Entfaltung ist
er vor allem in Mähren gekommen. Das *omnia sunt communia*,
das zunächst im Tausendjährigen Reich erwartet wurde, sollte
bereits jetzt verwirklicht werden. Hab und Gut wurden brüder-
lich geteilt, ebenso Arbeit und die Versorgung mit geistlichen
Gütern. Es entstanden die berühmten mährischen Bruderhöfe,
eine straff organisierte kommunitäre Lebensgemeinschaft, die
schnell anwuchs und mit den weitverstreuten »Haushaben« zur
bedeutendsten, auch wirtschaftlich erfolgreichsten Form täuferischer Existenz wurden.

Ganz anderer Art schließlich war das Täufertum, das im nie-
derdeutschen Sprachgebiet verbreitet wurde. Es ging auf den
gelehrten Kürschner Melchior Hoffman zurück, einen radikal-
lutherischen Laienprädikanten, der Livland, Schweden, Schles-
wig-Holstein und Ostfriesland durchzogen und in Straßburg mit
zahlreichen Täufern, Spiritualisten und Apokalyptikern in Berührung gekommen war. Hier fand er Argumente, die ihm hal-
fen, die endgültige Abkehr von der offiziellen Reformation zu
vollziehen und ein apokalyptisch-spiritualistisches Täufertum
eigener Art zu begründen. Er bemühte sich, die Menschen innerlich zu läutern und durch die Taufe, den Bund zwischen Gott und
Mensch, in die endzeitliche Gemeinde der Heiligen einzuglie-
dern. Er sah große apokalyptische Auseinandersetzungen voraus
und prophezeite die Wiederkunft Christi, die nach der Säube-
rung der Welt von den Gottlosen durch die Aufrichtung eines
Friedensreiches vorbereitet werden sollte. Die Schlacht gegen
Kaiser, Papst und Irrlehrer sollten die Reichsstädte führen, allen
voran Straßburg, die Täufer selber sollten nicht zu den Waffen
greifen, sondern den »Kuß vom ewigen Frieden« in die Welt tragen und das geistliche Jerusalem aufbauen. Diese Ideen fanden
Zuspruch in Ostfriesland und in den Niederlanden. Durch die

vorreformatorische Sakramentskritik in weitem Maße der alten
Kirche entfremdet und von wirtschaftlichen Krisen erschüttert,
war die holländische Bevölkerung für die Lehre Hoffmans besonders empfänglich. Sie gab dem gegenwärtigen Leid einen positiven Sinn und weckte Hoffnung auf bessere Zeiten. So wurde
das melchioritische Täufertum zur ersten reformatorischen Bewegung in den Niederlanden.

Trotz heftiger Verfolgung wuchs diese Bewegung an, ihre anfängliche Friedfertigkeit schlug allerdings bald in apokalyptische
Militanz um. In zahlreichen Gegenden wurde es unruhig, vor
allem als sich herumgesprochen hatte, daß die Täufer 1534 in
Münster auf legale Weise an die Macht gekommen waren und
diese Stadt sich als der Ort empfahl, an dem das »neue Jerusalem« erwartet wurde. Viele brachen dorthin auf; wer nicht abge-
fangen wurde, zog in die »gelobte« Stadt ein und fand dort Aufnahme – zwei- bis dreitausend Niederländer werden es gewesen
sein. In wenigen Wochen veränderte sich diese Stadt: Wer nicht
bereit war, sich der neuen Taufe zu unterziehen, hatte die Stadt
verlassen müssen; und sie war zunehmend unter Druck geraten,
eine Herrschaftsform zu finden, die einer charismatisch-apoka-
lyptischen Grundstimmung entsprach. Unter Jan van Leiden
entstand ein täuferisches Königreich: mit Hofstaat, Polygamie
und Gütergemeinschaft.

Nach außen hin erschien Münster als das Schreckgespenst
täuferischer Herrschaft durch Terror. Im Grunde aber war es der
Versuch, eine kommunale, apokalyptische Herrschaft unter den
verschärften Bedingungen militärischer Belagerung, die bald eingesetzt hatte, zu errichten. Wirklichkeitszwang und Illusion entwickelten eine eigentümliche politische Rationalität und hielten
die Täufer in Atem. Im Juni 1535 fiel die Stadt durch Verrat, eine
Niederlage, die das melchioritische Täufertum überall in eine
schwere Krise stürzte. Die Bewegung zerfiel in verschiedene
Gruppen: in militante, spiritualistische und pazifistische. Nach
langen Auseinandersetzungen haben sich schließlich die Täufer

durchgesetzt, die sich um Menno Simons, einen ehemaligen Priester aus Westfriesland, gesammelt hatten. Es war eine Bewegung
entstanden, die besonders intensive antiklerikale Affekte mit mo-
ralischer Strenge, Kirchenzucht und Wehrlosigkeit verband, ein
Täufertum, das in manchem den Schweizer Brüdern glich, aber
doch Züge aufwies, die von einem anderen Geist zeugten. Die
Mennoniten, wie sie bald genannt wurden, waren die einzigen, die
sich am Leben halten konnten, nicht zuletzt, weil sie beschlossen
hatten, »als die Stillen im Lande« ihren Frieden mit den Obrigkeiten zu schließen. Heute sind sie eine »weltweite Bruderschaft«,
besonders verbreitet in Nordamerika, und versuchen, als eine der
»historischen Friedenskirchen« ihren Beitrag zur Ökumene zu
leisten.

   Die Täufer waren aus reformatorisch-antiklerikaler Radikalität erwachsen und blieben dieser Radikalität verpflichtet. Das
setzte sie in Gegensatz zur ständischen Ordnung ihrer Zeit. Je
nachdem, wie radikal sich ihr Ursprung zeigte, wurden sie als
Revolutionäre verfolgt oder als Nonkonformisten ertragen. Sie
wurden in den Untergrund gedrängt oder erhielten eine Chance,
in obrigkeitlich geschützten Enklaven zu überleben und toleran-
tere Zeiten zu erreichen. Wer das Täufertum genauer betrachtet,
wird darüber hinaus die polygenetischen Züge der einzelnen Bewegungen wahrnehmen und sich weigern, die Täufer pauschal
als Ketzer zu verurteilen. Sie stehen in keinem genetischen Zusammenhang mit mittelalterlichen Ketzerbewegungen, sondern
haben die Erfahrungen ihrer Zeit auf ihre Weise religiös verarbeitet. Daß es hier und da zu Exzessen und bizarren Vorstellungen kam, die Elemente dessen enthielten, was herkömmlicher-
weise als häretisch galt, steht außer Frage. Im Grunde aber sind
die Täufer aus der epochalen Erfahrung hervorgegangen, die den
Ketzervorwurf für alle Zeiten *ad absurdum* geführt hatte.

Literatur

Claus-Peter Clasen: Anabaptism. A Social History 1525–1618, Ithaca/London 1972; Klaus Deppermann: Melchior Hoffman. Soziale Unruhen und apokalyptische Visionen im Zeitalter der Reformation, Göttingen 1979; Heinold Fast (Hrsg.): Der linke Flügel der Reformation. Glaubenszeugnisse der Täufer, Spiritualisten, Schwärmer und Antitrinitarier, Bremen 1962; Hans-Jürgen Goertz: Die Täufer. Geschichte und Deutung, München ²1988; Hans-Jürgen Goertz: Religiöse Bewegungen in der Frühen Neuzeit, in: Deutsche Enzyklopädie deutscher Geschichte, Bd. 20, München 1993; James M. Stayer: Anabaptists and the Sword, Lawrence ²1976; James M. Stayer: The German Peasants' War and Anabaptist Community of Goods, Montreal/Buffalo/London 1992; Rudolf Wolkan (Hrsg.): Das Geschicht-Buch der Hutterischen Brüder, Wien 1923.

VERA NÜNNING

DISSENTER

Am Schicksal der Dissenter im England des 17. Jahrhunderts offenbart sich die Willkür religiöser Verfolgung in schonungsloser Offenheit. Wenn in weniger als einem Jahrhundert Verfolger und Verfolgte mehrmals die Rollen wechseln, dann wird die Beliebigkeit deutlich, mit der das Etikett »Dissenter« verwendet wurde, um Andersdenkende auszugrenzen und zu dämonisieren. Diejenigen, die das Schicksal der Unterdrückten am eigenen Leibe erfahren hatten, zeichneten sich keineswegs immer durch größere Toleranz aus. Die Bezeichnungen der einzelnen Sekten, die unter dem Sammelbegriff »Dissenter« zusammengefaßt wurden, illustrieren ebenfalls den willkürlichen Mechanismus bei der Verunglimpfung von Andersgläubigen als Ketzer.

»Dissenter« waren alle Angehörige von protestantischen Glaubensrichtungen, die nicht der anglikanischen Staatskirche angehörten. In der Zeit des englischen Bürgerkriegs, in der Dissenter selbst die Staatskirche bildeten, wird die Bezeichnung »Dissenter« durch die geschichtlichen Umstände *ad absurdum* geführt. Bis zur Restauration der Monarchie und der anglikanischen Kirche 1660 spricht man daher oft von Puritanern, obwohl auch dieser Begriff in vielerlei Hinsicht vage und unzutreffend ist.

Die Entwicklung der Dissenter läßt zudem die enge Verflechtung von Religion, Politik und sozialer Hierarchie im 17. Jahrhundert erkennen, das durch eine Durchdringung von religiösen und säkularen Angelegenheiten gekennzeichnet ist. Schon Jakob I., der prinzipiell für religiöse Toleranz eintrat, geriet aus politischen Gründen in die Rolle des Verfolgers. Jakob unterstützte die anglikanische Kirche vor allem aus pragmatischen Gründen. Da sie Unterordnung und Gehorsam gegenüber Kirche und König lehrte, bildete sie einen bedeutenden Pfeiler seiner Macht. Die kirchliche Hierarchie, an deren Spitze Jakob als König von England stand, war in den Augen vieler Engländer außerdem eine unerläßliche Stütze der gesellschaftlichen Hierarchie. Obgleich es unter Jakob nur wenige kleine Gemeinden von Sekten gab, die keine politische Gefahr darstellten, vererbte er seinem Sohn Karl I. ein grundsätzliches Problem. Mit Jakobs Weigerung, die Wünsche der Puritaner nach einer Reinigung der Kirche im protestantischen Sinne zu erfüllen, scheiterte 1604 der letzte Versuch, Veränderungen *innerhalb* der anglikanischen Staatskirche durchzusetzen. Da nur eine erfolgreiche innerkirchliche Reform den Einschluß der Puritaner ermöglicht hätte, wurden seit Beginn des 17. Jahrhunderts auch diese Dissenter in die Opposition gedrängt.

Karl und dessen Erzbischof William Laud verschärften diesen Konflikt, indem sie Liturgien und Zeremonien der Staatskirche in einer Weise veränderten, die Zeitgenossen als Annäherung an den katholischen Glauben ansahen. Diese Politik stärkte den Widerstand der Puritaner und entfremdete auch moderate Anglikaner von der Staatskirche. Lauds Zwangsmaßnahmen erwiesen sich letztlich als nicht erfolgreich. Die Kontrolle der Presse ließ sich nicht durchsetzen, und grausame exemplarische Bestrafungen von Dissentern hatten hauptsächlich den Effekt, den Widerstand gegenüber seiner engstirnigen Religionspolitik zu verschärfen. Außerdem wanderten dreißig- bis vierzigtausend Puritaner vor allem aus religiösen Gründen nach Nordamerika und Holland aus.

Als die Puritaner im englischen Bürgerkrieg versuchten, ihre Vorstellungen einer reinen protestantisch-calvinistischen Kirche durchzusetzen, zeigte sich jedoch schnell, daß die Gläubigen in verschiedene Gruppierungen zerfielen, sobald der äußere Zwang der Staatskirche wegfiel. Obwohl sich die Dissenter einig waren in ihrem Widerstand gegen die Weihe der Bischöfe und die »katholischen« Zeremonien und Symbole, bestanden tiefgreifende Unterschiede zwischen ihnen, die schnell Anlaß zu neuen Verfolgungen gaben.

Die religiösen Überzeugungen dieser unterschiedlichen Glaubensrichtungen waren meist eng mit politischen und sozialen Reformbestrebungen verknüpft. Schon zu Beginn der Auseinandersetzungen war das wichtigste Argument gegen die Abschaffung der anglikanischen Staatskirche deren bedeutende Rolle für die Aufrechterhaltung der sozialen Ordnung gewesen. Die ab den frühen 1640er Jahren dominierenden Presbyterianer waren als besonders konsequente Puritaner zutiefst von der Korruption der anglikanischen Kirche überzeugt und wollten an deren Stelle eine reine, im wahren Sinne protestantische Staatskirche aufbauen. In den Zeiten der Verfolgung hatten sie sich davon überzeugt, daß sie gemäß der Prädestinationslehre Calvins zu den Auserwählten gehörten, während alle anderen ewiger Verdammnis anheimfallen würden. Die Überzeugung der Puritaner, den Willen Gottes zu kennen und durchzuführen, zeigt sich auch daran, daß sie sich selbst als »Saints« (Heilige) bezeichneten und nach ihrem Erweckungserlebnis häufig neue Namen aus dem alten Testament annahmen. Sie führten ein asketisches, »puritanisches« Leben und sahen es als ihre Aufgabe an, die übrige Bevölkerung streng zu kontrollieren.

Da die Presbyterianer sich im Besitz der Wahrheit wähnten – was sie durch ihre militärischen Erfolge und die Hinrichtungen ihrer Verfolger Laud und Karl bestätigt sahen –, forderten sie die Errichtung einer presbyterianischen Staatskirche von Heiligen ohne Bischöfe, »katholische« Zeremonien und abgetrennte Altäre. Alle Mitglieder einer Gemeinde sollten gleichberechtigt sein; es gab lediglich das Amt der von den Mitgliedern selbst gewählten »Ältesten« (Presbyter). Dissenter, die sich aufgrund ihrer religiösen Überzeugungen dieser Kirche nicht anschlossen, wollten die Presbyterianer von Staats wegen verfolgen und als Häretiker hinrichten lassen. Dabei zeigte sich, daß die Verfolgung unter Laud die Presbyterianer eher noch intoleranter, arroganter und aristokratischer hatte werden lassen, als sie es vom Ansatz her ohnehin schon waren. Als die Presbyterianer in den 1640er Jahren die Mehrheit des Parlaments bildeten, erließen sie Gesetze, die ihren puritanischen Moralvorstellungen entsprachen: Vergehen wie Fluchen, Gotteslästerung und Ehebruch wurden mit Haft oder Todesstrafe bedroht; die Einhaltung der Fastentage wurde ebenso kontrolliert wie die Abschaffung der Festlichkeiten zu Weihnachten und Ostern. Ferner wurden alle Vergnügungen an Sonntagen verboten. Ähnlich restriktive Moralgesetze bestanden in der nordamerikanischen Kolonie Massachusetts, in der die den Presbyterianern sehr nahestehenden Kongregationalisten die Legislative beherrschten. Diese puritanische Sekte bildete einen großen Anteil der Auswanderer nach Nordamerika, wo die ersten »Pilgerväter« 1620 die Kolonie Plymouth gegründet hatten.

Im Gegensatz zu den Presbyterianern, mit denen sie den Haß auf Katholiken und die anglikanischen Bischöfe teilten, leugneten die Sekten die Ansprüche einer wie auch immer gearteten einheitlichen Staatskirche. Toleranz forderten sie nicht nur für sich selbst, sondern für alle protestantischen Glaubensrichtungen. Dennoch grenzten sich die verschiedenen Sekten, deren Unterschiede von dem Begriff »Dissenter« eher verdeckt werden, weitgehend voneinander ab. Sie führten die Ablehnung jedweder Vermittler des Glaubens noch weiter als die Presbyterianer, sahen viele der traditionellen Sakramente als überflüssig an und leugneten den Unterschied zwischen Klerus und Laien. Die Sekten betonten die unmittelbare spirituelle Erfahrung der einzelnen Gläubigen. Jeder sollte die Bibel selbst auslegen; die theologische Ausbildung der Prediger galt als überflüssig. Viele Sekten lehnten die Zahlung von Kirchensteuern ab und sprachen sich, wenn überhaupt, für eine freiwillige Unterstützung der Prediger aus.

Die puritanische Sekte der Kongregationalisten, die auch Independenten genannt wurden, hatte die anglikanische Kirche schon zur Zeit Elisabeths und Jakobs I. kritisiert. Kongregationalisten sahen sich selber zwar ebenso wie die Presbyterianer als Nachfolger Calvins, traten jedoch für Gewissensfreiheit ein. Ihren Namen verdanken sie ihrer Überzeugung, daß jede Gemeinde *(congregation)* in der freiheitlichen Gemeinschaft der Heiligen bestehe und in sich autonom und unabhängig *(independent)* sei. Daher lehnten sie jede übergeordnete Kirchenverfassung und jede kirchliche Hierarchie ab und übertrugen den Gemeinden das Recht, ihre Prediger und Lehrer selbst zu wählen. Diese demokratischen und egalitären Prinzipien der Kirchenverfassung wurden von Dissentern um die Mitte des 17. Jahrhunderts geteilt. Da sie diese Grundsätze auf den Bereich der Politik übertrugen und größere Mitsprache der Bürger forderten, wirkten die Sekten maßgeblich an der Demokratisierung und Radikalisierung der Gesellschaft mit. Insbesondere am Beispiel der *Leveller* (Gleichmacher) wird das Ausmaß der Verflechtung von Religion und Politik deutlich. Diese Gruppe, der fälschlicherweise vorgeworfen wurde, daß sie privaten Besitz abschaffen und alle Engländer wirtschaftlich gleichstellen wollte, trat für Toleranz und Pressefreiheit ein. Um die Gleichheit aller nicht nur vor Gott zu verwirklichen, forderten sie Reformen im Wahlsystem und im Gerichtswesen. Da sie Gnade als ein zentrales Attribut Gottes ansahen, setzten sie sich sehr für die Armenfürsorge ein und übernahmen damit ebenso wie die meisten anderen Sekten eine soziale Funktion, die in den Jahren während und nach dem Bürgerkrieg besonders wichtig war.

Bezüglich der Unabhängigkeit der Gemeinde von Bischöfen und Synoden vertraten die Baptisten (Täufer) die gleichen Ansichten wie die anderen protestantischen Sekten. Sie sprachen sich prinzipiell für Toleranz aus und definierten die wahre Kirche als eine freiwillige Gemeinschaft der Gläubigen. Daher lehnten sie die Taufe von Kindern ab und nahmen nur Erwachsene in ihre

Gemeinden auf. Die baptistischen Gemeinden bildeten egalitäre Gemeinschaften, in denen es keinen Unterschied zwischen Laien und Geistlichen gab. Sie waren demokratisch organisiert und legten Wert darauf, keinen Zwang auszuüben. Da sie einerseits die spirituelle Autonomie der Gläubigen betonten, andererseits aber den Konsens der Gläubigen zum Prinzip erhoben, gerieten sie oft in innere Widersprüche. So verlangten sie von ihren Mitgliedern einen moralisch strengen Lebenswandel und die Einhaltung der apostolischen Gesetze. Bei wiederholten Verstößen gegen die Regeln reagierten die Gemeinden mit Ausschluß. Viele dieser Ausgeschlossenen schlossen sich danach den radikaleren Sekten an.

Im Gegensatz zu diesen puritanischen Sekten, die einen Ausgleich zwischen den Überzeugungen der Individuen und äußeren Autoritäten wie der Bibel und der Gemeinde erstrebten, betonten die spiritualistischen Sekten die unmittelbare religiöse Erfahrung der Bekehrten. Sie führen protestantische Prinzipien in einer Weise weiter, die bisweilen in völliger Anarchie endete. Sie entfalteten sich in der Endzeitstimmung der 1640er Jahre, in denen zentrale Institutionen wie die anglikanische Kirche samt ihren Gerichtshöfen und das Oberhaus abgeschafft wurden. Insbesondere in der apokalyptischen Stimmung nach der Hinrichtung Karls I. glaubten viele Protestanten daran, daß anstelle des weltlichen Herrschers Christus gekommen sei, um in jedem Menschen zu regieren.

Für diese Sekten war die direkte Leitung durch den Heiligen Geist wichtiger als jede weltliche Autorität und sogar als die Bibel. Aufgrund ihrer individualistischen und anarchistischen Überzeugungen lehnten sie jede Art kollektiver Kirchendisziplin ab. Sie bildeten weniger organisierte Sekten als lose Gruppen von Individuen, die ihren ursprünglichen Glauben in den Wirren des Bürgerkriegs verloren hatten und nach neuen Glaubensinhalten suchten, um ihrem Leben wieder Sinn zu verleihen. Wechsel zwischen diesen Sekten waren daher häufig. Weil sie keinerlei festen Kanon errichteten, sind viele der spiritualisti-

schen Sekten vor allem aus den Beschimpfungen ihrer Zeitgenossen bekannt, die in ihnen die Auflösung aller politischen
Ordnung und sozialen Hierarchie versinnbildlicht sahen.
Zu diesen Sekten zählten etwa die *Seekers* (Suchende), die in
keiner der puritanischen Glaubensrichtungen Halt finden konnten und selbst aus Sicht anderer Dissenter als Ketzer galten. Sie
glaubten nicht daran, daß die Puritaner eine wahre Kirche errichten konnten, da diese Heiligen keine Zeichen der ursprünglichen
Kirche besäßen und keine Wunder wirken könnten. Die *Seekers*
hofften und warteten daher auf eine neue Herrschaft Christi auf
Erden. Solange es keine Offenbarungen gab, fanden sie sich
schweigend zu Gebeten zusammen, ohne eine definitive Auslegung der Bibel zu wagen und einheitliche Glaubensgrundsätze
aufzustellen. Trotz ihrer Friedfertigkeit wurden die *Seekers* von
den anderen Puritanern als Bedrohung angesehen, da sie deren
Anspruch auf Wahrheit in Frage stellten.

Noch heftiger war die Ablehnung, die den *Ranters* entgegengebracht wurde. Die vielfältigen Bedeutungen des Verbs to *rant*
verdeutlichen, was Zeitgenossen nicht ganz zu unrecht als herausragende Merkmale dieser Gruppe ansahen: sehr laut reden
und schimpfen, stürmen und ein liederliches Leben führen. Die
Ranters, die aus losen Kreisen um einige herausragende Prediger
bestanden, führten die spiritualistischen Prinzipien zu ihrem anarchistischen Ende. Auch sie glaubten, nach einem persönlichen
Erweckungserlebnis zu spüren, daß Christus in ihnen lebte. *Ranters* wie Abiezer Coppe zogen daraus den Schluß, daß alle Handlungen, die Menschen guten Gewissens ausübten, keine Sünde
sein könnten. Weder Fluchen oder Ehebruch noch Diebstahl oder
Mord stellten daher für sie Sünden dar, sofern sie im Bewußtsein
Gottes von Bekehrten verübt wurden. *Ranters* trafen sich zur
Kommunion in Häusern aller Art, wobei Tabak und Alkohol dazu
dienen sollten, die mystische Erfahrung Gottes zu intensivieren.
Obwohl sie keine große Anhängerschaft gewannen und sich aufgrund der konsequenten Verfolgung nur knapp zwei Jahre halten

konnten, richteten sie für das Ansehen der anderen Sekten großen Schaden an, da ihre Exzesse von »ordentlichen« Engländern
als die logische Folge einer toleranten Religionspolitik interpretiert wurden. Die Prinzipien der frühen Quäker glichen durch ihre Lehre
vom »inneren Licht« den individualistischen Überzeugungen der
Ranters. Auch die Quäker glaubten daran, daß die direkte Erfahrung von Christus, der in jedem Erweckten lebte, wichtiger sei als
die Bibel, deren Mehrdeutigkeit nur von bereits bekehrten Gläubigen richtig verstanden werden könnte. Ihren abfälligen Namen
verdanken die Quäker, die sich selbst »Kinder des Lichts« oder
»Freunde« nannten, dem Zittern, das sie ergriff, wenn sie Gottes
Existenz in sich spürten, und dem »Quäken«, mit dem sie die Gottesdienste der vermeintlich fehlgeleiteten Staatskirche störten.

Bis zur Restauration Karls II. zeichneten sich die Quäker durch
exzentrisches Verhalten aus, mit dem sie gegen jedes weltliche
und kirchliche Übel vorgingen. Die staatliche Ordnung bedrohten sie dadurch, daß sie keine Kirchensteuern zahlten und anfangs durchaus bereit waren, ihre Überzeugungen als Soldaten
oder Politiker durchzusetzen. Die Verfolgung der Quäker stand
allerdings in keinem Verhältnis zu der von ihnen tatsächlich aus-
gehenden Gefahr. Oliver Cromwell fragte daher sein Parlament,
das den Quäkerprediger James Nayler überaus brutal bestrafen
ließ, ob es ihnen, die selbst früher religiöse Freiheit gefordert
hätten, nicht anstünde, nun auch Freiheit zu gewähren?

Im späten 17. Jahrhundert schafften es die Quäker als einzige
spiritualistische Sekte, unter Anleitung von George Fox für eine
einheitliche Kirchendisziplin zu sorgen. Ihren Anfängen als soziale Protestbewegung blieben die Quäker treu, indem sie die
Armenfürsorge weiterhin sehr ernst nahmen und sich durch
ihre egalitären Umgangsformen entschieden weigerten, die gesellschaftliche Hierarchie anzuerkennen. Ihre anstößigen Verhaltensweisen gaben die puritanisch lebenden Quäker ebenso
auf wie ihre politischen und militärischen Aktivitäten. Sie wur-

den nicht nur in England schnell zu einer sehr großen Glaubensgemeinschaft; durch das Engagement des Quäkers William Penn,
der die Kolonie Pennsylvania errichtete, in denen ihnen Glaubensfreiheit und politische Gleichberechtigung gewährt wurde,
gewannen sie auch in Nordamerika viele Anhänger.

Zeitgenossen brachten die Quäker häufig mit den *Fifth Monarchy Men* in Verbindung, die gemäß der Prophezeiungen im
Buch Daniel das fünfte Königreich erwarteten. Bald werde Christus nicht nur in jedem Gläubigen leben, sondern nach dem Zu-
sammenbruch aller weltlichen Monarchien selbst auf Erden
herrschen. Solche Deutungen der extremen politischen Umwälzungen als Zeichen für das baldige Eintreten des Tausendjährigen
Reiches Christi auf Erden waren im 17. Jahrhundert keineswegs
selten. Im Gegensatz zu den anderen Millenaristen versuchten
die *Fifth Monarchy Men* jedoch, diesen Zustand paradiesischer
Vollkommenheit, in dem es kein Leid und keinen Schmerz mehr
geben würde, durch gewaltsame Aktionen selbst herbeizuführen.

Neben den politischen Gefahren, die von solchen extremisti-
schen Sekten ausgingen, fürchteten Zeitgenossen vor allem negative soziale Auswirkungen. Besonders die gleichberechtigte
Stellung der Frauen in einigen Sekten schien die Grundlagen des
Familienlebens zu zerstören und die Autorität des Vaters zu un-
tergraben. Die Tatsache, daß in einigen Sekten Frauen sogar predigen durften und die Quäker keinen absoluten Gehorsam der
Ehefrau ihrem Mann gegenüber forderten, vergrößerte den Haß
auf die Sekten noch mehr.

Diese weitverbreitete Furcht vor einer Bedrohung der sozialen
Ordnung bewirkte, daß selbst Sekten wie die Kongregationalisten, die prinzipiell für Toleranz eingetreten waren, *de facto* andere Dissenter verfolgten. Selbst als die Herrschaft der Presbyterianer durch die Machtübernahme des toleranteren Oliver
Cromwell gebrochen worden war, herrschte keine völlige Religionsfreiheit. Obwohl die Staatskirche unter Cromwell aus Presbyterianern, Kongregationalisten und Baptisten bestand, wur-

den zunehmend Gesetze nicht nur gegen Katholiken und Anglikaner, sondern auch gegen *Seekers, Ranters, Fifth Monarchy
Men* und Quäker erlassen – die *Leveller* waren aufgrund ihrer
dezidierten demokratischen Reformforderungen bereits früh
vernichtet worden. Cromwell selbst bemühte sich zwar anfangs
um praktische Glaubensfreiheit; die Parlamente, deren Mitglieder aus der Oberschicht stammten und auf Aufrechterhaltung
der eigenen sozialen Machtposition bedacht waren, konnten jedoch aus politischen und sozialen Gründen keine Toleranz gegenüber der Mehrheit der individualistischen, egalitären und demokratischen Sekten üben.

Aus der Sicht der spiritualistischen Sekten war es daher nur
ein kleiner Schritt von der Herrschaft Cromwells zu der religiösen Verfolgung, die mit der Restauration der Monarchie und der
anglikanischen Staatskirche 1660 einsetzte. Karl II. bemühte sich
zwar ebenso wie sein Bruder Jakob II., der als Katholik für die
Rechte der aus religiösen Gründen Verfolgten eintrat, um Toleranz. Dies wurde jedoch konsequent vom Parlament verhindert,
das einen immer strikteren Gesetzeskodex für die Verfolgung
protestantischer Sekten und der Presbyterianer erließ. Erst 1689
konnte zumindest religiöse Toleranz, wenn auch nicht politische
Gleichberechtigung, für die meisten Dissenter durchgesetzt
werden.

Literatur

Patrick Collinson: Godly People. Essays on English Protestantism and Puritan-
ism, London 1983; William Haller: The Rise of Puritanism, New York ²1957;
Christopher Hill: The World Turned Upside Down. Radical Ideas during the
English Revolution, London 1972; Ole P. Grell u.a. (Hrsg.): From Persecution to
Toleration. The Glorious Revolution and Religion in England, Oxford 1991; Ru-
fus M. Jones: Mysticism and Democracy in the English Commonwealth, New
York 1965; Wilbur K. Jordan: The Development of Religious Toleration in Eng-
land, 2 Bde., Gloucester/Mass. 1965; J.F. McGregor/Barry Reay (Hrsg.): Radical
Religion in the English Revolution, Oxford 1984; Michael R. Watts: The Dissen-
ters, Bd. 1, Oxford 1978.

KONSTANTEN

JOHANNES BROSSEDER

REFORMISMUS

In den üblichen theologischen Nachschlagewerken sucht man ein Stichwort »Reformismus« vergeblich, obwohl Theologie und Kirchen mit der Erfindung und Bildung von -ismen im allgemeinen nicht gerade zögerlich sind (Jansenismus, Febronianismus, Güntherianismus, Amerikanismus, Modernismus, Calvinismus, Pietismus usw.). Vielfach werden solche -ismen gebildet oder auch, wie der Amerikanismus, einfach erfunden, um ein bestimmtes Denken unabhängig von der Tatsache, ob tatsächlich so gedacht worden ist oder nicht, mit einem knappen Begriff, für dessen Bildung oft eine konkrete Person herhalten muß, zu kennzeichnen und kirchlich zu diffamieren.

Daß es bisher nicht zur Bildung eines »gesamtkirchlich« gebrauchten Etiketts »Reformismus« gekommen ist, hängt offensichtlich mit dem rein formalen Begriff »Reform« zusammen, der – grundsätzlich – von allen gebraucht werden kann, die einer bestimmten überlieferten oder vorausgegangenen »Form« oder »Gestalt« zu neuem Leben verhelfen wollen angesichts einer gegenwärtigen »Lage«, die als schlecht empfunden wird, oder die angesichts dieser schlechten Lage eine neue Gestalt anstreben, die es so bisher noch nicht gegeben hat. Da »Progressive«, »Konservative« und »Reaktionäre« unterschiedlichen und sich oft gegenseitig ausschließenden Gestaltungsweisen anhängen, können sie in je gänzlich anderer Weise die gegenwärtige »Lage« reformieren wollen und somit das Etikett »Reform« je für sich in Anspruch nehmen. Daher ist es auch schwierig, »Reform« und »Restauration« begrifflich präzise zu unterscheiden, weil diese Begriffe vielfältig ineinandergreifen. Trotz dieser begrifflichen Unschärfen wird im allgemeinen Sprachgebrauch deutlich zwischen Restauration und Reform unterschieden. Diejenigen, die heute die Ära der Piuspäpste des 19. und 20. Jahrhunderts als »Heilmittel« der gegenwärtigen Kirche anpreisen, sind Anhänger der Restauration, diejenigen, die die Anfänge der Reformen des II. Vatikanischen Konzils weitertreiben wollen, sind Anhänger der Reform. Dieser Sprachgebrauch wird auch bestätigt durch die historische Theologie, die vergleichbare Phänomene aus früheren Epochen vergleichbar benennt. Die spätmittelalterliche Forderung nach einer »Reform der Kirche an Haupt und Gliedern«, mittelalterliche Reformbewegungen, die Reformation, der Reformkatholizismus und manches andere wird mit dem Begriff »Reform« benannt, während die Ereignisse nach 1815 (zum Beispiel Wiederherstellung des Kirchenstaates) zu Recht »Restauration« genannt werden. Wie wenig eindeutig der Begriff »Reform« in sich selbst ist, wird an der Benennung der Ereignisse des 16. Jahrhunderts deutlich, die zusammenfassend allgemein als »Reformation, Katholische Reform und Gegenreformation« bezeichnet werden.

In der lateinischen Sprache kann zwischen »Reformation« und »Reform« nicht unterschieden werden, da beides *reformatio* lautet; diejenigen unter den Kontrahenten der Reformatoren, die ihrerseits auch eine Reform der Kirche wollten, benutzten dafür dasselbe Wort *reformatio* wie die Reformatoren, wenngleich beide Seiten darunter nur partiell Identisches verstanden, im übrigen aber weitgehend andere Vorstellungen von einer »Reform« hatten.

Zum Kontext des hier zu Bedenkenden gehören auch die Begriffe »Renaissance« und »Revolution«, wenngleich sie nur zu erwähnen und nicht ausführlich zu besprechen sind, da sie das hier zu Erörternde nur streifen. Renaissance als allgemein gebräuchlicher kulturgeschichtlicher Begriff zur Bezeichnung der Epoche des 15. und 16. Jahrhunderts ist dabei bedeutsamer als der Revolutionsbegriff, da es das, was den Namen Revolution verdient, innerhalb des Christentums praktisch nicht gegeben hat, es sei denn, man würde die Usurpation der Kirche Jesu Christi durch das Papsttum und die Entwicklung und Durchsetzung der Lehre von der *summa potestas* und des universalen Jurisdiktionsprimates eine »Revolution von oben« nennen wollen, was man mit guten Gründen könnte.

Im Unterschied zu den bisher genannten Begriffen wird hier unter »Reformismus« jene Mentalität verstanden, die durch den Rückgriff auf als gut befundene und daher zustimmungsfähige Anfänge des Christentums eine, verglichen mit den Anfängen, als schlecht diagnostizierte und deshalb abzulehnende jeweilige theologische und kirchliche Wirklichkeit reformieren will mit dem Ziel, jenem Ursprung bzw. jenen Anfängen in der jeweiligen Gegenwart neue Geltung zu verschaffen. Diese Begriffsbestimmung macht verständlich, warum nicht jede Reform mit dem Reformismus identifiziert werden kann. Nur solche Reform ist von der Mentalität des Reformismus geprägt, welche den Anfang als den die Gegenwart bestimmende Größe neu in Kraft setzen will. In den mittelalterlichen Armutsbewegungen (zum Beispiel bei Franz von Assisi), bei Savonarola, bei Wyclif, bei Hus und bei nahezu allen Reformatoren des 16. Jahrhunderts, kann diese Mentalität ermittelt werden, aber ebenso auch in weiten Teilen der Befreiungstheologie, in kirchlichen Basisbewegungen sowie in den theologischen Positionen der meisten protestantischen Theologen. Hier jedenfalls ist die Faszinationskraft des Anfangs ungebrochen.

Reformismus ist aber nicht denkbar, wenn nicht unterschieden wird zwischen dem Anfang und der diesem Anfang folgenden Geschichte; er ist nicht denkbar, wenn diese Differenz nicht als konstitutiv für das Verständnis des Christentums und seiner Geschichte begriffen wird. Der Reformismus bekennt sich daher zur normativen Kraft des Ursprungs. Vom Ursprung her wird die gesamte folgende Christentumsgeschichte sowohl in theologischer Theorie wie in kirchlicher Gestalt und Praxis einem theologischen – und nicht einem einfach bloß historischen – Urteil unterworfen. Allein auf diese Weise kann auch von einer rein binnenchristlichen Perspektive ohne den Rekurs auf die in der Neuzeit zu Recht gegen die großen christlichen Kirchen durchgesetzten Menschenrechte gesagt werden, daß die Kreuzzüge, die Inquisition, die mittelalterlichen Judenverfolgungen und -vertreibungen, die Ketzerverbrennungen, die Massaker an Frauen (sogenannte Hexenverfolgungen), der verrottete spirituelle, intellektuelle und institutionelle Zustand der offiziellen spätmittelalterlichen Kirche und vieles andere mehr als komplette Perversionen des »Christentums« zu bewerten sind, die nur mit der Mentalität des Reformismus zu bekämpfen waren.

Da für den Reformismus die Unterscheidung von Anfang und der diesem Anfang folgenden Geschichte konstitutiv ist, hängt für die Ermittlung eines theologischen Urteils sowie für die Reform der Gegenwart alles davon ab, was als Anfang begriffen wird. Hier liegt ein nicht einfach zu lösendes Problem. Generell gilt, daß das, was in der Geschichte jeweils als Anfang und Ursprung begriffen wurde und wird, nicht unabhängig von den herrschenden Problemen und beherrschenden Fragestellungen, von den wissenschaftlichen Einsichten und Meinungen der Epoche, in der über den Anfang nachgedacht wurde und wird, zu haben ist. So hat die Sicht des Anfangs in den jeweiligen geschichtlichen Epochen, aber auch noch in der Gegenwart, sehr unterschiedliche Ausprägungen und ein sehr verschiedenartiges Kolorit. Die jeweilige Zeit sowie ihre Probleme und Einsichten prägen ganz entschieden die Sicht des Anfangs. Der Anfang ist keine über aller Zeit und Geschichte schwebende gleichbleibende Größe, die nur einfach abzurufen und als Maßstab an die jeweilige Gegenwart zu legen wäre, um diese reformieren zu können. Schon der allererste »christliche« Ausgangspunkt ist ein Problem. Christen aller Kirchen berufen sich auf Jesus Christus als ihren Grund. Aber seit der Entstehung und Entwicklung der historischen Wissenschaft muß zwischen dem historischen Jesus und dem Christus des Glaubens unterschieden werden, die nun wirklich nicht einfach »deckungsgleich« sind. Schon hier kommt ein weiteres Problem hinzu: Nach allem, was heute wissenschaftlich gewußt werden kann, hat der historische Jesus sich nur als an Israel gesandt verstanden und keine die Grenzen Israels sprengende christliche Kirche gegründet. Dieses Wissen kommt nicht deshalb zustande, weil nun endlich authentische schriftliche Hinterlassenschaft Jesu gefunden worden wäre, sondern weil die ältesten zugänglichen Quellen, die einzelnen der im neutestamentlichen Kanon versammelten Schriften, mit modernem Instrumentarium historischer Wissenschaft sowie der Literaturwissenschaft untersucht werden konnten. »Jesus« ist nur in den jeweiligen Perspektiven der Autoren der nachjesuanischen, nicht von Jesus selbst stammenden »christlichen« Verkündigungs- und Bekenntniszeugnisse über ihn zugänglich. Ein weiteres Problem: Für Jesus ist, abgekürzt gesagt, das sogenannte Alte Testament, sowohl für seine Predigt wie für seine Taten, die Norm seines Wirkens. In Jesu reformerischem Wirken in und für Israel wird von dem normierenden Anfang der Heiligen Schriften Israels ausgegangen und von ihnen her die Gegenwart Israels erneuert. Dies gilt ebenso noch für die Verfasser und Redakteure des sogenannten neutestamentlichen Schrifttums; diese begriffen sich nur als Ausleger der für sie verbindlichen Norm der Heiligen Schriften des später von den Christen so bezeichneten Alten Testaments. Im Neuen Testament normiert also das »Alte« das »Neue«. Als die christliche Kirche im vierten Jahrhundert sich angesichts vieler christlicher und mancher sich als apostolisch ausgebender Schriften verpflichtend unter »den apostolischen Anfang« stellen wollte, hat sie mit einigem Geschick unter diesen vielen Schriften doch diejenigen herausgefunden, die als die ältesten Zeugnisse christlicher Predigt von Jesus, dem Christus, begriffen werden können, und sie zum Kanon des Neuen Testaments versammelt. Im Verlaufe dieser langen Entwicklung und im weiteren Verlauf der christlichen Geschichte noch mehr erfolgt dabei eine Umkehrung der normierenden Perspektive: Nicht mehr das »Alte« normiert das »Neue«, sondern nun normiert das »Neue« das »Alte« mit der fatalen Folge, daß von jetzt ab Christen mit den Juden nicht mehr auf dem Boden derselben Heiligen Schrift sprechen konnten, weil für die Christen Altes und Neues Testament zusammen Heilige Schrift war, innerhalb derer das Neue das Alte normiert. Die hier liegenden Probleme können für die christlichen Kirchen bis heute theologisch-systematisch und erst recht kirchlich als noch nicht gelöst angesehen werden; aber ohne die theologisch-historische Wissenschaft hätten solche Einsichten noch nicht einmal ermittelt werden können. Was sie einmal für eine neue Reform der christlichen Kirchen bedeuten werden, kann heute allenfalls erahnt, aber noch nicht dargestellt werden. Jedenfalls würde es eine Reform nie gekannten Ausmaßes mit sich bringen. Für die Geschichte der christlichen Kirchen ist jedoch bedeutsam, daß alle Kirchen heute in der Heiligen Schrift Alten und Neuen Testaments ihren »Anfang«, ihren Ursprung und ihre Norm sehen.

Der Reformismus beruft sich auf diesen Anfang, wenn er schlechte Gegenwart reformieren will. Angesichts des Umfangs der biblischen Schriften und angesichts der Fülle der diesen Anfang auszeichnenden Themen ist es begreiflich, wenn in den jeweiligen Epochen der christlichen Geschichte die Wahrnehmung des »Anfangs« wesentlich bestimmt wird von den beherrschenden Fragen, von unerträglichen Zuständen und von Notlagen der jeweiligen Gegenwart. So konnten in den Armutsbewegungen der reichen Kirche die Armut Jesu, in der Reformationszeit einer auf Werkerei und klerikal-papale Herrschaft ausgerichteten Kirche, die insgesamt spirituell ausgeblutet war, die Kreuzestheologie, der Rechtfertigungsglaube und die Vision einer geschwisterlichen Kirche, in der Befreiungstheologie angesichts von Ausbeutung und schreiender Ungerechtigkeit in Staat und Gesellschaft und angesichts einer nur religiös-spirituell Trost spenden wollenden, aber faktisch nur vertröstenden und damit die Zustände legitimierenden Kirche die Zusage und die Hoffnung auf Befreiung und Gerechtigkeit als die innere Mitte des Anfangs gesehen und behauptet werden. Daß diese verschiedenen Sichtweisen des Anfangs in den Reformbewegungen der einzelnen Epochen der Geschichte innerlich miteinander zusammenhängen, wird heute durchaus nicht geleugnet. Die prägende Kraft des Anfangs erweist sich gerade darin, daß Menschen befähigt werden, in produktiver Weise inmitten von schlechten gesellschaftlichen, politischen und kirchlichen, aber auch inmitten von schwierigen individuell-psychischen Lebensverhältnissen diesen Anfang befreiend und erlösend zur Sprache und zur Geltung zu bringen. Dies unterscheidet den Reformismus grundlegend von allem Fundamentalismus und Traditionalismus und bewahrt ihn auch vor diesen, in welchen nämlich, ohne die Unterscheidung von Geist und Buchstaben zu treffen, in geistloser Weise Vergangenes in der Gestalt des Vergangenen einfach perpetuiert werden soll. Im Fundamentalismus und Traditionalismus wird schlicht übersehen, daß man den »Anfang«, sofern man überhaupt auf ihn rekurriert und nicht andere, spätere Zustände perpetuieren will, nicht einfach »hat« wie einen Sack Kartoffeln im Keller, sondern daß dieser Anfang nach bestem Wissen und Gewissen je neu zu ermitteln ist.

Die christliche Reformbewegung, die am eindringlichsten von der Mentalität des Reformismus geprägt war und diesem damit auch weltpolitische Bedeutung verschaffte, war die Reformation. Ihr Rekurs auf die Heilige Schrift als alleinigen Maßstab für das, was in der Kirche um des Heiles willen in Geltung zu stehen hat und was nicht, brachte eine Reform der Kirche in Dogma, Bekenntnis, Liturgie, Kirchenverfassung, Diakonie, im Verständnis der Sakramente, der Konzilien, des kirchlichen Amtes, des Papsttums, der Stellung der Kirche in Staat und Gesellschaft, in den Sichtweisen des Berufs, des Studiums, der Wissenschaften usw. zustande, die sich in großen Teilen Europas und im nördlichen Teil der Neuen Welt durchsetzte, in anderen Teilen Europas nicht, wobei die Politik und das Militär von nicht zu unterschätzender Bedeutung waren. Dabei hat die Reformation nur das abgeschafft, was mit der Heiligen Schrift unter gar keinen Umständen in Übereinstimmung zu bringen war. Die kirchlichen Traditionen, die sie in Übereinstimmung mit der Heiligen Schrift stehend begreifen konnte, sind dabei keinen Veränderungen unterworfen worden. Wie grundlegend sich damals »Reformation« und »katholische Reform« zu unterscheiden begannen, mag an dem Reformwillen der »katholischen Reform« abgelesen werden; »Reformation« und »katholische Reform« sahen beide die eklatanten kirchlichen Mißstände der Kirche des 16. Jahrhunderts. Während die Reformation ihnen unter Rekurs auf die Heilige Schrift als norma normans non normata wehren wollte und auch tat, wollte und verwirklichte die »katholische Reform« nur eine höchst partielle Reform. Die gesamte Kirchenverfassung mit Papst, Kardinälen, Erzbischöfen, Bischöfen, Domkapiteln und deren weltlicher Herrschaft, das Pfründenwesen, das klerikale Standesdenken und daher die Lehre von den zwei Ständen in der Kirche, dem höheren geistlichen und dem niederen weltlichen Stand, sowie die Meßopferlehre mit den Privatmessen als einem wirtschaftlichen Standbein der spätmittelalterlichen Kirche und vieles andere mehr wurden auch von den am weitest gehenden Reformern der »katholischen Reform«, wie zum Beispiel bei Johannes Gropper, keinerlei biblischen Prüfung unterzogen und waren daher der Reform entzogen. Eine immer wieder versuchte Verständigung zwischen »Reformation« und »katholischer Reform« mußte scheitern, weil das »Schriftprinzip« der Reformation von der katholischen Reform nicht akzeptiert wurde. Letztendlich setzte die katholische Reform auf das »Traditionsprinzip« der bestehenden Überlieferungen und Einrichtungen, wobei die katholische Reform die spätmittelalterlichen Überlieferungen und Einrichtungen um altkirchliche Perspektiven anreicherte und die Heilige Schrift im Grunde nur mit den überlieferten altkirchlichen und spätmittelalterlichen Augen zu lesen bereit war, nicht jedoch an allen Überlieferungen und Einrichtungen vorbei einen eigenständigen theologischen Zugang zur Heiligen Schrift und eine eigenständige kritische Lektüre der Einrichtungen und Überlieferungen der Kirche zuließ. Obwohl das II. Vatikanische Konzil von der Heiligen Schrift als Grundlage, Quelle und Norm allen kirchlichen Lehrens und Lebens gesprochen hat und man daher meinen könnte, es habe sich auf die Seite des Reformismus geschlagen, sind so viele nicht widerspruchsfreie Kompromisse mit dem »Traditionsprinzip« gemacht worden, daß das im 16. Jahrhundert erörterte Problem auch heute noch strittig ist. Der gegenwärtige amtliche Zustand der römisch-katholischen Kirche belegt im übrigen zur Genüge, wie weit entfernt er noch davon ist, dem »Anfang« in der Gegenwart Geltung zu verschaffen. Auf nahezu sämtlichen Ebenen kirchlichen Lebens und amtlichen Lehrens kann diese Beobachtung gemacht werden.

Der Reformismus hat eine Reihe von Gegnern. Fundamentalismus und Traditionalismus wurden schon genannt. Nicht minder gefährlich ist jedoch das organisch-biologische Denken für die Interpretation der Geschichte. In ihm wird alles Bestehende als organische Entwicklung aus dem »Anfang« begriffen. Diese der Romantik und der Biologie entlehnte Terminologie des frühen 19. Jahrhunderts konnte sich bruchlos mit der altkirchlichen Metapher von den Keimen verbinden, wenngleich diese damals etwas anderes besagten, was hier nicht zu erörtern ist. Nun ließ man diese Keime wachsen, und schon hatte man die Verbindung zum organischen Denken. In dieser Geschichtsschau wird alles, was besteht, als das Wachstum des Ursprungs begriffen. Mit dieser Geschichtsschau kann es immer nur zur Bewunderung des Bestehenden in seiner ganzen Breite und Fülle kommen, nie jedoch zu einer kritischen Lektüre. Fehler, die, wenn sie eingestanden werden, immer nur subjektive Verfehlungen einzelner waren und sind, können jedoch nie auf der Ebene kirchlichen Verurteilens, kirchlichen Lehrens und der Dogmatisierungen stattgefunden haben. Hier können immer nur die reifen Früchte eines organischen Wachstums geerntet werden, eines Wachstums, das immer schöneren Formen entgegenwächst. Mit Hilfe des organischen Denkens können Fehlentwicklungen, Perversionen, Abirrungen usw. nicht mehr namhaft gemacht werden. Der Mentalität des Reformismus steht im organischen Denken die Mentalität der Bewunderung alles in der Kirche Bestehenden gegenüber. Bis in die Katechismen schlagen diese Mentalitäten durch: Luthers »Kleiner Katechismus« ist nach wie vor ein eindrückliches Dokument einer Mentalität des Reformismus, der neue römische Weltkatechismus dagegen ein weniger eindrückliches Dokument des organischen Denkens, in welchem ausdrücklich das organische Denken als konstitutiv für die Darlegung des »katholischen« Glaubens bezeichnet wird, der nur bestaunt werden kann. In diesem Zusammenhang sei noch vor der oft anzutreffenden simplen theologischen Verwendung des schwierigen und differenzierten philosophischen Begriffs der Wirkungsgeschichte gewarnt. Beim besten Willen kann nämlich die christliche Geschichte nicht halbiert werden. So kann man nicht das recht und schlecht Gelungene als Wirkungsgeschichte Jesu ausgeben, während alles Mißlungene entweder ausgeblendet wird oder als zeitbedingt verständlich gerechtfertigt und jedenfalls für die damalige Zeit gebilligt und verteidigt wird. So können erst recht die Kreuzzüge, die Ketzerverbrennungen, die Judenpogrome, die Massaker an den Frauen, aber auch die Dogmen der Immaculata Conceptio von 1854 sowie der päpstliche universale Jurisdiktionsprimat sowie die Lehre von der päpstlichen Unfehlbarkeit als »Wirkungsgeschichte« Jesu bzw. der Heiligen Schrift begriffen werden. Auch ist das Genannte nicht organische Entwicklung des Ursprungs; es waren schwere Verirrungen und das krasse Gegenteil des Ursprungs, das in keinerlei theologischem Urteil auch schon für damals nicht gerechtfertigt und gebilligt werden kann. Solches zu entdecken ist nur mit der Mentalität des Reformismus möglich. Alles andere führt nur zur abstrusen Apologie des Bestehenden wider alle möglichen besseren Einsichten. Dem Reformismus, so wie er hier zu charakterisieren versucht wurde, muß daher innerhalb des Christentums die Zukunft gehören, es sei denn, das Christentum wolle seinen Anfang verabschieden.

Literatur

Klaus Berger: Qumran und Jesus, Stuttgart 1993; A. Falaturi u. a. (Hrsg.): Universale Vaterschaft Gottes, Freiburg 1987; Heinrich Fries/Georg Kretschmar (Hrsg.): Klassiker der Theologie, 2 Bde., München 1981; Abraham J. Heschel: Gott sucht den Menschen, Neukirchen-Vluyn 1992; Friedrich Wilhelm Marquardt: Das christliche Bekenntnis zu Jesus dem Juden, 2 Bde., München 1990/1991; Dietrich Ritschl: Zur Logik der Theologie, München 1984; Hartmut Stegemann: Die Essener, Qumran, Johannes der Täufer und Jesus, Freiburg 1993; Clemens Thoma: Christliche Theologie des Judentums, Aschaffenburg 1978.

URSULA BAATZ

SPIRITUALISMUS

Spiritualismus ist eine Wortschöpfung des 19. Jahrhunderts und geprägt als Gegenwort zu Materialismus. Der Begriff Spiritualismus bezeichnet ein sehr großes Feld von verschiedenen Phänomenen. Spiritualismus heißt eine philosophische Auffassung, welche die Wirklichkeit als geistig oder als Erscheinungsweise des Geistigen ansieht. Spiritualismus wird in Theologie und Kirchengeschichte als Kategorie für jene verwendet, die sich vor allem auf das unmittelbare Geistwissen, auf ihre eigene spirituelle Erfahrung berufen. Dazu gehören die Wiedertäufer genauso wie die Pietisten oder die Quäker.

Spiritualismus im engen Sinn ist die Ablehnung der Kirche als rechtlich verfaßte Heilsanstalt, die durch die Sakramente und das Wort der Verkündigung die Gnade Gottes vermittelt. Die Bibel wird nicht einfach als die Quelle und Norm christlichen Lebens gesehen, sondern das »innere Wort«, das aus Gottes Geist kommt, ist die Instanz für christliches Leben. Auch was heute unter Spiritismus fällt und von der Parapsychologie behandelt wird, wird in älteren Werken Spiritualismus genannt. Spiritualismus kann eine Lebensform oder eine Erkenntnisweise bezeichnen. Es geht um eine bestimmte Sicht der Welt und der Menschen, in der das Geistig-Geistliche die wirkende Wirklichkeit ist. Wie es dazu kommt, wird deutlicher, wenn man die Geschichte des Wortes *spiritualis* und seiner Übersetzung ansieht.

Mit dem Wort *Spiritualis* hat der Kirchenvater Tertullian das griechische Wort *pneumatikos* übersetzt. Spiritualis ist ein Wort, das erst die römischen Christen geprägt haben, um die Briefe des Apostels Paulus aus dem Griechischen ins Lateinische übersetzen zu können. Im Deutschen übersetzte man es zuerst mit »geistlich«. Doch damit ändert sich der Sinn. Denn *pneumatikos* kommt von dem Wortstamm **pne-*, wehen, hauchen; und auch *spiritualis* kommt von *spir-*, »hauchen«. Das Wort »Geist« dagegen kommt von der indogermanischen Wurzel **gheis-*, außer sich sein, schaudern, erregt sein. Dazu gehören auch Worte wie schwedisch »*gajst*, scharfer Wind« und das mitteldeutsche Wort *geest* – für Hefe oder für gärendes Bier. Als der Gotenbischof Wulfila um 369 (?) in seiner Bibelübersetzung – der ersten in eine germanische Sprache – vom »Heiligen Geist« redete, verwendete er das Wort *ahma* (zu »atmen«). Doch an seine Stelle trat in den Übersetzungen in andere germanische Sprachen »Geist«. Laut Duden bedeutet »Geist« heute sowohl »Gespenst« als auch »kluger Mensch«, und dann gibt es auch noch den »Heiligen Geist«, den der Duden gar nicht erwähnt.

Im Englischen gibt es drei verschiedene Worte dafür: *ghost* für Gespenst, *mind* für den Geist zum Denken, und *spirit* für Geist im religiösen Sprachgebrauch. Von der ursprünglichen Verbindung von »Geist« und »Atmen«, die die Worte im Griechischen und Lateinischen, aber auch im Hebräischen zeigen, ist nichts geblieben. Auch die hebräische *ruah*, »die Geistin Gottes« (in der hebräischen Grammatik ist »Geist« meist ein Femininum), ist für die Bibel nicht ein Begriff, sondern Atem – der Atem Gottes. Aber es bedeutete genauso Wind und Lebensatem, Odem, wie das alte deutsche Wort dafür heißt.

Auch im gewöhnlichen Alltagsgriechisch zur Zeit Christi bedeutete *pneuma* (das Hauptwort zum Eigenschaftswort *pneumatikos*) Wind und Atem. *Pneuma* ist ein Wort für die Wetterlage oder für ein Fluidum, das göttliches Wirken vermittelt oder etwas, das mit Kräften der Weissagung aus der Erde steigt. Immer bezeichnet *pneuma* eine Kraft und die Wirkung einer Kraft, die mit ihm vermittelt wird und von ihm ausgeht. *Pneuma* ist das, was einen in zwischenmenschlichen Beziehungen oder aus dem unsichtbaren Bereich des Göttlichen anweht, was erfüllt, enthusiastisch mitreißt und inspiriert, also alles, was im heutigen Weltbild Qualitäten des Seelenzustandes ausmacht.

In der antiken Medizin war das *pneuma* das, was einen Körper lebendig macht. Ob sein Sitz im Herzen oder im Kopf sei, darüber waren sich die pneumatischen Ärzte nicht einig, wohl aber darüber, daß bestimmte Lebensweisen und Diäten die pneumatischen Prozesse fördern und unterstützen. Man unterschied verschiedene Qualitäten von *pneuma,* gröberes und feineres, und das feinere *pneuma* hatte mit der Wahrnehmung, mit der Erinnerung und dem Denken zu tun. Die philosophische Richtung der Stoiker sah das *pneuma* als göttliches Prinzip des Kosmos. Der feurige Lebenshauch des göttlichen Geistes ist für die Stoiker das Weltall, und jeder Mensch ist Teil dieses *pneuma* und hat teil an ihm.

Pneuma ist in den Beschreibungen der Antike ein Phänomen, das man zwar nicht greifen kann, das deswegen aber nicht immateriell ist, sondern eine Art Substanz, die auch mit intellektuellen Vorgängen zu tun hat. Das göttliche Denken dagegen, der *Nous,* der bei Plato und Aristoteles, den großen Philosophen, das ordnende Moment des Kosmos ist, ist überhaupt nicht materiell gedacht. In der Philosophie des Neuplatonismus wird das *pneuma* dann dem intelligiblen, immateriellen *nous* zugeordnet als nicht greifbares, aber wahrnehmbares Prinzip. Es ist sozusagen die »Hülle« des göttlichen Einen, aus dem die Vielheit der Welt hervorgegangen ist. Und die Vielheit geht wieder in das göttliche Eine, den *nous,* zurück. Der Mensch kann mit dieser einzigen Wirklichkeit des *nous* erkennend und ekstatisch eins werden. In der antiken Gnosis sind es nur die Pneumatiker, die dieses göttlichen Wissens teilhaftig werden. So bunt und vielfältig die antiken Auffassungen von *pneuma* waren, die hier gestreift worden sind, so einmütig waren alle verschiedenen philosophischen Richtun-

gen darüber, daß es bestimmte Lebensweisen gibt, die mehr pneu-
ma-orientiert sind als andere. Über das »Wie« herrschte zwischen den einzelnen Richtungen aber keine Einigkeit.

Diese bunte Vielfalt war der Hintergrund, der für die Bibel-
übersetzer mitklang, wenn sie das hebräische *ruah* mit *pneuma*
übersetzen. *Pneuma* bezeichnet in der Bibel nicht nur das Le-
bensprinzip des Menschen, sondern auch den Geist Gottes, der
durch die Propheten wirkt. Das biblische »Buch der Weisheit«
spricht vom »Atem der Weisheit«, der dem klugen, sittlich reinen Menschen gegeben wird, wenn er sich Gott im Gebet öffnet.
»Atem der Weisheit« ist eine intellektuelle und sittliche Kraft.
Gottes *pneuma* und das Pneuma des Menschen beziehen sich
darin aufeinander.

Das Pneuma repräsentiert die Aktivität Gottes in der Welt. Die
wird, so sagt das Neue Testament und die spätere Verkündigung
der christlichen Kirchen, in Jesus sichtbar. Dies erzählt die Geschichte von der Taufe Jesu im Jordan, aber auch die Geschichte
von seiner wunderbaren Empfängnis – »aus dem Heiligen Geist«
– und über sein weiteres Leben, Wirken, Sterben und seine Auferstehung sind Zeugnis des Heilshandelns Gottes, wie die Theologen sagen. Diese Geschichten erhalten ihre Bedeutung erst,
wenn man sie von hinten nach vorne liest. Denn erst nach der
Auferstehung und mit der Herabkunft des Heiligen Geistes zu
Pfingsten wird die Bedeutung von Jesus, seinem Leben, seinem
Tod und seiner Auferstehung verständlich. Der Apostel Petrus,
so erzählt die Apostelgeschichte, erklärte das in seiner Pfingstre-
de den Zuhörern. Und obwohl er seine Rede auf aramäisch hielt,
verstanden alle, was gemeint war, auch wenn sie nicht Aramäisch
konnten. Die Kraft des Heiligen Geistes eröffnet eine Erkenntnis,
die das Buchstäbliche und Wortwörtliche überschreitet. Das
Pfingstereignis, so sagen die Exegeten, ist der eigentliche Beginn
der Kirche als historischer Gestalt. Und so wird just bei diesem
Anlaß durch den Heiligen Geist eine Form der Erkenntnis »eingegossen« (so lautet der einschlägige Ausdruck), auf die sich spä-

ter viele berufen, die die Kirche als historische – und also auch als machtpolitische und rechtliche – Größe kritisieren oder sogar bekämpfen.

Die ersten Gemeinden der Christen leben aus der Geisterfahrung. Zeichen sind Zungenreden und prophetische Gaben, doch solche spektakulären Ereignisse gibt es auch außerhalb der christlichen Gemeinden. Entscheidend war das Selbstverständnis: Für die jüdisch-christlichen Gemeinden – die frühesten Gemeinden – ist der Geist, der sich im Leben Jesu, seinem Tod und seiner Auferstehung manifestiert, ein Zeichen für die kommende Endzeit. Damit bleiben sie in dem israelitischen Weltbild: Seit die babylonischen Herrscher das israelitische Volk als Kriegsgefangene und Sklaven mitgenommen hatten (ab 566 v. Chr.), verkünden die Propheten, daß eine messianische Heilszeit anbrechen wird, in der das Volk Israel aus der Knechtschaft befreit sein wird. Dann, so ist die Vorstellung, wird die Herrschaft Gottes auf Erden anbrechen. Nach der Meinung der Apokalyptiker (ab dem 2. Jahrhundert v. Chr.) werden vorher Katastrophen hereinbrechen, aber schließlich wird das Reich des Friedens und der Gerechtigkeit Wirklichkeit werden.

Die ersten Christen leben in der Erwartung, daß Jesus als der Messias der Endzeit wiederkommt. Diese Vorstellung eines nahe bevorstehenden Endes der Welt ist den Griechen, die Christen werden, fremd. Sie denken das Himmlische nicht als Ziel der Geschichte, sondern als Lichtsphäre über der irdischen materiellen Welt. *Pneuma* ist eine substanzhafte Kraft, und nicht der Vorgeschmack einer kommenden Welt. In seinen Briefen an die hellenistischen Christen in Korinth versucht Paulus, diese beiden Weltbilder zusammenzubringen. Er nennt drei Lebensweisen: eine »nach dem Fleische« (der irdischen materiellen Welt), eine »nach der Psyche« und eine »nach dem *pneuma*«. Damit kommt er seinen hellenistischen Hörern entgegen, denn das entspricht ungefähr den Lehren der Gnosis. Wer nach dem *pneuma* leben will, kann das nur durch »Teilhabe« an Tod und Auferstehung von Jesus. Man muß den alten Menschen ablegen und einen neuen Menschen anziehen. So wird man durch die Taufe Teil des Leibes des Auferstandenen. Dieses *pneuma* des auferstandenen Jesus wirkt in der christlichen Gemeinde, wie Paulus meint, nicht nur durch Wunderzeichen wie Zungenreden, Heilungen und andere ekstatische Phänomene. Das *pneuma* wirkt vor allem, indem die Gemeinde miteinander betet, einander hilft und dient und miteinander teilt. Es ist keine Substanz und auch nicht irgendwie materiell, sondern eine Kraft. Dies entspricht dem hebräischen Verständnis. Der *pneumatikos* ist einer, der in dem Kraftfeld des Auferstandenen lebt, und nicht mehr im *pneuma* des Kosmos, wie die Stoiker oder die Gnostiker das sagen. Wie einen Samen, der später aufgehen wird, trägt er einen durchs *pneuma* des Auferstandenen verwandelten Leib in sich. Und deswegen versteht ein *pneumatikos* auch die wunderbaren Taten der Weisheit Gottes, die dem gewöhnlichen Verstand nicht so leicht einleuchten. Damit geht Hand in Hand ein bestimmter Lebenswandel: keine Ausschweifungen in Essen, Trinken und Sexualität, keine Streitereien und Eifersüchteleien, sondern ein ethischer Lebenswandel. Ein Leben der Liebe und Heiligkeit, mit anderen Worten. Denn ohne Liebe ist die Weisheit leer.

Spiritualitas, das Hauptwort zu Spiritualität, ist das erste Mal im 5. Jahrhundert nachgewiesen. Es taucht auf in einer Aufforderung an einen Neugetauften. »Weil dir, dem ehrenwerten und aufs erlesenste Bereiten, durch die neue Gnade jeder Grund für Tränen abgewendet ist, handle, gib acht, laufe, eile. Bemühe dich, in der Spiritualität fortzuschreiten. Gib acht, damit du nicht, was du Gutes empfangen hast, sorglos und nachlässig außer acht läßt. Laufe, damit du nicht nachlässig bist. Eile, damit du schneller begreifst. Während wir Zeit haben, laß uns im Geist *(in spiritu)* säen, damit wir die Ernte im Spirituellen *(in spiritualibus)* sammeln werden.« Diese Ermahnungen geben noch immer die Stimmung der frühen Christen wieder, die sich als Gemeinde der Heiligen verstanden. Allerdings gab es bereits seit dem 3. Jahr-

hundert Spezialisten für ein heiligmäßiges Leben, nämlich die
Mönche. Nachdem Kaiser Konstantin das Christentum aus politischen Gründen zur Staatskirche erhoben hatte, entstand allmählich eine Verwaltung des Spirituellen. Im 5. Jahrhundert ist
spiritualitas ein ausschließlich religiöses Wort, die Gegenworte
sind *carnalitas* (Fleischlichkeit) oder *animalitas* (am besten vielleicht mit Triebhaftigkeit wiederzugeben). Doch ab dem 12. Jahrhundert wird es auch im juridischen Sinn gebraucht: *Spiritualia*
sind die kirchlichen Funktionen, die Verwaltung der Sakramente,
die kirchliche Rechtssprechung und die Kultobjekte. Das Gegenwort ist *temporalia*, »zeitliche Güter«. Zur selben Zeit wird es
auch ein philosophischer Terminus – das Gegenwort ist *corpora-
litas* (Körperlichkeit). Die »Geistlichen« gibt es als Bezeichnung
einer eigenen Klasse von Menschen ab dem 14. Jahrhundert; aber
schon im 13. Jahrhundert spricht der Kreuzzugprediger Berthold
von Regensburg erstmals vom Klerus als den geistlichen Leuten
im Unterschied zu den weltlichen Laien.

In der Medizingeschichte erfährt der Begriff ab dem 13. Jahrhundert eine neue Wendung: *spiritus* wird, der Auffassung des
Aristoteles folgend, nicht mehr wie bei den pneumatischen Ärz-
ten vorwiegend mit dem Atem und der Lunge, sondern eher mit
dem Blut und dem Herzen in Verbindung gebracht. Der *spiritus*,
der Hauch, wird sozusagen verflüssigt. Die Alchemisten bemühen sich, nicht nur aus dem Wein den Geist, den Spiritus, zu
destillieren. Sie beschreiben diese Prozesse in Bildern, die in unserem Jahrhundert von C. G. Jung als Prozesse der Seele gedeutet
wurden. In diesem Weltbild wird analog gedacht, nicht kausal.
Und Leib, Seele und Lebensgeister sind noch nicht getrennt. Bei
Paracelsus (1493–1541) ist das *ens spirituale* einer der fünf großen Bereiche, in denen sich das menschliche Leben in gesunden
wie in kranken Tagen abspielt. Die anderen sind der natürliche,
der astrale, der Bereich der Gifte und der göttliche Bereich. Weil
Paracelsus dem *ens spirituale* eine lebensbestimmende Bedeutung gibt, hat man Paracelsus deswegen unter die spiritualisti-

schen Denker eingereiht. Aber im Mittelalter war dies keine ungewöhnliche Sichtweise, ganz im Gegenteil. Diese Tradition kann
man bis zum Ende des 18. Jahrhunderts verfolgen.
Ein entscheidender Einschnitt ist die Philosophie von René
Descartes (1596–1650). Auch er wird unter die Spiritualisten gerechnet. Paracelsus – und das ganze Mittelalter – sieht die Welt
noch als eine Entsprechung von Makro- und Mikrokosmos; der
Mensch ist zugleich irdischer, sichtbarer Leib und himmlischer,
astralischer Leib, in dem der *spiritus* wirkt. Bei René Descartes
ist dieses System der Entsprechungen von Mikro- und Makro-
kosmos zerbrochen. In seiner Suche nach Gewißheit findet er die
einzige Sicherheit im Faktum des »Ich denke«. Wenn man ihn
einen Spiritualisten nennt, dann deswegen, weil das Geistige den
Vorrang hat vor dem Materiellen. Doch es ist ein intellektuelles
»Geistiges«: die *esprits animaux*, die Lebensgeister, sind bei ihm
nur die Vehikel der Emotionen und gehören dem Körperlichen
an. Der Geistintellekt ist unkörperlich und läuft mit dem
Körperlichen nur parallel. Damit ist der »Spiritus« seiner Mitt-
lerfunktion beraubt; er wird ortlos, weil er nicht zum hand-
fest Materiellen gehört, aber auch nicht zum Geistig-Intellek-
tuellen.

Die Einbildungskraft, also das Vermögen, geistige Bilder zu
schaffen, die auf Körperliches wirken können, das ist das letzte
Residuum der Lehre vom *spiritus*. Kant verweist dann aber in der
zweiten Auflage der »Kritik der reinen Vernunft« auch die Einbildungskraft aus dem Bereich des Geistigen. Damals geschehen
grundlegende Veränderungen, da Erkenntnis zu einem intellektuellen, von allem Leiblichen losgelöster Prozeß wird. Bis zum
18. Jahrhundert konnten »geistlich« und »geistig« einander vertreten, nun werden daraus zwei Worte mit verschiedenen Bedeutungen. Das »Geistliche« im religiösen Sinn wird vom »Geistigen« im intellektuellen Sinn getrennt. Die Sphäre der Sinne und
der Sinnlichkeit, in welcher der *spiritus* spielt, wird dem Materiellen zugeschlagen. Der Zwischenbereich von Träumen und

anderen unkörperlichen Wahrnehmungen wird in einen »In-nenraum« verbannt. Da man an Phänomenen dieses Innen-raums keine physikalischen und anderen Daten ablesen kann, sind sie nicht objektiv – also »nur eingebildet«. Ab Mitte des 19. Jahrhunderts werden die letzten Spuren von »Lebensgei-stern« und »Lebenskraft« aus der Medizin ausgeschlossen. Der »Zwischenbereich« findet seinen Platz nun im Okkulten, im Spi-ritismus, der gegen Ende des 19. Jahrhunderts blüht. Erst die Psychoanalyse hat dem Bereich, der früher den »Lebensgei-stern« gehörte, wieder Aufmerksamkeit geschenkt.

»Spiritualismus« nennen protestantische Theologen des aus-gehenden 19. Jahrhunderts und des beginnenden 20. Jahrhun-derts – Alfred Hegeler, Ernst Troeltsch und Adolf von Harnack – bestimmte Phänomene in der Kirchengeschichte. Ernst Troeltsch nennt den Spiritualismus neben »Kirche« und »Sekte« als den dritten Typus christlicher Sozialisierungsformen, wie sie sich nach der Reformation finden. Darunter fallen all jene, die sich zu keiner festen christlichen Gemeinschaft – weder zu einer Sekte noch zu einer Kirche – zählen wollen, aber das Evangelium für ihr Leben doch als wichtig ansehen und mit Gleichgesinnten dar-über geistigen Austausch pflegen wollen. Die eigene Erfahrung des Geistes Gottes, eine entsprechende Form von Religiosität, und die Wendung des Weltlich-Irdischen ins Geistig-Geistliche sind Kennzeichen, die in allen Fällen, in denen Spiritualismus diagnostiziert wird, anzutreffen sind. Dazu kommt meist die Er-wartung des Anbruchs der endgültigen Heilszeit, in der die Qua-lität des Geistig-Geistlichen allgemein zum Durchbruch kom-men soll. Es sind also Haltungen und Sichtweisen, die sich in irgendeiner Form auf die Botschaft des Neuen Testaments beru-fen können und dies auch tun. Trotzdem kam es gewöhnlich zu Konflikten mit den jeweiligen kirchlichen Institutionen, aber nicht unter dem Vorwurf des Spiritualismus, sondern aus ande-ren Gründen.

Eines vor allem macht ein Grundproblem der Kategorie »Spi-

ritualismus« aus: In dem Weltbild, in dem wir uns bewegen, hat
»Geist« nicht mehr wie bis ins 18. Jahrhundert hinein die oberste
Stelle, sondern ist ein aus materiellen Bedingungen ableitbares
Phänomen. Diese Prämissen der modernen Biologie und Medizin sind stillschweigend Voraussetzungen unseres Alltags
geworden, und auch der Begriff »Spiritualismus« hat diesen
Hintergrund. Auch wenn die als »Spiritualisten« bezeichneten
Personen und Bewegungen innerhalb des Christentums fast alle
von den kirchlichen Institutionen verurteilt wurden, so wurden
sie *nicht* deswegen verurteilt, weil sie dem Geistig-Geistlichen
den Vorrang gaben, sondern weil sie bestimmte Auffassungen
vertraten, die von den gerade geltenden abwichen. Im folgenden
sollen einige exemplarische Denk- und Lebensbilder gezeigt
werden.

Origenes (184–254) soll hier als erster angeführt werden. Er
ist kein Spiritualist im modernen Sinne, man reiht ihn eher unter die Gnostiker oder Neuplatoniker ein, doch wird sein Denken
öfter als spiritualistisch apostrophiert. In seiner Theologie sind
die Grundlagen für die Entstehung des Phänomens »Spiritualismus« gelegt. Vor allem seine Lehre über die Auslegung der Heiligen Schrift war folgenreich. Daß die Heilige Schrift aus und in
ihren Auslegungen lebt, das verdankt das Christentum der jüdischen Tradition. Gegen Ende des 2. Jahrhunderts entstand in der
jüdisch-hellenistischen Atmosphäre der großen Hafenstadt
Alexandrien eine Schule der Bibelauslegung, die Schule von
Alexandrien. Origenes, Schüler des Clemens, war ihr bedeutendster Vertreter. Er unterschied verschiedene Sinnebenen der Bibel,
analog der Einteilung des Paulus, nämlich die somatische (leib-
liche) Ebene, dann die psychische (seelische) und schließlich die
pneumatische Ebene. Auf der ersten Ebene wird der wörtliche,
historische Sinn zur Erbauung des Hörers dargestellt; auf der
zweiten Ebene soll der moralische Schriftsinn aufs eigene Leben
angewendet werden. Die dritte Ebene verweist auf einen Sinn
jenseits der Worte. Der geistige Sinn der Schrift ist nur über eine

allegorische Leseweise erreichbar. Verständlich ist dies jedoch nur dem geistig-geistlich reifen Menschen, dem Pneumatiker. Insofern ist Origenes Esoteriker, weil die materielle Welt, zu der auch die Buchstaben und Worte gehören, Gleichnis einer anderen, geistigen Welt ist und man die äußere (exoterische) Form durchschauen muß, um den inneren (esoterischen) Gehalt zu erfassen. Dies ist aber nur möglich, wenn auch die Sinne des Menschen sich von äußeren zu inneren Sinnen entfalten und so die geistige Wirklichkeit Gottes und sein Wirken wahrnehmen können.

Eigentlich geht es, so sagt er, in allem um den Aufstieg der Seele zur geistigen Wirklichkeit Gottes. Das gilt auch für die Geschichten der Bibel. Hört man zum Beispiel mit den Ohren eines Pneumatikers von der Wanderung des Volkes Israel durch die Wüste ins Gelobte Land, so wird dies zum Bild der Wanderung der menschlichen Seele zu Gott. Diese Überlegungen nährten sich aus der platonisch-hellenistischen Denkweise seiner Zeit. Für heutige Ohren mag seine Unterscheidung von exoterischem und esoterischem Sinn der Heiligen Schrift elitär klingen. Aber gemeint war damit eine allseitige und »allsinnige« Bildung des Menschen, die durch das Studium der Bibel bewirkt werden sollte.

Seine Neigung, das Geistig-geistliche als spirituelle Dimension herauszustellen, hat die folgenden Theologen nachhaltig beeinflußt, vor allem bei der Formulierung der Dogmen über Christus als Sohn Gottes und der Lehre von der Dreifaltigkeit Gottes. Andererseits hat ihn diese Neigung zu Denkversuchen veranlaßt, die viele Diskussionen ausgelöst und zweihundert Jahre nach seinem Tod zur Verurteilung seiner Lehre durch das Konzil von Konstantinopel (553) geführt haben. Dazu gehört zum Beispiel die Idee, daß der »Auferstehungsleib« – also der ins Pneumatische verwandelte Leib – kugelförmig sei, aber auch die Lehre von der Präexistenz der Seele, was zu einer Art Seelenwanderungs- oder besser -wandlungslehre führte. Denn, so spekulierte Origenes, die Seele erhalte in ihrem Aufstieg zu Gott einen immer weniger von materieller Dichte beschwerten, immer mehr vergeistigten Leib. Man hat die Theologie des Origenes als Spiritualismus bezeichnet, weil er die irdische Welt als ein »nach oben offenes Geheimnis« (H. U. v. Balthasar) sieht und sich mehr von dem Einen, dem Geheimnis Gottes, angezogen fühlt, als von der Vielheit der materiellen Welt. Daraus zog Origenes aber auch persönliche Konsequenzen. Als junger Mann entmannte er sich, was er allerdings später als Irrtum verurteilte; sein Lebensstil war einfach und asketisch, und in seinem Bekenntnis zu Christus war er konsequent. Unter Kaiser Decius erlitt er den Märtyrertod.

Franz von Assisi und die Spiritualen: Rund tausend Jahre nach Origenes, es war an einem Pfingstfest zwischen 1190 und 1195, überkam es den Abt Joachim de Fiore beim Studium der Apokalypse des Johannes. Es durchfuhr »eine Helligkeit der Erkenntnis die Augen meines Geistes und es enthüllte sich mir die Erfüllung dieses Buches und die symmetrische innere Bezogenheit des Alten und des Neuen Testaments«. Die Apokalypse des Johannes ist ein Buch voll geheimnisvoller Bilder über das, was in der Endzeit geschehen soll. In der Versenkung in diese Bilder zeigte sich für Joachim typologisch die ganze Heilsgeschichte in einem Augenblick. Er nahm wahr, wie der Heilige Geist in der Kirche eine neue Gestalt der Kirche zeugt. Diese neue Zeit, die kommen wird, ist das Zeitalter des Heiligen Geistes.

Joachim stellt sich ein Aufstiegsschema vor, in dem sich die Menschen und die Geschichte vom Animalischen und Irdischen zum Geistigen und Himmlischen entwickeln. Die alte Ordnung wird durch eine neue, die *ordo spiritualis,* abgelöst. Die Bergpredigt soll, so denkt der asketische Abt Joachim, die Grundlage dieser künftigen Gesellschaft sein. Es wird ein Reich der Liebe sein, ein Zeitalter der Freiheit und der Fülle der Erkenntnis Gottes. Die Menschen, vom Geist Gottes betroffen, werden sich zu *homines spirituales* wandeln – zu Menschen, die der Ordnung des Menschlichen entwachsen sind. Die kirchliche Institution – die

Papstkirche; die östliche Christenheit hatte sich 150 Jahre davor endgültig von Rom getrennt – würde zerfallen. Im neuen Zeitalter würde sie aber als Geistkirche wieder »auferstehen«. Dann würde es keine Buchreligion mehr sein, sondern eine Geistreligion. Denn in diesem Zeitalter wird jedem einzelnen die *intelligentia spiritualis* ins Herz gegeben sein. So ist er in der vollen Erkenntnis der göttlichen Wahrheit und braucht weder Prediger noch Sakramente. Alles, was die kirchliche Institution ausmacht, wird überflüssig im neuen Zeitalter. Mittels typologischer Exegese errechnete Joachim das Jahr 1260 für den Beginn dieser neuen Zeit. Davor würde der Antichrist erscheinen, doch am Ende würde sich das Dritte Reich – das Reich des Heiligen Geistes, nach dem Reich des Vaters und dem Reich des Sohnes – verwirklichen. Der neue, spirituelle Mensch würde ein demütiger Mensch sein, einer, der nicht nach Besitz oder nach Macht begehrt – ein Mensch, wie es die Seligpreisungen der Bergpredigt zeigen.

Die Kirche selbst zeigt sich damals keineswegs demütig, arm oder nicht an Macht interessiert. So entstehen um diese Zeit Bewegungen, die die Kirche kritisieren und die daher als Ketzer verfolgt werden. Was diese Leute suchen, ist ein Leben nach dem Vorbild Jesu. Franz von Assisi ist einer von ihnen. Doch in seiner Demut unterwirft er sich der Kirche, und so entgehen er und seine Gemeinschaft der Verfolgung als Ketzer. Er erscheint seinen Zeitgenossen als das Inbild des *homo spiritualis:* Begnadet mit der Gabe der Prophetie, bemüht um die Ausbreitung des Evangeliums, legt er sich zugleich schwere körperliche Askese auf – und ist trotzdem fröhlich. Diese Freude ist ein Geschenk des Geistes – die Vorwegnahme der Freude des himmlischen Zeitalters, gegeben jenen, die in der Welt, aber nicht von ihr sind. Und Franz ist auch mit der *intelligentia spiritualis* begabt, berichten seine Biographen. Er versteht den Sinn der Schrift ohne gelehrte Auslegung. Dies ist die Frucht des Gebets. Der Besitz von Büchern, selbst der Besitz der Bibel, ist den Ordensangehörigen durch Franz zunächst verboten. Was gefordert ist, ist ein Leben in völliger Armut und in Kontemplation. Doch diese Besitzlosigkeit im Materiellen wie im Geistigen geht gegen die Tendenzen der Zeit. Der Handel, und nicht mehr der Grundbesitz, hat die italienischen Städte reich gemacht – Franz selbst kommt aus einer reichen Kaufmannsfamilie. Damals entstehen die ersten Universitäten, an denen auch die Theologie als Wissenschaft gelehrt wird. Als nach dem Tod des Franziskus der Papst Gregor IX. (1227–1241) mittels Bulle die von Franz gegebene Ordensregel so ändert, daß sich der Orden den frühkapitalistischen Zeitläuften einfügt und trotz Armutsgelübde sogar über Drittpersonen in bargeldlosem Verkehr Geschäfte machen kann, regt sich Widerstand. Jene, die nicht Besitzende sein, sondern das Armutsideal des Evangeliums leben wollen – zunächst sind es die engsten Gefährten des heiligen Franz –, werden unter der Ägide des neuen Ordensoberen Elias verfolgt und eingekerkert, manchmal sogar erschlagen.

Zu dieser Zeit versucht Kaiser Friedrich II., der Hohenstaufer, seine Machtansprüche gegen die Kirche im Investiturstreit auch militärisch durchzusetzen. Für viele damals gilt er als der Antichrist. Auf der Flucht vor ihm bringt 1241 ein Abt aus einem Kloster des Fiori-Ordens die Schriften Joachims in ein franziskanisches Kloster. Dort werden sie mit wachsender Begeisterung studiert, und die Ideen verbreiten sich wie ein Lauffeuer im Orden, denn sie lassen sich auf die Situation der Franziskus-Jünger deuten. Die radikale Lebensform des Franz und seiner Nachfolger bekommt in ihren Augen einen Platz in der Heilsgeschichte. Sie ist zugleich Vorbild und Tadel für die zeitgenössische Kirche: Ein Leben nach dem Evangelium, ein spirituelles Leben also, schließt machtpolitische, ökonomische und juridische Ansprüche aus.

Tatsächlich wird die Armutsfrage zum springenden Punkt in der Auseinandersetzung zwischen der kirchlichen Obrigkeit und den radikalen Franziskanern, die bald Spiritualen genannt werden. Sie haben Klöster in der Toskana und in den Marken, in Südfrankreich, aber auch in England, Frankreich und Spanien. Ihre geistigen Häupter waren Menschen von vorbildlicher Lebensführung, von denen man sich bisweilen sogar Wundertaten erzählte. Auch ein Dichter war unter ihnen, Jacopone da Todi (1230/6–1306), der zu den bedeutenden Dichtern der italienischen Renaissance gehört. Der Theologe der Spiritualen ist Petrus Olivi (1248–1298). In seinen Schriften, vor allem im Apokalypsekommentar, legt er dar, daß Franz von Assisi ein »anderer Christus« ist, wie seine Stigmata zeigen. Die ursprüngliche Regel des Franziskus ist das Mittel, die neue Menschheit zu formen. Denn es steht der Anbruch einer neuen Zeit bevor. Die Spiritualen, Beginen und herumwandernde Bettelmönche machen Olivi nach seinem Tod zum Heiligen, verehren sein Grab und seine Reliquien und lesen seine Schriften wie eine neue Heilige Schrift. So wird aus einer vom Geist geleiteten Gemeinde eine Institution. Diese Kirche der Reinen bekämpft die katholische Kirche als den Antichrist und wird von der katholischen Kirche als Ketzergemeinschaft verfolgt.

Das Evangelium des Geistes, von dem Joachim und die Spiritualen sprechen, ist kein Buch, sondern die geistige Erkenntnis der vom Heiligen Geist Erleuchteten. Die geistige Wiedergeburt des Menschen, von der das Neue Testament spricht, wird hier eine Kategorie der Geschichte: Es soll im Zeitalter des Heiligen Geistes eine neue Welt und ein neuer Lebensraum entstehen. Über viele Stationen – zum Beispiel die Wiedertäufer – transformiert sich diese Vorstellung zu säkularen Utopien, wie zum Beispiel dem Marxismus.

Die Spiritualenbewegung hat Themen aufgebracht, die bis heute zu verfolgen sind. Die Spiritualen wenden sich gegen Organisationsformen, die durch die aufkommende Warengesellschaft vorgegeben werden, und berufen sich dabei auf geistiggeistliche Wirklichkeiten; ein Thema, das sich zum Beispiel in den modernen Lebensreformbewegungen findet. Sie wenden sich gegen die Verschriftlichung des Geistig-Geistlichen unter Hinweis auf einen eigenen geistig-geistlichen Intellekt; ein Thema, das sich etwas verkürzt in der Kritik am einseitigen Rationalismus der Moderne wiederfindet. Sie sprechen von der Notwendigkeit einer geistig-geistlichen Wiedergeburt, aber nicht als nur individuelles Geschehen, sondern als Geschichtsperspektive und als Hoffnung auf eine radikale und plötzliche Veränderung der Verhältnisse: ein Thema, das alle Evangelikalen, alle Erweckungs- und Erneuerungsbewegungen seither immer wieder aufgegriffen haben.

Sebastian Franck (1490–1562) ist einer der herausragenden protestantischen Dissidenten in Sachen Spiritualismus. Er ist ein Zeitgenosse Luthers und nacheinander katholischer Priester, evangelischer Geistlicher und schließlich Literat, der sich von kirchlichen Ämtern aller Art fernhält und der im Notfall sein Geld als Seifensieder und Buchdrucker verdient. Er radikalisiert Paulus, wenn er seine Theologie auf der strikten Unterscheidung zwischen Fleisch und Geist aufbaut. Das Fleisch ist in der Unwahrheit, der Geist in der Wahrheit. Diese Gegensätze durchziehen, so sagt er, die Geschichte, und deswegen könne man nichts reden, was nicht sowohl wahr als auch gelogen wäre.

Daher ist letztlich auch die Heilige Schrift der Bibel nicht das wahre Wort Gottes. Wort Gottes in Wahrheit kann nur geistiges Wort sein, das der »innere Mensch« versteht. Die Schrift hat eine allegorische Bedeutung, die aber nur von dem aus dem Geist Gottes Wiedergeborenen richtig verstanden wird. Er beruft sich auf Origenes, Augustinus und den Mystiker Johannes Tauler. Und so wie das »innere Wort« nicht ans Buchstäbliche gebunden ist, so ist der Christus auch nicht an die Geschichte gebunden. Christus ist das Wort Gottes, aber dieses Wort muß ständig neu ausgesagt werden, um erlösend zu sein. Der historische Christus ist also nicht der Erlöser. Erlöst ist, wer Gottes Wirklichkeit in der Welt entdeckt und in seinem Leben verwirklicht. Glaube muß sich an einem veränderten Lebenswandel bewahrheiten.

Die inspirierende Wirklichkeit des Geistes kann aber nicht durch kirchliche Institutionen wie Bibel, Priester, Prediger, Sakramente organisiert werden. Denn Offenbarung Gottes ist die ganze Welt, nicht nur die Bibel. Sebastian Franck ist ein »anarchistischer Mystiker« (G. Scholem), für den »geistlich« gleich »vernünftig« ist. Die Mischung aus existentieller Interpretation der Bibel, direkter Gotteserkenntnis und Forderung nach einer Religion ohne Kirche – nach einer konfessionslosen Religion – hat dazu geführt, daß Sebastian Franck seit dem 17. Jahrhundert auf allen Indizes verbotener Literatur zu finden war.

Jakob Böhme (1575–1624) stimmt mit Sebastian Franck in der Erkenntnis überein: Gott ist bildlos und Nichts. Damit setzt sich hier der Strom der negativen Theologie fort, der die Mystik des Christentums von früh an getragen hat. Der Schuster aus Görlitz in Schlesien folgt den Gedanken des Paracelsus, wenn er in der Natur den Leib Gottes sieht: Natur ist Offenbarung Gottes. Doch die physische Natur ist Natur Gottes nur aus zweiter Hand, denn sie entspringt dem ursprünglichen Lichtleib der ewigen Natur Gottes. In einem großartigen alchemistischen Prozeß vereinigen sich die Gegensätze, in denen sich die irdische Natur bewegt, zu einer »letzten Materie«, in der Gott dem geistigen Auge sichtbar wird. Böhme denkt die biblische Lehre von der Ebenbildlichkeit Gottes zu Ende: Gott wird nur in der Menschengestalt sichtbar, sagt er, und zwar nur im Leib jener, die aus dem Geist und in Christus zu neuen Menschen wiedergeboren sind. Diese Leiblichkeit ist nicht materieller Art, sondern Lichtleib.

Wie Paracelsus denkt Böhme, daß sich die Schöpfung erst vollenden wird: Der Himmel werde sich in uns »leiben«, sagt Paracelsus; und Böhme prägt das Wort von der »Geistleiblichkeit« vor. Er ist einer, der »aus dem Trieb des Heiligen Geists« heraus denkt und sich gegen das Denken der lutherischen Orthodoxie, verkörpert im Oberpfarrer von Görlitz, absetzt. Gegen den Buchstabenglauben setzt er den Glauben der Kraft. Die Mitte der umfassenden Erneuerung von Mensch und Gesellschaft ist Christus. Christus ist Erlöser – und erlöst wird, wer ihm konform wird. Trotz dieser eigentlich traditionellen Gedanken bleibt Jakob Böhme eine Außenseitergestalt in der bibelorientierten lutherischen Tradition. Von ihm lernten aber die christlichen (evangelischen) Theosophen wie Johann Arndt und Valentin Andrä; und auf diese wiederum bezogen sich die Pietisten. Für diese protestantische Richtung, aber auch für alle christlichen Kirchen, die nach der Reformation entstehen, ist die geistige Wiedergeburt das entscheidende Kriterium der wahren Christlichkeit. Es ist eine institutionalisierte Form des Geistwirkens, und so sind auch die Träume von einem kommenden Reich des Geistes gezähmte Träume, die zu humanitärem Handeln motivieren, aber nicht zu Revolution.

Aus diesem Rahmen fällt *Emanuel Swedenborg (1688–1772)*. Zunächst als Geologe tätig, beginnt er, sich mit dem menschlichen Körper zu beschäftigen, vor allem mit dem Verhältnis von Gehirn und Seele. Dann, 1745, kommt eine tiefe Konversionserfahrung. Die Präsenz von etwas unbeschreiblich Heiligem erfaßt ihn und versetzt ihn in den Himmel, wo er »eine Sprache hörte, die keine menschliche Zunge äußern kann«. In der Folge wird er Visionär. In immer neuen Bildern und Visionen beschreibt er die Geographie von Himmel und Hölle und berichtet von Geistern und Engeln, die er durch das geöffnete »innere Auge« wahrnehmen kann. Auch ist ihm, so sagt er, der innere Sinn der Schrift erschlossen, und so sieht er 1757 das Jüngste Gericht stattfinden. Danach erwartet er, was die Bilder der biblischen Apokalypse beschreiben: ein Neues Jerusalem. In dieser Erwartung gründet er die »neue Kirche«.

Er beschreibt, was er »geistlich« in einer Jenseitswelt sieht und hört, die er über andere Bewußtseinszustände erfährt. Es ist das erste Mal, daß die visionäre Anders- und Jenseitswelt faktisch mit einem Bewußtseinszustand gleichgesetzt wird. Die Einbildungskraft, die ein letztes Residuum des alten Spiritusbegriffs ist, feiert hier. Kant hat sich in den »Träumen eines Geistersehers« gegen solche Enthusiasmen verwahrt und eine Grenze gezogen, jenseits derer für die Vernunft nichts mehr zu finden ist. Die Welt der nicht greifbaren Bilder wird so exterritorialisiert, doch sie erscheint wieder im Spiritismus und Okkultismus des 19. Jahrhunderts. Die neuzeitliche Konzentration auf die Zweiteilung Materie – Intellekt schließt Mittelstellungen aus. Zunehmend verlagert sich das Gewicht auf das Materielle, Körperliche. So kommt es, daß sich nun auch die Geister materialisieren, wenn ein Medium anwesend ist und aus dem medialen Körper »Ektoplasma« ausströmt.

Swedenborg mag seine »neue Kirche« gründen, in der noch einmal das Reich des Heiligen Geistes institutionalisiert werden soll. Aber Visionäre sind nun zu Außenseitern geworden und können sich bestenfalls als Dichter halten, so wie William Blake. Die Visionen, die er in Aquarellen und Gedichten festgehalten hat, werden bis in die Hippie-Kultur der sechziger und siebziger Jahre dieses Jahrhunderts betrachtet und gelesen. Auch Blake träumt von einem kommenden neuen Zeitalter der Spiritualität, und diesen Traum träumen auch die Theosophen, die zu Ende des 19. Jahrhunderts auftreten. Sie amalgamieren Unterströme der westlichen Tradition mit den Religionen Asiens. Die Idee vom Wassermannzeitalter, die sie aufbringen, ist die gegenwärtig noch immer wirkende, bisher letzte Gestalt des »Reichs des Heiligen Geistes«.

Das 19. Jahrhundert ist das Jahrhundert, in dem die Psychologie als eine eigene Wissenschaft entsteht. Das Seelische und Spirituelle wird auf die chemischen und physikalischen Bedingungen der Körper hin untersucht, an denen sich Seelisches und Spirituelles beobachten läßt. Das Interesse am Körperlichen verdrängt, was nicht greifbar ist, das Seelische. Geist ist Vernunft und dann nur noch Denken. Die Religion, in die Grenzen der Vernunft gewiesen, hat ihr Agens, das Geistig-Geistliche, eingebüßt. In das entstehende Vakuum tritt ein, was man als »New Age« bezeichnet, eine Mischung aus Okkultem, asiatischen Religionen und Psychologie.

Literatur

Ernst Benz: Ecclesia spiritualis, Stuttgart 1934; Ernst Benz: Emanuel Sweden-borg. Naturforscher und Seher, Zürich 1969; Christoph Bochinger: »New Age« und moderne Religion, Gütersloh 1994; Gernot Böhme (Hrsg.): Klassiker der Naturphilosophie, München 1989; Gernot Böhme/Hartmut Böhme: Das Andere der Vernunft, Frankfurt am Main 1987; Jakob Böhme: Aurora oder Morgenröte im Aufgang, Frankfurt am Main 1992; ders., Christosophia, Frankfurt am Main 1992; Origenes: Geist und Feuer, hrsg. v. H. U. v. Balthasar, Freiburg 1991; Art: »pneuma, pneumatikos« in: ThWNT VI, 330–453.

CHRISTOPH BOCHINGER

SEKTENBILDUNG

Das Wort »Sekte« gehört zu den eindeutig negativ besetzten
Begriffen der Umgangssprache. »Täufersekte«, »Satanssekte«,
»Jugendsekte«, »sektiererisch«: Es gibt niemanden, der sich frei-
willig so bezeichnen würde. Gruppen, die in der Öffentlichkeit
als »Sekten« gelten, nennen sich selbst häufig »Kirche« (»Scien-
tology Kirche«, »Vereinigungskirche«).
Soziologie und Religionswissenschaft dagegen gebrauchen
»Sekte« als wertneutralen Begriff. Er bezeichnet einen eigenen
Typus religiöser Gemeinschaftsbildung, der sich vom Typus der
»Kirche« in zentralen Merkmalen unterscheidet. Sowohl in der
Umgangs- wie in der Wissenschaftssprache ist »Sekte« jedoch
ein Gegenbegriff zu »Kirche« und kann nur im Kontrast zu die-
sem dargestellt werden. Beide Begriffe werden aus der abend-
ländisch-christlichen Religionsgeschichte abgeleitet. Ihre An-
wendung auf nichtchristliche Religionen (zum Beispiel die
Bezeichnung buddhistischer Schulrichtungen als »Kirchen«
oder »Sekten«) wird im folgenden nicht eigens berücksichtigt.
Das Wort »Sekte« stammt von lat. *sequere*, »nachfolgen«.
Nach der Wortbedeutung könnte man das Christentum selbst als
»Sekte« bezeichnen. Als Jesus seine Jünger berief, so heißt es im
Neuen Testament, »folgten sie ihm nach« (Matthäus 4,20, in lat.
Übersetzung: *secuti sunt*). Dahinter steht eine Formulierung der
hebräischen Sprache *(halach acharê)*, die die Schülerschaft eines
religiösen Lehrers umschreibt: »Die Leute, die hinter ihm herge-

hen.« Ähnlich kann auch das griechische Wort *hairesis,* »Häresie«, verwendet werden. Es wurde im Sinne von »Richtung«, »Schule« oder »Partei« gebraucht. Schon Paulus gab ihm allerdings einen negativen Beiklang, wenn er die Gemeinden vor internen »Parteiungen« warnte (1 Korinther 11,19). Paulus seinerseits wurde vom Hohepriester aus Jerusalem als »Rädelsführer der Nazoräersekte« bezeichnet (Apostelgeschichte 24,5).

In der Alten Kirche dienten »Häresie« wie »Sekte« zur Bezeichnung von »Irrlehren«, von denen sich die Mehrheit der Kirchenvertreter auf den Konzilien distanzierte, die aber gleichwohl von Minderheiten des Christentums in bestimmten Regionen vertreten wurden. Nach der Reformation trennte sich in Deutschland die Bedeutung von Häresie und Sekte: Häresie wurde weiterhin im theologischen Sinne für »falsche Lehren« gebraucht, Sekte wurde zur Bezeichnung für religiöse Gruppen ohne reichsrechtliche Anerkennung (zum Beispiel die Mennoniten). In neuerer Zeit wird zwischen »Sekten« und »Freikirchen« sowie »Denominationen« unterschieden. Der Sektenbegriff verengte sich dadurch zur Fremdbezeichnung für religiöse Gemeinschaften, die sich von den übrigen christlichen Gruppen scharf abgrenzen und (aus der Sicht der anderen) »eigenwillige« Lehren und Gemeinschaftsformen pflegen. Häufig wird das Wort nun fälschlich von lat. *secare,* »abschneiden«, abgeleitet.

Aus der disparaten Begriffsgeschichte folgt, daß es keine geradlinige Theorie der »Sektenbildung« geben kann. Will man sich damit näher befassen, ist es sinnvoll, eine theologisch-inhaltliche und eine religionssoziologische Analyse zu verbinden.

Gemäß der Begriffsgeschichte kann man mit der Frage beginnen, was eine »Irrlehre« ist und wie sie zustande kommt. Man kann auch umgekehrt fragen: Wie kommt die »wahre Lehre« zustande, aus deren Position man erst von »Irrlehren« sprechen kann? Die Grundlagen der christlichen Kirche fielen nicht vom Himmel. Erst in der Auseinandersetzung mit konkreten Herausforderungen kristallisierte sich in der Frühzeit des Christentums allmählich heraus, welche der vorhandenen Schriften in den Kanon des Neuen Testaments aufgenommen werden sollten, wie das Amt des Bischofs, das den Anfang kirchlicher »Institution« bezeichnet, zu verstehen sei und wie die grundlegenden Erfahrungen in der Form von Bekenntnissen und Lehren zu denken und zu formulieren seien.

Auf diese Weise wurden die Vertreter abweichender Positionen wie Markion im 2. Jahrhundert oder Arius im 4. Jahrhundert zu »Ketzern« und ihre Lehren zu »Häresien«. Die zum Teil großen Minderheiten, die nach dem Abschluß der Konsensbildung weiterhin an den Positionen der Abgeurteilten festhielten, galten von nun an als Sekten. Somit sind Sekten ein notwendiges Spaltprodukt bei der Herausbildung der »einen, heiligen, katholischen, apostolischen Kirche«, wie sie sich selbst erst allmählich verstand. In kirchenkritischer Absicht kann man diese Aussage auch umkehren und die Kirche als ein verfestigtes Konglomerat, einen Kompromiß und ein Verfallsprodukt der ursprünglichen religiösen Ideen sehen, die von charismatischen Persönlichkeiten ausgingen und von kleinen, aber entschiedenen Gruppen, »Nachfolgenden«, in die Welt gesetzt wurden. Wie schon erläutert, war die christliche Urgemeinde selbst, auf die die Kirche ihre »apostolische« Autorität gründet, aus Sicht der jüdischen Religion eine »Sekte«. Es ist nicht verwunderlich, wenn sich charismatische Führer und ihre Anhänger zu allen Zeiten auf diesen Sachverhalt beriefen und jenseits der kirchlichen Verfestigungen auf das »Urchristentum« zurückgreifen wollten – so wie sie es jeweils verstanden.

Mit dem Ende der Alten Kirche wandelte sich der Rahmen der Auseinandersetzung zwischen Kirche und Sekte. Die Kirche war nun eine fest etablierte Größe, eine hierarchisch gegliederte religiöse Institution und zugleich ein politisch-gesellschaftlicher Machtfaktor. Nun beinhaltete Sektenbildung die bewußte Distanzierung von bestimmten Elementen dieser Großkirche und/oder das Bekenntnis zu alternativen Lehren.

Ein wichtiger Nährboden war das Mönch- und Nonnentum. Schon seit früher Zeit gab es im Mönchtum antiinstitutionelle Züge. So schrieb der Mönchsvater Johannes Cassian am Anfang des 5. Jahrhunderts, die Mönche sollten das Bischofsamt meiden wie die Unkeuschheit. Inhalte des Neuen Testaments, die im Widerspruch zur festen äußerlichen Struktur der Kirche zu stehen schienen, besonders die Bergpredigt mit ihren Geboten der Armut, Gewaltlosigkeit und Vollkommenheit in der Lebensführung, hatten in den Orden ihren besonderen Platz. Seit der Jahrtausendwende entstanden neue apokalyptische Bewegungen im Mönchtum, die das baldige Weltende erwarteten, die Institution des Papstes in Rom kritisierten und das Mönchtum als Träger des kommenden Christusreiches ansahen. Manche dieser Bewegungen verstanden die Prophezeiungen in Offenbarung 20 so, daß nach der Wiederkunft Christi auf Erden ein tausendjähriges Christusreich begründet werde, das die Reiche der Welt zerstören werde. Die von ihnen geprägten Vorstellungen finden sich in zahlreichen neueren »Sekten« wieder.

Besonders bedeutsam war das Moment der Geistbegabung: Joachim von Fiore beschreibt das von ihm angekündigte »Zeitalter des Heiligen Geistes« als Zeitalter der Mönche, in dem die Liebe und Freundschaft mit Gott die bisherigen Stufen der Gottesfurcht und der Glaubenslehre, der Gnade und des kindlichen Gehorsams überschreite. In diesem Zeitalter würden die Menschen mit einer *intelligentia spiritualis,* einer »geistlichen Intelligenz« ausgestattet, die ihnen eine neuartige, freie und innerliche Deutung des Alten und Neuen Testaments ermögliche und sie von der dogmatischen Leitung wie auch von der sakramentalen Vermittlung durch den Klerus unabhängig mache. Nicht mehr der äußere Buchstabe der Heiligen Schrift und ihre vom Klerus besorgte Auslegung, sondern das ins Herz geschriebene innere Wort als das »ewige Evangelium« *(evangelium aeternum)* werde die Leitlinie für die Menschen dieses Zeitalters sein. Joachim sagte auch voraus, daß der Papst in Rom, das Inbild der

Klerikerkirche, überflüssig werde. Zu Beginn des Zeitalters des Heiligen Geistes werde statt des römischen Bischofs ein »Engelpapst« die Menschen anleiten.

Während die Kirche den Orden einen eigenen Platz in ihrer wohlgeordneten Welt reservierte und sie damit – abgesehen von einzelnen Absplitterungen – trotz ihrer antiinstitutionellen Züge bis zur Reformationszeit immer wieder zu integrieren verstand, gab es gleichzeitig Laienbewegungen, die viel radikaler gegen die Kirche opponierten. Mönche und Nonnen lebten vom Rückzug aus der »Welt« und kritisierten die Kirche dort, wo sie ihnen zu »weltlich« erschien. Die seit dem 10./11. Jahrhundert entstehenden religiösen Laienbewegungen und Sekten dagegen lebten vom Protest gegen die Kirche als solche. Sie war ihnen unrettbar mit den finsteren Mächten der Welt verbunden, was man besonders an ihrem ethischen Verfall zu sehen glaubte.

Damit kommt ein wichtiges Stichwort ins Spiel, der »Dualismus«. »Dualismus« ist die Bezeichnung für eine radikale Entgegensetzung zweier Grundprinzipien in der Existenz der Welt und des Menschen, die sich nicht aufeinander zurückführen lassen, sondern unversöhnlich gegeneinanderstehen. An manchen Stellen vielleicht von alten außerchristlichen Lehren beeinflußt, fand dualistisches Denken auch in der christlichen Tradition selbst genügend Anhaltspunkte, um immer wieder von neuem aktualisiert zu werden. Gerade in den asketisch-weltflüchtigen Zügen des Mönchtums gibt es dualistische Züge. Doch wird seit der Frühzeit des Christentums dualistisches Denken durch die Konfrontation mit der Gottes- und Trinitätslehre und der Christologie zurückgedrängt. Die Vorstellung vom Schöpfergott, der die Welt aus dem Nichts erschuf, lehnt die Existenz eines widergöttlichen Grundprinzips, das nicht auf Gott zurückführbar wäre, scharf ab. Dies bietet auch die theologische Grundlage für eine aktive Rolle der Kirche in der Welt, die die kirchliche Ethik und Soziallehre von der Zeit Augustins bis in die Gegenwart bestimmt.

Die mittelalterlichen Sekten sahen die Kirchen aufgrund dieser Haltung als Agenten der teuflischen Welt, die von den wahren Christen zu überwinden sei. In Gestalt der Bogomilen und Katharer – die dem deutschen Wort »Ketzer« den Namen gaben –, »versuchte der Dualismus nicht als blasse Lehre, sondern durch lebendiges Beispiel und getragen von Strömungen seiner Umgebung, die Verchristlichung der Welt abzubrechen, das irdische Dasein verlorenzugeben und sich aus ihm durch Selbsterlösung zu befreien«, wie Arno Borst formuliert hat. Das Mönchtum hatte ebenso wie diese Bewegungen einen prägenden Einfluß auf spätere Sektenbildungen.

Wiederum verändert zeigt sich die religionssoziologische Situation in der Neuzeit. Während vor der Reformation im Westen nur die eine Großkirche existierte, von der sich gelegentlich »Sekten« absonderten, gab es nun mehrere Konfessionen, die sich gegenseitig der Häresie bezichtigten. Die Kritik der Reformation an der Papstkirche wurde an vielen Stellen von der jahrhundertelangen Tradition kirchenkritischer »Häresien« vorbereitet. So war zum Beispiel die Identifikation des Papstes mit dem Antichrist bei den Joachiten und zahlreichen mittelalterlichen Sekten seit langem geprägt. Gleichwohl entwickelte sich die Reformation in ihrem Hauptstrom nicht zur »Sekte«, sondern zu einer zweiten Kirche neben der ersten. Sie schaffte zwar die überkommenen Institutionen und religiösen Machtstrukturen ab, ersetzte sie aber schnell durch neue, wozu vor allem die starke Anlehnung an die Landesherren beitrug, die schon bald zur Ausbildung der bis heute existierenden Landeskirchen führte.

Diese Entwicklung war mitbedingt durch die dramatischen Ereignisse des Jahres 1524/25 um die Gestalt Thomas Müntzers in Allstedt und Mühlhausen und die Bauernkriege. Die Wittenberger Reformatoren unterstützten die Landesherren bei der Niederschlagung der Aufstände. Müntzer stimmte mit ihnen in vielen Punkten überein. So ist ihnen die Kritik an der kirchlichen Amtshierarchie und der Autorität der kirchlichen Traditionen gemeinsam, die sie durch den alleinigen Bezug auf die Heilige

Schrift ersetzen wollten; auch die Ablösung der priesterlich-sakramentalen Vermittlung des göttlichen Heils durch das »allgemeine Priesterum aller Gläubigen« ist ihnen prinzipiell gemeinsam. Doch zogen sie gänzlich unterschiedliche Konsequenzen. So verurteilten die Wittenberger Müntzers Berufung auf die unmittelbare Geisterfahrung (das »innere Wort«) für alle Glieder der Gemeinde, die er als Voraussetzung einer rechten Schriftdeutung und als Anzeichen des religiösen Umbruchs bezeichnete. Sie nannten seine Haltung »Schwärmerei«, weil sie in ihr eine Verwässerung der unumstößlichen Autorität der Heiligen Schrift sahen, die nur in geordneten Bahnen auf rechte Weise ausgelegt werden könne.

Besonders deutlich ist der Unterschied zwischen Luther und Müntzer in der Konzeption des Verhältnisses zwischen Staat und Kirche: Luther bezog sich dabei vor allem auf solche Bibeltexte, die die relative Geltung der weltlichen Obrigkeit anerkannten, wie Römer 13 oder das Jesuswort: »Gebt dem Kaiser, was des Kaisers ist, und Gott, was Gottes ist!« (Markus 12,17). Luthers Zwei-Reiche-Lehre besagt, daß die Christen unter den gegenwärtigen Bedingungen der »Welt« und ihrer Verfallenheit an die Sünde keine Wahl hätten, als gleichzeitig in den beiden Reichen »zur Rechten und zur Linken Gottes« zu leben; im letzteren könne das aufgrund der Sünde herrschende Böse allein durch die ordnende Funktion der politischen Gewalten, d.h. durch den Kaiser, »in Schach gehalten«, aber nicht mit menschlichen Mitteln, sondern nur am Ende der Zeiten durch Gott selbst prinzipiell überwunden werden.

Müntzer dagegen wollte diesen Zwiespalt aufgelöst sehen und erwartete – nach alter apokalyptischer Tradition – ein Christusreich auf Erden, an dessen Geburt tatkräftig mitzuwirken die Pflicht aller wahren Christen sei. Die Fürsten sah er als Hemmschuhe dieser Entwicklung an. Bei seiner »Fürstenpredigt« 1524 in Allstedt setzte er Herzog Johann von Sachsen und dessen Sohn, Kurprinz Johann Friedrich, anhand Daniel 2, eines apokalyptischen Textes, sein Verständnis der »Obrigkeit« auseinander:

Ein Stein werde die Reiche der Welt zertrümmern und das Christusreich begründen. Die Wittenberger Reformatoren dagegen verstanden die einschlägigen Bibelstellen im Rückgriff auf Augustinus so, daß das »Tausendjährige« Reich Christi (Offenbarung 20,3) bereits mit der Entstehung der christlichen Kirche begonnen habe und daß an seinem Ende das Weltende und das Jüngste Gericht, aber nicht ein neues innerweltliches Zeitalter stehe.

Außer Müntzer widersetzten sich zahlreiche weitere Gruppen in dieser Umbruchszeit der neuerlichen Kirchenbildung und hielten an den stärker »anarchischen« Elementen der Anfangszeit der Reformation fest oder suchten einen radikaleren Neubeginn. Ihre Mitglieder wurden in vielen Fällen von den Landesherren zugunsten der römisch-katholischen oder der lutherischen bzw. der reformierten Kirche blutig unterdrückt. Später wanderten Anhänger der weiterexistierenden oder neuentstehenden »Sekten« nach Nordamerika aus, wo sie besonders nach der politischen Unabhängigkeit von Europa und der Entstehung der »Vereinigten Staaten« ihre wichtigste Heimat fanden.

Auch im Bereich der katholischen Kirche entstanden in neuerer Zeit verschiedene Abspaltungen, die man soziologisch als »Sekten« bezeichnen könnte. Ein Beispiel ist die altkatholische Kirche, deren Angehörige sich weigerten, die beiden Glaubenssätze des I. Vatikanischen Konzils (1869/70) über die Lehrunfehlbarkeit des Papstes und seinen bischöflichen Alleinanspruch mitzutragen.

Im 19. Jahrhundert entwickelte sich im Zeichen der modernen Religionsfreiheit ein weiterer Typus alternativer religiöser Bewegungen, die sich von der kirchlichen Institution und ihren religiösen und dogmatischen Grundlagen so weit entfernten, daß sie – anders als die »Sekten« früherer Zeit – häufig nicht einmal mehr als »Gegner« der Kirchen wahrgenommen werden (Unitarier, Spiritismus, Neugeistbewegung, Theosophische Gesellschaft, aber auch Mormonen, Adventisten, Zeugen Jehovas und viele andere Gruppierungen). Gegen Ende des 19. Jahrhunderts verbreitete sich in einem Teil dieser Bewegungen die Kenntnis östlicher und anderer nichtchristlicher Religionen. Damit sind sie Vorläufer gegenwärtiger östlicher religiöser Bewegungen im Westen und des sogenannten »New Age«, das sich aber außerdem aus Impulsen der Studentenbewegung der späten sechziger Jahre speist. Die Bezeichnung »Sekte« ist für solche Bewegungen nicht angemessen, da zumeist weder der aus der Wortbedeutung stammende Aspekt der »Nachfolge« zutrifft noch die zuvor beschriebenen Merkmale von »Sekten« erfüllt sind. Wendet man sie trotzdem an, so verdünnt sich der Ausdruck »Sekte« zur Bezeichnung für religiöse Sondergruppen.

Wie begründet, ist der Ausdruck »Sekte« zu diffus, als daß man ihn allgemeingültig definieren könnte. Doch lassen sich anhand der dargestellten historischen Entwicklungen einige mögliche Beschreibungsmerkmale von »Sekten« im Unterschied zu »Kirchen« zusammenstellen. Die Unterschiede können sich auf folgende Bereiche erstrecken:

Soziologische Struktur: Sekten sind im allgemeinen kleine überschaubare Gruppen mit fester interner Bindung der Mitglieder im Unterschied zur »Volkskirche«, die – regional gegliedert – prinzipiell für alle Bewohner eines Landes oder für alle Gläubigen einer Konfession in einem bestimmten Land zuständig ist.

Amtsverständnis: Viele der beschriebenen Sekten sind Laiengemeinschaften, die sich zwar um einen oder mehrere charismatische Führer sammeln können, aber ein besonderes Priesteramt ablehnen und seine Funktionen auf die gesamte Gemeinde übertragen.

Freiwilligkeit der Mitgliedschaft: Von großer Bedeutung ist die Rekrutierung der Mitglieder einer Gemeinde. Während die Mitgliedschaft in der Volkskirche durch die Kindertaufe de facto »automatisch« gegeben ist bzw. stellvertretend von Eltern und Paten für das Kind entschieden wird und später durch die Konfirmation bzw. Firmung bestätigt werden soll, betonten die beschriebenen Gruppen fast alle die Freiwilligkeit der Zugehörigkeit zur Gemeinde, die erst durch einen bewußten Entschluß des betroffenen Menschen zustande kommt. Das wird nicht nur verbal betont, sondern auch praktisch sichtbar, zum Beispiel in Gestalt der Erwachsenentaufe in manchen dieser Gruppen. Demgegenüber verstehen sich »Kirchen« als stabile, historisch gewachsene Anstalten der Heilsvermittlung, die die Sakramente verwalten und sie so dem Individuum erst zugänglich machen – ob es sich dabei um das katholische, lutherische oder reformierte Sakramentsverständnis handelt.

Bewußtsein der eigenen Auserwähltheit und Selbstkontrolle der Mitglieder: In vielen religiösen Bewegungen des Typus »Sekte« spielt ein Elitebewußtsein der Mitglieder eine große Rolle, was mit der selbstverantworteten Entscheidung zur Mitgliedschaft zusammenhängt. Die Katharer, wörtlich »Reine«, bezeichneten sich auch als »Vollkommene«. Dazu gehört in vielen Sekten die konsequente und wörtliche Befolgung der Gebote der Bergpredigt wie Armut und Gewaltlosigkeit. Schließlich fordert die Bergpredigt:»Ihr sollt also vollkommen sein, wie es auch euer himmlischer Vater ist« (Matthäus 5,48). Die Gemeindezucht im Sinne der gegenseitigen Kontrolle der Mitglieder bis in privateste Bereiche ist eine Konsequenz dieses Selbstbewußtseins. Demgegenüber gibt es sowohl in der katholischen Kirche wie in den Kirchen der Reformation einen viel weiteren, in gewisser Weise toleranteren Rahmen für die individuelle Zuordnung zur Kirche, die es stärker dem einzelnen überläßt, wie er die Gebote der Bergpredigt in seinem persönlichen Lebenswandel berücksichtigt.

Betonung der Früchte des Glaubens: Typisch für »Sekten« seit der Reformationszeit ist die gleichzeitige Betonung des »Glaubens« und seiner »Früchte«. Sie setzen damit einen anderen Akzent als die Rechtfertigungslehre der Wittenberger Reformatoren (der Mensch werde »allein aus Glauben« vor Gott gerechtfertigt). Damit geht eine besondere Wertschätzung der Bergpredigt und eine gewisse Abwertung der Paulus-Stellen einher, auf die sich Luther und seine Mitstreiter beriefen.

Geistprinzip: Viele Sekten seit der Reformationszeit zeichnen sich durch die Betonung der Wirkung des Heiligen Geistes im Menschen aus. Erst wer diese Wirkung in sich spüre, könne sich für Christus und seine wahre Gemeinde entscheiden – so sah es Thomas Müntzer. Die Teilhabe am Geist kann daher in der Binnenperspektive der Gemeinschaft zum Konstitutivum schlechthin erklärt werden. Dieses von der Wirkungsgeschichte Joachim von Fiores geprägte Prinzip wurde durch die Reformatoren bekämpft: Der Geist »weht, wo er will« (Johannes 3,8), aber die »Unterscheidung der Geister« (1 Korinther 12,10) erfordere einen klaren Verstand. Kriterium könne nur die Schrift selbst sein, die jedem verständigen Menschen zugänglich sei.

Milleniarismus: Für viele Sekten seit dem Spätmittelalter war die Erwartung eines Reiches Christi auf Erden von zentraler Bedeutung. Sie kann sich mit der Vorstellung der Geistteilhabe bzw. des »Zeitalters des Heiligen Geistes« verbinden.

Dualistisches Weltverständnis: Nicht nur die Bogomilen und Katharer repräsentieren ein Wiederaufleben dualistischer Vorstellungen im mittelalterlichen Christentum, sondern es scheint eine Verwandtschaft solchen Denkens mit dem religionssoziologischen Typus der »Sekte« zu geben, was mit dem schon genannten Elitebewußtsein zusammenhängt.

Verhältnis zum Staat und zur Politik: Das dualistische Weltverständnis von »Sekten« konkretisiert sich häufig in der ablehnenden Haltung gegenüber Staat und »Welt«. Kirchen dagegen ruhen zwar ebenfalls auf religiösen Grundlagen, sehen aber für sich nur die Möglichkeit, durch Kooperation mit dem Staat existieren zu können. Sie beteiligen sich aktiv am kulturellen und sozialen Leben und sehen darin einen besonderen, von Gott gegebenen Auftrag. Auf diese Weise vermitteln sie zwischen individueller und öffentlicher Sphäre des menschlichen Lebens und versuchen, die zugrundeliegenden religiösen Ideen in der Welt »Fleisch werden zu lassen«. Sie scheuen sich nicht, zum beiderseitigen Vorteil mit dem Staat Verträge zu schließen und sich von

ihm unterstützen zu lassen, wenn sie auch die daraus entstehenden Abhängigkeiten zu begrenzen versuchen. Für Angehörige
von Sekten ist all das ein Greuel. Sie kritisieren die Institutiona-
lisiertheit der Kirche, ihre Verquickung mit dem Staat, ihre Miß-
brauchbarkeit für weltliche Zwecke, ihren Dogmatismus in
Lehrfragen, ihren Opportunismus nach innen und nach außen
und vieles mehr. Im Gegensatz dazu sehen sie sich selbst als rein
religiöse Gemeinschaften, die konsequent zwischen »Religion«
und »Welt« unterscheiden. Sie sehen es häufig gerade nicht als
ihre Aufgabe, auf das gesellschaftliche oder politische Leben ein-
zuwirken, das von »dieser Welt« und daher dem kommenden
Untergang preisgegeben ist.

Die genannten Momente sollten nicht in dem Sinne verstanden werden, daß alle »Sekten« dualistisch oder elitär seien. Es ist
lediglich der Versuch einer idealtypischen Charakterisierung
von Unterschieden zwischen »Kirche« und parallel existierenden
Gemeinschaften, die sich in jeder Epoche anders darstellen. Kirche und Sekte zeigen sich dabei als zwei mögliche Sozialgestalten
des Christentums. Welche von ihnen dem »Wesen« des Christentums besser gerecht wird, muß – wie eingangs begründet –
offenbleiben. Jedenfalls ist die umgangssprachliche Polemik
gegen alles, was mit »Sekte« zu tun hat, eher ein Ergebnis kirchlicher Propaganda als in der Sache selbst begründet.

Literatur

Arno Borst: Barbaren, Ketzer und Artisten, München/Zürich 1990; Ernst
Troeltsch: Die Soziallehren der christlichen Kirchen und Gruppen, Aalen 1977
(Nachdruck); Malcolm Lambert: Ketzerei im Mittelalter, Freiburg i. Br. 1991;
Norman Cohn: Das Ringen um das Tausendjährige Reich, Bern/München 1961;
Carl Hinrichs: Luther und Müntzer, Berlin 1962; Marjorie E. Reeves: Joachim of
Fiore and the Prophetic Future, London 1976; Ernst Benz: Endzeiterwartungen
zwischen Ost und West, Freiburg i. Br. 1973; Hans-Dieter Reimer: Art.»Sekte«,
in: Wörterbuch des Christentums, Gütersloh/Zürich 1988; Christoph Bochin-
ger: »New Age« und moderne Religion, Gütersloh 1994.

PETER DINZELBACHER

ASKESE

Um die Askese von Ketzern richtig zu sehen, muß diese Fröm-
migkeitshaltung zunächst im Rahmen des »rechtgläubigen«
Christentums skizziert werden. Im heutigen Katholizismus ist
Askese eine recht harmlose Sache: »das Ganze der geregelten
und eifrigen Lebensführung, die nach der christlichen Vollkommenheit strebt«, definiert das offiziöse »Lexikon für Theologie und Kirche« und nennt als konkreteste Form: »körperliche
Bußwerke« – ohne weitere Spezifizierung. Unter »Bußwerke«
erfährt man, daß darunter Verzicht oder Mäßigung im Alkohol-
und Nikotingenuß sowie kritischer Abstand von der Vergnü-
gungsindustrie zu verstehen seien.

Einen solchen Begriff von Askese in das Mittelalter und die
Frühneuzeit zurückzuprojizieren wäre schlichtweg Geschichts-
fälschung. Askese im traditionellen Sinn bestand primär aus gezielter Schmerzzufügung durch Hunger, Schlafentzug und
Selbstverletzung. Für einen diesbezüglichen Rat eines mittelalterlichen Heiligen genüge es, eine Maxime des heiligen Bartho-
lomeus von Farne (†1194) zu zitieren: »Wir müssen unseren
Körpern alles Widrige zufügen, wenn wir sie zur vollkommenen
Seelenhelle hinführen wollen!« (Vita 9). Die allermeisten der
katholischen Erlebnismystiker und -mystikerinnen hätten dies
unterschrieben.

Die Geschichte der religiösen Askese beginnt in vorchristli-
cher Zeit; im Neuen Testament spielt sie bekanntlich nur eine

untergeordnete Rolle. Wirklich exemplarisch lebten sie erst die frühen Eremiten, die Wüstenväter Ägyptens, die auch in der Folge stets als Paradigmen zitiert werden sollten, wenn es galt, die Suche nach somatischem Leid zu begründen. Bis nach der Jahrtausendwende blieb religiöse Kasteiung eine Aufgabe exklusiv der Mönche in ihren Klöstern; erst die im Hochmittelalter aufbrechende Laienfrömmigkeit übernimmt Askese als Ideal auch für jeden wirklich frommen Christen in der Welt.»Wir sollen Haß wider unseren Körper mit seinen Lastern und Sünden fühlen«, empfiehlt ausdrücklich Franziskus von Assisi, dessen traditionelle Leibfeindlichkeit heute immer wieder absichtlich »übersehen« wird, in seinem »Schreiben an alle Gläubigen«, und Fasten und Selbstgeißelung hat der Poverello wahrlich auch selbst hinreichend praktiziert. Die lebensbestimmende Bedeutung, die ein asketisches Virtuosentum für so viele Heilige hatte, wird von der offiziellen Hagiographie und Kirchengeschichtsschreibung unseres Jahrhunderts, da pastoraltheologisch unopportun, marginalisiert – wie das Phänomen Askese in traditionellem Sinne selbst.

Bei der bewußten Begründung von Askese waren verschiedene Komponenten wirksam:

Die *imitatio Christi*, eine Folge der Interpretation eines hinsichtlich seiner Echtheit kaum für authentisch zu haltenden Logions:»Und wer nicht sein Kreuz auf sich nimmt und folgt mir nach, der ist meiner nicht wert« (Matthäus 10,38).

Die *imitatio sanctorum:* Großes Vorbild waren hier die Wüstenväter, über die Berichte in Form der »Vitas patrum« so außerordentlich verbreitet waren.

Das monastische Ideal des *angelikos bios*, des engelgleichen Lebens. Dies implizierte Wachen, Fasten und sexuelle Enthaltsamkeit, denn die Engel schlafen, essen und lieben nicht.

Die antike Konzeption von der im Körper eingeschlossenen, gefangenen Seele *(soma-sema)*, deren Befreiung durch Schwächung eben dieses Körpers erreicht werden soll (vgl. Pythago-

räer, Eleusisfasten, besonders Neuplatonismus). Spritualisiert
führt dies in der orthodoxen Mystagogie wie bei bestimmten
Häretikern zum Gebot, alle erfreulichen irdischen Dinge zu »lassen«, um sich nicht mit Materiellem zu verunreinigen, entsprechend dualistischer Grundsicht.

Selbstbestrafung im irdischen Dasein, um der unvergleich-
lich schrecklicheren göttlichen Rache im Jenseits zu entgehen;
oder stellvertretende Übernahme der Buße für fremde Sünden
zur Versöhnung der Gottheit. Solches war Ziel unter anderem
der Bußorden (Reuerinnern, Buß- oder Sackbrüder, Regulierte
Chorherrn von der Buße der Märtyrer usw.). Namentlich in Italien war die Bewegung der *penitenti* ein Ausdruck dieser Haltung; sie strebten ihr Ziel vor allem durch Selbstgeißelung an
(daher auch der sprechende Name *battuti*).

Freiwillig vollzogen, fungiert asketische Selbstdisziplinierung
und Schmerzzufügung als Bestandteil eines vorausgesetzten
Vertrags mit der Gottheit im Sinne einer *do-ut-des*-Religiosität.
Dies meint für den Gläubigen: Das freiwillige Leiden auf Erden
wird mit der Glorie in der anderen Welt belohnt werden. Dazu
treten Effekte im Sinne der Nächstenliebe: Mit Leiden kann man
die Sündenstrafen anderer, sei es Lebender oder Toter (im Fegefeuer) verkürzen. Es meint für seine soziale Umwelt: Der leiden-
de Körper des Asketen fungiert als Zeichen, als für bzw. von Gott
beschriebenes Zeichen – sichtbare Demonstration der Auser-
wählung.

Es darf aber nicht vergessen werden, daß auch krasse asketische Praktiken immer wieder von Beichtvätern oder Klosterobe-
ren als Gehorsamsproben und Strafen auferlegt wurden und so
der Disziplinierung des einzelnen dienten bzw. der Ausübung
von Macht durch die kirchlichen Amtsträger. Auch die Interna-
lisierung von Askese als Ideal kann, soziologisch gesehen, unbe-
wußt demselben Ziel dienen.

Die Askese der Häretiker ist im allgemeinen von denselben
Motiven bewegt und denselben Praktiken verpflichtet wie die

der orthodox-katholischen Christen. Wenn wir die Lebensge-
schichten einzelner Ketzer lesen, finden wir kaum einen, der
ähnliche Leistung auf diesem Gebiet erbracht hätte wie die Kir-
chenlehrerin Katharina von Siena (1347–1380), die sich selbst
mit ihrer Hunger- und Durstaskese tötete – oder »opferte«, wie
sie es selbst ausdrückte –, oder die heilige Veronica Guiliani
(1660–1727), die das halbe Kloster mit ihrer Zunge von Staub
und Spinnen reinleckte.

Wenn man die Praktiken damaliger Katholiken (und mehr
noch Katholikinnen – die Zahl der absichtlichen Anorektikerin-
nen unter den Heiligen ist Legion) kennt, kann man nicht behaupten, daß ein Abaelard, eine Wilhelmine von Böhmen, ein
Dolcino, Segarelli, Hus, Luther, Menocchio, Bruno etc. sie in asketischer Hinsicht irgendwie übertroffen hätten. Nicht einmal
die Fastenübungen oder Vorschriften eines Savonarola waren
exzessiv. Sicher war etwa für die Anhänger eines Eudo von Stella
sein Einsiedlerleben oder für die des Heinrich von Lausanne seine Sittenstrenge ein Grund für die Nachfolge, aber nie der entscheidende. Halten wir also in aller Deutlichkeit fest: Die Askese
bildete seit dem Hochmittelalter einen konstanten Bestandteil
im Modell jedes nach Heiligkeit strebenden Christen, sei es innerhalb oder außerhalb der Catholica.

Speziell diejenigen Häresien, die aufgrund einer intensiven
theologisch-philosophischen Reflexion entwickelt wurden, wie
etwa die der Amalrikaner, aber schließlich auch der Protestantismus, zeigen überhaupt keine besondere Neigung zur Askese.
Daß für Intellektuelle wie Ugo Speroni, Marguerite Porète, Eckhart, Hus oder Müntzer körperliche Kasteiungen eine besondere
Rolle gespielt hätten, hören wir nicht. Andere deviante Gruppen,
die zu libertinistischen Idealen neigten, wie Adamiten, Freie Geister, Luziferaner etc., waren geradezu askesefeindlich eingestellt.

Trotzdem gibt es in der Geschichte der Ketzer auch Bewegungen, in denen der Askese eine in der Tat überdurchschnittliche
Bedeutung zukam. Es sind dies vor allem die dualistischen Häre-

sien. Nach ihren Lehren war die materielle Welt böse, besonders alles, was mit Geschlechtsverkehr zusammenhing, also auch alle daraus entstandene tierische Nahrung. »Um das Fleisch zu töten, fastete der Katharer, außer wenn er auf Reisen war, drei Tage in jeder Woche bei Wasser und Brot, und außerdem gab es drei Fastenzeiten von je vierzig Tagen im Jahre. Die Ehe war gleichfalls verboten ...« (Lea I, S. 106).

Um die Seele aus dem Gefängnis des Leibes zu befreien, pflegten die Albigenser/Katharer eine Form des Nahrungsentzugs, die weiterging, als sie auch von eifrigen Katholiken auf sich genommen wurde: die Endura. Damit war zunächst die übliche Fastenzeit gemeint, besonders die während des Noviziats in der Sekte. Nach dem großen Ausrottungsfeldzug 1209–44 scheint sich diese Praxis jedoch verschärft zu haben, indem den Gläubigen bei schwerer Krankheit das Fasten bis zum Tode auferlegt wurde. Da das Trinken gestattet war, konnte sich der Todeskampf wochenlang hinziehen. Wie üblich die Endura in diesem Sinne bei den verschiedenen dualistischen Gruppen war, die im Spätmittelalter von der Inquisition immer wieder aufgespürt wurden, ist allerdings nicht deutlich. Jedenfalls gibt es Belege dafür, daß Kranken, die das »Pater noster« nicht mehr sprechen konnten, keine Speise mehr gereicht wurde, so daß sie verhungerten, und daß Müttern befohlen wurde, ihren kranken Säuglingen keine Milch mehr zu geben. Die Katharer nannten dies »ein gutes Ende bereiten«. Dazu sollen sie sogar Kranke erstickt haben (wie es auch mittelalterliche Katholiken aus Barmherzigkeit bei den an Tollwut Sterbenden taten). Damit war die Konzeption vom Gegensatz zwischen Leib und Seele, die sich von der griechischen Philosophie über den Manichäismus ins Christentum fortsetzte, zu einer extremen Konsequenz geführt.

Überdeutliche Askese konnte daher für die spätmittelalterlichen Christen zu einem Zeichen der »Glieder des Teufels« werden, zu einem Verhalten, an dem man Ketzer zu erkennen glaubte, was in jener Zeit gelegentlich auch besonders eifrigen Katholiken fast oder tatsächlich zum Verhängnis wurde. Neben Fasten und Wachen war die Selbstgeißelung die üblichste christliche Askesepraktik. Eine besondere und namengebende Rolle hat sie in den Flagellantenbewegungen von 1260 und 1348 gespielt. Nun war seit dem 11. Jahrhundert die »Disziplin« (Geißelung) im Mönchtum sowohl als freiwillige als auch als strafweise Askeseleistung alltäglich. In den meisten *consuetudines* der mittelalterlichen Orden ist sie vorgesehen; in manchen Konventen gab es eigene Geißelkammern oder Bußkapellen (zum Beispiel im Zisterzienserkloster Maulbronn). Kaum ein Heiliger des Spätmittelalters, der sie nicht praktiziert hätte. Aus der Perspektive der Askesegeschichte betrachtet, handelt es sich bei den Flagellanten um die Verselbständigung dieser Devotion, die nun demonstrativ und prozessionsartig in der Öffentlichkeit vollzogen wurde. Daß die kirchliche Obrigkeit diese Bewegung im 14. Jahrhundert häretisierte, war keine Kritik ihres sich auf diese Weise manifestierenden Bußwillens, auch keine Kritik an der religiösen Selbstverletzung, sondern ist in den außerkirchlichen bzw. antiklerikalen Tendenzen und gewaltsamen Übergriffen zu suchen, die diese kollektive Frömmigkeitsübung begleiteten. Es ging nicht darum, eine übliche Askeseform zu verketzern, sondern Gläubige, die sich amtskirchlicher Autorität nicht fügten.

Die Askese hatte allerdings seit dem Ende des hohen Mittelalters noch eine weitere Funktion, von der noch nicht die Rede war: die der Induzierung von tranceartigen bzw. ekstatischen Zuständen. In dieser Funktion – die durchaus der Vorbereitung der Seelenreise im Schamanismus entspricht, nur daß im Christentum keine Drogen gebraucht werden – wurde sie praktisch von allen ErlebnismystikerInnen vom späten Mittelalter bis in den Barock geübt – zur Kritik mancher theoretischer Mystagogen wie Meister Eckhart.

Als Beispiel dafür, daß bisweilen auch deviante Gruppen Askese in dieser Funktion kannten, sei eine katholische Sekte angeführt, die von Papsttum und Staat gleichermaßen verfolgten Jansenisten, bei denen es Gruppen mit extremen Askesepraktiken gab. In Paris traten in den Jahren nach 1730 jansenistische Konvulsionäre und häufiger Konvulsionärinnen auf, die sich am Friedhof von St. Médard oder bei sich zu Hause ekstatischen Zuckungen und Askeseübungen hingaben. Dazu gehörte etwa das Schlucken von glühenden Kohlen oder Kieselsteinen, besonders auch die Belastung durch das Körpergewicht anderer Gemeindemitglieder.

Es handelt sich hier um ein Massenphänomen, das sich gruppendynamisch ausbreitete, wie ähnlich auch mystische Ergriffenheitszustände in den spätmittelalterlichen Dominikanerinnenkonventen Süddeutschlands oder Epidemien dämonischer Besessenheit im frühneuzeitlichen Frankreich und England. Unter den verschiedenen Torturen, die die Konvulsionärinnen sich antun ließen, kamen auch Fälle von freiwilliger Kreuzigung vor. »Oft zeigten diese Frauen eine unglaublich physische Unempfindlichkeit ...: Die einen stellten lebend die Agonie und das Leiden Christi dar, so die Schwester Françoise, die zweieinhalb Stunden an ein Kreuz geheftet blieb, und das des öfteren« (Loevenbruck Sp. 1760).

Bis zur Französischen Revolution soll es ähnliches auch außerhalb der Hauptstadt gegeben haben. Noch im September 1787 ließ sich in Fareins eine gewisse Marguerite Bernard die Füße stigmatisieren, im Oktober sich eine gewisse Étienette Thomasson in der Kirche mit Nägeln ans Kreuz schlagen. Typisch für diese Form der Nachfolge Christi wie für die anderen Martern war, daß die Schmerzen in einem tranceartigen Zustand nicht gespürt wurden und der Vollzug dieser Peinigungen sich im Verlauf des gemeinschaftlichen Gottesdienstes der Sekte abspielte.

Nur wer mit den Askesepraktiken innerhalb der älteren Kirche nicht vertraut ist, wer sich scheut, das »Lob der Selbstgeißelung« des Kirchenlehrers Petrus Damiani zu lesen oder die autobiographischen Aufzeichnungen der seligen Elsbeth von

Oye oder das »Leben« des Heinrich Seuse oder die Vita der heiligen Francesca von Rom usw., könnte in der Askese der Häretiker ein besonderes Element sehen, das ein Unterscheidungskriterium zur Orthodoxie darstellte. Gewiß hat diese manchmal einen Häresievorwurf *auch* auf zu strenger Askese begründet (besonders bei Spiritualen und Fratizellen), doch mit Ausnahme der Katharer blieben Verständnis und Praktiken auf diesem Gebiet religiösen Lebens durchaus im Rahmen des im vorreformatorischen Christentum Üblichen. Erst durch die Distanz des Protestantismus gegenüber solchen Wegen in das Himmelreich und vor allem durch die auch von den Großkirchen schließlich rezipierte Aufklärung wurde eine »haptische« Askese obsolet. Dahinter steht ein grundsätzlicher mentalitätsgeschichtlicher Wandel der Einstellung dem Körper gegenüber, der sich auch in der Abschaffung der peinlichen Befragung und der Leibstrafen manifestiert. Es ist kein Zufall, daß die Geschichte der Askese und die des Strafrechts parallel verlaufen, haben doch beide Phänomene in der lateinischen Christenheit im Hochmittelalter begonnen, um mit der Aufklärung zu verschwinden.

Literatur

Rudolph M. Bell: Holy Anorexia, Chicago 1986; Peter Dinzelbacher: Christliche Mystik im Abendland, Paderborn 1994; Peter Dinzelbacher: Auf der Suche nach dem Leid, im Druck; Peter Dinzelbacher: Diesseits der Metapher. Selbstkreuzigung und -stigmatisation als konkrete Kreuzesnachfolge, im Druck; Henry Ch. Lea: Geschichte der Inquisition im Mittelalter, Nördlingen 1987 (Nachdruck); L. Loevenbruck: Convulsionnaires, in: Dictionnaire de Théologie Catholique 3/2 (1923) 1756–1762; Ch. Molinier: L'endura, coutume religieuse des derniers sectaires albigeois, in: Annales de la Faculté des Lettres de Bordeaux 3 (1881) 3–18; Kristian Schjeldrup: Die Askese, Berlin 1928; Georg Schmitz-Valckenberg: Grundlehren katharischer Sekten des 13. Jahrhunderts, München 1971; Otto Zöckler: Askese und Mönchtum, Frankfurt 1897.

BURGHART SCHMIDT

EGALITARISMUS

Mit Egalitarismus läßt sich kaum eine besondere religiöse oder ketzerische Bewegung bezeichnen. Aber der Begriff schlägt ein in viele Ketzerbewegungen und Ketzertheorien innerhalb des Christentums und seiner Geschichte. Er ist in den Heiligen Schriften dieser vorderorientalisch-abendländischen Religion laufend präsent, sei es in der »Freiheit eines Christenmenschen«, sei es in der apostolischen Lebensführung seit Jesu Jüngern.

Noch Wilhelm Weitling konnte 1846 in seinem »Evangelium des armen Sünders« den Hauptsinn der Evangelien – abgesehen von der dort auch vor allem diskutierten Gewaltproblematik – auf Eigentumslosigkeit und Familienlosigkeit christlicher Lebensführung abstellen. Wobei die Familienlosigkeit hier nicht im montanistischen Sinn einer Beendigung der Menschenzeugung gemeint ist, sondern gegen die familiären Absonderungen aus dem Egalitarismus und gegen das Erbrecht. Schon Weitling kannte dabei die vielfältige Widersprüchlichkeit der evangeliaren Botschaften in ihrer Summe und räumte daher ein, daß nun je einer Evangelienstelle aus seinem Vortrag Theologen elf Stellen entgegenhalten würden, die das Gegenteil fordern. Aber man könnte es nach nahezu zweitausend Jahren Versuch mit den elf Stellen ohne Erfolg nun mit seiner *einen* Textstelle einmal die nächsten hundert Jahre versuchen.

Mindestens stehen Weitling und Bloch für die Möglichkeit, den Egalitarismus radikaler Art über die bloß geistig seelische

Freiheit und Gleichheit hinaus neben anderem den Empfeh-
lungen und Forderungen der christlichen Grundbücher zu entnehmen. Kein Theologe würde ja wenigstens der Idee nach den
urchristlichen Kommunismus leugnen, wie er dann auch in den
Sonderbewegungen des Eremitentums, der Klostergemeinschaf-
ten und der Orden mit stets anderen Organisationsformen immer wieder ausbrach und neu ansetzte. Nun bietet aber das zum
zentralen Vorbild genommene apostolische Leben schon der Jünger eine praktisch-theoretisch große Schwierigkeit insofern, als
es über den Egalitarismus hinausgeht und eine Armut verlangt,
die zugleich Verzicht auf produktive Arbeit mitmeint. Die Jün-
gerschaft Jesu hat den Schriften zufolge von Bettelei gelebt ohne
Beitrag zur Arbeit der anderen; in den Bettelorden kehrt das wieder. Diese wirtschaftliche Lebensweise des Apostolischen wäre
entgegen einer universalen Egalität nicht verallgemeinerbar.
Denn die Bettelei gelingt als Überlebensmanöver nur unter Voraussetzung der Arbeit anderer.

Sicher, es wird zu Recht immer wieder darauf verwiesen, daß
die Evangelien nur zu verstehen seien unter der Voraussetzung
eines Nächsterwartens von Jüngstem Gericht mit Umschlag in
eine ganz unvorstellbar anders konditionierte Welt, ja unserem
Sinn nach unkonditionierte Welt. Für die ganz kurze Zeitphase
bis dahin wäre der Stand des Produzierten groß genug gewesen,
um für alle ohne weitere Arbeit hinzulangen. Dann wird der
Egalitarismus auch unter Gesichtspunkten apostolischer Lebensweise einleuchtend der Möglichkeit nach verallgemeinerer-
bar: Alle beschäftigen sich nur noch mit dem Einen, was bei bal-
digem Jüngsten Gericht nottut.

Sonst aber müßte die apostolische Lebensweise ihre allgemeine Vorbildlichkeit verlieren und daher den Egalitarismus in der
einen oder anderen Hinsicht einschränken. Auf längere Dauer ist
Egalitarismus nur in der Organisation von Produktion und Verteilung denkbar, an denen um des Egalitären willen alle teilzu-
nehmen hätten. Etwas anderes wäre die Sonderstellung der

gleichsam im religiösen Sinn Forschenden und Lehrenden als Spezialisten. Dann wären mehrere Formen von Egalität denkbar. In einer solchen Situationsstruktur dürfte man die Wirtschaftsform der apostolischen Lebensweise gar nicht mehr als Bettelei bezeichnen. Weil schon die Jünger als solche Spezialisten der Wahrheitsfindung und -verbreitung ein – wie man gesehen zu haben meint – nachgefragtes Gut herstellten und verteilten, für das sie honoriert wurden. Und nun denke man gar an Jesu Heilwunder. Hier handelt es sich dann um Sonderhonorare für einen Spitzenarzt. Das gleiche gilt für seine wundersamen Sozialhilfen.

Alles das ließe sich auf die Probleme der Bettelbewegungen innerhalb der Christenheit übertragen, die sich oft genug sehr bald in anerkannte Orden verwandelten und konsequenterweise – gerade weil sie sich aus den üblichen Funktionalitäten des Lebenssystems von Menschengemeinschaften herausgezogen hatten – mit hochspezialisierten Sonderaufgaben betraut wurden, wie der Klärung des wahren Glaubens. Bekannt ist ja, daß es gerade die Dominikaner und die Franziskaner – ursprünglich Bettelbewegungen christlicher Armutssucht – waren, welche die Inquisition übernahmen und sie, weil praktischen Lebenszusammenhängen dem Postulat nach fremd, besonders »unparteiisch« handhaben konnten, in Wirklichkeit freilich nicht. Denn es ist außerordentlich schwierig, absolute Formen der Egalität und besonders der Armut zu leben; in den Postulaten steckt schon das stark vorbereitete Nistplatzangebot für Heuchelei. Das ist das eine Grundproblem im Egalitarismus als einer religiös gerade allgemein und unkomplex gehaltenen, also im einleuchtend guten Willen verschwimmenden Angelegenheit, selbst in den Offenbarungsquellen.

Wo man das ahnte, etwa in den sich mit dem Ketzertum breit überschneidenden mystischen Bewegungen des Mittelalters, und man daher aus einem lebenspraktischen Egalitarismus umstieg in einen metaphysischen als Destinator der Freiheit eines Christenmenschen, traf man auf seine internen Widersprüche. Man nehme Meister Eckhart als Paradigma des metaphysischen Egalitarismus, der in seinen Reden eine psychische Technik der Einsamkeitswüsten voraussetzt, in die man sich hineinvorzustellen habe, um den *einen* Gott zu erfahren, der sich in allem gleicht. Die Technik weist geradezu an, daß man sich zur Ankunft in der Einsamkeitswüste mit hoher Anstrengung alles besonderen Vorstellens zu entledigen habe. Man muß also intensiv wegvorstellen. Erst auf einem solchen Weg entsteht die wahre Egalität; denn was würde eine materielle Gleichheit helfen, wenn die Vorstellungswelten sich von Mensch zu Mensch unterschieden? Und wie könnte man in lauter verschiedenen Vorstellungswelten dem einen, sich immer gleichen Gott begegnen, ihn erfahren? Gott hängt davon ab, daß und wie er vorgestellt wird, und das Vorstellen findet ihn in sich als seinen eigenen Trieb, sein bloßes Postulat zur Einsamkeitswüste. Es klingt Angelus Silesius für viel später an und ist bei Eckhart vorformuliert: Daß ohne mich Gott nicht ein Nu kann leben. Solches nun wiederum berührt das Laienpriestertum oder das Priestertum aller, den Hauptfeind, von Zweifeln an der Transsubstantiation abgesehen, dem die Inquisition veranstaltet wurde. Und Eckhart entkam ihr nur durch mit Schläue hinterlegtem Pauschalwiderruf ohne Bezug auf bestimmte Lehrsätze.

Lebenspraktisch verallgemeinert würde dieser aus Metaphysik in Transzendentalität umschlagende Egalitarismus natürlich nicht schlechtsinniger Solipsismus sein, sondern solchen Solipsismus anstreben und Gott als Gottsucherei in den Tiefenantrieb der menschlichen Seele versenken, woraus sich der Antrieb zum entleerenden Vorstellen der Leere vorantreibt, die in ihrer faszinierenden Egalität alles andere ausblendet. Im Besonderen lebenspraktisch läßt sich solcher Egalitarismus, der in der Tat der einzig absolut konsequente wäre, nur in Feier- und Sonderaugenblicken an, außer man würde Arthur Schopenhauers Perspektive auf echt aktionsfreien Verzichtsselbstmord wählen, der wegen seiner Aktionsfreiheit kein Selbst*mord* mehr wäre; Schopenhauer nennt da die Kunst des Verzichts auf Atmen. Aber auf solchem Gelände ist Konsequenzmacherei des rationalen Typs billig, und man steht wie beim spätromantischen Liebestodmotiv eines Richard Wagner an den Rändern der dicksten Heuchelei mit dem Gestus: Nur das eine, nur die eine, nur der eine.

Jenseits der Konsequenzmacherei haben wir aber beim christlich angelegten Egalitarismus von beiderlei Typ, dem Materiellen der praktischen Lebensführung wie dem Ideellen der metaphysischen Psychologie mit Postulaten zu tun, nach Kant unerreichbar, Erreichbarkeit wäre eben die billige Konsequenzmacherei, und doch in allem Humanen mit am Werk, dem gerade die Konsequenzmacherei, wo sie sich ihrer Billigkeit schämt, die barbarische Fratze schneidet, reißt und zeigt. In solchen Traditionen steht Prousts vollständiges Erinnern und Blochs Augenblick der unkonstruierbaren Frage gegen die billige Konsequenzmacherei einer Flüchtigkeitsmystik sowie gegen deren Fratze im Unmittelbarkeitsvitalismus wie gegen beider Amalgam eines mystischen Heroisierens von Alltagsleben und Schwelgeankunft des Alles-sei-eins.

Der Egalitarismus, auch Hauptinhalt der Utopie des Chiliasmus, lag immer im Horizont wie Fenster der Ketzerei. Und erst, wo etwa der Chiliasmus sich zu Egalitarismus bestimmte, wurde er als Ketzerei verfolgt. Aber einerseits hat nicht jede Ketzerei mit Egalitarismus zu tun gehabt, und andererseits muß man bei Unausgegorenheit der Ketzerei sich fürchten vor dem, was im Ketzer stecken mag. Egalitarismustraum hat so viel an Überlegsamkeit zu haben, daß er noch im Sakramentalen und Ritualen ein Egalitäres zu spüren vermag. Sakramentales wie Rituales wären dann der objektive Egalitarismus. Viel an Ketzerbewegung vergaß das. Und wo sie, wie in der Reformation, zu historischem Erfolg kam, ließ sie sich nur zu Kompromissen zwingen, die solchen Vergessens halber faul wurden.

Ein drittes Problem des Egalitarismus kann hier nur kurz angerissen werden, das der Gleichheitsansprüche von Frauen oder überhaupt des Feminismus. Denn einerseits versteht sich ein solcher Anspruch im konsequenten Egalitarismus – ob praktisch, metaphysisch oder transzendental – so sehr von selbst, daß er im allgemeinen Gleichheitsanspruch aufgelöst ist. Andererseits bildeten sich die Ketzerbewegungen in patriarchalen Gesellschaften aus, denen das Patriarchale noch nicht zum Problem geworden war. Letzteres ändert freilich nichts an Zulässigkeit und Zuständigkeit eines feministischen Rückblicks aufs Vergangene und einer Suche nach den Anfängen des Feminismus oder seinen Wiederaufnahmen aus dem Matriarchalen. Das führt im ersten Zug auf den Egalitarismus, im zweiten auf geschichtliche Phänomene, die alle um etwas wie Frauenordensbildung kreisen, selbst bei den Beginen. Vom Marienkult mag man da absehen; er war nur Ventil für Verluste des Matriarchalen im Patriarchat und hatte in seiner Konformität mit Ketzerei wenig zu tun.

Literatur

Ernst Bloch: Thomas Müntzer als Theologe der Revolution (1921), Frankfurt am Main 1969; Ernst Bloch: Atheismus im Christentum, Frankfurt am Main 1968; Ernst Bloch: Geist der Utopie, Frankfurt am Main 1918; Herbert Grundmann: Ketzergeschichte des Mittelalters, Göttingen ³1978; Walter Nigg: Das Buch der Ketzer, Zürich 1986; Malcolm Lambert: Ketzerei im Mittelalter, Freiburg i. Br. 1991; Otto Niebel: Mittelalterliche Beginen- und Sozialsiedlungen in den Niederlanden, Tübingen 1970; Ilse Schulz: Schwestern – Beginen – Meisterinnen, Ulm 1992.

Thomas Macho

ESOTERIK

Esoterik ist ein Modewort; schlimmer noch: ein Titel für ein Genre, das sich neben Kriminalromanen, Geister-, Kriegs- und Liebesgeschichten selbst in unscheinbaren Bahnhofsbuchhandlungen etabliert hat. Kaum ein Verlag, der auf seine schwarzen Paperbacks verzichten will. Phantastische Bibliotheken konkurrieren mit okkulten Ratgebern, mystischen Einweihungsschriften, Horoskopen und rätselhaften Prophezeiungen; Indianer tanzen mit Rosenkreuzern, kabbalistische Zaubersprüche reimen sich auf quantenphysikalische Formeln, und keltische Druiden bezeugen im Verein mit indischen Yogis das geheime Leben der Pflanzen und Kristalle. Was sich als exklusives Sonderwissen darzustellen vermag, erhöht seine Verbreitungschancen; ein Titel wie *Geheimes Wissen* oder *Das Okkulte* erobert fast automatisch die Aufmerksamkeit der Konsumenten. Ein Paradox: Esoterik als Verkaufsschlager. Mysterien erstrahlen im Rampenlicht, und ein zahlenmäßig kaum überschaubares Publikum identifiziert sich mit Geheimbünden, sakralen Ordensgemeinschaften, kleinen Zirkeln der Wahrsagerei, des Spiritismus oder der Sexualmagie.

Diese Paradoxie läßt sich freilich ermäßigen, sobald sie auf den Begriff selbst zurückgeführt wird. Der Ausdruck »Esoterik« stammt aus dem Griechischen; er leitet sich ab von »esóteros«, was soviel bedeutet wie »Innerer«. Esoterik bezeichnet die Kenntnisse der »Inneren«, eines exklusiven Kreises eingeweih-

ter Experten. Esoterik ist schlicht und einfach »Insiderwissen«.
Jede Bezugnahme auf ein Insiderwissen erzwingt allerdings die
Konstruktion eines äußeren Milieus. Denn wer vom »Inneren«
spricht, definiert auch die Außenseite. »Esoterik« ist ein relatio-
naler Terminus, der von vornherein auf sein Pendant verweist:
auf ein öffentlich zugängliches, »exoterisch« alltägliches und
wohlvertrautes Wissen. Geheimwissenschaften setzen das Postulat der Wissenschaft voraus, alle Erkenntnis sei mitteilbar und
prinzipiell nur wahrheitsfähig, sofern sie jedem lernwilligen
Adepten eröffnet werden kann. Im selben Sinn, in dem Georg
Simmel behauptete, »die Bewohner des Sirius sind uns nicht
eigentlich fremd«, läßt sich daher sagen, der Priesterkönig einer
altorientalischen Hochkultur habe gar kein esoterisches Wissen
gepflegt. Wo die Idee der exoterischen Publizität – der öffentlichen Verfassung des Wissens – fehlt, kann noch kein esoterisches
Sonderwissen reklamiert werden. Mit anderen Worten: der
meistzitierte Stammvater abendländischer Traditionen – der
griechische Philosoph *Platon* – müßte wohl auch als Ahnherr der
Esoterik gewürdigt werden. Denn erst Platon (427–347 v. Chr.)
war genötigt, sich mit Formen öffentlicher Wissensproduktion
auseinanderzusetzen: mit den *Sophisten*.

Die griechische Sophistik wurde häufig nur mit Platons
Augen betrachtet: als opportunistische Geschäftemacherei, als
Flohmarkt der Wahrheiten, als Verdrehung der Philosophie zur
Rhetorik. Gegen solche Auffassungen hat der jüngst verstorbene
Soziologe Friedrich H. Tenbruck zu Recht eingewendet, daß die
Sophisten als erste Vertreter eines modernen, demokratischen
Wissenschaftsideals angesehen werden müssen. »Denn sie setz-
ten […] die Wissenschaft selbst erst in Gang, lösten also eigent-
lich jene Bewegung aus, welche wir als einmaliges Spezificum
der griechischen Kultur ansehen, welches später zum Nährboden
der modernen Wissenschaft wurde.« Diese Bewegung lasse sich
nur verstehen, »wenn man erkennt, daß die Wissenschaft mit der
Sophistik begonnen hat. Das hat erst einmal mit den Lehren,

welche die Sophisten vortrugen, so gut wie gar nichts zu tun, wohl aber mit der Art und Weise ihres Vortrags, nämlich mit dem Anspruch, daß sich das Wahre aus Rede und Gegenrede öffentlich zwingend ergeben müsse. Darin steckte das völlig neue Konzept eines öffentlichen Wissens, das sich in öffentlicher Begründung erhärten sollte.« Gegen dieses Konzept hatte Platon – als Begründer einer elitären, aristokratisch konservativen Ausbildungsstätte: der *Akademie* – mit nachhaltiger Gründlichkeit polemisiert.

Die Geburtsstunde der Wissenschaft als öffentlicher Organisationsform war auch die Geburtsstunde der Esoterik. Denn erst im Zeitalter der Sophistik ließ sich ein Plädoyer für geheimes Wissen vortragen, das die Sphäre der wirklichen Kenner nicht überschreiten darf. Platon sprach in seinem berühmt-umstrittenen »Siebenten Brief« von einem Wissen, das den meisten Menschen nichts nütze, auch wenn es aufgeschrieben werde – »mit Ausnahme einiger weniger, welche selbst es vermittels eines leisen Fingerzeiges aufzufinden imstande wären«. Gegen die Sophisten: Das *Was* einer Erkenntnis dürfte eben nicht mit dem *Wie* ihrer Erwerbung und Weitergabe verwechselt werden, und »den der Sache sich nicht verwandt Fühlenden wird weder Gelehrigkeit noch Gedächtnis dazu machen«. Ein striktes Votum gegen jede Pädagogik der Alphabetisierung und Allgemeinbildung! Solche und ähnliche Passagen haben die Spekulationen von einer »ungeschriebenen Lehre« Platons provoziert, die bis zum heutigen Tag die Phantasie der gelehrten Exegeten und Philologen beflügeln. Dabei wird manchmal übersehen, daß Platon zumindest sein Argument für eine esoterische Lehre aufgeschrieben und nicht bloß den engsten Schülern anvertraut hat. Der Zweifel an der Schrift wurde schriftlich niedergelegt. Anders gesagt: Die Geburtsstunde der Esoterik war die Geburtsstunde einer *exoterischen Esoterik*, die seitdem unentwegt und wortgewaltig beteuert, daß sie vom Eigentlichen, vom Wesentlichen, vom entscheidenden Kern nichts sagen kann. Von einer buchstäblich esoterischen, einer erfolgreich verheimlichten Doktrin wissen wir dagegen nichts.

Meine Grundthese lautet: Esoterik ist ein Modernisierungsphänomen – eine kaum vermeidbare Begleiterscheinung der fortschreitenden Integration und Homogenisierung menschlicher Lebensformen. Die meisten prämodernen Agrargesellschaften lassen sich als hochdifferenzierte Systeme der sozialen Aufspaltung und einer genealogisch orientierten Arbeitsteilung charakterisieren, als Systeme mit exklusiven, durch Tradition und Abstammung definierten Zugängen zu Machtpositionen, ökonomischen Ressourcen und wissenschaftlich-technischen Informationen. Jedes gesellschaftliche Segment bildete gewissermaßen ein eigenes Kollektivsubjekt, das sich nicht aus dem totalisierenden Blick auf die anderen, sondern vielmehr aus der Kultivierung mannigfaltiger Unterschiede ergab. Mit Ernest Gellner gesagt: »Das ganze System begünstigt [...] horizontale kulturelle Abgrenzungen, und wenn diese fehlen, wird es sie erfinden und verstärken.« Prämoderne Agrargesellschaften förderten die Entstehung zahlreicher exklusiver Identitäten – die sich freilich gerade nicht als »esoterisch« verstehen konnten. Jenes besondere »Insiderwissen«, das die Bildung dissoziierter Kollektivsubjekte ermöglichte, wurde keineswegs reflektiert, aufgeschrieben oder durch Spezialisten kanonisiert, sondern lediglich in gemeinsamer Alltagspraxis tradiert. Söhne der Fürsten wurden zu Fürsten erzogen, Söhne der Verwalter zu Verwaltern, Söhne der Soldaten zu Soldaten, Söhne der Handwerker zu Handwerkern, Söhne der Bauern zu Bauern. Ein Curriculum für Schuster oder Schmiede wäre ebenso absurd erschienen wie die Idee, am Kaiserhof die Dialekte einzelner Bauernhöfe zu unterrichten. Prämoderne Agrargesellschaften verfügten über kein Ideal der Allgemeinbildung oder des öffentlichen Diskurses – und daher auch über keine »Esoterik«.

Alle Praktiken, die das Herz zeitgenössischer Esoteriker höher schlagen lassen – von der Wünschelrute bis zum Liebeszauber,

von der Kräuterarznei bis zum Gespräch mit den Toten, vom
»zweiten Gesicht« bis zum magischen Exorzismus –, wurden
selbstverständlich geübt: aber justament nicht als geheime Zeremonien, sondern eher schon als gewöhnliche Routinehand-
lungen (wie heutzutage das Autofahren oder Telefonieren). Die
»horizontalen kulturellen Abgrenzungen« wurden durch eine
konsequente Vertikalisierung der meisten Orte sozialer Kommunikation befestigt: die agrarische Hierarchie beruhte in erster
Linie nicht auf territorialen, sondern auf temporalen Grenzen.
Das gesellschaftliche Gewicht der Individuen hing in entschei-
dendem Maße von ihrer Geschichte, vom Status ihrer Vorfahren
ab. Im Horizont einer gott- und naturgegebenen Ordnung lebten
die Bauern deshalb als Bauern, weil auch ihre Eltern und Groß-
eltern Bauern waren; die Fürsten waren Fürsten, weil sie von
Fürsten abstammten, und selbst die Henker formierten ihre eigene Dynastie, wie sich den Tagebüchern der Scharfrichter von
Paris entnehmen läßt. Die Angehörigen der einzelnen gesellschaftlichen Schichten verwendeten häufig sogar verschiedene
Sprachen und Dialekte, die nicht übersetzt zu werden brauchten,
weil sie ja nicht Gemeinsamkeiten, sondern Unterschiede mar-
kieren sollten.

In solchen Gesellschaften traten Mystiker auf, Heilige oder
Verrückte, Scharlatane oder Gelehrte, Zauberer, Kräuterhexen
oder Wunderärzte – aber keine Esoteriker. Die antisophistische
Esoterik der platonischen Ideenschau ging spätestens im Sekten-
chaos der Spätantike zugrunde: wo alle Augenblicke ein neuer
Welterlöser auftreten konnte, wo jede Kleinstadt andere Myste-
rienkulte, Evangelien oder Heiligtümer kannte. Da mochte jedermann behaupten – gleichgültig ob Gnostiker, Neuplatoniker
oder x-beliebiger Kunde irgendeines Mysterienkults –, was er
erfahren habe, lasse sich nicht mitteilen; angesichts des Ruins
allgemeinverbindlicher Wissensformen verlor auch die Berufung auf esoterische Offenbarungen und Erleuchtungen jegli-
chen Sinn. Im Grunde blieb alles »esoterisch«, was jemand glau-

ben mochte: Solange sich keine universale Orthodoxie formiert hatte, konnte sich auch keine respektable Opposition etablieren. »In der agrarischen Ordnung wäre es ein eitler Traum, wollte man versuchen, der Gesellschaft auf allen Ebenen einen verallgemeinerten Klerikerstand und eine homogenisierte Kultur mit zentral verkündeten, durch die Schrift verstärkten Geboten aufzuerlegen. Selbst wenn in einigen theologischen Lehrgebäuden ein solches Programm zu finden ist, so ist es doch undurchführbar. Es ist einfach nicht möglich« (Ernest Sellner).

Es war nicht möglich – und wurde doch durchgesetzt: Spätestens im Zeitalter der Kreuzzüge und der *Reconquista* begann ein utopisches Bewußtsein von kultureller Einheit und übergreifender Identität zu wirken; und mit dem Prozeß der europäischen Expansion wurde eine globale Integrationsbewegung ausgelöst, die bis heute aktiv geblieben ist. An die Stelle von Traditionen traten Funktionen, an die Stelle von Geburtsrechten allgemeine Menschenrechte, an die Stelle von extrem diversifizierten Hierarchien kompromißfähige Interessenvertretungen; lokal differenzierte Ausbildungssysteme wurden durch Schulpflicht und universelle Curricula ersetzt. Seßhaftigkeit verlor ihre Bedeutung zugunsten einer neuartigen Mobilität; diachrone Orientierungen und genealogische Prinzipien wurden von synchronen Perspektiven relativiert oder überwunden. Die Logik der Differenzierungen wurde von beispiellosen Homogenisierungsschüben außer Kraft gesetzt. Anders gesagt: Söhne von Fürsten können neuerdings auch als TV-Entertainer auftreten, Söhne von Verwaltern, Soldaten oder Handwerkern können ebensogut als Sportler, Fremdenführer oder Chemielehrer ihren Lebensunterhalt verdienen, und die Söhne von Bauern werden zu »Landschaftspflegern« ernannt, wenn sie nicht gar als Schriftsteller reüssieren. »Modernisierung« – so lautet der gängige Titel, den wir dem Übergang zwischen zwei Gesellschaftsordnungen verliehen haben –, dem Übergang »von einer Agrargesellschaft zu einer Industriegesellschaft. Erstere stellt eine soziale Ordnung dar, die kulturelle Verschiedenheit propagiert und ein komplexes Rollensystem externalisiert. In einer Industriegesellschaft dagegen beherrschen Mobilität, Anonymität und der semantische Charakter menschlicher Arbeit das Leben. Der zugrundeliegende Imperativ einer gemeinsam getragenen Kultur, die durch Erziehung vermittelt wird und auf Bildung beruht, ist ›Gleichschaltung‹« (Ernest Sellner).

Die Moderne ist also das Zeitalter der Homogenisierung, der Wissenschaft, der Technik und einer allgemeinverbindlichen, schriftgestützten Hochkultur: Und sie ist folgerichtig das Zeitalter der Esoterik. Nochmals gesagt: Esoterik ist ein Modernisierungsphänomen. Sie tritt erst im Verein mit der Etablierung moderner Rationalität und experimentalwissenschaftlicher Standards spürbar in Erscheinung. Damit will ich gerade *nicht* wiederholen, was zeitgenössische Wissenschaftshistoriker im Anschluß an Frances A. Yates entdeckt haben: nämlich die Wurzeln moderner Wissenschaften im undurchschaubar verzweigten Gestrüpp der – aus heutiger Sicht – parawissenschaftlichen Spekulationen der frühen Neuzeit. Pico della Mirandola (1463–1494), Francesco Giorgi (1466–1540), Agrippa von Nettesheim (1486–1535), Paracelsus (1494–1541), John Dee (1527–1608), Giambattista Della Porta (1535–1615), Robert Fludd (1574–1637) oder Athanasius Kircher (1602–1680) waren in ihrer Zeit kaum weniger angesehen als Francis Bacon (1561–1626) oder René Descartes (1596–1640). Pico della Mirandola wirkte – gemeinsam mit Marsilio Ficino (1433–1499) – am Hof der Medici in Florenz; Francesco Giorgi zählte zu den Ratgebern des Dogen von Venedig; Agrippa galt zwar als Magier (und Vorbild des legendären Doktor Faust), aber auch – und zu Recht – als ein bedeutender Vertreter des Humanismus. Paracelsus wurde kurzfristig als Stadtarzt nach Basel berufen, wo er Vorlesungen an der Universität hielt; John Dee war zumindest in seiner ersten Lebensphase eine enorm einflußreiche Persönlichkeit am Hof der englischen Königin Elisabeth I.; der neapolitanische Arzt Giam-

battista Della Porta erwarb sich nachhaltigen Ruhm als natur-
kundlicher Sammler – sein »Museum« und sein »botanischer
Garten« wurden von vielen Gästen bestaunt. Athanasius Kircher
galt den Zeitgenossen als »Meister der hundert Künste«; ja selbst
Giordano Bruno (1548–1600) wurde vom Inquisitionsgericht,
das seine Hinrichtung verfügte, nicht als Scharlatan diffamiert,
sondern vielmehr als gefährlicher »Häresiarch« anerkannt.

Alle bisher genannten Persönlichkeiten waren Ärzte, gebilde-
te Humanisten, Mathematiker, Astronomen, Natur- oder
Sprachforscher – jedoch gewiß keine Esoteriker. Was ein gelehrter Abt wie Johannes Trithemius (1462–1516) studierte, war
einerseits sowieso »esoterisch« – und andererseits durchaus
kommunizierbare Theorie. Der Titel »Esoterik« läßt sich eben
auf keine Lehrinhalte beziehen, sondern lediglich auf Organisationsformen des Wissens. So viel Kabbala, Alchemie, Numerolo-
gie, Hermetik, Astrologie oder Kryptographie hätte kein Intellektueller der Renaissance studieren können, daß er im Kontext
der eigenen Zunft zum »Esoteriker« oder »Geheimwissenschaft-
ler« aufgestiegen wäre. Der nicht alphabetisierten Bevölkerung
hingegen mochte bald jemand als Wunderdoktor (wie Paracelsus) oder als Meister der schwarzen Künste (wie Agrippa)
erscheinen. Erst mit dem Siegeszug der Moderne – mit der
Durchsetzung des Ideals autonomer Vernunft und einer vom
Kirchenregiment unabhängigen Wissenschaft – gingen die Zeiten vorüber, in denen es genügt hatte, »Kleriker zu sein, um als
Gelehrter bewundert zu werden« (Gregor Eisenhauer).

Die Moderne ist die Epoche der Esoterik. Zwischen 1749 und
1756 publizierte Emanuel Swedenborg (1688–1772) ein achtbän-
diges Werk über die »Arcana Coelestis«, 1758 ein Kompendium
über »Himmel und Hölle«, das von seinen Gesprächen mit zahlreichen Engeln, Dämonen und Geistern Zeugnis ablegte. Swedenborg hatte sich in seiner Jugend mit naturwissenschaftlichen
Studien und Projekten beschäftigt: u.a. mit der Konstruktion
von Flugzeugen, Unterseebooten, Maschinengewehren und mu-

sikalischen Kompositionsmaschinen. In einer Frühlingsnacht des Jahres 1745 wurden ihm jedoch die jenseitigen Welten eröffnet, und Swedenborg praktizierte seither als »Geisterseher«, der sich mit Vergil, Paulus und Luther unterhielt, wenn er sich nicht um die Bekehrung einiger Teufel bemühte. Knapp hundert Jahre zuvor hatte auch Athanasius Kircher eine Himmelsreise unternommen, die ihn auf Mond und Venus führte und ihm zu zahlreichen Kontakten mit der Engelwelt verhalf. Swedenborgs Visionen waren zwar origineller – ihre eigentliche Bedeutung ergab sich indes aus der Wirkung, die sie entfalteten. Kirchers (mutmaßlich literarische) Vision wurde bloß seinem Ruf gerecht, ein »Universalgenie« zu sein, das sich im Himmel ebensogut auskennt wie auf der Erde; Swedenborgs Geistergespräche traten hingegen in Widerspruch zur jüngst erst etablierten Naturwissenschaft. Kircher verschmolz theologische und wissenschaftliche Positionen bis zur Unkenntlichkeit miteinander – und wurde von seinen Zeitgenossen bewundert; mit Swedenborg begann die eigentliche Geschichte der Esoterik – als Geschichte des Streits zwischen Wissenschaft und Pseudowissenschaft, zwischen Erfahrungssätzen und Offenbarungsevidenz. Immanuel Kant kritisierte die »Träume eines Geistersehers« (1766); Friedrich Christoph Oetinger (1702–1782) und Johann Heinrich Jung-Stilling (1740–1817) haben sie verteidigt und weitergesponnen.

Im Spannungsfeld zu öffentlich anerkannter Wissenschaft entwickelte sich eine äußerst populäre »Esoterik«, die manchmal nicht nur das Publikum, sondern auch die Wissenschaftler selbst zu verwirren drohte. Nicht nur am Mesmerismus – der bekanntlich zur Zeit der Französischen Revolution die Pariser Bevölkerung begeisterte – schieden sich die Temperamente. Diskutiert wurde in der zweiten Hälfte des 18. Jahrhunderts über Newtons Kosmologie, über die Zahl der Elemente, über die Wirkkräfte des Universums. »Einer behauptete, das Geheimnis des Lebens durch eine vitalistische ›vegetative Kraft‹ gelöst zu haben; ein zweiter, der eine neuartige Astronomie ohne Bewegung ankündigte, beanspruchte, ›den Schlüssel zu allen Wissenschaften, den die klügsten Köpfe aller Völker so lange vergeblich gesucht haben‹, gefunden zu haben; ein dritter füllte Newtons Leere mit einem unsichtbaren ›universellen Agens‹, das den Kosmos zusammenhält; ein vierter stieß den ›Götzen‹ der Schwerkraft mit der Behauptung um, Newton habe alles verkehrt herum aufgezäumt: Die Verbrennungswirkung der Sonne stoße in Wahrheit die Planeten zurück, und was Newtons Äther betrifft, so laufe seine elektrifizierte, ›tierische‹ Version durch unsere Körper und bestimme – so schließlich ein fünfter – dabei unsere Hautfarbe« (Robert Darnton). In solcher Argumentationslage ließ sich oft nicht leicht entscheiden, wer als ernsthafter Forscher anerkannt – und wer zu den Scharlatanen gerechnet werden sollte. Die gelehrten Gesellschaften, die sich bemühten, die Grenze zwischen Wissenschaft und esoterischer Spekulation »zu verteidigen, verdammten Mesmer, gaben aber Nicolas le Dru ihren Segen, einer Art Vaudeville-Künstler von Foire Saint-Germain, der gleich Mesmer die Theorie eines allgemeinen Fluidums vertrat und eine magnetische Krankenbehandlung im Couvent des Célestins eröffnete«.

Mag sein, daß die Sperrlinien zwischen rationaler Wissenschaft und esoterischer Popularphilosophie, wie sie beispielsweise Joseph Balsamo – der berühmte »Graf Cagliostro« (1743–1795) – verbreitete, noch leicht erschüttert oder überschritten werden konnten. Johann Gottlieb Fichte pilgerte in seinen letzten Lebensjahren zum Berliner Magnetiseur Karl Christian Wolfart; der Verfasser der »Wissenschaftslehre« hinterließ ein »Tagebuch über den animalischen Magnetismus« (1813). Schelling reflektierte den »Zusammenhang zwischen der Natur und der Geisterwelt« (1809/12); und auch Hegel widmete dem Magnetismus einige Passagen seiner »Philosophie des subjetiven Geistes« (1830). Der Arzt und Dichter Justinus Kerner (1786–1862) protegierte ein Medium aus dem schwäbischen Bergdorf Prevorst – Friederike Hauffe, die sogenannte »Seherin von Prevorst«. Kerners »Visionsprotokolle« wurden 1829 veröffentlicht: »Was Frau Hauffe in ihrem ›magnetischen Schlaf‹ alles sah und sprach (und Kerner aufschrieb), ist so phantastisch, daß Schrebers ›Denkwürdikeiten‹ daneben verblassen« (Karl Markus Michel). Kurz und gut: die Grenzen zwischen Wissenschaft und esoterischer Phantastik wurden selbst von bedeutenden Intellektuellen der Romantik mißachtet oder nicht erkannt; aber darauf kam es nicht an. Denn diese Grenzen wurden durch gelegentliche Fehltritte nicht aufgehoben, sondern regelmäßig aufs neue befestigt. Schopenhauer polemisierte energisch gegen Kerners Leichtgläubigkeit; und nach einem Besuch bei Wolfart schrieb der schwedische Chemiker Berzelius erzürnt: »Ich verließ diesen Tempel der Gesundheit und ihrer neuen Gottheit mit dem Wunsche, einmal zu hören, daß Professor Wolfart an einem gebührenden Galgen und mit einem gebührend starken Hanfstrick als bewußter Betrüger gehängt worden ist« (Martin Blankenburg).

Allerdings bildeten Swedenborg, Joseph Balsamo oder Friederike Hauffe lediglich eine Art von »Vorhut« der modernen Esoterik. Am 31. März 1848 haben sich die Geister der Moderne mit höherer Eindringlichkeit zu Wort gemeldet, und zwar in der Neuen Welt – in Hydesville/New York. Dort wurde die Familie eines gewissen John Fox von seltsamen Klopfgeräuschen alarmiert. Als der Vater versuchte, die Ursache der merkwürdigen Geräusche zu ergründen und zu beheben, ergab sich ein simpler Dialog: »Er rüttelte an einem Fenster in der kleinen Hütte in der Erwartung, die Rahmen lose zu finden. Wie als Antwort ertönte ein widerhallendes Rattern im Raum. ›Mach dasselbe wie ich‹, sagte seine siebenjährige Tochter Kate und klatschte spielerisch in die Hände. Die gleiche Anzahl von Schlägen ließ sich hören, als seien sie von unsichtbaren Händen geklatscht worden. ›Nein, mach es genauso wie ich. Zähl ein, zwei, drei, vier‹, mischte sich die zehnjährige Margaret ein. Als genau vier Schläge ertönten, wurde Margaret zu ängstlich, um mit dem Spiel fortzufahren,

das die Kinder begonnen hatten.« Die Fox-Familie erfand daraufhin ein simples Multiple-choice-Verfahren der Geisterkommu-
nikation. Sie stellten Fragen an ihre unsichtbaren Gäste, die mit
»ja« (ein Klopfzeichen) oder »nein« (zwei Klopfzeichen) beantwortet werden konnten. »Unter Anwendung dieses Codes iden-
tifizierte sich die Erscheinung selbst als der Geist eines toten
Hausierers, dessen Leiche unter der Hütte begraben worden war.
Nachrichten über die Klopfzeichen verbreiteten sich rasch in der
kleinen Stadt, und bald luden die Fox' ihre Nachbarn ins Haus
ein, um sich Unterhaltungen mit dem Geist des toten Hausierers
anzuhören. Als John Fox vorschlug, im Keller zu graben, um
nach der Leiche des Hausierers zu suchen, fanden sich zahlreiche
Freiwillige« (Roy Stemman). Die Grabungsarbeiten mußten
zwar immer wieder unterbrochen werden, aber schließlich fand
man Reste von Haaren und Knochen, von denen angenommen
wurde, sie seien Teil eines menschlichen Skeletts.

Was die Familie Fox wirklich in ihrem Keller gefunden hat, ist
bis heute zweifelhaft geblieben. Unzweifelhaft ist hingegen, daß
die Fox-Hütte den Ruhm der Geburtsstätte moderner spiritisti-
scher Bewegungen erfolgreich in Anspruch genommen hat.
Nach einem Brand wurde die Hütte sogar originalgetreu nach-
gebaut (freilich ohne den »toten Hausierer«); und auf einem Ge-
denkstein, der den exakten Standort der alten Hütte markiert,
steht bis heute zu lesen: »The Birthplace of modern Spiritualism.
Upon this side stood the Hydesville Cottage, the Home of the
Fox-Sisters, through whose Mediumship Communication with
the Spirit World was established, March 31, 1848. There is no
Death, there are no Dead.« Aus dem Schlußsatz dieser Inschrift
ließe sich ein Glaubensbekenntnis der jüngeren Neuzeit ableiten, das allen Entzauberungsanstrengungen hartnäckig trotzt:
»Es gibt keinen Tod – es gibt keine Toten«. Als Evangelistin dieser
Neuauflage einer alten Frohbotschaft (»Tod, wo ist dein Sta-
chel«) hat sich vor allem die südrussische Seherin Helena
Petrowna Blavatsky (1831–1891) profiliert. Von ihrer »theoso-

phischen Gesellschaft« wurden die erfolgreichsten spiritisti-
schen Zirkel und esoterischen Vereinigungen der Moderne
beeinflußt; kein Thema jüngerer Phantastik, das nicht schon in
ihrem vierbändigen Hauptwerk »Die Geheimlehre« berührt
worden wäre. Helena Petrowna Blavatsky bereitete den Boden
für eine ganze Reihe von Esoterikern. Weder Rudolf Steiner
(1861–1925) und die »Anthroposophie«, noch Georg I. Gurdjieff
(1870–1949) und dessen harmonikale Schule bei Fontainebleau,
weder die »Kulturrevolutionäre« vom »Monte Verità« bei Asco-
na, noch Aleister Crowleys (1875–1947) magische Abtei auf
Sizilien wären möglich gewesen ohne die charismatisch-zähe
Vorarbeit des Mediums aus Jekatarinoslaw.

Hundert Jahre nach Blavatskys Tod, kurz vor der Jahrtausendwende, sieht es freilich so aus, als ginge auch die Blütezeit der
Esoterik zu Ende. Esoterik ist ein Modewort geworden – ein trauriges Synonym für eine Hoffnung, die sich wie viele andere Hoffnungen nicht erfüllt hat. Die Pointe unserer Überlegungen – des
Versuchs, Esoterik als Modernisierungsphänomen zu verstehen
– wirft zum Ende die Frage auf, ob es überhaupt gerechtfertigt ist,
das Stichwort »Esoterik« in einem Handbuch der Ketzerei zu
traktieren. Esoteriker waren ja keine Ketzer, keine verzweifelten,
von ihrer Mission überzeugten, verfolgten und nicht selten grausam ermordeten Kämpfer gegen eine verhärtete Orthodoxie.
Esoteriker waren (und sind) nur die Spiegelbilder der rechtgläubigen Erkenntnis; eine Begleiterscheinung öffentlicher Organisationsformen des Wissens. Es ist daher gar nicht unwahrschein-
lich, daß ein – möglicherweise bereits absehbares – »Ende des
naturwissenschaftlichen Zeitalters« (Herbert Pietschmann) auch
einen markanten Bedeutungsverlust esoterischer Ideale herbeiführen wird. Bis dahin wird die Partie zwischen Esoterik und Exo-
terik fortgesetzt. Bis dahin bleibt allenfalls eine gewisse Art von
philanthropischer Ironie erträglich, die sich weder auf den rationalistischen Fanatismus akademischer Pionierzeiten noch auf
esoterische New-Age-Träume einzulassen versucht.

Literatur

Martin Blankenburg: Der »thierische Magnetismus« in Deutschland, in: Robert Darnton: Der Mesmerismus und das Ende der Aufklärung in Frankreich, München/Wien 1983; Gregor Eisenhauer: Scharlatane, Frankfurt am Main 1994; Konrad Gaiser: Platons ungeschriebene Lehre, Stuttgart 1963; Ernest Gellner: Nationalismus und Moderne, Berlin 1991; Karl Markus Michel: Grüße aus dem Jenseits, in: Kursbuch 86, Berlin 1986; Georg Simmel: Das individuelle Gesetz, Frankfurt am Main 1987; Roy Stemman: Die Welt der Seelen und Geister, Frankfurt/Berlin/Wien 1979; Friedrich H. Tenbruck: Zur Soziologie der Sophistik, in: Neue Hefte für Philosophie 10, Göttingen 1976; Lyall Watson: Geheimes Wissen, Frankfurt am Main 1976; Colin Wilson: Das Okkulte, Berlin 1982.

LOTHAR BAIER

INQUISITION

Das lateinische Wort *inquisitio* heißt »Untersuchung« und bezeichnet einen ganz bestimmten Abschnitt innerhalb des Strafverfahrens, so wie es im Römischen Recht festgelegt war. Das Strafverfahren war nicht mit der *inquisitio* identisch: Zu einem gelegentlich durch Folter unterstützten Verhör des Beschuldigten kam es nur dann, wenn sich auf andere Weise, etwa durch die Aussage von Leumundszeugen, Schuld oder Unschuld nicht feststellen ließ. Erst im Mittelalter bildete sich im Zusammenhang mit den Ketzerverfolgungen der Inquisitionsprozeß heraus, der die anderen vom Römischen Recht vorgesehenen Prozeduren und Garantien außer acht ließ. Die Inquisitionsjustiz hat sich in der Epoche des Mittelalters jedoch verselbständigt und ist in manchen Ländern – in Frankreich bis ins 18., in Spanien bis ins 19. Jahrhundert hinein – in Gebrauch geblieben, wenngleich der ursprüngliche Anlaß ihrer Anwendung, das Auftreten mächtiger Ketzerbewegungen, längst nicht mehr gegeben war.

Wie ist es zur Einführung der kirchlichen Inquisitionsjustiz gekommen? Daß Ketzer nicht einfach zu bestrafen, sondern unschädlich zu machen sind, das stand für die kirchlichen Autoritäten des Mittelalters außer Frage, wie die zahlreichen Ketzerverbrennungen des 11. und 12. Jahrhunderts zeigen. Die Kirche behauptete, dabei nur einem göttlichen Gebot zu folgen, indem sie auf den Vers 15,6 des Johannesevangeliums verwies: »Wer nicht in mir bleibt, der wird weggeworfen wie eine Rebe und verdorrt und man sammelt sie und wirft sie ins Feuer, und müssen brennen.« Sich ohne Umstände mit Jesus selbst identifizierend, leitete die Kirche aus der Metapher des Evangelisten die Berechtigung ab, die dem katholischen Dogma nicht ergebenen Christen wie Abfall beseitigen zu dürfen.

Die abschreckende Wirkung der Scheiterhaufen ließ jedoch zu wünschen übrig. Im Lauf des 12. Jahrhunderts wuchs die Ketzerei in Norditalien und in Südfrankreich unaufhaltsam an und drohte ganze Landstriche zu erobern. Um mit den Abweichlern fertigzuwerden, mußte die Kirche die Abweichler aber erst einmal in ihre Gewalt bekommen. Und bevor sie ihrer habhaft werden konnte, mußte sie die Ketzer überhaupt erkennen. Und das war nicht einfach, denn die Masse der katharischen Gläubigen unterschied sich in ihrer sichtbaren Lebensweise nicht von den Katholiken. Katharer gingen zur Messe und ließen sich nach katholischem Ritus auf dem Friedhof bestatten. Die Ketzerei offenbarte sich vornehmlich innerhalb der eigenen vier Wände.

Gleich zu Beginn des im Jahr 1209 ausgerufenen Kreuzzugs gegen die Länder der gegenüber Rom unbotmäßigen Grafschaft Toulouse probierte es das Papsttum mit dem prophylaktischen Massaker. Bei der Eroberung von Béziers durch die Kreuzfahrer flüchteten sich viele Bewohner der als ketzerisch verschrienen Stadt in die Kathedrale und wurden dort, ohne Ansehen von Person und Glaubensüberzeugung, niedergemetzelt. »Tötet sie alle, denn der Herr erkennt die Seinen«, soll der geistliche Einpeitscher der Kreuzfahrer, der Abt Arnaud-Amaury, nach dem Bericht des Kölner Zisterziensers Cäsar von Heisterbach den Söldnern des Papstes zugerufen haben. Das Massaker verfehlte zwar kurzfristig nicht die militärische Wirkung, denn die Herren anderer Städte zogen es vor, den Kreuzfahrern die Tore zu öffnen, statt sie von der feindlichen Übermacht zerstören zu lassen, aber mit militärischen Mitteln kam das Papsttum nicht an den Kern der Häresie heran. Auf dem 1215 nach Rom einberufenen

IV. Laterankonzil wurden weitergehende Maßnahmen zur Eindämmung der häretischen Gefahr beschlossen.

Die Bischöfe erhielten den Auftrag, in ihren Diözesen *inquirierend*, das heißt gewissenserforschend gegen die Ketzer vorzugehen. Allerdings sollte sich der Klerus dabei an bestimmte Regeln halten: Es wurde zum Beispiel ausdrücklich verboten, die später bei den Hexenverfolgungen außerordentlich beliebte Methode der Wasser- oder Feuerprobe anzuwenden, um Ketzer zu identifizieren. Häresie wurde relativ eng gefaßt, als eindeutige Abweichung vom Kern des katholischen Dogmas, das in den Statuten des Laterankonzils zusammengefaßt war. Papst Innozenz III. kam es darauf an, zu verhindern, daß die Angehörigen der zuweilen unorthodox auftretenden und äußerlich mit katharischen Wanderpredigern leicht zu verwechselnden neuen Bettelorden von übereifrigen, in der katholischen Lehre aber nicht allzu gutbewanderten Bischöfen als Ketzer abgeurteilt würden. Gerade der Bettelbruder Dominikus, Gründer des nach ihm benannten Dominikanerordens, hatte sich als gelehrter Herausforderer häretischer Theologen einen Namen gemacht. Er war durch die ketzerische Grafschaft Toulouse gewandert und hatte sich unerschrocken dem Streitgespräch mit den dort heimischen Häretikern gestellt. Der ketzerischen Kirchenkritik, die sich am Prunk und an der Sittenlosigkeit der Klerus entzündete, bot der Bettelmönch keine Angriffsflächen. Papst Innozenz III. sah in den Bettelorden eine neue Stütze der päpstlichen Herrschaft heranwachsen und sorgte dafür, daß sie nicht von den älteren Mönchsorden an die Wand gedrängt wurden.

Während die Grafschaft Toulouse in einem sich über zwanzig Jahre hinziehenden Krieg niedergeworfen und dem französischen Königreich einverleibt wurde, kam die kirchengerichtliche Ketzerbekämpfung nicht recht voran. Dem sollte ein weiteres 1229 nach Toulouse einberufenes Konzil Abhilfe schaffen. Häresie wurde nach dem Willen des päpstlichen Legaten ungeheuer weit gefaßt: Als Häretiker wurde bereits angesehen, wer sich mit

einer Übersetzung von Bibeltexten in die Volkssprache erwi-
schen ließ; wer zusammen mit einem als Ketzer Verdächtigten
im Wirtshaus angetroffen wurde, galt selbst als verdächtig; von
Strafen bedroht war auch ein Eigentümer, auf dessen Grund-
stück Häretiker angetroffen wurden, selbst wenn er nichts davon
wußte. Als Häretiker sollte schließlich jedermann angesehen
werden, von dem die Volksmeinung behauptete, er sei ein Häretiker. Die Bischöfe wurden beauftragt, in ihrem Kirchenbezirk
die Durchsuchung aller in Verdacht geratener Häuser zu organisieren. Wurden dort Häretiker ausgespürt, so waren die Häuser
abzureißen und die Güter zu konfiszieren.

Das Inquisitionsverfahren, dem sich die auf die beschriebene
Weise in Verdacht Geratenen zu unterwerfen hatten, beraubte
den der Ketzerei Beschuldigten der wenigen Rechte, die ein
Angeklagter in der weltlichen Rechtsprechung besaß. Der Inquisitor, in der Regel der amtierende Bischof, war Ankläger und
Richter in einer Person. Der Verdächtigte wurde nicht mit den
Zeugen konfrontiert, die ihn beschuldigten. Das Verfahren war
geheim. Advokaten waren nicht zugelassen. Ein Einspruch gegen
das Urteil war nicht möglich. Wurde jemand unter diesen Bedingungen der Häresie überführt, so konnte er sich nur dadurch vor
dem Scheiterhaufen retten, daß er sofort aller Ketzerei abschwor;
er wurde dann dazu verurteilt, seinen verdächtigen Wohnort zu
verlassen, an einen zweifelsfrei kirchentreuen Ort umzuziehen
und das Zeichen des Ketzerkreuzes zu tragen. Schwor jemand
erst im Angesicht des Scheiterhaufens ab, hatte er in Einzelhaft
Buße zu tun.

Das System der Inquisitionsjustiz beruhte auf einem raffi-
nierten Zusammenspiel von kirchlicher und weltlicher Gewalt.
Die Kirche selbst machte sich nicht mit der Vollstreckung der
Urteile, die sie selbstherrlich fällte, die Finger schmutzig; das
überließ sie dem »weltlichen Arm«. Die weltliche Justiz hatte
von sich aus keinerlei Anlaß, gegen religiöse Abweichler vorzugehen; die weltlichen Gewalten konnten aber von der Kirche ge-

zwungen werden, deren Willen auszuführen und Personen, die als hartnäckige Ketzer bezeichnet wurden, auf dem Scheiterhaufen zu verbrennen. Verweigerte nämlich ein weltlicher Herr den Gehorsam, so geriet er in Verdacht, selbst mit den Häretikern unter einer Decke zu stecken, er riskierte den Kirchenbann und die Exkommunikation, und damit war er sämtlicher Handlungsmöglichkeiten beraubt.

Die den Bischöfen anvertraute Ketzerverfolgung durch Inquisitionsjustiz kam jedoch nur schleppend in Gang: Die bischöflichen Gerichtshöfe hatten sich zuviel mit anderen Angelegenheiten zu befassen. Papst Gregor IX. entzog den Bischöfen 1233 das Inquisitorenamt und vertraute es den Dominikanern an. Mit dem Predigerbruder Konrad von Marburg, der in päpstlichem Auftrag Ketzer aufzuspüren hatte und eine Reihe von ihnen auf den Scheiterhaufen brachte, hatte er in Deutschland bereits vielversprechende Erfahrungen gemacht. Die Dominikaner eigneten sich deshalb besonders als Ketzerjäger, weil sie auf ihren früheren Predigerfahrten und bei Streitgesprächen mit Häretikern die Argumentation der ketzerischen Theologen genau hatten studieren können und Häretikern, die sich als gute Katholiken tarnten, besser auf die Schliche kamen als die unerfahrenen Bischöfe. Unter ihnen befand sich auch der eine oder andere ehemalige Katharer, der sich durch schnelle Konversion zum rechten Glauben Straffreiheit erkauft hatte und dann der Inquisition durch seine Insiderkenntnisse von großem Nutzen war. Die durch ihre Auseinandersetzung mit den Ketzerlehren intellektuell trainierten Schüler des 1234 heiliggesprochenen Dominikus beherrschten bald auch die Theologie der Universität Toulouse, über deren Eingang geschrieben stand: *Pravos extirpat et ensis et ignis et doctor* (»Das Schwert und das Feuer und der Gelehrte vertilgen die Bösewichte«).

Von den gelehrten und geschulten Dominikanern in die Hand genommen, entwickelte sich die Inquisition zu einer rundum effizienten Unterdrückungsmaschine. Man ging dazu über, selbst Verstorbene nachträglich zu Häretikern zu erklären, was praktisch bedeutete, daß der Besitz der Verstorbenen, deren Leichen ausgegraben und auf dem Scheiterhaufen verbrannt wurden, durch Konfiskation der Kirche zufiel. Durch die methodische Ausforschung und Bespitzelung der Gläubigen wurde ein Klima des allseitigen Mißtrauens erzeugt, in dem der Inquisitionsbetrieb ungeheuer gedieh. Es kam den dominikanischen Inquisitoren weniger darauf an, unter allen Umständen kurzen Prozeß zu machen und jeden erwischten Häretiker sogleich auf den Scheiterhaufen zu bringen, als einen umfassenden Überblick über die glaubenspolitische Lage in den Städten Südfrankreichs zu gewinnen. Das IV. Laterankonzil hatte erste Schritte zur umfassenden Kontrolle aller Gläubigen eingeleitet: Die vom Konzil erlassene Verpflichtung aller Katholiken, sich regelmäßig zur Beichte und zum Abendmahl in der Kirche einzufinden, erlaubte es den Priestern, die Säumigen zu erkennen und als mögliche Häretiker zu identifizieren. Auf diese Weise gerieten zahllose Menschen in Verdacht, und je mehr Verdächtige vor die Inquisition zitiert wurden, um so mehr Denunziationen kamen in Umlauf, da sich ein als Ketzer Verdächtigter zumindest von den harten weltlichen Strafen freikaufen konnte, wenn er die Namen von Häretikern preisgab. In der Hoffnung, mit einer milden Strafe davonzukommen, zeigten sich manche auch selber an und beteuerten dann vor dem Inquisitor ihre Rückkehr zum rechten Glauben.

In ihrem Verfolgungseifer gingen die dominikanischen Inquisitoren allmählich selbst nach dem Geschmack gut katholischer Bürger bisweilen zu weit. In Toulouse gab sich der Inquisitor in einem Sterbezimmer als katharischer *perfectus* aus, entlockte der im Todeskampf liegenden Greisin ein katharisches Glaubensbekenntnis und ließ darauf die Sterbende in ihrem Bett aus dem Haus tragen und auf dem Scheiterhaufen verbrennen. In der Öffentlichkeit konnte sich der Inquisitor daraufhin nicht mehr zeigen. In mehreren Städten wurden die Inquisitoren angegriffen, als sie die Gebeine zu Ketzern erklärter Verstorbener ausgraben ließen. Es kam auch zu Plünderungen der Häuser, in denen die Inquisition die von ihr konfiszierten Güter hortete. Im Jahr 1235, sechs Jahre nach Einführung der dominikanischen Inquisition, holten die Bürger von Toulouse, angeführt von ihren Ratsherrn, die Inquisitoren gewaltsam aus ihrem Quartier und warfen sie aus der Stadt, anschließend vertrieben sie sämtliche Dominikaner. Der Graf von Toulouse, Raimond VII., mußte dafür zwar mit der Exkommunizierung büßen, aber der Papst nahm die Vorfälle als Warnzeichen und milderte ein wenig das Regime der Inquisition. Den Dominikanern wurden vorübergehend Franziskaner als Begleiter mitgegeben, sie standen im Ruf, nachsichtiger zu verfahren als die fanatischen Schüler des heiligen Dominikus.

Was war das Charakteristikum des Inquisitionsverfahrens? Der amerikanische Historiker Henry Charles Lea, der als einer der ersten Historiker Ende des 19. Jahrhunderts systematisch Inquisitionsakten auswertete, nannte es das »ungerechteste Verfahren, das menschliche Willkür und Grausamkeit jemals ersonnen haben«. Als auffallend grausam konnten die Strafen, die die Inquisition verhängte, in einem Mittelalter nicht einmal gelten, das daran gewöhnt war, daß die weltliche Justiz verurteilte Täter rädern, in siedendes Öl werfen oder von Pferden vierteilen ließ. Der kirchliche Begriff von Recht und Unrecht war jedoch der reinen Willkür unterworfen. Von der weltlichen Justiz unterschied sich die kirchliche Inquisition dadurch, daß sie keine Taten aburteilte, sondern Gesinnungen. Um an die Überzeugungen der in Verdacht Geratenen heranzukommen, warf die Inquisitionsjustiz die wenigen Rechtsgarantien über Bord, die das Römische Recht dem Angeklagten mitgegeben hatte. Der Grundsatz der Unschuldsvermutung wurde ins Gegenteil verkehrt: Gelang es dem Verdächtigten nicht, seine Unschuld, das heißt, seine einwandfrei kirchentreue Gesinnung durch in den Augen der Inquisitoren glaubwürdige Eidzeugen nachzuweisen, wanderte er auf den Scheiterhaufen. Im Zweifel wurde stets *gegen* den Verdächtigen entschieden. Nicht irgendeine Wahrheitsfindung war das Ziel der inquisitorischen Untersuchung, sondern das Geständnis des einmal in Verdacht Geratenen. Und um ein Geständnis zu erreichen, war der Inquisition jedes Mittel recht, von der Folter bis zur jahre-, wenn nicht jahrzehntelangen Untersuchungshaft. Der Dominikaner Bernard Gui, Anfang des 14. Jahrhunderts Inquisitor in Toulouse, empfahl besonders diese Methode in seinem »Handbuch des Inquisitors«: »Steht ein Beschuldigter unter erheblichem Verdacht, kann man, nach aller Wahrscheinlichkeit und Voraussicht, seine Schuld annehmen, und ist der Inquisitor im übrigen gründlich über die Verhältnisse informiert; in diesem Fall, wenn sich das Individuum im Verlauf seiner Aussage versteift und in seinem Leugnen verharrt – wie ich das Male um Male erlebt habe –, darf man es unter gar keinen Umständen freilassen, sondern muß es ein paar Jahre lang einsperren, damit die Prüfung ihm den Geist öffnet. Ich habe häufig erlebt, wie solche Individuen, unter dem Eindruck jahrelanger Haft und Pein, schließlich gestanden haben, und zwar nicht nur Vergehen jüngeren Datums, sondern auch ältere, manchmal dreißig, vierzig oder mehr Jahre zurückliegende Verfehlungen.«

Ein großes Problem, mit dem sich das »Handbuch des Inquisitors« ausgiebig beschäftigt, ist die Frage nach der Aufrichtigkeit eines Verdächtigen, der erst im Angesicht des bevorstehenden Feuertodes seine Konversion zum rechten Kirchenglauben bekanntgibt. Wie bekommt man heraus, ob sich der Betreffende tatsächlich im Sinn der Orthodoxie eines Besseren besonnen hat oder ob er die Abkehr von der Häresie nur aus Angst simuliert? Der erfahrene Inquisitor Bernard Gui empfiehlt dieses Rezept: »Mehrere Indizien erlauben es, mit einiger Wahrscheinlichkeit die Glaubwürdigkeit der Konversion zu erkennen: wenn der Konvertierte zum Beispiel sofort und spontan alle seine Komplizen des Inquisitoren anzeigt; item, wenn er seine Sekte in Wort und Tat verfolgt; wenn er demütig Stück für Stück seine früheren Irrtümer bekennt; wenn er sie verabscheut und ihnen abschwört. Durch das Verhör, dem man ihn unterwirft, und die Konfession, die man ihn unterschreiben läßt, wird man das alles herausbekommen.«

Der Dominikaner Gui hebt dann als Zeichen außerordentlicher kirchlicher Milde hervor, daß ein solches im letzten Augenblick in den Schoß der Kirche zurückgekehrtes Individuum nicht programmgemäß verbrannt, sondern daß es dem zum Töten bereiten weltlichen Arm noch einmal entrissen wird und als Buße für seine Verfehlungen lediglich lebenslang hinter Kerkermauern schmachten muß. Das hat dieser Experte für das menschliche Gewissen wahrscheinlich nicht einmal zynisch gemeint, denn Zynismus hätte ein Bewußtsein von der Unrechtmäßigkeit des gesamten Verfahrens vorausgesetzt. Das ganze Arrangement der Inquisitionsjustiz war so angelegt, daß sich letzten Endes auch niemand für die Untaten verantwortlich hätte fühlen müssen, die aus dieser Verdachtsjustiz hervorgingen: Die inquirierende Kirche vollstreckte nicht die Urteile, die sie fällte, und die weltliche Macht, die ihre Büttel dazu abstellte, hätte sich damit rechtfertigen können, daß sie selbst nur unter Drohung handelte. Ein fast modernes System der Aufgabenteilung, das durch Gewissensregungen einzelner nicht gestört werden kann.

Rechtshistorisch gesehen, hat die Praxis der Inquisitionsjustiz bei all ihrem inquisitorischen Raffinement eine gewaltige Verrohung der ohnehin schon rauhen Rechtssitten der Epoche befördert. Elemente der Inquisitionsjustiz sind auch in die rein weltliche Rechtsprechung eingedrungen und haben deren Zivilisierung in manchen europäischen Ländern für lange Zeit blockiert. In Spanien blühte die Inquisition Ende des 15. Jahrhunderts mit der Vertreibung des Islam und des Judentums erst richtig auf und hielt sich bis zu den Napoleonischen Kriegen.

Andererseits verdanken die Historiker dem Untersuchungseifer der mittelalterlichen Inquisitoren unersetzliche Auskünfte über das Alltagslebens im Mittelalter. Hätte der Inquisitor Jacques Fournier Anfang des 14. Jahrhunderts in seinem Eifer

nicht fast alle Bewohner eines Pyrenäendorfs verhört und ihre
Aussagen minutiös aufzeichnen lassen, dann wäre der Historiker
LeRoi Ladurie niemals in die Lage versetzt worden, mit seinem
aus Elementen der Inquisitionsprotokolle zusammengesetzten
»Montaillou« das farbige und lehrreiche Porträt einer mittelal-
terlichen Dorfgesellschaft vorzulegen.

Literatur

Jean Duvernoy: Le Catharisme, Bd. 2, Toulouse 1979; Jean Duvernoy (Hrsg.): Le
registre de Jacques Fournier, 3 Bde., Paris/Den Haag 1977; Bernard Gui: Manuel
de'Inquisiteur. Hrsg. von Guy Mollat, Paris 1926; Henry Charles Lea: Die Inquisition, Nördlingen 1985 (Nachdruck); Emmanuel LeRoi Ladurie: Montaillou.
Ein Dorf vor dem Inquisitor, Frankfurt/Berlin/Wien 1980.

HILDE SCHMÖLZER

HEXENVERFOLGUNG

Die Schwierigkeit, das Phänomen der Hexenverfolgungen in seiner ganzen Komplexheit auszuloten, liegt u. a. darin begründet, daß uns von den Verfolgten, den Hexen und Zauberern, kaum Zeugnisse überliefert sind. Nur vereinzelt und spärlich geben aus den Gefängnissen geschmuggelte erhaltene Briefe meist höherstehender, gebildeter Personen Auskunft über die Gemütslage der Gefangenen, die, aus Angst vor Entdeckung und Rücksicht auf Angehörige, wohl auch nicht immer ganz offen waren. Das arme, ungebildete, des Schreibens unkundige Volk hingegen, aus dem die größte Zahl der Verfolgten stammt, bleibt völlig stumm. Es hat uns nichts hinterlassen, aus dem wir Rückschlüsse ziehen könnten. Diese Menschen hatten auch keine Befürworter, keine Verteidiger, die sich ihrer angenommen hätten. Von den wenigen Kritikern der Hexenverfolgungen abgesehen, die selbst alle um ihr Leben fürchten mußten – der Professor für Philosophie, Domprediger in Paderborn und Beichtvater zahlreicher Hexen, Friedrich Spee, ist wohl der profilierteste gewesen –, gab es niemanden, der auch nur versucht hätte, in irgendeiner Form für die Verfolgten Partei zu ergreifen oder die Betroffenen aus ihrer Situation heraus zu verstehen.

Um so besser sind wir über die Motive, die Theorien, die Ängste ihrer Verfolger unterrichtet. Die gelehrten Theologen und Juristen haben umfangreiche Kompendien hinterlassen, die sich in aller Ausführlichkeit mit der neuen »Hexensekte« befassen,

mit theologisch-juristischer Gründlichkeit am neuen Hexenbegriff feilen und mit großer Beredsamkeit dem Volk den ungeheuren Schaden vor Augen führen, den diese gefährlichen, mit dem
Bösen im Bunde stehenden Hexen und Hexer hervorrufen.
Diese Einseitigkeit der Betrachtungsweise zu korrigieren, eine
Lücke zu füllen, sind Historiker spätestens seit dem 19. Jahrhundert bemüht. Vor allem Jules Michelet hat in seinen populären
Werken versucht, durch eine inspirierte und intuitive Mythen-
schreibung die Geschichte der Hexenverfolgung aus der Sicht
der Betroffenen darzustellen. Mehr Erfolg beschieden war wohl
der systematischen Feldforschung späterer Jahrzehnte, die
sich mit den Lebensbedingungen der bäuerlichen und städtischen Unterschichten auseinandersetzte, um auf diese Art und
Weise einen besseren Zugang zu der Situation der Verfolgten zu
gewinnen.

Vor allem aber hat sich die feministische Geschichtsforschung
in den siebziger Jahren unseres Jahrhunderts mit der Frage aus-
einandergesetzt, warum unter den Opfern bis zu 95 Prozent
Frauen waren, was nicht nur zu einer intensiven Befassung mit
den Lebensumständen der Frauen dieser Zeit führte, sondern
auch die gesamte Hexenproblematik neu aufgerollt hat. Daß die
neue Frauenbewegung in der Folge das Bild der starken, positiven, auch gefährlichen Hexe zum Leitbild nahm, liegt wohl zum
Teil an dieser verzerrten, von den Hexenverfolgern und -rich-
tern übernommenen Sicht und hat mit der gequälten, geschun-
denen, gefolterten und schließlich verbrannten historischen
Hexe wenig zu tun. Andererseits jedoch kommt die machtvolle,
heilkundige Hexe, die in sich Reste einer verstümmelten Großen Göttin trägt, nicht nur einem verständlichen Bedürfnis vieler Frauen nach Aufwertung ihres Geschlechts entgegen, sie ist
auch bestens als Trägerin weiblicher Mythen geeignet, die in
einer patriarchalen Welt durchaus notwendig sind. Daß die
Frauenbewegung den negativen patriarchalen Mythos »Hexe«
durch Aufdeckung der eigentlichen Wurzeln, die sich teilweise

bis in vorgeschichtliche matriarchale Kulturen zurückverfolgen lassen, in einen positiven umgewandelt hat, kann als Verdienst gewertet werden. Allerdings sollte die Tatsache, daß es sich dabei um einen Mythos handelt, der nicht mit historischen Gegebenheiten gleichzusetzen ist, nie aus dem Auge verloren werden. Die Hexenverfolgungen, die sich aus den Ketzerverfolgungen entwickelten, erreichten ihren Höhepunkt in Europa zwischen den Jahren 1560 und 1630. Doch hat es auch davor und danach ausgedehnte Verfolgungen gegeben. In Südfrankreich etwa sind massenhafte Verfolgungen von Zauberern und Zauberinnen durch die Inquisition schon zwischen 1320 und 1350 belegt. Der deutsche Begriff der *hexereye* tauchte allerdings erst um 1419 in der deutschsprachigen Schweiz in einem Zauberprozeß auf. Etwa zur selben Zeit wurde bei den Waldenserverfolgungen in Savoyen und Burgund bereits der Begriff der Hexerei angewandt.

Die Ausarbeitung des neuen Hexenbegriffs ebenso wie die Errichtung von Inquisitionsgerichten durch Papst Gregor IX. 1227 bildeten die Voraussetzungen für die Massenverfolgungen der kommenden Jahrhunderte.

Denn der Zauberer und die Zauberin der Antike ebenso wie jene des Mittelalters galten noch als ambivalent. Sie konnten Gutes ebenso wie Böses tun, waren geachtet und gefürchtet zugleich. Sie standen einerseits mit den geheimen Kräften der Natur in Verbindung, brachten Hilfe, Trost und Rat, konnten andererseits aber auch vernichten und verderben. Vornehmlich unter dem Einfluß der mittelalterlichen Theologie, die den im Volk sehr lebendigen Glauben an Schadenzauber, Wettermacher/innen, Wahrsager/innen und zauberische Heiler/innen vorerst als sündhaft bekämpfte, verwandelte sich das ambivalente Bild der Zauber/innen langsam in ein ausschließlich negatives.

Gleichzeitig mit dieser Entwicklung, die allmählich, entgegen den ursprünglichen Ansichten der Kirche zur realen Anerkennung böser, zauberischer Handlungen führte, wurde dieses nun entstandene Negativbild mehr und mehr auf die Frau projiziert.

Zwar waren es schon immer Frauen gewesen, denen ein besserer Zugang zum Übersinnlichen, zur Natur und ihren Gewalten ebenso wie heilenden und schädigenden Kräften nachgesagt wurde. Trotzdem ist selbst in der Hexenbulle Innozenz VIII. aus dem Jahr 1484 noch von »Personen beiderlei Geschlechts« die Rede. Erst der »Hexenhammer« (1486/87) der beiden Dominikaner und Inquisitoren Heinrich Institoris und Jacob Sprenger, der sich bereits im Titel eindeutig auf das weibliche Geschlecht festlegt (*malleus maleficarum* statt *maleficorum*) hat in einer unglaublich gehässigen Art und Weise vornehmlich Frauen zu Verursacherinnen und Trägerinnen des Bösen gemacht.

Natürlich war das von langer Hand vorbereitet. Das Zerrbild der schädigenden, Unheil verbreitenden Frau, der Hexe, speist sich aus vielen Quellen. Hier ist zum einen der volkstümliche Hexenbegriff, der die Hexe vor allem als Schadenzauberin, Wind- und Wettermacherin sieht, einen Pakt mit dem Teufel allerdings noch nicht kennt. Des weiteren die Strigavorstellung, die wiederum zwei zu unterscheidende Vorstellungsgruppen bildet. Einerseits die aus der Antike überlieferte vampyrhafte *striga, lamia* oder *furia,* die vornehmlich in der Gestalt einer Nachteule Säuglinge mit giftiger Milch stillt oder sie aus der Wiege raubt, um ihnen das Blut auszusaugen. Andererseits jedoch die mit der Göttin Diana, Herodias oder Holda nächtlich durch die Lüfte schwebenden Frauen, die als Beschützerinnen des Familienlebens, Helferinnen bei Krankheiten und Geburten durchaus wohlwollende Züge aufweisen. Der Kult der alten Mond- und Waldgöttin Diana war ja im vorchristlichen Europa noch weit verbreitet und wurde von der Kirche als heidnisches Blendwerk bekämpft. Im Canon Episcopi ist mit folgender Textstelle »Es gibt verbrecherische Weibsleute, die ... zur Nachtzeit mit der heidnischen Göttin Diana oder der Herodias und einer unzählbaren Menge von Frauen auf gewissen Tieren reiten« der spätere Hexenflug bereits vorweggenommen.

Daß in der Folge die alte Göttin Diana, die auch Herodias genannt und der germanischen Göttin Holda gleichgesetzt wird, mit ihren guten, heilenden Kräften zurückgedrängt und durch die schädigende, Kinder verzehrende *striga* ersetzt wurde, ist ebenfalls auf den zunehmenden Einfluß des Christentums zurückzuführen.

Der eigentliche Hexenbegriff, wie er dann im 15. Jahrhundert konstruiert wurde und die Voraussetzung für die nun einsetzenden Massenverfolgungen bildete, fügte zu diesen alten Vorstellungen eine neue, wesentliche Komponente dazu: Hexerei zeichnete sich jetzt vor allem aus durch den Teufelspakt, der mit dem Geschlechtsverkehr besiegelt wurde und in dem sich die schwache, leichtgläubige, durch das Böse verführbarere Frau dem Teufel unterwarf, um sich gleichzeitig damit zu verpflichten, als seine Gehilfin den Menschen Schaden zuzufügen und die Sünden dieser Welt zu mehren. Wobei das einigermaßen komplizierte Denkgebäude – nach dem sich der Teufel als Succubus (Dämon, der sich in weiblicher Gestalt den Männern »unterlegt«) Samen vom menschlichen Mann holt, um diesen dann als Incubus (Dämon, der sich in männlicher Gestalt den Frauen »auflegt«) an eine menschliche Frau weiterzugeben – von Thomas von Aquin ausgearbeitet wurde, der sich dabei auf bereits bestehende Vorstellungen von der geschlechtlichen Vereinigung diverser »Geister« mit Menschen stützt. Als Zeichen des Paktes erhielt die Hexe dann das Hexenmal, das – meist in Form eines Muttermals – vor dem Prozeß durch die Folterknechte ausfindig gemacht werden mußte und die Indizien ersetzte.

Diese bösartigen, vornehmlich das weibliche Geschlecht für das Unheil verantwortlich machenden Vorstellungen, die am deutlichsten wohl im »Hexenhammer« zum Ausdruck kommen, sind allerdings keinesfalls Produkt eines irrationalen Wahns weniger religiöser Eiferer. Das Hexenmuster, wie es in der Folge zu der Vernichtung von abertausend Menschen, vornehmlich Frauen, führt, ist das Ergebnis sorgsam ausgeklügelter Denkmethoden der führenden Köpfe dieser Zeit. Es ist das Produkt der aufkommenden (Natur-) Wissenschaften, eines neuen, rationalistischen Denkens, einer neuen Ideologie der Naturbeherrschung. Diesen Zusammenhängen, warum ausgerechnet die Neuzeit mit ihrem Humanismus, ihrem rationalen und naturwissenschaftlichen Denken eine derartige, der Irrationalität und menschenverachtenden Inhumanität verpflichteten Massenverfolgung hervorgebracht hat, wird sonderbarerweise selten nachgegangen.

Neben Schadenzauber, Hexenflug und Tierverwandlung, Teufelspakt und Teufelsbuhlschaft bildete noch der Sabbat einen wesentlichen Bestandteil des inquisitorischen Hexenbildes. Auf den Sabbat flog die Hexe vornehmlich nachts, um dort den Teufel zu verehren, mit ihm Unzucht zu treiben, den christlichen Glauben zu verhöhnen und kleine Kinder zu töten und zu verspeisen. Auch die Sabbatvorstellung leitet sich von den Ketzern ab, denen schauerliche sexuelle Orgien, Kindermord und Anbetung des Teufels vorgeworfen wurde. Aber auch Abscheulichkeiten, die angeblich von den Juden begangen wurden, spielen hier hinein. Diese Vorstellungen mischen sich mit der Erinnerung an alte Fruchtbarkeitskulte, deren Wurzeln zurückreichen bis in vorgeschichtliche Zeit.

Es ist viel darüber gerätselt worden, ob derartige Kulte zur Zeit der Hexenverfolgungen noch praktiziert wurden. So etwa vertrat die Ägyptologin, Archäologin und Volkskundlerin M. Murray in den dreißiger Jahren unseres Jahrhunderts in ihrem aufsehenerregenden Buch »The Witch Cult in Western Europe«, das bis in die sechziger Jahre hinein nachgedruckt wurde, die These, daß die Hexen Anhänger eines vorchristlichen Fruchtbarkeitsritus gewesen seien. Obwohl diese Ansichten inzwischen als unhaltbar verworfen wurden, ortet Carlo Ginzburg in seinem Buch »Hexensabbat« aus dem Jahr 1990 darin doch ein »Quentchen Wahrheit« und berichtet weiter über die Entdeckung der sogenannten »Benandanti«, die zwischen dem 16. und 17. Jahrhundert im Friaul einen Feldkult von ekstatischem Charakter zelebrierten. Auch Byloff schreibt von der Sekte der sogenannten Springer oder Werfer, die sich im slowenischen Bauernvolk ausgebreitet hatte und zur Zeit des Neumondes auf Bergen, in Wäldern oder Tälern bei brennenden Lichtern rauschhafte Feste feierten.

Es sind also bei dem Konstrukt des Sabbats, wie es in den Köpfen der gelehrten Theologen und Juristen existierte und wie es in den stereotypen Fragen der Hexenprotokolle zum Ausdruck kommt, sicherlich sehr viele, im Volksglauben seit Jahrhunderten existente Vorstellungen zusammengeflossen. Auch jene vom gehörnten Fruchtbarkeitsgott, der in der christlichen Mythologie zu Satan umfunktioniert wurde, und von der großen Leben schenkenden und Leben bewahrenden Göttin, die, später zur Hohenpriesterin stilisiert, im Sabbatkult zur Hexe verkam. Auffallend ist auch das große Interesse, das Richter und Theologen der Beschreibung des Geschlechtsverkehrs mit dem Teufel widmeten und das vielfach als Ergebnis der allgemeinen Sexualverdrängung der Kirche interpretiert wird. In den Verhören wurde oft eine genaue Beschreibung des teuflischen Gliedes verlangt, wobei dann regelmäßig festgestellt wird, daß es von »eisiger Kälte« gewesen sei, was einem lustvollen Erlebnis der Hexe mit dem Teufel sicherlich im Wege stand. Die Angst vor einer starken, weiblichen Sexualität, der fleischlichen Begierde, »die bei ihnen (den Frauen, Anm. d. Autorin) unersättlich ist«, kommt auch mehrfach im »Hexenhammer« zum Ausdruck.

Hexerei war also jetzt Teufelsdienst, Abfall von Gott und damit Häresie. Der Ketzerei gleichgesetzt, wurde sie den Inquisitionsgerichten, die von Papst Gregor IX. 1227 eingerichtet worden waren, unterstellt.

Das von den Ketzergerichten eingeführte und vom Hexenprozeß übernommene Inquisitionsverfahren stand in einem krassen Widerspruch zu den deutschen Volksrechten. Es löste den bislang üblichen, sogenannten Akkusationsprozeß ab, der den Richtern und Theologen zur Bekämpfung des gewaltigen Verbrechens der Hexerei, das zu einem *crimen exceptum* erklärt worden war, als nicht effektiv genug erschien. Stützte sich doch das Akkusationsverfahren vor allem auf die Einbringung eindeutiger Beweise durch den Ankläger, die, falls sie für einen Urteilsspruch nicht ausreichten, durch das sogenannte Gottesurteil ersetzt werden konnten. Da jedoch gerade Beweise in einer so unsichtbaren Angelegenheit wie Hexerei schwer zu erbringen waren, griff man zu anderen Methoden: Jetzt genügte die – geheime – Denunziation, um die Festnahme einer Person zu rechtfertigen, womit gleichzeitig jeder Willkür Tür und Tor geöffnet war.

Und die Bereitschaft der Bevölkerung, sich mit den Hexen und Zauberern zugleich auch allen Übels zu entledigen, war nach der Überwindung anfänglicher Schwierigkeiten groß. Während noch im Jahre 1485 der Wunsch des nach Innsbruck beorderten Inquisitors Heinrich Institoris nach völliger Ausrottung des gottlosen Zaubergesindels bei dem Bischof von Brixen Georg Golser auf wenig Verständnis stieß, haben sich in späteren Jahrhunderten häufig die Bewohner einer Ortschaft von sich aus an den zuständigen Inquisitor mit der Bitte um weitere Verfolgungen gewandt. In der Regel genügte eine bloße Verdächtigung, um einen mißliebigen Nachbarn hinter Schloß und Riegel zu bringen, der dann nicht einmal das Recht der Verteidigung besaß, sondern dessen Schuld von Anfang an fest stand und der nur noch durch die Folter zu einem Geständnis gebracht werden mußte.

Als verdächtig galten bereits Personen mit einem schlechten Ruf, einem absonderlichen Aussehen, Heimatlose oder Arme. Zugleich aber auch jene, die zu schnellem Reichtum gekommen waren, zu Erfolg und unverhofftem Glück. Heiler/innen, die einer Krankheit nicht beikamen, waren selbstverständlich verdächtig, daneben aber auch solche, die ungewöhnliche Resultate erzielten. Eine Stellungnahme gegen die Hexenprozesse war in höchstem Maße suspekt, ebenso aber konnte ein allzu eifriges Denunzieren als Ablenkungsmanöver von eigenen Schandtaten interpretiert werden. Am verdächtigsten jedoch war sicherlich eine arme, alte oder kranke Person, die um Hilfe gebeten hatte und abgewiesen wurde. Kam dann in der Folge irgendein Unglück, war dies auf den heimlichen Fluch des abgewiesenen Bittstellers zurückzuführen. Um das eigene schlechte Gewissen reinzuwaschen, wurde das Opfer Täter. Eine Einstellung, wie sie ganz generell bei diesen – und nicht nur diesen – Massenverfolgungen zu beobachten ist. Sündenböcke besitzen immer Ventilfunktion und entheben der eigenen Verantwortung.

Die Ausweglosigkeit, in die Verdächtige häufig gerieten, setzte sich dann im Prozeßverfahren fort. Der »Hexenhammer« hat es bis ins kleinste Detail entwickelt. Es gab hier zwei Verfahren: Entweder der Denunziant machte vor Notar und Zeugen seine Aussagen, die dann ohne Nennung des Namens dem oder der Angeklagten bekanntgemacht wurden. Oder aber der Inquisitor eröffnete das Verfahren aufgrund allgemeiner, an ihn herangetragener Verdächtigungen. Beide Methoden dienten dem Ziel, möglichst viele Hexen und Hexer ausfindig zu machen, um sie ihrer Strafe zu überführen. Um dies zu erreichen, schien fast jedes Mittel gerechtfertigt. Es wurden nicht nur sogenannte »ehrlose« Leute wie Meineidige, Kuppler und Exkommunizierte sowie Mitschuldige als Belastungszeugen zugelassen, sondern auch äußerst fragwürdige Methoden beim Verhör akzeptiert. Neben den spitzfindigen Fangfragen, die der Hexe gestellt wurden und in die sich vor allem ungebildete Personen und damit die Mehrzahl der Angeklagten heillos verstricken mußten, wurden die Richter darüber hinaus von der Verpflichtung freigesprochen, sich gewissenhaft an die Prozeßregeln zu halten. Benedikt Carpzow etwa, *die* strafrechtswissenschaftliche Autorität des 17. Jahrhunderts, empfahl Drohung, Lüge, und Überredung als taugliche Mittel für den Hexenprozeß. Ähnlich argumentierte der bedeutende Strafrechtslehrer Jean Bodin. So konnte es zum Beispiel vorkommen, daß Hexenrichter einen Freispruch in Aussicht stellten und das Todesurteil nach einem damit erpreßten Geständnis von einem Kollegen aussprechen ließen.

Änderungen in der bislang üblichen Rechtspraxis brachte der Inquisitionsprozeß auch im Hinblick auf die Folter. Hatte sie im Rahmen eines normalen mittelalterlichen Strafverfahrens dem Angeklagten die Möglichkeit geboten, sich durch überstandene Torturen vom Verdacht zu reinigen, so war sie nun ein Mittel, seine Schuld zu beweisen. Darüber hinaus wurde die im Grunde widerrechtliche Wiederholung der Folter dadurch möglich gemacht, daß sie als »Fortsetzung« deklariert wurde. Es kam auch vor, daß Menschen unter der Folter starben, was ebenfalls der eigentlichen Gesetzgebung widersprach. Dann hatte der Teufel dem Opfer das Genick gebrochen.

Verheerende Folgen hatte die sogenannte »Besagung«, also die durch die Folter erpreßte Denunziation weiterer, angeblich Schuldiger. Sie war die häufigste Ursache für das teilweise lawinenartige Anwachsen der Verfolgungen in manchen Orten. Da im Falle einer Denunziation meist Befreiung von der Folter versprochen wurde, wird die Bereitschaft dazu groß gewesen sein. In manchen Dörfern wurden die Frauen regelrecht ausgerottet: Während der schrecklichen Verfolgungen in und um Trier in den Jahren 1587 bis 1593 blieben in zwei Orten nur zwei Frauen am Leben.

Daß die Hexenprozesse auch zur persönlichen Bereicherung der Verfolger dienten, steht außer Frage. Denn selbst wenn die Opfer so arm waren, daß die Allgemeinheit für die Prozeßkosten aufkommen mußte, was die landesherrliche Kasse belastet haben mag, so war die Verfolgung doch zumindest für die am Prozeß beteiligten Personen wie Henker, Pfarrer, Gerichtspersonen und Folterknechte ein gutes Geschäft. Wir wissen von zahlreichen Fällen, in denen das letzte Hab und Gut der Verurteilten eingezogen wurde, um damit sämtliche, mit dem Prozeß in Zusammenhang stehende Kosten zu decken. Die Angeklagten hatten nicht nur Speis und Trank zu zahlen, womit sich Richter und Schöffen in den Vernehmungspausen labten, sondern auch das Holz für den Scheiterhaufen, auf dem sie verbrannt wurden. Daß die Folter nach Höhe des Arbeitsaufwandes bezahlt wurde – die schlimmsten Torturen brachten den Scharfrichtern und Folterknechten das meiste ein –, dürfte die Neigung zur strengen Folter außerdem begünstigt haben.

1532 wurde zwar die Konfiskation verboten, die den Angeklagten statt dessen gestellten Rechnungen hatten allerdings den gleichen Effekt.

Während zu Beginn der Verfolgungen die Opfer hauptsächlich aus den unteren Schichten stammten, wurden im späteren Verlauf auch Angehörige der städtischen Mittelschicht erfaßt. Gleichzeitig damit erstreckten sich die Verhaftungen auch vermehrt auf Männer. In manchen Gegenden, etwa im großen Zauberer-Jackl-Prozeß in Salzburg im Jahre 1680, wurden sogar wesentlich mehr Männer (70 Prozent) als Frauen verurteilt.

Trotzdem berechtigt ein durchschnittlicher Frauenanteil von 85 Prozent zu der Frage nach dem Warum. Ihr hat die feministische Geschichtsforschung ausführliche Erklärungsmodelle gewidmet.

Frauen waren zum einen arm. Sie verdienten (so wie übrigens auch heute) im Durchschnitt weniger als Männer, und sie waren – aufgrund ihrer Abhängigkeit vom Mann und eines noch immer nicht geklärten Frauenüberschusses – vielfach »unversorgt«. Eine Konstellation, die viele von ihnen bereits zum Außenseitertum prädestinierte. Ungewöhnlich zahlreiche entwurzelt am Rande der Gesellschaft lebende Frauen schlossen sich auch der häretischen Bewegung an, verhießen ihnen doch die Utopien der Wanderprediger und die auf Gleichberechtigung beruhenden Vorstellungen der Katharer und Waldenser eine neue Heilserfahrung und einen Ausweg aus ihrer armseligen Situation. Natürlich paßte die Tatsache, daß so viele Frauen Ketzerinnen waren, mühelos in das misogyne Frauenbild der Kirche. War doch damit wieder einmal der Beweis für die leichtere Verführbarkeit der Frau erbracht.

Zu der wirtschaftlichen Benachteiligung gesellte sich die

rechtliche. Auch noch im Mittelalter war die Frau der sogenannten *munt*, der männlichen Vorherrschaft, unterworfen. Wenn auch Verkauf und Tötung inzwischen als Übertretung der Muntgewalt angesehen wurden, fungierte der Mann doch nach wie vor als Vormund der Frau; er verwaltete ihr Vermögen und besaß das Züchtigungsrecht. Frauen waren im Erbrecht benachteiligt und von jeder öffentlichen Funktion ausgeschlossen. Sie durften auch nicht vor Gericht erscheinen und mußten ihre Interessen vom Mann vertreten lassen.

Die allgemeine Frauenverachtung des Mittelalters, die lediglich durch den Minnedienst eine leichtere Abschwächung erfuhr, wurde allerdings nicht nur durch die wirtschaftliche und gesellschaftliche Unterprivilegiertheit der Frau geprägt, sondern wahrscheinlich noch nachdrücklicher durch die abwertende Haltung der Kirche. Eva als Verursacherin des Sündenfalls hatte das gesamte weibliche Geschlecht zu ewiger Buße verdammt. Darüber hinaus bewies dieser folgenschwere Fehltritt am Anfang der Menschheitsgeschichte ihre leichtere Verführbarkeit und Neigung zum Bösen. Außerdem wurde schon im Schöpfungsakt die untergeordnete Rolle der Frau signifikant. Entstand sie doch aus einer lächerlichen Rippe Adams, was sie als eindeutig zweitrangig ausweist: Sie ist »Gehilfin des Mannes«, und die Scholastik ebenso wie die weltliche Rechtssprechung wurden nicht müde, dies zu betonen. Zu dieser angenommenen Minderwertigkeit der Frau gesellte sich dann noch ihre größere Sündhaftigkeit. Dieses Stereotyp beruht zumindest teilweise auf dem christlichen Asketentum, das die Abtötung eines Teils des Menschseins, nämlich der Sinnlichkeit, fordert und für ein diesbezügliches Versagen die Frau verantwortlich macht. Sie bedeutet als »Verführerin« eine Gefahr für den asketischen Mann, der er sich durch Abwertung des Weiblichen zu entziehen sucht. Die Hexe wird in diesem Zusammenhang zum Zerrbild der bösen, lüsternen und daher verwerflichen Weiblichkeit, der als strahlendes Gegenbild die jungfräuliche, keusche und daher »reine« Gottesmutter Maria entgegengehalten wird. Es ist darum auch kein Zufall, daß die größten Hexenverfolger die glühendsten Marienverehrer gewesen sind. Die mit Schuld beladene und in Sünden gebärende Frau hat die Mutter Gottes allerdings nicht erlöst. Diese blieb ihrer Sexualität und damit ihrer Sündhaftigkeit verhaftet.

Der christliche Mythos von der gottgewollten Unterordnung ebenso wie der dem Bösen näherstehenden Frau hatte in einer Zeit, die nachhaltig von religiösen Aspekten geprägt war und in der die Kirche einen wirklichen Machtfaktor darstellte, ganz wesentlich zur Entstehung einer allgemeinen frauenfeindlichen Haltung beigetragen. Sie wurde verstärkt durch das von der mittelalterlichen Scholastik übernommene Denkmodell des Aristoteles, mit dem nun auch naturwissenschaftlich bewiesen werden sollte, daß die Frau minderwertig sei. Albertus Magnus etwa vertritt die Ansicht, daß die Frau ein *arren peperomenon*, also ein »verstümmelter Mann« ist, was auf die Alleinwirksamkeit bei der Zeugung zurückzuführen sei. Auch bei Thomas von Aquin, einem Schüler Alberts, ist die Natur der Frau – im Gegensatz zu jener des Mannes – physisch schwach, und diese Schwäche bildet die Voraussetzung für ihre sittliche Gefährdung, aufgrund derer sie sich dem Mann unterzuordnen habe.

Am Beginn der Neuzeit erfuhr dieses negative Frauenbild eine weitere Abwertung. Wirtschaftliche Krisen führten zu einer weitgehenden Verdrängung im Berufsleben, die neugegründeten Universitäten verschlossen ihre Türen vor den Frauen, ein zunehmender Industrialisierungsprozeß machte sie als Produzentin überlebenswichtiger Güter wie Nahrung und Kleidung überflüssig, und der an den Hochschulen ausgebildete Arzt verdrängte sie aus den Heilberufen. Schließlich trug dann noch die im Entstehen begriffene Naturwissenschaft dazu bei, daß die Frau als »Naturwesen« dieser neuen rationalen Ordnung im Wege stand und als »Chaos« bekämpft werden mußte.

Die Hexenverfolgungen großen Stils, wie sie zu dieser Zeit einsetzen, fallen also auf wohlvorbereiteten Boden. Der Böse, der

eine geradezu erschreckende Macht entfaltete und der – so liest
es sich bei den Dämonologen und Theologen – im Begriffe stand,
die Weltherrschaft anzutreten, bedurfte eines Werkzeugs. Und
das war vornehmlich die Frau – die Hexe.

Die Verfolgungen nahmen ihren Anfang in Südfrankreich;
bis zu Beginn des 15. Jahrhunderts, als im übrigen Europa noch
keine Massenhinrichtungen stattfanden, soll es dort nach
Schätzungen bereits mehrere tausend Opfer gegeben haben. In
der ersten Hälfte des 15. Jahrhunderts dehnten sich dann die
Hexenprozesse auf das übrige Frankreich aus und ergriffen
auch Savoyen und Gebiete der südwestlichen Schweiz. Im
deutschsprachigen Raum kam es erst mit dem Auftreten der
Inquisitoren Sprenger und Institoris sowie dem Erscheinen des
»Hexenhammers« zu ausgedehnteren Verfolgungen, die allerdings erst nach der Reformation ihrem Höhepunkt zusteuerten.
Etwa um dieselbe Zeit wurde das Inquisitionsverfahren aus der
kirchlichen Gerichtsbarkeit herausgelöst und dem weltlichen
Verfahren einverleibt, das künftig, wie im »Hexenhammer«
gefordert, in Deutschland die Hexenprozesse zu übernehmen
begann.

Es gab ein grauenvolles Massensterben im geistlichen Für-
stentum Fulda vor allem in den Jahren 1603 bis 1605 unter dem
»Malefizmeister« Balthasar Roß, wo nach seinen eigenen Angaben 205 Menschen hingerichtet wurden. Schormann allerdings
vermutet, daß die Zahl wesentlich höher lag. In Braunschweig-
Wolfenbüttel wurden nach Ferdinand Riegler unter Herzog
Heinrich Julius (1589–1613) oft an einem Tag zehn bis zwölf
Hexen verbrannt. Am schlimmsten wüteten die Verfolgungen in
Würzburg und Bamberg. Zwischen 1625 und 1631 sollen ebenfalls nach Schormann in Würzburg 900 Menschen verbrannt
worden sein, und in Bamberg über 300, so daß sogar der kaiserliche Hof beunruhigt war und Ferdinand II. eingreifen mußte.
Gunnar Heinsohn und Otto Steiger berichten über 5000 Men-
schen, die zwischen 1615 und 1635 in Straßburg ihr Leben lassen

mußten, und von 234 Opfern im Jahre 1629 im fränkischen Miltenberg, einem Städtchen von 3000 Einwohnern.

Zahlen, die im Grunde wenig über das eigentliche Ausmaß der Verfolgungen aussagen. Es ist auch bis heute unbekannt und wird wohl nie zu eruieren sein, weil ein großer Teil der Gerichtsprotokolle verloren gegangen ist und außerdem in vielen Fällen auf eine offizielle Registrierung überhaupt verzichtet wurde. Während die ältere Hexenforschung von mehreren hunderttausend oder gar vielen Millionen Verfolgten und Verbrannten spricht, urteilen moderne Historiker wesentlich vorsichtiger und nehmen eine Zahl von etwa 100 000 an.

Neben Frankreich und Deutschland kam es zu ausgedehnten Verfolgungen vor allem in der Schweiz. Im Vergleich dazu fallen die Hexenprozesse in den österreichischen Alpenländern, die hier relativ spät einsetzen, eher bescheiden aus, auch im nördlichen Europa – wie etwa England, Schottland, Schweden, Norwegen und Dänemark – erreichten sie keinesfalls diese Häufigkeit und Intensität. In Osteuropa ist es hauptsächlich in Polen zu Massenverfolgungen gekommen, und hier fand auch die letzte Exekution im Jahre 1793 statt. Ganz allgemein jedoch war ein Rückgang der Hexenverfolgungen bereits gegen Ende des 17. Jahrhunderts zu beobachten. Als erster Monarch hat Preußens König Friedrich Wilhelm I. 1714 ein Edikt »wegen Abstellung der Mißbräuch bey denen Hexen Prozessen« erlassen. In Österreich beendete Maria Theresia die Hexenprozesse unter Einfluß ihres Leibarztes Antonius de Haen.

Die gefährliche, angsteinjagende Hexe, die allmählich zur vom Teufel Besessenen mutierte, wurde schließlich im Sinne neuerer, medizinischer und psychologischer Erkenntnisse für krank erklärt. Schon der Arzt Johann Weyer hat in einem fünfbändigen Werk aus dem Jahre 1563 die Hexen als einfältige, törichte Weiber bezeichnet, die sich ihre bösen Taten lediglich einbilden – eine Ansicht, für die er beinahe auf den Scheiterhaufen mußte. Auch Christian Thomasius, dem ein wesentliches Verdienst am

Abflauen der Verfolgung zugesprochen wird, hat rund hundert Jahre später die Zauberei zur Einbildung und die Hexerei zu einem fiktiven Verbrechen gemacht. Mit zunehmender »Verwissenschaftlichung« dieses dämonischen Spuks, der so viele Menschenleben gefordert hatte, verlor er auch seine Gefährlichkeit. Der Frau allerdings hat auch diese Entwicklung keine eigentliche Aufwertung gebracht. Nachdem ihre Macht als Verführerin und Verführte gebrochen war, wurde sie zum armen hysterischen und psychisch kranken Weib, dessen sich der Arzt annehmen mußte, um es im Spital oder in der Irrenanstalt zu verwahren. Malebranche hat es treffend ausgedrückt: »Man bestrafe sie nicht mehr und behandle sie als Verrückte. Dann wird man im Lauf der Zeit schon sehen, daß sie gar keine Hexen mehr sind.«

Literatur

Fritz Byloff: Hexenglaube und Hexenverfolgung in den österreichischen Alpenländern, Berlin/Leipzig 1934; Carlo Ginzburg: Hexensabbat, Berlin 1990; Gunnar Heinsohn/Otto Steiger: Die Vernichtung der weisen Frauen,. Herbstein 1985; M. A. Murray: The Witch-Cult in Western Europe, Oxford 1962; Hildegard Neumayer: Die Vernichtung der »Weisen Frauen«. Zur Genese von Hexenbild und Hexenwahn, (Dipl.) Salzburg 1989; Ferdinand Riegler: Hexenprozesse mit besonderer Berücksichtigung des Landes Steiermark, Graz 1926; Hilde Schmölzer: Phänomen Hexe. Wahn und Wirklichkeit im Lauf der Jahrhunderte, Wien 1986; Gerhard Schormann: Hexenprozesse in Deutschland, Göttingen 1981; Jakob Sprenger/Heinrich Institoris: Der Hexenhammer, München 1985 (Nachdruck).

PERSPEKTIVEN

PETER STRASSER

INDIVIDUALISMUS

»Der moderne Mensch ist in seiner Lebenshaltung als Ketzer zu verstehen. Von dieser Feststellung, die nicht bestritten werden kann, ist auszugehen.« So urteilt Walter Nigg am Schluß seines »*Buchs der Ketzer*«, das 1949 erschien und seither zu den Standardwerken der Ketzerliteratur zählt.

Nach Nigg eignet den christlichen Häretikern in ihrem Aufbegehren gegen die katholische Orthodoxie ein zutiefst moderner Zug. Die großen Ketzerpersönlichkeiten revoltieren *als einzelne, als Individuen* gegen das kirchliche Kollektiv und dessen autoritäres Dogma. Die Essenz der Ketzerlehre Niggs lautet daher: Es besteht ein enger, positiver Zusammenhang zwischen der Häresie, wie sie im Abendland historisch auftritt, und der Entstehung des modernen Individualismus; in der exponierten Persönlichkeit schon des frühmittelalterlichen Ketzers bereitet sich die »Lebenshaltung« der europäischen Neuzeit vor.

Das moralische Anliegen des »*Buchs der Ketzer*« läßt, nach der langen beschämenden Geschichte der katholischen Inquisition, keine Unzweideutigkeit zu: Die häretische Tradition soll *umfassend* rehabilitiert werden. Ohne Ketzer kein lebendiges Christentum, und das heißt: überhaupt kein gelebtes Christentum!

So sympathisch eine solche – gewissermaßen ökumenische – Auffassung des christlichen Häretikers anmuten mag, sie muß sich die Frage gefallen lassen, ob ihre historischen und psychologischen Voraussetzungen wirklich über jeden Zweifel erhaben sind. Prominente Ketzerpersönlichkeiten scheinen, befreit aus dem Bannkreis des kirchlichen Vorurteils, Nigg recht zu geben. Beispielsweise heißt es von dem alexandrinischen Priester Arius, er habe dem Befehl, seiner Lehre abzuschwören, hartnäckig Widerstand geleistet, weil er der Ansicht gewesen sei, daß man Überzeugungen nicht auf Befehl ablegen könne. Und tatsächlich: Bis zu Martin Luther und darüber hinaus werden die abendländischen Ketzer immer wieder *die Autorität ihres Gewissens* gegen die Obrigkeit aufbieten.

Freilich, die Auszeichnung einer Glaubensquelle, die jeweils nur dem einzelnen, nicht jedoch dem Kollektiv als solchem zugänglich ist, erfolgt hier innerhalb eines gesellschaftlichen Macht- und Ohnmachtgefüges, in dem zumindest die Hüter der bestehenden Ordnung zur äußersten Gewalt bereit sind. Die Ketzer – als »Träger« eines angeblich falschen Glaubens – werden verfolgt, gefoltert, verbrannt. Sie sind himmelweit entfernt von einem liberalen oder wissenschaftlichen Diskussionsmilieu, für welches kennzeichnend ist, daß es statt Menschen Argumente gegeneinander kämpfen und Theorien sterben läßt.

Der Ketzer weiß, daß ihm Folter und Tod drohen, und viele Ketzer besteigen den Scheiterhaufen mit atemberaubender Beherztheit – für ihre »Wahrheit«. Das ist nur möglich, weil die tiefste, die entscheidende Glaubensquelle des häretischen Individuums gerade nicht bloß individuell und subjektiv, sondern transpersonal und objektiv ist, nämlich von Gott inspiriert.

Das evangelische Wort, die Offenbarung im Geiste, die heilige Vision: solcher Art sind die Ursprungsorte der ketzerischen Gewißheiten. Und diese Gewißheiten haben mit Überzeugungen im modernen Sinne – Überzeugungen, die man zu diskutieren bereit ist und die man bei Vorliegen guter Gegenargumente zwanglos revidiert – nichts gemein. Die Wahrheit des Ketzers tritt mit dem Anspruch der Unwiderlegbarkeit auf; sie gestattet unter keiner menschlichen Bedingung einen Widerruf, sie verpflichtet das ketzerische Individuum, eher zu sterben als zu konvertieren.

Aus der Perspektive des Individualismus, der seinem Wesen nach pluralistisch und liberal ist, sind die Ketzer zumeist autoritäre Persönlichkeiten. Ihren jeweiligen Glaubensstandpunkt vertreten sie nicht weniger dogmatisch, ja oft mit größerem Fanatismus und Feindeshaß als ihre orthodoxen Gegner, die im Schoße der Kirche nichts zu fürchten haben. Nur in wenigen Fällen wird eine häretische Position unter Berufung auf die »natürliche« Vernunft bezogen – jene Art von Vernunft, die wir gemeinhin anwenden, um Fragwürdiges (Behauptungen, Zielsetzungen, Handlungen) mit Hilfe von *allgemein* nachvollziehbaren Argumenten zu prüfen. Und selbst dann geht es dem Ketzer gewöhnlich nicht darum, das Übernatürliche – die Gnadenquelle der Erkenntnis – abzuwerten.

Ein Beispiel: Peter Abaelard (1079–1142), dessen Schrift *Sic et non* (»Ja und Nein«) als bedeutendes Werk der Frühscholastik gilt, wendet die dialektische Methode an, um kirchlich sanktionierte Autoritäten gegeneinander auszuspielen. Warum? Jedenfalls nicht zum Zwecke einer Glaubenskritik, die unter agnostischem oder gar skeptischem Vorzeichen stünde. Das verdächtig Spielerische der Abaelardschen Dialektik steht vielmehr ganz im Dienste der Religion, gilt es doch, eine Vielzahl von Widersprüchen in der Bibel und bei den Kirchenvätern auszuräumen sowie gegen den grassierenden Aberglauben anzukämpfen.

Dennoch ist die Reaktion der Kirche auf Abaelards Anstrengung, eine vernunftgemäße Vermittlung in Glaubensfragen zu finden, durch routinemäßige Gehässigkeit bestimmt: Man zwingt den Meisterjongleur der Widersprüche, sein Buch eigenhändig ins Feuer zu werfen und das Athanasianische Glaubensbekenntnis vom Blatt abzulesen, als sei er ein unwissender Schüler.

Mit ihren Gegnern keinesfalls zu diskutieren, sondern sie, unter Androhung schrecklicher Strafen, *ex auctoritate* schwer zu demütigen, bleibt die bevorzugte Strategie des katholischen Klerus. Er wird auch dann nicht anders verfahren, wenn an die Stelle dialektischer Sophismen bereits handfeste empirische und durchschlagende mathematische Gründe getreten sind, wie etwa bei Galileo Galilei (1564–1642), der sich der Lehre von der »zweifachen Bewegung der Erde« schuldig macht. Es muß den Kirchenfürsten, und erst recht dem Papst, als abwegig erscheinen, mit Laien über »Gründe« zu streiten. Steht man doch in der Nachfolge Petri und ist folglich im unleugbaren Besitze der Wahrheit.

Was nun aber die Frage der Irrtumsimmunität betrifft, so hat die Kirche ihre schwerste Niederlage nicht durch die Ketzer im eigentlichen Wortsinn, die Männer und Frauen mit abweichendem Glaubensbekenntnis, hinnehmen müssen, sondern durch die neuen Helden der empirisch-mathematischen Naturtheorie. Sie sind es, die einen Typus »natürlicher« Erkenntnis – den erfahrungswissenschaftlichen – etablieren, der vor den »übernatürlichen« Wahrheiten der Religion nicht mehr zurückweichen muß, ja ihnen gegenüber im Konfliktfall recht behält.

Gegen die erzhäretische Abstammungslehre Darwins sind alle klerikalen Entrüstungen, Drohgebärden und Verfluchungen letzten Endes machtlos. Die wissenschaftliche Erkenntnis, daß der Mensch nicht von Gott aus Lehm geformt wurde, sondern vom Affen herstammt, erzwingt eine neue Lesart der biblischen Genesis. Der Schöpfungsbericht muß, auch im Hinblick auf die Erzählung von der Entstehung des Menschen, als Mythos qualifiziert werden. Und allgemein gilt: Die Aussagen des Alten Testaments, für deren Wahrheit durch die Jahrhunderte hindurch gelitten und gestorben wurde, dürfen *nicht* wörtlich genommen werden.

Ein solches Resultat kann kein christlicher Ketzer jemals wünschen. Im Gegenteil, die häretische Berufung auf die Autorität des eigenen Gewissens – worin die Ketzerapologie gerne ein Zeichen des Individualismus sieht – erfordert zugleich, daß man die »natürliche« Vernunft energisch herabwürdigt. Diese muß als Teufelsinstrument gebrandmarkt werden, damit sie nicht die ei-

gentliche Quelle der religiösen Wahrheit, nämlich das Gnaden-
werk Gottes, trübe.

So gesehen, liegt Konsequenz darin, wenn Martin Luther
(1483–1546) einerseits seine große Häresie mit dem Argument
verteidigt, keiner menschlichen Instanz bis hin zum Papst und
den Konzilien stehe irgendeine Macht über das Gewissen des
einzelnen zu, andererseits jedoch alles, was nach Aufklärung und
Rationalismus riecht, tief verabscheut. Was die Kirche den großen Ketzern seit Simon Magus – dem vielverteufelten Zauberer-
Christen aus Samaria – als gotteslästerliche Überhebung des
Herzens und des Geistes anlastet, das wird von Luther jenen
Humanisten vorgeworfen, die sich um eine vernunftgemäße
Einstellung des Menschen zu Fragen der Religion bemühen.

Für die Klärung des Zusammenhangs zwischen christlicher
Häresie und modernem Individualismus scheint also nicht uner-
heblich, auf welche Erkenntnisquellen sich die Häretiker berufen
– das evangelische Wort, mystische Visionen, die Stimme des
eigenen Gewissens – und welche anderen Quellen denunziert
werden: Gemeinverstand, Wissenschaft, Logik. Ebenso erheblich
allerdings scheint, *wie* mit den aus den Quellen erfließenden
Glaubenswahrheiten umgegangen wird, vornehmlich gegenüber Andersgesinnten.

Zentrales Merkmal einer individualistischen Einstellung ist
es, Toleranz zu üben und einzuräumen, daß die Überzeugungen
anderer möglicherweise ebensogut vertretbar sind wie die eigenen. Es wäre nun aber psychologisch naiv, eine solche Einstellung gerade bei denen suchen zu wollen, die jegliche religiöse
Fehlgläubigkeit mit ewiger Verdammnis assoziieren und dennoch bereit sind, für ihre ketzerischen Ansichten zu sterben.

Am Beginn der langen Reihe christlicher Ketzerheroen steht
ein Gelehrter, der sich in jungen Jahren eigenhändig kastriert:
Origenes aus Alexandrien, der bedeutendste Theologe des
3. Jahrhunderts. Obwohl Origenes erst 553 endgültig als Ketzer
verurteilt wird, paßt doch die Gewalttat der Selbstentmannung

gut in das Bild einer extrem autoaggressiven Häretikertradition.

Das kategorische Postulat der Selbstverleugnung ist das genaue Gegenteil dessen, was dem Individualismus vorschwebt, wenn er die Selbstverwirklichung des einzelnen jeder Form des Kollektivismus überordnet. Und erst Selbstverleugnung unter christlichem Vorzeichen – das heißt unter der Androhung des ewigen Todes im Höllenpfuhl für alle jene, »die ihr Leben retten wollen« –: sie bedeutet Gewaltanwendung gegen sich selbst, Mißachtung der eigenen irdischen Interessen und allen profanen Glücksverlangens. Das Fleisch soll abgetötet, die Welt muß verachtet werden.

Der Ketzer ist oftmals einer, der sich aus einem Kessel rasender Angst dadurch befreien möchte, daß er »sein Kreuz auf sich nimmt«, um unter ihm sein schlechtes Ich samt den daraus emporquellenden Peinigungen, den Lustgefühlen wie den Schuldgefühlen, zu begraben.

Die Sekte, die das Christentum im Laufe der Zeiten am meisten bedroht, ohne doch ein dauerhaftes Schisma herbeiführen zu können, sind die Katharer. Ihre Ausbreitung beginnt Mitte des 12. Jahrhunderts, und sie verschwinden – nach grausamster Verfolgung durch die Inquisition und ihre weltlichen Schergen – erst wieder im Laufe des 14. Jahrhunderts.

Die Katharer vermischen den Mythos von der Welt als Kampfplatz zweier feindlicher Mächte – die Religion des Zarathustra und späterhin des Mani – mit christlichem Glaubensgut. Sie gelangen so, über die Vermittlung der bulgarischen Bogomilen, zu der dualistischen Vorstellung, unsere Erde sei eine Schöpfung Satans, des Gottes des Alten Testaments. Dieser Vorstellung zufolge werden die in die satanischen Menschenleiber eingeschlossenen Engelseelen erst mit dem Erscheinen Christi von ihrem himmlischen Ursprung unterrichtet und zugleich darüber belehrt, daß Erlösung vom Bösen nur kraft schonungsloser Weltabkehr möglich sei. Die Katharer streben nach Vollkom-

menheit, denn jeder Mensch, der nicht vollkommen lebt, ist verdammt.

Vollkommenheit setzt nach katharischer Lehre strengste geschlechtliche Enthaltsamkeit voraus; ebenso die Enthaltung von
allen Speisen, die direkt oder indirekt durch Zeugung entstanden
sind, Enthaltung also nicht nur vom Fleisch, sondern auch von
Käse, Milch und Eiern. Verboten ist außerdem der Genuß von
Wein. Verboten sind das Schwören und das Töten, einschließlich
des Tötens von Vierfüßern und Vögeln (durch diese Tiere können gefallene Engel wandern). Und der Katharer fastet dreimal
im Jahr sechs Wochen lang bei Wasser und Brot.

Die Vollkommenheit des Katharers ist idealtypisch für ein Lebensideal, das fast bedingungslos antiindividualistisch ist, ohne
deswegen akzentuiert kollektivistisch zu sein. Man will erlöst
werden, und dazu muß man dieser Welt auf regelgerechte Weise
entfliehen, nämlich durch die Abtötung aller irdischen Gelüste
und Interessen. Das beste ist es, ohne Sünde als Märtyrer zu
sterben. Und viele Katharer sterben tatsächlich so. Es wird berichtet, daß 1210, bei der Belagerung von Minerve, 140 Katharer
dem Angebot, sich zu bekehren, eine abschlägige Antwort erteilten, indem sie freiwillig in die Flammen sprangen.

Was die Katharer für die Selbstverwirklichung des Christenmenschen tun, das geschieht nicht aufgrund, sondern trotz ihrer religiösen Programmatik. Gerade die Weltflucht bietet ja denen ein Refugium, die im Alltag eine Mühle sehen, worin sie
zermahlen werden. Arno Borst urteilt folgendermaßen: »Die
Einzelpersönlichkeit und ihre Wertschätzung sagt den Katharern wenig zu; sie sind keine religiösen Demokraten gewesen,
und Toleranz war ihnen nur eine Waffe wie allen Minderheiten.
Und doch sind die Einzelnen zu den Katharern gekommen, die
Menschen, denen Freiheit mehr war als Ordnung; vor allem
sind die Frauen zu ihnen geströmt, die das persönliche Fromm-
sein ersehnten. So haben sie, obwohl sie die Freiheit leugneten
und die Frau für teuflisch hielten, manches getan, um die Frei-

heit des Einzelnen als neue Grundlage seiner Existenz zu setzen.«

In diesem Sinne gibt es einen positiven Zusammenhang zwischen Individualismus und Ketzerei. Freilich, damit die indivi-
dualistische Lebenseinstellung breiten gesellschaftlichen Boden
gewinnen kann, müssen nicht nur die christlich-orthodoxen
Bindungskräfte schwach werden; es muß auch der häretische
Schuldkomplex samt seinen Rationalisierungen von der Bühne
der Öffentlichkeit verschwinden.

Jener Luther, den die Welt kennt und verehrt, ist der wortge-
waltige Theologe, der das Gewissen des einzelnen zur höchsten
Autorität in Glaubensfragen stilisiert, und der, mutig angehend
gegen die verluderte Autorität der Kirchenoberen, 1520 die Bulle
mit der Androhung des Kirchenbannes den Flammen übergibt.
Was tut es heute noch, daß diese Handlungen in der Folge von
Angstzuständen auftreten, die uns einen erbarmungswürdigen
Phantasten im Kloster zeigen?

»Gottes Hand lag drückend auf Luther«, so oder ähnlich formuliert es die protestantische Folklore. Tatsache ist, daß Luther
durch die neurotische Furcht, im voraus zum ewigen Höllenfeu-
er bestimmt zu sein, beinahe verrückt wird. Sein Horror ist derart groß, daß ihm nach den Angstattacken die Knochen wie zu
Asche verzehrt vorkommen.

Der Glaube an die strenge Vorherbestimmtheit (Prädestina-
tion) des menschlichen Schicksals durch Gott, an die Unbegreif-
lichkeit des göttlichen Gnadenhandelns und daran, daß es all-
überall Todsündenschuld, indes keinen freien Willen gibt: der
Glaube, wie ihn Luther in seinem Buch *De servo arbitrio* (»Das
der freye wille nichts sey«) gegen den Humanisten Erasmus von
Rotterdam vorträgt – dieser Glaube ist der Deckel, der die zum
Wahnsinn treibenden Höllenängste niederhält. Seine Funktion
besteht darin, das Individuum zu »stärken«, indem dieses zur
totalen Kapitulation vor der irrationalen Übermacht Gottes angetrieben wird: *Selbstverwirklichung durch Selbstverleugnung.*

Dabei spielt die lutherische Autorität des Gewissens eine abge-
leitete, sekundäre Rolle; sie rationalisiert den neurotisch bedingten Prädestinationsglauben des erfolgreichsten christlichen
Schismatikers.

Um von hier zu den gesellschaftlichen und psychologischen
Voraussetzungen des modernen Individualismus zu gelangen,
muß man das Terrain wechseln. Humanismus und Aufklärung
haben mit der christlichen Ketzerei nur gemeinsam, daß sie der
Rechtgläubigkeit im orthodoxen Verstande entbehren. Ansonsten sind die Grundlagen ihres Welt- und Menschenbildes andere.

Einerseits soll der Rückgang auf das Griechentum der christlichen Kultur etwas von jener Wärme bringen, mit der die Alten,
die so erregend neu anmuten, den Körper betrachten konnten.
In dessen klassischer Schönheit spiegelt sich für den Humanisten an der Schwelle zur Neuzeit eine vom Schmutz der Sünde
und von der Qual der Schuld befreite Sicht des menschlichen
Individuums. Andererseits führt die Aufwertung des bloß
»Sinnlichen« und der »natürlichen« Vernunft durch die junge,
stürmische Naturwissenschaft zu einer Entängstigung irdischer
Angelegenheiten. Und die wirtschaftliche Expansion im Zusammenspiel mit technologischer Neuerung, vor allem aber mit
einem erstarkenden sozialtechnischen Optimismus, läßt die Interessen des einzelnen jenseits theologischer Perspektiven, nämlich als autonome individuelle Wertgrößen, verstärkt in den
Blick treten.

Das Problem der gerechten Interessenbefriedigung unter großer Güterknappheit beschäftigt die führenden Denker des Auf-
klärungszeitalters. Der Utilitarismus, also eine rein weltliche
Sicht ethischer Thematiken, beginnt Fuß zu fassen. Zwischen der
moralischen Richtigkeit einer Handlung und ihrem Beitrag zur
Maximierung individuellen Nutzens besteht fortan ein Recht-
fertigungszusammenhang.

»Das größte Glück der größten Zahl« ist nur die grobschläch-
tigste der utilitaristischen Losungen; indessen weist gerade sie

den Weg der modernen Zeiten. Die prinzipielle Gleichwertigkeit aller Menschen resultiert aus dem nutzenethischen Postulat, es gebe keinen größeren Unwert als die Verletzung menschlicher Basisbedürfnisse. Worum es im Leben gehen kann, das ist, noch vor anderen legitimen Zwecken und selbst vor denen der Religion, die Vermeidung von Hunger, Kälte und Schmerz.

Damit Freiheit und Toleranz zu Selbstverständlichkeiten der modernen Kultur werden, muß diese, was immer ihr staatsreligiöses Bekenntnis sein mag, *zuinnerst* verweltlicht sein. Die theologische Gewichtung – und vielfach Geringschätzung – der Einzelpersönlichkeit muß der Auffassung Platz gemacht haben, daß ein friedlicher Umgang der Menschen miteinander erst möglich wird, wenn das Individuum als letzte, unhintergehbare moralische Bezugsgröße anerkannt ist.

Es gibt eine gewisse Ketzerromantik. Ihr zufolge ist kulturelle Nichtkonformität ein besonderer kultureller Wert.

Die intellektuelle und künstlerische Avantgarde der Moderne mit ihrer outrierten Ablehnung der Konventionen, besonders der bürgerlichen Normalitätsstandards, wäre von vornherein ins Leere gelaufen, hätte nicht die – aus dem ursprünglichen Glaubenskontext herausisolierte – Ketzerhaltung als Kennzeichen der neuen geistigen Elite gegolten. Zwar paßt, soziologisch gesehen, der Ketzer in die buntscheckige, narzißtisch-nervöse »Gegenkultur« wie die sprichwörtliche Faust aufs Auge; aber psychologisch funktioniert das Etikett »Ketzer« als Dramatisierung einer Rolle, deren objektiver Machtstatus gering ist: Sind die Dichter und Denker, die Artisten und Geistesmenschen erst Ketzer, so sind sie der bestehenden Ordnung immerhin gefährlich.

Der Individualismus der Avantgarde, der keineswegs frei ist von elitären Zügen – zumal einem pseudoaristokratischen Affekt gegen demokratische Vermassung und Nivellierung –, entlastet vom Druck des Gesellschaftlichen. Dieses durchdringt, nach dem Dafürhalten der antibürgerlichen Frei- und Schöngeister, die

Einzelperson immer tiefer und umfassender. Dagegen agiert man radikal kritisch und radikal utopisch: Das Genie steht, auch wenn seine Existenzfristung vom Kunstmarkt, ja von öffentlichen Subventionen abhängt, seinem Wesen gemäß außerhalb des etablierten sozialen Gefüges; es läßt sich mit nichts vergleichen, es ist in seiner Einzigartigkeit zugleich Religionsstifter und Verbrecher, sowohl vollkommen tragisch als auch vollkommen häretisch.

Erst im reflektierenden und Anteil nehmenden Gang durch die sehr lange Reihe christlicher Ketzer erkennt Walter Nigg den wahren Reichtum seines Christseins. Er erkennt den Ketzer in sich und damit erst sich selber.

Wenn jedoch »ein Individuum sein« schließlich gleichviel bedeutet wie »ein Ketzer sein«, dann verharrt das soziale System im – real folgenlosen – Zustand der *Universalhäresie*. Sind alle Individuen Ketzer geworden, so fallen Häresie und Orthodoxie ineins, und es gibt – außer als rhetorische Versatzstücke der Ketzerromantik – weder das eine noch das andere.

Der moderne häretische Ausbruchsversuch ist, wie auch andere zivile Ausbruchsversuche aus der geschlossenen Gesellschaft der Individuen, zum Scheitern verurteilt. Und eben diese Limitierung bedeutet das wirkliche Ende des Ketzertums in unserer Zeit.

Literatur

Arno Borst: Die Katharer, Freiburg i. Br. 1991; Stanley Cohen/Laurie Taylor: Ausbruchsversuche, Frankfurt am Main 1977; Walter Nigg: Das Buch der Ketzer, Zürich 1949.

HEINZ ROBERT SCHLETTE

NONKONFORMISMUS

»Nonkonformismus« ist zunächst nichts anderes als eine »Leer-
formel« (Ernst Topitsch). Man kann dieses Wort unabhängig von
einem bestimmten Inhalt in beliebigen Zusammenhängen verwenden. Es kann sich ebenso auf einzelne Personen wie auf ganze Gruppen beziehen, und das Gemeinsame, das der »Begriff«
anzeigt, ist lediglich darin zu finden, daß von seinem Sichabgren-
zen und Sichunterscheiden gegenüber den Ansprüchen und Erwartungen einer Majorität die Rede ist. Demgemäß hat man sogleich die Termini »Konformität« und »Konformismus« mit ins
Spiel zu bringen, was das bekannte »Historische Wörterbuch der
Philosophie« veranlaßt haben dürfte, auf einen Artikel »Nonkonformismus« zu verzichten und einen Beitrag mit dem schönen Titel »Konformismus (Konformität)/Nonkonformismus«
aufzunehmen.

Gut informiert und informierend spricht dieses Lexikon so-
zialphilosophisch und soziologisch von dem Nonkonformismus
einzelner gegenüber Gruppen und der »Masse«, aber auch von
dem Nonkonformismus ganzer »Klassen« und Kollektive, vor
allem im Marxschen Sinne, gegenüber dem vorherrschenden
Konformismus anderer »Klassen« und Kollektive, und es vergißt
nicht zu erwähnen, daß es dem Nonkonformismus dieser oder
jener Art auch um das Eintreten für Normen (bzw. Werte) und
Ziele geht oder gehen kann, die die Gegenseite, der Konformismus, aus welchen Gründen und in welcher Weise auch immer

vernachlässigt, so daß dem Nonkonformismus ein dynamisierendes, belebendes Element zu eigen sein *kann*. Was den historischen Hintergrund der Stichwörter betrifft, so verweist das Wörterbuch auf die englische Kirche im 16./17. Jahrhundert, in der durch die »Acts of Uniformity« die Zugehörigkeit zur »established church«, d. h. zur »Staatskirche«, vorgeschrieben wurde, wogegen sich, den Gefahren der Veräußerlichung solchen Christentums entgegentretend, der »Dissentismus« gewisser protestantischer Bewegungen bzw. »Sekten« gebildet habe.

Nun, das Lexikon unterstreicht im Grunde den Leerformelcharakter des Wortes Nonkonformismus, auch wenn die Möglichkeit nicht ausgeschlossen wird, daß gewisse »positive« Wirkungen von Nonkonformisten ausgehen können. Es ist also möglich, in verschiedener Weise von Nonkonformismus (und Konformismus) zu reden: Ein Kritiker oder Querdenker in seiner eigenen politischen Partei, links- und rechtsradikale Zusammenrottungen und terroristische Exzesse gegenüber der Demokratie, aber auch zum Beispiel die Vertreter der alternativen oder biologischen Medizin gegenüber der sogenannten Schulmedizin, »Abweichler« oder nur »unkonventionell« sich Verhaltende in Universitäten, Industrie, Kulturbetrieb usw. – für all diese Verhaltens- und Äußerungsformen kann das Wort »Nonkonformismus« stehen, und selbstverständlich ist niemals sicher, ob all diese Sorten von Nonkonformismus wirklich zum »Positiven« oder gar zum »Besseren« führen. Jedenfalls wird man auch diese (Leer-)Formel festhalten dürfen: kein Nonkonformismus ohne Konformität oder Konformismus. Den puren Nonkonformisten kann es nicht geben; würde man trotzdem versuchen, sich ihn vorzustellen, wäre er eine äußerst skurrile, lächerliche Figur, die sich von jeglicher Sozialität verabschiedet hätte.

Derartige leicht fortsetzbare Begriffskläreien lassen es als ziemlich zwecklos erscheinen, bei theologischen Reflexionen zum Thema »Ketzer« aus dem Wort Nonkonformismus etwas Univokes herauszudestillieren. Nicht alle Katholiken, wenngleich offenkundig die meisten, darf man Konformisten nennen, und nicht alle »Protestanten« sind eo ipso Nonkonformisten. Nicht alle Ketzer waren – abgesehen vielleicht von ihren Anfängen – Nonkonformisten, und nicht alle katholischen Konformisten sind dieses geblieben. Es gibt also Konversionen vom Konformismus zum Nonkonformismus und umgekehrt. Ist zum Beispiel der jetzige Papst ein Nonkonformist, weil er an einer rigiden Sexualmoral festhält? Zeigt nicht diese Frage, daß man gleichzeitig Konformist und Nonkonformist sein kann, je nach dem, worum es sich handelt und aus welcher Perspektive man urteilt? Wenn aber die Majorität immer antinonkonformistisch ist, sind dann heute die, die auf der Seite des II. Vatikanischen Konzils stehen, Konformisten oder Nonkonformisten? Die Antwort hängt von der Interpretation des Konzils ab, oder besser davon, wer seine Interpretation des Konzils – mit welchen Mitteln auch immer – hat durchsetzen können.

So kann es zu seltsamen Konstellationen kommen. Die katholische Rechte mit jenen unsäglichen fundamentalistischen Bischöfen und Gruppierungen kann sich gegenüber jenen als nonkonformistisch definieren, die sie als von den »Modernen« irregeleitete Herde verunglimpfen; umgekehrt werden sich qualifizierte Theologen, Basisgruppen usw., die trotz aller Dialogbereitschaft und Offenheit relativ geringen Zulauf haben (und schon gar keinen obrigkeitlichen Zuspruch), gegenüber den »von oben« Begünstigten in der sogenannten Mitte, aber auch auf der Rechten als Nonkonformisten verstehen. Kurzum, der »Begriff« ist auch theologisch so diffus und dehnbar, daß man ihn am besten aus dem Verkehr ziehen sollte; wenn ich hier dennoch über ihn schreibe, so deswegen, weil ich meine, es sei trotz des terminologischen Dilemmas möglich, einige theologische Gesichtspunkte mit der notwendigen Deutlichkeit anzusprechen, wobei allerdings eine gewisse »Parteinahme« erforderlich ist. In diesem Sinne wähle ich hier also als die »normative reference group« für diesen Nonkonformismusartikel den real existierenden römischen Katholizismus und vertrete die nicht gerade neue These, daß auch innerhalb dieses Katholizismus (Simone Weil sprach hier von dem »Christentum de facto«, nicht »de jure«) Nonkonformismus *notwendig* ist. Diese These kann zweifellos sogleich wieder jener fatalen Mehrdeutigkeit verfallen, von der die Rede war, doch wenn man sich nicht dümmer stellt, als man ist, ergibt sich durchaus die Möglichkeit, dem semantischen und (religions-)soziologischen Dilemma zu entkommen.

Zu der Einschränkung auf die Bezugsgröße »römischer Katholizismus« gehört an dieser Stelle auch noch die Begrenzung auf die gegenwärtige Situation; so wie die Lage ist, kann diese sich in einem System wie dem römisch-katholischen im Falle eines Papstwechsels relativ rasch ändern. Es ist also theoretisch möglich, und gelegentlich – man denke an den Papst Johannes XXIII. – kommt es auch vor, daß sich die Koordinaten verschieben und bei Konformismus und Nonkonformismus in einem gewissen Maße ein durchaus fragwürdiger Rollentausch eintritt. Ich möchte jedoch dieses »Strukturproblem« hier nicht weiter erörtern, sondern auf die gegenwärtige Lage so eingehen, daß ich, die Tatsache eines tiefgehenden Konflikts innerhalb des heutigen römischen Katholizismus voraussetzend, die Notwendigkeit eines Nonkonformismus skizzenhaft darlege. Andere werden diesen Konflikt anders beschreiben, aber es ist zweifellos nicht nur eine beliebige, subjektive Meinung, wenn man von einer Konfrontation von »Dinosauriern« und/oder »Konservativen«, die »das Sagen« haben, und »modernisierenden Realisten« (oft mißverständlich »Progressive« genannt) spricht.

Offenbar gibt es auch und gerade im römischen Katholizismus so etwas wie einen Konformitätsdruck derer, die »das Sagen haben«, also des Papstes und der Bischöfe – oder allgemeiner: des sogenannten ordentlichen Lehramts –, und offenbar bringt dieser Druck und nicht zuletzt die Art und Weise, wie er ausgeübt wird, Nonkonformismus hervor. Die das Sagen haben, haben also zu bestimmen und anzuordnen; aber damit ist noch nichts darüber gesagt, ob sie inhaltlich etwas zu sagen (oder zu »bieten«) haben, was dieses genau ist und, vor allem, woher sie, bei Licht betrachtet, das haben, was sie sagen. Das bloße Sagen von etwas, eben weil man das Sagen *hat*, muß sich, will es sich nicht fundamentalistisch wiederholen, immer neu ausweisen. Wie anders könnte dem entsprochen werden, was gemeint ist, wenn es in 1 Petrus 3,15 heißt, die Christen müßten jederzeit bereit sein, über ihre Hoffnung Rechenschaft abzulegen? Dieses Sich-immer-neu-Ausweisen des Sagens derer, die als »Lehramt« das Sagen beanspruchen und das Sagen *haben* (wobei heute die ganze Maschinerie der medialen Möglichkeiten aufgeboten wird, nicht zuletzt auch im Vorblick auf die heute allerorten beschworene Zahl 2000), kann doch wohl nur auf dem Weg über jene gruppeninterne Reflexion geschehen, die man »Theologie« nennt. Die Frage also, woher das Lehramt hat, was es sagen zu müssen oder zu sollen meint, führt nicht in einem schlichten Sinne auf »die Bibel« und gewisse Traditionen zurück, sondern auf die Frage nach der Lehrkompetenz und Lehrautorität der Theologie bzw. der Theologen oder, wenn man es so ausdrücken will, auf *deren* Lehramt. Damit nähern wir uns dem heißen Kern der römisch-katholischen Variante des Konformismus-Nonkonformismus-Komplexes.

Da ich hier nur einige Aspekte des unendlichen Themas »Lehramt und Theologie« herausstellen kann, sei sogleich erwähnt, daß das Lehramt natürlich nicht ohne Theologie arbeitet. Das Problem, das hier besteht, läßt sich mit verschiedenen Fragen, die man sich als Theologe, Philosoph oder schlicht »als Mensch« stellen kann und die nicht einmal besonders originell sind, da sie sich bei einigem Nachdenken rasch einstellen, bewußt machen: *Welche* Theologie hat das Lehramt? Woher hat es diese Theologie? Gewiß immer auch aus der Tradition – aber aus welcher? Wie versteht es überhaupt Theologie – als Zulieferungsbetrieb oder als eigenständiges Denken im Sinne der »fides quaerens intellectum« (Anselm von Canterbury)? Wie verhält es sich zu theologischen Einsichten – und darüber hinaus zu philosophischen und wissenschaftlichen Einsichten überhaupt –, die gegenüber seiner eigenen Theologie *anders* oder *neu* sind? Woher nimmt die offiziöse Lehramtstheologie die Kriterien, über andere Positionen zu urteilen? Ist nicht das Lehramt, gerade wenn es seine Aufgabe als primär pastorale (und eben nicht als theologische) verstehen würde, verpflichtet, andere und neue theologische Einsichten um der pastoralen Aufgabe willen in seine »Lehre« aufzunehmen?

Diese wenigen Fragen sprechen einen komplexen Zusammenhang an, bei dem nicht zuletzt die Schwierigkeit der (nicht nur, aber in hohem Maße auch generationsbedingten) zeitlichen Verzögerung von Theologierezeption eine erhebliche Rolle spielt. Jedenfalls wird deutlich, daß das Lehramt auf Theologie zu hören hat, daß es sich diese Theologie nicht nach eigenem Geschmack bzw. nach dem Grad der vermuteten Konformität mit sich selbst, d. h. mit seinen jeweiligen Interessen, aussuchen darf (bekanntlich hat, wie immer wieder gesagt wird, doch »Häresie«, also Ketzerei, etwas mit Aussuchen bzw. Auswählen zu tun), daß es also, um seiner Aufgabe (eine solche sei hier durchaus unterstellt) gerecht zu werden, einer von ihm abweichenden, über es hinausgehenden und immer auch offen widersprechenden Theologie bedarf und daß in diesem Sinne innerkatholischer Nonkonformismus theologisch notwendig ist. Man kann diese permanent konfliktträchtige Relation von Lehramt und Theologie auch so formulieren, daß man von einer notwendigen »partiellen Identifikation« mit der »Kirche« spricht sowie von einem zweiten Lehramt, der *cathedra magisterii doctrinalis,* d. h. dem theologischen Lehramt im Sinne des Lehramts der Theologen, wenn man will von einem »parallelen Lehramt«, doch mag es ratsam sein, dieses Reizwort zu vermeiden und, wie ich es schon getan habe, die Formulierung »Lehrautorität und Lehrkompetenz der Theologie« zu verwenden. (Immerhin hat sogar der Generalsekretär des Konzils, Erzbischof Felici, sich in seiner »Notificatio«

vom 15.11.1965 auf »theologische Normen der Interpretation« bezogen [vgl. LThK-Konzilsband II, 583], wobei natürlich sogleich wieder zu fragen ist, woher solche *normae theologicae* stammen, welche Autorität sie eigentlich haben und ob sie Ewigkeitswert besitzen.)

Wie immer es kirchenrechtlich und (macht-)psychologisch mit dem Verhältnis einer pastoralen und einer doktrinalen *cathedra* zueinander stehen mag, man kann sachlich nicht darüber hinwegsehen, daß das *theologische* Lehramt insofern die Priorität hat und haben muß, als das pastorale Lehramt ja nicht aus dem Nichts schöpfen, aus einem untheologischen bzw. enttheologisierten Abstraktum namens »einfacher Glaube« seine Einsichten und Positionen beziehen kann. Tatsächlich ist ja auch – in gewissem Umfang und mit jener Phasenverzögerung – das pastorale Lehramt der Theologie gefolgt, jedenfalls derjenigen, die ihm zusagte. Die Grenzen, die es in Gestalt der Anathemata oder sonstwie gezogen hat und zieht, sind kein Einwand gegen das hier skizzierte Verhältnis, sondern bestätigen es sogar, obwohl natürlich die Frage bleibt, nach welchen Kriterien das pastorale Lehramt solche (euphemistisch gesprochen) »Grenzziehungen« vorgenommen hat und immer noch vornimmt.

Daß es in dieser Hinsicht unter der Verwendung des Begriffs *magisterium ordinarium* (im Unterschied zum *magisterium extraordinarium* der feierlichen, unfehlbaren Dogmenverkündigung) zu exzessiver Auslegung seines Anspruchs tendiert, ist gerade heute offenkundig. Aus dieser Situation ergibt sich dann aber auch die theologische – und nicht nur (religions-)soziologische – Notwendigkeit des Nonkonformismus im Sinne eines kritisch-theoretischen und auch praktischen Mitvollzugs dessen, was man unter *sentire cum ecclesia* verstehen kann – sofern man an solchem *sentire* überhaupt noch interessiert ist. Auch diese Einschränkung mußte hier noch gemacht werden, denn es gibt zu vieles, was einen Menschen veranlassen kann, die letzten dünnen Fäden eines nonkonformistischen Verbundenseins mit der

Kirche aufzukündigen. (Carl Amery schrieb bereits 1963 in seiner Schrift »Die Kapitulation« den immer noch gültigen Satz: »*Sentire cum Ecclesia* kann von uns den Bruch mit dem existierenden Katholizismus verlangen.«)

Dem hier skizzierten und natürlich auch zu empfehlenden Nonkonformismus, der selbstverständlich nicht nur für die Gruppe der Theologen zu beanspruchen ist, sondern für alle, die bewußt glauben und leben wollen, eignet also, trotz aller ihn kennzeichnenden Kritik, Vorbehalte, Distanzierungen, Verweigerungen, Abweichungen und dergleichen, eine Form von Zugehörigkeit zu der Referenzgruppe »römischer Katholizismus«, die zweifellos denen, die das Sagen haben, nicht gefällt, ohne die aber aus Nonkonformismus jene Zäsur würde, die gemeint ist, wenn man etwa sagt, das Tischtuch sei ein für allemal zerschnitten.

PETER DINZELBACHER

RELIGIÖSE ERFAHRUNG

»Vor allem gründet er seine Haltung und Rede darauf, daß er 1442, am letzten Tag vor der Pfingstoktav, als er demütig in der Pauluskirche zu Mainz stand, hoch oben in der Kirche ein Geräusch hörte, das zu ihm herabkam. Und in diesem Geräusch empfing er den Heiligen Geist. Und dieser Heilige Geist drängte ihn so sehr, daß er innerlich großen Schmerz empfand und daß er danach oft in seinem inneren Menschen entrafft wurde ... Weiters glaubt er, kein Mensch habe vor ihm den Heiligen Geist so empfangen, noch werde einer ihn nach ihm empfangen, wie er selbst ihn empfing. Auf dieser Grundlage sagte er weiters, daß er, ehe er jenen Geist so empfing, der Weisung der Heiligen Mutter Kirche in allem gehorchte. Seit damals aber handelte er nach menschlichem Willen und gehörte nur mehr sich selbst ... Dafür führte er einen doppelten Grund an: daß er nicht zweien gehorchen konnte, nämlich seinem Geist und der Kirche, und weiters daß er seit damals nicht sich selbst gehörte, sondern er wird in seinem inneren Menschen durch den Geist geleitet.«

So beginnt das Geständnis eines Begarden namens Johannes Becker aus dem Jahre 1458, den der Inquisitor Johannes Kalteisen in der Mainzer »Ketzergrube« verbrennen ließ. Seit er wie einst die Apostel den Geist empfangen, hielt Becker sich für mit Gott vollkommen vereint gemäß Galater 2,20: »Nicht mehr ich lebe, sondern Christus lebt in mir.«

Vergleichen wir diese Erfahrung eines Häretikers mit der

einer zu ihrer Zeit wie heute hochgefeierten katholischen Mystikerin, der »Lehrmeisterin der Theologen« Angela von Foligno
(1248–1309), deren Orthodoxie nicht mehr diskutiert werden
kann, seitdem Papst Klemens XI. ihren Kult 1701 bestätigte. Als
Wallfahrerin auf dem Weg nach Assisi, wo sie den Ordensvater
erbitten will, Christus fühlen zu können, erlebt sie, wie der Heilige Geist an einer Wegkreuzung in sie einfährt. »So wurde ihr
gesagt: ›Du hast meinen Diener Franziskus gebeten, und ich
wollte keinen anderen Boten senden. Und ich bin der Heilige
Geist, der ich zu dir gekommen bin, dir Tröstung zu geben, wie
du sie noch nie geschmeckt. Und ich will in deinem Innersten mit
dir kommen … Und du kannst nichts anderes mehr tun, denn ich
habe dich gebunden, und ich werde dich nicht verlassen, bis du
ein zweites Mal in die Franziskuskirche kommst.‹« So der Geist,
der ihr verspricht: »›Ich liebe dich mehr als irgendeine andere
Frau im Tal von Spoleto. Und nachdem ich mich in dir niedergelassen und ausgeruht habe, lasse du dich in mir nieder und ruhe
in mir … Ich werde dir geben, was mein Diener Franziskus hatte,
und mehr … Wenn die ganz Welt mit dir käme, du könntest nicht
mit ihr sprechen, denn mit dir kommt schon die ganze Welt‹ …
›Und dann verließ er mich mit der Gewißheit und ohne Zweifel,
daß er bestimmt Gott gewesen war‹«.

Bestimmt? Angela hatte jedenfalls zuzeiten ihre Jünger ange-
fleht, sie mögen Gott bitten, daß die bösen Geister aus ihrer Seele
ausfahren, und geklagt, daß der Herr ihre Seele und ihren Körper
in die Hände der Teufel gelegt habe.

Beide Berichte schildern das Phänomen des Enthusiasmus, das
Einfahren der Gottheit in den Gläubigen, dessen Analogon die
dämonische Besessenheit darstellt. Jedesmal ist von einem Geist
die Rede, den die beiden Enthusiasten mit dem Heiligen Geist der
Trinitätsdogmatik identifizierten, wobei sich allerdings wenigstens Angela zeitweise dessen nicht so ganz sicher war.

Mit beliebig vielen ähnlichen Beispielen könnte gezeigt werden, daß sich die ganze Phänomenologie der religiösen Erfah-

rung bei orthodoxen und bei häretischen Christen nicht im geringsten unterscheidet. Auch der Inhalt der empfangenen Botschaften läßt sich wohl in den meisten Fällen so oder so auslegen. Was die einen zu Heiligen und die anderen zu Ketzern macht, ist nicht eine differente Erlebensweise. Sondern es sind einerseits unterschiedliche Konsequenzen, die von den Betroffenen aus diesem Erleben gezogen werden, und andererseits unterschiedliche Reaktionen ihrer jeweiligen Umwelt auf die Manifestationen ihres Erlebens.

Becker hielt sich seit jener Erfahrung für dauernd mit Gott vereint, Angela akzeptierte (widerwillig), daß es sich nur um einen begrenzten Zustand handelte. Becker zog daraus die Schlußfolgerung, daß man ihn nun wie Gott anbeten müsse, daß er nicht mehr unter der Kirchengewalt stünde, daß die ganze *ecclesia militans* (die er abschätzig »niedere Kirche« nennt) verdammt und häretisch sei, Heiden und Juden dagegen nicht usf. Sein Erleben gibt ihm die Lizenz, ein ganzes Bündel dogmen- und kirchenkritscher Gedanken verschiedener Provenienz zu verschmelzen, unter denen Ideen der Freien Geister an erster Stelle stehen.

Solche Ideen vertritt auch Angela, wenn sie pantheistisch behauptet, mit völliger Sicherheit »erkenne und habe ich die ganze Wahrheit, die im Himmel und in der Hölle und in der ganzen Welt und an jedem Ort und in jedem Ding existiert ...«. Sie liebt nicht nur »Reptilien, Kröten, Schlangen, sondern sogar Dämonen, und was immer ich geschehen sah, auch eine Todsünde, mißfiel [mir] nicht«, sie freut sich »nicht weniger an Gott, wenn ich einen Dämon oder einen Ehebruch schaue, als an einem guten Engel oder einem guten Werk ...«, und meint, sie könne im Erleuchtungszustand in nichts mehr sündigen! Nur biegt Angela (oder der Aufzeichner ihrer Offenbarungen?) nach dieser Aussage sogleich in die Bahnen der Orthodoxie ein, indem sie (oder er) auf die daraus entstehende Demut und das Schuldbewußtsein wegen früherer Sünden verweist, verzichtet sie auf Kritik an der

Hierarchie, integriert sich als Tertiarin dem anerkannten Orden der Minoriten und läßt solche Passagen wie die zitierten in einer Menge orthodoxer Visionen und Meditationen untergehen. Gegen die ähnliche Theorien verbreitende Sekte der Freien Geister wendet sich die Selige sogar mehrmals und mit aller Deutlichkeit, eine Abgrenzung, die zu ihrer Sicherheit offensichtlich dringend erforderlich war.

All dies unterläßt Becker. Vielmehr verbreitet er seine Schriften ohne kirchliche Kontrolle, wogegen die Angelas von Franziskanertheologen approbiert werden. Doch betreffen alle diese divergierenden – über Leben und Tod entscheidenden – Verhaltensweisen bei beiden die Zeit nach dem Offenbarungsempfang und nicht das religiöse Erleben selbst. Dieses ist beide Male eine enthusiastische Gotteinung mit pantheistischem Charakter und einem unabweisbaren Evidenzgefühl.

Dazu kommt nun ein zweites Moment: Angela hatte offenbar eine bedeutende persönliche Ausstrahlung, so daß sich bald ein Kreis von Anhängern, speziell aus dem Franziskanerorden, um sie scharte. Becker dagegen scheint ein Einzelgänger gewesen zu sein, der sich verständlicherweise mit keiner kirchlichen Gruppe assoziierte. Die Akzeptanz oder Ablehnung charismatischer Persönlichkeiten durch die Umwelt konnte freilich sehr wohl dazu beitragen, einen Lebenslauf mit der Ehre der Altäre oder dem Scheiterhaufen enden zu lassen. Dies sei noch kurz an einem Fall illustriert, bei dem eben dieselben religiösen Erfahrungen einer Frau von einem Teil der Zeitgenossen als Beweise ihrer Häresie gewertet wurden, von einem anderen als solche ihrer Heiligkeit.

Im Juli des Jahres 1391 wurde in Danzig eine vierundvierzigjährige Handwerkerswitwe vor den bischöflichen Richter Heinrich von Stein zitiert. Der hohe Herr warf ihr im Verein mit dem Pfarrer von St. Martin in Danzig vor, daß sie im katholischen Glauben irre. Die Priester drohten ihr, sie verbrennen zu lassen. Welcher Ketzereien hatte sich die Frau schuldig gemacht? Hatte sie, wie die 1315 hingerichtete Marguerite Porète, ein die Seelen möglicherweise gefährdendes Erbauungsbuch verfaßt, von dem sie sich nicht distanzieren wollte? Meinte sie, wie die 1325 verbrannte Prous Boneta, mariengleich den heiligen Geist gebären zu sollen? Hatte sie etwa, wie so viele Frauen und Männer des ausgehenden Mittelalters, magische Mittel zum Guten oder Bösen ihrer Nächsten gebraucht?

Nichts von alledem. Dorothea von Montau war den hohen Herren gerade wegen eben desjenigen Verhaltens übel aufgefallen, das schon wenige Jahre später als Beweis ihrer Frömmigkeit in den Akten des Heiligsprechungsprozesses notiert werden sollte: Sie konnte sich vor der Fülle der Empfindungen bei der Elevation des Sanctissimum nicht immer erheben; sie fiel des öfteren für eine Stunde oder länger in Ekstase, aus der sie freudestrahlend und lachend oder von Weinkrämpfen geschüttelt erwachte. Ja, sie sang sogar alleine in der Kirche. Zuweilen, so berichtet ihr Beichtvater, war sie so voll der göttlichen Süßigkeit, daß sie sich gebärdete, als ob sie trunken sei, und von solchen »wollusten des geistis« überwältigt, daß sie ohnmächtig oder schlafend schien.

Schließlich erzählte Dorothea in der Beichte von ihren in der Tat erstaunlichen visionären Schauungen. Weil man nun von der Heiligen selbst und im Tratsch über sie Ungewohntes hörte, beschimpfte der genannte Pfarrer sie nicht nur mit unflätigen Worten, sondern wollte sie als Ketzerin oder Hexe verbrennen lassen, ein Wunsch, in dem er sich mit anderen Priestern und vor allem dem bischöflichen Justiziar einig wußte. Diese Verbrennung allerdings fand nicht statt, offenbar weil andere Geistliche, besonders Dorotheas Beichtvater Johannes Marienwerder, die Witwe schützen konnten. Denn eine andere Gruppe von Zeitgenossen, allen voran Marienwerder, interpretierte dasselbe Verhalten dieser Frau genau entgegengesetzt, also als Indiz für ihre Begnadigung, ihre Frömmigkeit, ihre Heiligkeit.

Das heißt aber, daß die Reaktionen der »Normalen« auf charismatische Begabungen nicht einheitlich waren, sondern daß ein und dasselbe Symptom sowohl als Zeichen der Heiligkeit, aber auch als Zeichen der Ketzerei, der Zauberei, der Besessenheit ausgelegt werden konnte. Muß noch an die beiden Prozesse der Johanna von Orléans erinnert werden, die nach kirchlicher Rechtsprechung von 1431 bis 1455 als Ketzerin in der Hölle zu denken war, von 1455 bis 1892 als normale Christin galt, von 1892 bis 1909 als Verehrungswürdige, von 1909 bis 1920 als Selige und die seit 1920 als Heilige und Landespatronin zu verehren ist? Entscheidend war für diese Urteile die Bewertung der Erscheinungen Michaels, Katharinas und Margaretes, von denen sie erzählte. Handelte es sich nämlich tatsächlich um Engel und Märtyrer, so war das Mädchen eine Heilige. Waren ihr dagegen Dämonen in Gestalt dieser Verklärten erschienen, so war sie eine Hexe und Häretikerin. Für Johanna selbst gab es nur ihre Erscheinungen und das sie begleitende Gefühl, sie müsse ihnen gehorchen.

Wie und wie bald das Leben eines mystisch begabten Menschen endete, hing in vielen Fällen vor allem davon ab, wer in der Hierarchie die »Unterscheidung der Geister« wie handhabe. Hätten sich die politischen Konstellationen anders gefügt, so würden wir heute sowohl Dorothea als auch Johanna in den Annalen der Ketzergeschichte verzeichnet finden – und nicht in den Heiligenkalendern. Fazit auch hieraus: Es gibt keinen Unterschied im religiösen Erleben von Orthodoxen und Ketzern, keinen Unterschied in den Phänomenen (Erscheinungen, Visionen, Ekstasen, Auditionen, Unionserlebnissen) – erst die daraus von ihnen oder anderen gezogenen Konsequenzen machen sie zu dem einen oder anderen. Als sie ihre Erlebnisse hatten, wußten wohl die meisten »Ketzer« noch nichts davon, daß sie sich als deviant zu betrachten hätten, genausowenig wie Dorothea, als sie ihre Ekstasen erlebte, oder Johanna, als ihre Stimmen zu ihr sprachen. In beiden Fällen haben sie erst Theologen und Kirchenrechtler darauf aufmerksam gemacht.

Doch daß das Verhalten der Ketzer auch sonst oft nicht von dem der Heiligen zu unterscheiden war, fiel bisweilen auch Zeitgenossen auf. Als Fra Dolcino und seine Geliebte 1307 einen Tag lang mit rotglühenden Eisen zu Tode gequält wurden, zeigten sie keine Regung. »Man hätte ihn einen Märtyrer nennen können, wenn die Hinrichtung einen Märtyrer machen würde und nicht die Absicht«, bemerkte Benvenuta da Imola, der katholische Verfasser eines Berichts über die Sekte dazu.

Es wäre nun leicht, viele Seiten mit Beispielen zu füllen, die zeigen, wie in einem Lebenslauf aufgrund einer charismatischen Erfahrung die Religiosität die entscheidende Rolle erlangt und dieser Lebenslauf sogleich oder langsam eine Wendung nimmt, die sich nicht mit den Normen der Kirche verträgt. Auch in manchen kollektiven Bewegungen, wie bei den Wiedertäufern zu Münster, kam solchen Menschen mit ihren prophetischen Visionen geschichtsmächtige Funktion zu. Aber hat nicht auch Paulus sich bei fast jeder entscheidenden Handlung von Visionen leiten lassen? Gab es den institutionalisierten Propheten in der Alten Kirche nicht wenigstens bis ins 2. Jahrhundert?

Allerdings ist zu berücksichtigen, daß in den Zeugnissen der Gegner (und für die ältere Ketzergeschichte verfügen wir fast nur über solche) Hinweise auf religiöse Erlebnisse der Ketzer durchaus auch bloße Propaganda sein können. So wird zum Beispiel die häretische Agitation des Vilgard von Ravanna (10. Jahrhundert) auf die Erscheinung von Dämonen in Gestalt antiker Dichter zurückgeführt. Wie Gott oder ein Engel oder ein Heiliger den frommen Katholiken zu seinen guten Taten veranlaßt, so der Teufel den Ketzer zu seinen bösen. Und dies bis an sein Ende: Nach der Unterwerfung der Wiedertäufer zu Münster wurde ihr König, Jan von Leyden, mit glühenden Zangen hingerichtet. Ein Zeitgenosse: »Ich will hier nicht sagen, wie große Standhaftigkeit er bei der Ertragung jener Qualen bewies – nicht einmal einen Laut als Zeugen des Schmerzes ließ er hören –, weil ... es sogar gewiß ist, daß der Satan denen, die er in seinen Schlingen verstrickt hält, Kraft und Standhaftigkeit insgeheim gibt.« Gern wurde die Ursache für abweichendes Verhalten in einer zwar dämonisch generierten, aber mit schuldhafter Zustimmung des Menschen wirksamen Geisteskrankheit erblickt. Andere Häretiker bezichtigte man wieder, außergewöhnliches religiöses Erleben nur zu fingieren, so den genannten Dolcino von Novara.

Sekten, bei denen auffällige Trancezustände wesentlich zu ihrem Charakter beitragen, wie die Quäker, deren Namen sich vom Zittern (»to quake«) ihrer Ekstatikerinnen ableitet, oder wie die jansenistischen Konvulsionärinnen, sind im europäischen Christentum allerdings nur Randerscheinungen in der Geschichte der religiösen Abweichler.

Es muß auch unterstrichen werden, daß die Wandlung vom Katholiken zum Ketzer nur in Ausnahmefällen aufgrund von charismatischen Erlebnissen erfolgte – genauso wie es sich bei letzteren auch in der Geschichte der orthodoxen Religiosität um Ausnahmephänomene handelt. Ketzer wurden die meisten Menschen nicht durch über- oder unterirdische Stimmen und Gesichte, sondern auf weniger spektakulären Wegen. Genauso wie man heute zumeist, ohne selbst entscheiden zu können, in eine der christlichen Konfessionen hineingeboren und in ihr erzogen wird, so wurden wohl auch die meisten Bogomilen, Albigenser, Waldenser, Hussiten usw. schlichtweg von ihren Eltern für diesen Glauben bestimmt. Die Vorstellung, man könne erst als Erwachsener sinnvoll wählen, wäre kaum einer der früheren Generationen gekommen.

Warum aber wurden Erwachsene, die bisher unauffällige Glieder der katholischen Kirche gewesen waren, zu Ketzern? Hier sind wenigstens die folgenden Möglichkeiten zu erwähnen: Einzelpersonen, die sozusagen gegen ihre Umwelt deviante Formen ihrer hergebrachten Religion entwickelten, taten dies wohl in der Regel aufgrund sorgfältiger theologischer Reflexion (wobei »theologisch« jedes Nachdenken über Religion meinen soll, nicht nur das des universitär Gebildeten). Die Widersprüche innerhalb des Lehrsystems der Catholica und mehr noch die krassen Divergenzen zwischen Lehre und Leben des Klerus ließen immer wieder einzelne Intellektuelle, sei es in einem kontinuierlichen und langsamen Prozeß, sei es in einzelnen Etappen steigenden Widerspruchs zu anderen Auffassungen kommen, als sie Katechismus und Dogmatik verlangten. Diese Entwicklung zum Ketzer ist aus den Biographien eines Hus oder Luther hinreichend bekannt. Sie oder auch ein Abaelard, ein Speroni und ein Müntzer wurden genauso von einem Evidenzgefühl in ihre Positionen gedrängt wie die mystisch Erleuchteten. Doch war ihr Protest das Resultat von längerwährenden und rational nachvollziehbaren Überlegungen, nicht von senkrecht einfallenden Theophanien.

Viele verließen die Kirche nicht infolge selbständiger Kritik an ihr, sondern ließen sich von der Werbung der Ketzer für ihre Wahrheit beeindrucken. Dies wird in den Quellen immer wieder angesprochen. Sie erlebten dann eine Umkehr, die phänomenologisch nicht anders strukturiert gewesen sein dürfte als eine Konversion zum Christentum seit der Frühzeit dieser Religion bis zur Gegenwart. Sicher muß man auch hier von einer religiösen Erfahrung sprechen. Weiters sind wohl auch viele Menschen zu Ketzern geworden, weil sie in gruppendynamische Prozesse eingefügt waren, denen sie sich nicht entziehen konnten, zum Beispiel wenn einige Familienmitglieder schon mit ihrem Beispiel vorausgegangen waren. Petrus Maurini, einer der Dorfbewohner von Montaillou, der 1323 abschwor, erklärte in aller Deutlichkeit, »daß er nicht wußte, welcher Glaube mehr wert war [der katholische oder der katharische]. Trotzdem hielt er sich mehr an den der Häretiker, weil er mehr und häufiger mit Häretikern zu tun hatte, als mit anderen« (Duvernoy III. S. 209).

Nicht wenige werden ohne besondere Ergriffenheit aus Opportunitätsgründen ihre Konfession gewechselt haben, manche auch ganz naiv, wie die vom rein irdischen Prunk der Tanchelmiten oder der Wiedertäufer Angezogenen. Die Legende wollte freilich auch von geheimnisvollen Pulvern wissen, durch die man zur Häresie verführt werden konnte, wie im Fall der 1022 verbrannten Ketzer von Orléans.

Schließlich gab es die Zwangsbekehrung von seiten häretischer Gruppen genauso wie die von den Großkirchen praktizierte. Daß die Annahme einer Religionsform von oben verordnet wurde, ist aus dem Frühmittelalter wohl bekannt, wo ganze Stämme nach dem Befehl ihres Herrschers und dem Vorbild ihrer Adeligen christlich werden mußten, oder aus dem Zeitalter der Glaubensspaltung, wo ganze Landschaften bald katholisch und bald reformiert zu sein hatten, ohne daß der einzelne eine Wahlmöglichkeit gehabt hätte. So sind auch häretische Gruppen immer wieder vorgegangen, sobald sie sich in einer Machtposition sahen. Der Priester Petrus von Bruis ließ Amtskollegen geißeln und einkerkern, um sie zu seiner Version des Christentums zu bekehren.

Im Augenzeugenbericht über die Verbrennung des Bruders Michele, der 1389 als Angehöriger der Fraticellen in Florenz hingerichtet wurde, da er nicht daran glauben wollte, daß der Papst heilig sei, heißt es: »Einer der Umstehenden fragte ihn, ›Was soll das? Warum willst du sterben?‹ Er antwortet: ›Da ist eine Wahrheit, die in mir wohnt, von der man kein Zeugnis ablegen kann, es sei denn durch den Tod‹« (Anonimo S. 70). Ob entstanden aufgrund charismatischen Erlebens, intellektueller Überzeugung, Zugehörigkeitsgefühl zu einer Gruppe – diese Erfahrung des Besitzes der Wahrheit, die als so unabweisbar empfunden wird, daß für sie der letztgültige Beweis angetreten wird, dürfte wohl das eigentliche religiöse Kernerlebnis all derer gewesen sein, die ihren Glauben nicht nur auf den Lippen trugen. Da ist kein Unterschied zwischen verdammten Ketzern und heiligen Märtyrern. Menschen, die bereits die Wahrheit besitzen – die religiöse oder die politische –, anstatt sie noch suchen zu müssen, waren immer wieder bereit, dafür in den Tod zu gehen, und noch öfter dazu bereit, andere dafür in den Tod zu schicken.

Literatur

Pierre Barret/Jean-Noel Gurgand: Der König der letzten Tage, Hamburg 1982; Peter Dinzelbacher: Vision und Visionsliteratur im Mittelalter, Stuttgart 1981; Peter Dinzelbacher: Heilige oder Hexen? in: Dieter Simon (Hrsg.): Religiöse Devianz. Untersuchungen zu sozialen, rechtlichen und theologischen Reaktionen auf religiöse Abweichung im westlichen und östlichen Mittelalter, Frankfurt 1990, 41–60; Peter Dinzelbacher: Christliche Mystik im Abendland, Paderborn 1994; Jean Duvernoy (Hrsg.): Le registre d'inquisition de Jacques Fournier, Toulouse 1965; Alexander Patschovsky: Wie wird man Ketzer? in: Peter Dinzelbacher/Dieter Bauer (Hrsg.): Volksreligion im hohen und späten Mittelalter, Paderborn 1990; Gerhard Ritter: Zur Geschichte des häretischen Pantheismus in Deutschland im 15. Jahrhundert, in: Zeitschrift für Kirchengeschichte 43 (1924) 150–159.

DOROTHEE SÖLLE

RADIKALITÄT

»Ärgert dich aber dein rechtes Auge, so reiß es aus und wirf's von dir« (Matthäus 5,29), sagte der Radikale aus Nazareth. Ein Extremist? Ein Verrückter? Die Geschichte der Ketzer wäre nicht denkbar ohne die Radikalität des Bruchs mit bestimmten Lebensformen, die als selbstverständlich gelten. Radikal ist, wer nicht normal ist. Das Normale – das im konservativen Diskurs der letzten Jahre als Ziel deutscher Neuorientierung angepriesen wird! – hat für Radikale die Qualität eines zähen widerlichen Schlamms. Daß alle nach ihm stinken, macht ihn nicht besser. Läßt er sich abwaschen?

Kein Zufall, daß das Bedürfnis nach der »Reinheit« der Katharer Pate gestanden hat beim deutschen Wort »Ketzer«. »Wer ist meine Mutter und wer sind meine Brüder?« (Matthäus 12,48) antwortete derselbe Radikale, hinreichend sarkastisch, auf die Zumutungen familiärer Nestwärme und Fürsorge. Erwerbsarbeit und Seßhaftigkeit, Auskommen und Familiengründung waren nicht seine Sache, keine Beheimatung hier, sondern der Auszug der ursprünglichen Bewegung aus all diesen Gehäusen, zusammen mit den Freundinnen und Gefährten, die heute in der neutestamentlichen Wissenschaft oft als »Wanderradikale« bezeichnet werden.

Aber geht das zusammen, Religion und Radikalität? Als ich Mitte der siebziger Jahre nach USA kam, lernte ich eine Zeitschrift kennen, die nur ein knappes Jahrzehnt überdauert hat:

»Radical Religion« – was für ein Titel! RR wurde mir ein Code-
wort; endlich kam das zusammen, was in den großkirchlichen
Apparaten so sorgfältig, im Protestantismus etwa mittels der
Lehre von den beiden Reichen Gottes, auseinandergehalten worden ist. Hat Religion nicht von Anfang an diesen Zug, an die
Wurzel *(radix)* zu gehen? Warum erscheint sie dann so oft soft
und lauwarm?

Ketzer sind Menschen, welche die domestizierte Religion verlassen aus Religiosität, aus Gottesliebe. »Glaube doch nicht«, so
Augustinus,, »daß Ketzereien durch ein paar hergelaufene kleine
Seelen entstehen konnten. Nur große Menschen haben Ketzerei-
en hervorgebracht.« Die Menschen, die die Radikalität der Religion gelebt haben, wollten ja nicht Ketzer oder Abweichler sein,
sondern wurden dazu gemacht. Die offizielle Begründung im
kanonischen Recht hieß, daß sie, obwohl getaufte und sich mit
ihrer Religion identifizierende Christen, bestimmte Lehren der
Kirchen ablehnten. Die Häresie setzt eine funktionierende Orthodoxie voraus, die Zusammenstellung definierter Glaubenswahrheiten. Wer sie aus Irrtum oder Unkenntnis nicht annahm,
war häresieverdächtig; als wirklich gefährlich wurden die Ketzer
angesehen, die formal und beharrlich auf ihren Irrlehren bestanden.

Aber diese kirchenjuristische Formulierung der Streitigkeiten
geht an der Lebenswirklichkeit der Ketzer vorbei; es ist eine der
vielen Definitionen »von oben«. Die Radikalen der Religion nahmen erst in zweiter Linie Anstoß an dem Lehrgebäude oder der
Ideologie; entscheidend für sie war ihr anderes Verständnis der
Lebensweise. Nicht die Orthodoxie, sondern die Orthopraxie war
strittig und führte zu Trennungen. Ein Priester in Cambray wurde verbrannt, nachdem er sich geweigert hatte, das Sakrament
aus den Händen unwürdiger Geistlicher zu empfangen. Messen
solcher in Luxus und Sittenlosigkeit lebender Priester wurden
boykottiert; es legte sich nahe, sie als ungültig anzusehen und so
den Schritt in die Ketzerei zu tun.

Die Radikalen gingen anders um mit dem Evangelium. Es war für sie nicht vereinbar mit dem Prunk klerikaler Gewänder und Gebäude, der Sprache des Kultes und der Liturgie, dem Luxus und Schlemmereien der Oberschicht, der Herrschaft von Männern über Frauen, der Macht von Landbesitzern über Landlose, der Beziehung zu Staat und Krieg. Kurz: Ihre Abweichung von der Normalität konstruierte ein anderes Verhalten zu Eigentum, Sexualität, Macht und Gewalt. Ketzer und Ketzerinnen waren sie hinsichtlich der als »normal« angesehenen Realitäten: Geld und Militarismus, Steuern und Obrigkeit, Männerwissen und Naturbeherrschung. Die Hexen wurden nicht verbrannt, weil sie sich von irgendwelchen Lehrmeinungen der Kirche getrennt hätten, sondern weil sie eine andere, frauenbezogene Heilkunde praktizierten.

Radical religion war und ist ein Gegenentwurf zu ermäßigter Religion, die heute meist als *civil religion* erscheint. Aber was bedeutet diese Radikalität gelebter Religion? Haben wir nicht ebenfalls Grund, ihr zu mißtrauen? Ist sie nicht einseitig, intolerant, unaufgeklärt, macht sie nicht »fanatisch«, wie das feuilletonistische Äquivalent zu »radikal« heißt? Wirkt sie nicht penetrant »missionarisch«? Macht sie nicht blind für so vieles, was wir zum Leben brauchen: Intimität und Schutz, Genuß und Freude, Kompromißfähigkeit und die lange Geduld?

Die inhärenten Gefahren radikaler Religion hängen mit der leidenschaftlich praktizierten Selbstverleugnung zusammen. Die meisten radikal-religiösen Bewegungen haben ihre zerstörerischen Schwierigkeiten nicht allein mit der sie unterdrückenden Macht und der schlammigen Welt da draußen gehabt, sondern ebenso mit sich selber. Da ist die asketische Verleugnung des Leibes und seiner Bedürfnisse und die nicht weniger destruktive, gehorsame Verleugnung der eigenen Einsicht. Wie weit läßt sich denn die Radikalität treiben; bis zur vollständigen sexuellen Enthaltsamkeit, wie sie die Bogomilen proklamierten, oder bis zum Sich-zu-Tode-Hungern, wie es eine große Radikale unseres Jahr-

hunderts, Simone Weil, vorgelebt hat? Und wie weit geht der
radikale Gehorsam unter einem den Willen aller aufsaugenden
Führer, bis zum kollektiven Selbstmord wie in der kalifornischen
Sekte?

»Und wenn dich deine rechte Hand zur Sünde verführt, so hau
sie ab und wirf sie von dir. Es ist besser, daß eins deiner Glieder
verderbe, und nicht der ganze Leib in die Hölle geworfen werde«
(Matthäus 5,30). Ich finde dieses Wort schwer erträglich. Es signalisiert eine Entfernung von jeder Schöpfungsfrömmigkeit,
jeder Bejahung der ganzen, von Gott als »gut« angesehenen
Schöpfung. Wäre es nicht notwendig, Radikalität mit einer noch
zu definierenden Liberalität zu verbinden? Wenn von dem Na-
zarener nur die hier angeführten Worte überliefert wären, vielleicht noch das aller überlieferten Religion und Sitte ins Gesicht
schlagende »Laßt die Toten ihre Toten begraben!« (Matthäus
8,22), hätten wir dann nicht ein falsches – zwanghaftes, gewalt-
tätiges – Bild? Radikale haben immer wieder Trennungen vollzogen, von der Familie, dem eigenen Clan, dem Berufsstand, der
Gilde, dem eigenen Volk; sie haben nicht nur Besitz und Wohlle-
ben, sondern auch Ansehen und Ehre, ja Selbstachtung aufs Spiel
gesetzt. Richtig verstanden, sind solche Akte des Selbstopfers
Ausdruck einer extremen Freiheit.

In einem provenzalischen Märchen der Katharer muß der
Held die »weiße Jungfrau«, eine Erlösungsgestalt, die ihm mehrfach das Leben gerettet hat, in kleine Stücke zerschneiden und in
siedendem Wasser garkochen, bis die Knochen sich lösen lassen.
Mit Hilfe dieser Knochen kann er dann seine schwerste Probe
bestehen und einen glatten Turm besteigen. Die Motive dieses
Märchens finden sich auch an anderen Überlieferungen, aber im
Kontext der Katharer, die selber furchtbaren Verfolgungen und
Prüfungen ihrer Beständigkeit ausgesetzt waren, haben sie ein
anderes Gewicht. »Das schwarze Gebirge« und sein Unhold
symbolisiert das Böse in der Welt, das mit geistigen Waffen, nicht
mit Gewalt überwunden wird. »Liebe das Böse gut« war ein Leit-

DOROTHEE SÖLLE · RADIKALITÄT 447

satz der Bogomilen, auch dies eine andere, nichtnormale Antwort
auf Bedrohung und Angst.

Vielleicht war das Kleid, das der Radikale aus Assisi seinem
reichen Tuchhändlervater vor die Füße warf, um den Bruch zu
seiner Welt auszudrücken, das, was Jesus die Hand oder das Auge
nannte. Franz definierte das Leben anders, als es in der Zeit des
entstehenden Bankwesens definiert wurde: Der normale Er-
werbstrieb und die Hochachtung des Geldes war ihm das, was
Menschen von Gott trennt. Armut, die freiwillige, nicht aufgezwungene, gehört in das Herz jeder Ketzerbewegung. Haben und
Sein werden in eine andere Beziehung gesetzt als die »normale«,
die darin besteht, daß das Habenwollen die Lebensaktivitäten
diktiert und das Sein auffrißt. Es ist, als sei der Kompromiß mit
dem Haben, den wir immer wieder eingehen, unerträglich geworden in der Liebe zu Frau Armut, die Radikale praktizieren.
Der Erfolg, den die Ketzerbewegungen zeitweilig hatten, erklärt
sich aus diesem Zug. Eine der durchaus mystischen Geschichten
der Franziskustradition erzählt von einem Bruder, der ein Stück
Geld, das eine Frau in einer Nische der Kirche hinterließ, angenommen hat. Franz trägt ihm auf, das Geld im Munde zum
Dunghaufen zu tragen. Er soll es nicht mit seinen Händen berühren, sondern dorthintragen, wo es hingehört. Ein Sozialar-
beiter, der mit rauschgiftabhängigen Jugendlichen lebte, erzählte
mir eine heutige Geschichte: Er zündete vor den Augen der Jungen einen Hundertmarkschein an. Ohne solche radikalen Brüche
mit den höchsten Werten der bestehenden Ordnung – ihren
Kleidern, ihren Kultgegenständen, ihren Legitimationsritualen –
sind Ketzer, die sich der Macht verweigern, nicht denkbar.

Die radikale Schärfe richtet sich dabei gegen die Zwänge, die
das Leben binden und reglementieren. Sie richtet sich gegen das
Ich, das sich von ihnen fesseln läßt und der Kraft Gottes in uns
mißtraut. In den Worten Jesu ist Radikalität nicht autoritär
gegen die Kleinen oder die Schwachen gerichtet. Sie hat ihre
Grenze an der Barmherzigkeit, nicht so sehr mit den eigenen

Schwächen als mit denen der anderen. Wenn Liberalität das bedeutet, dieses Rechnen mit der Schwäche und Vertrauen auf eine Gnade jenseits des eigenen Handelns, dann ließe sich von einer Versöhnung von radikalen und liberalen Impulsen träumen. Kann es das geben, eine liberale Radikalität?

Der entscheidende Konflikt, in den radikale Religion immer wieder geraten ist, besteht in der Spannung zwischen Gewaltverzicht und Gewaltanwendung. Daß privates Eigentum auch Sicherung und Verteidigung braucht, Geld das Militärwesen nach sich zieht, wußte Thomas Müntzer so gut wie Franz von Assisi. Läßt sich die waffenlose Freiheit der Radikalen durchhalten? Die Geschichte der Ketzer ist zweideutig. In vielen historischen Situationen sind die Ketzer wieder Anbeter des verworfenen Götzen Macht und Gewalt geworden. Andere sind zugrunde gegangen.

Heute erleben wir die Selbstliquidierung autoritärer Religion, in der auch die humanitären Formen dieses Menschheitsunternehmens als überflüssig wegfallen. Statt radikaler Reform steht die Abschaffung des utopischen Denkens, Wünschens, Träumens auf dem Programm. Statt einer bewußten kämpferischen Ablehnung der Religion ein müdes Abwinken. Statt der Kritik der Religion *aus* Religion und ihren menschheitlichen Interessen der schmerzfreie und kostenlose Auszug in die Selbstgenügsamkeit. Der Trivialatheismus kommt mir vor wie das geistlose Stieren auf den eigenen Tellerrand; nach dem Motto des Autoaufklebers »Fressen-Ficken-Fernsehn« hat sich die berühmte Sinnfrage doch wohl erledigt. Werden auch diese Götzen ihre Ketzer finden?

Die großen Lebensthemen der mystischen Radikalen waren Besitz und Besitzlosigkeit, Gewalt und Gewaltlosigkeit, Ich und Ichlosigkeit. Zwischen diesen Polen suchten sie neue Lebensformen, oft verzerrt, unbarmherzig gegen die alte Schöpfung, gegen sich selber. Die heute herrschende Weltkultur stellt eine historisch neue radikale Entradikalisierung dar. Die Option für Besitz,

Gewalt und Ich bedarf keiner Legitimation mehr; sie ist »das Normale«. Sterben die Radikalen also aus? Das anzunehmen wäre historisch kurzsichtig – und in anderer Hinsicht eine allzu gottlose Annahme.

Literatur

Malcolm Lambert: Ketzerei im Mittelalter. Eine Geschichte von Gewalt und Scheitern, Freiburg 1991; Marlies Hörger (Hrsg.): Märchen von Ketzern, Frankfurt 1991.

ADOLF HOLL

KETZERGESCHICHTE

In den Jahren 1699 und 1700 erschien in Frankfurt am Main die zweibändige »Unparteyische Kirchen- und Ketzer-Historie, Vom Anfang des Neuen Testaments Biß auf das Jahr Christi 1688« von Gottfried Arnold. Das Werk war ein Paukenschlag.

Bis dahin waren die »Schwärmer« und »Sonderlinge« stets abschätzig behandelt worden von der gelehrten Zunft der Chronisten und Historienschreiber, und deshalb wurde das Opus Arnolds auch gehörig gerupft in zahlreichen Gegenschriften. Der Verfasser mußte die Erfahrung machen, daß »keine einzige Partei oder Religion ist, die sich nicht über die Kirchenhistorie entweder in öffentlichen Büchern oder in Privatschreiben oder auch mündlich beschwert hätte«.

Arnold starb 1714. Seine Kirchen- und Ketzerhistorie erschien 15 Jahre später bereits in vier Bänden. Sie stimulierte eine ganze Reihe weiterer Ketzergeschichten, darunter Johann Lorenz Mosheims »Versuch einer unparteiischen und gründlichen Ketzergeschichte« (1746) und seinen »Anderweitigen Versuch einer selbständigen und unparteiischen Ketzergeschichte« (1748), Wilhelm Franz Walchs elfteilige Ketzergeschichte (1762–1785), Johann Conrad Füeßlins »Neue und unpartheyische Kirchen- und Ketzerhistorie der mittleren Zeit« (drei Bände 1770, 1772, 1774).

Aus den alten Folianten weht der Hauch einer Zeit, die der Religionskriege müde geworden war und sich anschickte, das Bündnis von Thron und Altar zu zerschlagen.

Dementsprechend keck waren die Fragen, die Gottfried Arnold seinem Werk voranstellte. Ob es wohl Gottes Befehl sei, Christenmenschen nur deswegen mit Hunger, Blöße, Frost, Hitze, Güterkonfiskation zu plagen, weil sie zu diesem oder jenem Lehrpunkt nicht hätten ja sagen mögen. Warum in den Ketzerregistern so wenige große Herren – Bischöfe, Prälaten und Superintendenten – vorkämen. Warum die Ketzerschnüffler sich eher auf das gemeine Geschrei, auf Verleumdungen und auf Hörensagen gestützt hätten als auf solide Auskunft der angeklagten Personen. Ob nicht manche als Ketzer verurteilt worden seien, weil man sie einfach nicht recht verstanden habe. Ob nicht das gewöhnliche Volk von den lärmblasenden Pfaffen und Mönchen aufgehetzt worden sei, an Ketzerjagden ihre Freude zu haben. Ob ein Urteil über Abwesende oder Verstorbene nicht von vornherein sündhaft sei. Warum so manche Meinungen, die von der zanksüchtigen Klerisei verworfen wurden, nach einiger Zeit ganz ungehindert und frei passieren durften. Warum die theologische Wahrheit der stärkeren Partei stets den Sieg über die schwächere Seite davongetragen habe.

Der Verfasser dieser Gewissenserforschung, ein inspirierter Gottesmann von der evangelischen Fakultät, hatte seine Lehrkanzel in Gießen nach einem Jahr verlassen, aus »Ekel vor dem hochtrabenden ruhmsüchtigen Vernunftswesen des akademischen Lebens«. Arnold war 32 Jahre alt, als er diese Brüskierung des amtlichen Betriebs riskierte, und machte sich an die Niederschrift seiner Ketzerhistorie. Sie geriet zu einer traurigen Chronik des Verfalls guter Anfänge, und die stets vom Erlöschen bedrohte Flamme der Wahrheit leuchtete in ihr eher unter den verketzerten Gottsuchern als auf den Stirnen ihrer Verfolger.

So ganz unparteiisch, wie in ihrem Titel versprochen, war diese erste Ketzergeschichte also keineswegs. Sie drehte den Spieß um, suchte Aufklärung über den Gang der Dinge nicht bei den Siegern, sondern unter den Besiegten des historischen Prozesses, mit der Entschiedenheit eines Spürsinns, der den Weltgeist auf seiner Seite hatte.

Letzterer hatte sich eben entschlossen, die Sieger von einst zu demütigen, zuerst in England, das zur Wiege der industriellen Revolution auserkoren war. Noch einmal war dort, ein letztes Mal, das Erbe des ketzerischen Untergrunds unter radikalchristlichen Dissentern und Nonkonformisten virulent geworden, zur Cromwell-Zeit. In den heute eher absonderlich anmutenden Konventikeln der freisinnigen Frommen wurden jene Grundsätze eingeübt, ohne die keine Errungenschaft neuzeitlicher Demokratie denkbar wäre: freimütige Rede unter Gleichen, Lesen und Schreiben für alle, passives und aktives Wahlrecht für jeden Erwachsenen. Die Besiegten von einst schickten sich an, die Kommandobrücke der Weltgeschichte zu übernehmen, und die Lords hatten das Nachsehen.

Als Arnold an seiner Ketzerhistorie schrieb, emigrierten die ersten deutschen Christenfamilien, Pietisten wie Arnold, nach West New Jersey in die Kolonie des Quäkers William Penn, Pennsylvania. Freiheit des religiösen Bekenntnisses war am Delawarefluß bereits selbstverständlich, im Geburtsjahr der neuzeitlichen Ketzergeschichtsschreibung Anno 1700. Deren Forschungsgegenstand allerdings entwich im Zeitalter der Säkularisierung, der Toleranzpatente, der Trennung von religiöser und politischer Sphäre mehr und mehr in die Vergangenheit. Als sich die Geschichte ihrer anzunehmen begann, waren die Ketzer bereits aus ihr verschwunden.

In der Ketzerhistorie Arnolds sind sie allerdings noch sehr lebendig. »Die Verborgenen«, wie Arnold sie gelegentlich nennt, die »Zeugen der Wahrheit«, von Gott erwählt, um den »falschen Kirchen« ein Licht aufgehen zu lassen, wurden für Arnold ein Opfer der »verfallenen Clerisey«, die »am allermeisten gegen die Ketzer getobt« hatte: »Daß die sogenannte Kirche in so viel tausend Stücke gleichsam oder Parteien und Sekten von Anfang her zerrissen und zertrennet worden, der ganze Baum des Irrtums und falschen Christentums in so viel hundert Äste, Zweige und Früchte der Ketzereien, Spaltungen, Sekten und Haufen durch die ganze Welt ausgebreitet« sei, konnte nicht gut der Wille Gottes sein. Eher schon waren es »politische Staatsgriffe«, die in die Kirchengeschichte soviel Düsternis gebracht hatten.

Solche Tendenz, alles Anstaltliche, auch wenn es sich kirchlich kostümierte, als die große Hure Babel der Apokalypse zu identifizieren, war keine Erfindung Arnolds. Erstmals war sie von den Franziskanerspiritualen des 13. Jahrhunderts formuliert worden unter dem Einfluß der Schriften des Joachim von Fiore. Immer wieder machte sich dieser rabiate Gedanke bemerkbar, unter den Täufern zum Beispiel. In der »Chronica, Zeitbuch und Geschichtsbibel« Sebastian Francks aus dem Jahr 1531 hinterließ er ebenso seine Spuren wie in den Schriften eines gewissen Johann Konrad Dippel, den Arnold für den Pietismus gewonnen hatte. Die »große Babel«, befand Dippel, sei durch Luther und die Reformation nicht überwunden, sondern lediglich geteilt worden.

Die Folgerung, »daß man alle äußerlich Predigt, Zeremonie, Sakrament, Bann, Beruf als unnötig will aus dem Wege räumen und glatt ein unsichtbar geistlich Kirchen in Einigkeit des Glaubens versammelt unter allen Völkern« (Franck), schärfte die Aufmerksamkeit für die Geschichte der Ketzer, dieser vereinzelten Gottesläufer, unweigerlich malträtiert von der großen Babel. Gerade deshalb, durch ihre Leiden, wurden sie zu Gewährsleuten für die verborgene Wirklichkeit der »geistlichen« Kirche. Arnold arrangierte sie zu einem mächtigen Chor der »Testium Veritatis« (Wahrheitszeugen), deren Chronik der gelehrte Flacius Illyricus 1556 veröffentlicht hatte. In Arnolds Werk wird Flacius ebenso zitiert wie Franck, gegen Rom selbstverständlich, aber auch gegen das erstarrte reformatorische Erbe. »Man hat mich als den ärgsten Ketzer«, schrieb Arnold, »ja als ein Monstrum und Ungeheuer ausgeschrien, der in keiner Kirche und Republik mehr zu dulden sei.«

Später haben dann Lessing, Herder, Novalis und Goethe die Ketzerhistorie Arnolds studiert, mit Gewinn. Nach der Lektüre erblickte Goethe in der Geschichte der Kirche nur noch einen »Mischmasch von Irrtum und Gewalt«.

Der kontroverse Duktus der Ketzergeschichtsschreibung im 18. Jahrhundert wird auch in der dreibändigen Unternehmung Füeßlins (siehe oben) spürbar, der sich vorgenommen hatte, »die Leute zu beschreiben, die sich vor der Reformation in der Schweiz der römischen Kirche entgegengesetzt haben«. »Allein dieselben«, fuhr der Verfasser fort, »stammten von anderen ab – demnach nehme ich diese (ebenfalls) in meine Beschreibung.«

Die Darstellung Füeßlins spannt sich von den südfranzösischen Albigensern bis zu Voltaire und Jakob Böhme. »Ich habe das Leben der so genannten Ketzer«, resümiert der Verfasser, »in allen Jahrhunderten besser gefunden als das Leben der Rechtgläubigen bis dato.«

Das war 15 Jahre vor der Französischen Revolution gesagt, in der Alten, nicht in der Neuen Welt. Noch achteten die geistlichen und weltlichen Behörden auf übersichtliche Religionsverhältnisse, und auch die »neueren Mystiker und Sonderlinge«, wie Füeßlin sie nannte, sahen sich nicht selten veranlaßt, ihre Gedanken in »undeutlicher Rede« unter die Leute zu bringen. »Die Verfolgung hat sie behutsam gemachet«, kommentierte der Ketzerhistoriker trocken. Er selbst war »wegen der Wiedertäufer in einen Streit eingeflochten worden« und benutzte den letzten Band seiner Arbeit zu einer »Vertheidigung des Verf. gegen einen berühmten Gottesgelehrten«, dessen Namen er lieber verschwieg. (Zur gleichen Zeit mußte Lessing seine Repliken auf die Einsprüche des Hamburger Hauptpastors Goeze einstellen, weil ihm die Druckerlaubnis entzogen wurde.)

Nach der Revolution kam die Restauration, mit sehr viel Zensur in deutschen Landen. »Der Weise kann nicht sagen, was er besser verschweigt«, hatte Lessing bemerkt; bis 1848 behielt das Diktum seine Gültigkeit.

Im Vormärz veröffentlichte Nikolaus Lenau (»Die ganze Welt
ist zum Verzweifeln traurig«) zwei Ketzergeschichten in Versen,
den »Savonarola« und »Die Albigenser«. Aus dem Blick zurück
in die lange Chronik der Unterdrückung des Freiheitswillens
schöpfte der europamüde Dichter eine Art trotziger Zuversicht:
»Das Licht vom Himmel läßt sich nicht versprengen.« Die Sache
der Ketzer war für Lenau keineswegs zu Ende, und deshalb
schloß er sein Albigenser-Epos mit einer in der Poesie sonst nicht
üblichen Fortsetzungsformel: »Nach Huß und Ziska kommen
Luther, Hutten,/Die Dreißig Jahre, die Cevennenstreiter,/Die
Stürmer der Bastille und so weiter.«

Inzwischen war der Gelehrtenfleiß durchaus am Ball geblieben, in eher »pragmatischer« Weise, wie Mosheim (siehe oben)
formulierte, im Gegensatz zur »dogmatischen« Sichtweise. Auch
Walch (siehe oben) und Christoph Ulrich Hahns dreibändige
»Geschichte der Ketzer im Mittelalter, besonders im 11., 12. und
13. Jahrhundert, nach den Quellen bearbeitet« (Stuttgart 1845,
1847, 1850) kultivierten einen trockenen Ton, den wiederum
Ferdinand Christian Baur (»Die Epochen der kirchlichen Geschichtsschreibung« 1852) unerträglich langweilig, unlebendig
und geistlos fand.

Die Ungeduld des streitbaren und umstrittenen Tübinger
Theologen mit seinen farblosen Kollegen hatte ihren Grund in
der Verachtung des Adlers für alles niedrige Getier. Der Adler
hieß diesmal Georg Friedrich Wilhelm Hegel, dessen philosophischen Höhenflug Baur für die Ketzergeschichte in Dienst nahm,
mit seinem 1835 erschienenen und bis heute wichtig gebliebenen
Werk »Die christliche Gnosis oder die christliche Religionsphi-
losophie in ihrer geschichtlichen Entwicklung«.

Für Baur war die Erforschung der ältesten, gefährlichsten und
nachhaltigsten christlichen Häresien keineswegs eine Finger-
übung für Altphilologen, sondern der sachkundige Umgang mit
einem Sprengstoff, der ihm für die zeitgenössische Theologie
höchst bedeutsam erschien. »Schon dieser allgemeine Überblick

über das Hegelsche System im Ganzen«, schrieb Baur, »stellt uns auf den Punkt, auf welchem seine nahe Verwandtschaft mit den Systemen der alten Gnosis klar in die Augen fällt.« Dieser Befund nobilitierte die Ketzer des frühen Christentums zu Vorläufern eines Denkens auf der Höhe seiner Zeit, nämlich des sogenannten Deutschen Idealismus der Professoren Fichte, Hegel und Schelling.

So geriet Baurs ketzergeschichtliche Studie zur Programmschrift einer Theologie, die im historischen Prozeß der Menschheitsentwicklung einen höchst vernünftigen Vorgang erblickte, unter dem hegelianischen Motto: »Ohne Welt ist Gott nicht Gott.«

Einen ebenbürtigen Nachfolger fand Baur erst 99 Jahre später, als 1934 »Gnosis und spätantiker Geist« von Hans Jonas erschien, im Schatten des Nationalsozialismus. Erfolgreich war das Buch zunächst nicht. »Die wissenschaftliche Kritik wenigstens in Deutschland«, schrieb Jonas 1954 in Ottawa, »ist weithin ausgeblieben. Ich kann nicht beurteilen, wie weit dies dem Umstand, daß es sich um einen jüdischen Autor handelte ... zuzuschreiben ist.« Später hat sich Jonas über die Nachwirkung seines Wurfs nicht mehr beklagen müssen. Seine Arbeit wurde zum Klassiker.

Der »unvergleichliche Baur«, wie Jonas ihn nannte, hatte seinen Hegel unter den frühchristlichen Ketzern aufgespürt. Jonas entdeckte in den Schriften derselben häretischen Gnostiker einen anderen Jahrhundertphilosophen – Martin Heidegger, dessen »Sein und Zeit« 1927 erschienen war.

Für die Ketzergeschichte war damit eine sichere Pointe gesetzt: Hegel und Heidegger, die beiden Leuchttürme des deutschen philosophischen Glaubens, bezogen ihr Licht nicht vom kirchlichen Dogma, sondern aus anderen, von allem Anfang an unterdrückten Inspirationen. Deren Quellschriften, 1945 in Nag Hammadi entdeckt, beschäftigen die Fachwelt bis heute. Für die Historiker wird es zunehmend schwieriger, Rechtgläubigkeit und Irrlehre auseinanderzudividieren, zumindest für die ersten drei, vier Jahrhunderte des Christentums. Kulturwissenschaftlich und theologisch bleibt Ketzergeschichte höchst aktuell.

In das Jahrhundert zwischen Baur und Jonas fiel – mit dem »Manifest der Kommunistischen Partei« von Marx und Engels, dem sozialdemokratisch organisierten Kampf der europäischen Arbeiter gegen Ausbeutung und Hunger, der Oktoberrevolution von 1917 – die Heraufkunft einer politischen Kraft, aus der die Ketzergeschichte einen weiteren Aktualisierungsschub bezog, erhitzt nicht von religiösen oder philosophischen, sondern von ideologischen Interessen. Stephan Hermlin, Autor der ehemaligen DDR und Parteimitglied in der KPD, SED und PDS, hat 1992 die Sache so auf den Punkt gebracht: »Aus der Geschichte lernt man, daß die Sache des Kommunismus ja viel älter ist, als man gemeinhin annimmt, daß sie im Verlauf der Menschheitsgeschichte immer wieder aufgetreten ist, ganz egal unter welchem Namen. Schon bei den alten Juden, und später bei den Christen, gab es Ketzerbewegungen, die ähnliche Hoffnungen und Ziele formuliert haben wie der Kommunismus.«

Diese Denktradition geht auf »Die Vorläufer des neueren Sozialismus« (1895) zurück, die Karl Kautsky für die Funktionäre der SPD verfaßt hatte. Kautsky, Privatsekretär von Engels und Hauptverfasser des Erfurter Programms der deutschen Sozialdemokratie von 1891, war ein führender marxistischer Theoretiker. Er schrieb: »Die materialistische Geschichtsauffassung unterscheidet sich von den herkömmlichen Geschichtsauffassungen nicht dadurch, daß sie von der Persönlichkeit in der Geschichte absieht, sondern dadurch, daß sie nicht bei den einzelnen hervorragenden Persönlichkeiten stehen bleibt ... Selbst das machtvollste einzelne Individuum kann nicht so gewaltigen Einfluß üben wie die Gesamtheit der Masse.«

Ursprünglich hatte sich Kautsky für den Gegensatz zwischen dem utopischen Sozialismus von Owen bis Weitling und der Arbeiterbewegung interessiert. »Es lockte mich zu sehen«, gestand Kautsky, »ob dieser Gegensatz sich nicht in frühere Jahrhunderte zurück verfolgen lasse und welche Formen er da angenommen habe.« Dabei stieß er auf Thomas Müntzer und Thomas More als den Repräsentanten eines realen und eines utopischen Sozialismus, auf den Bauernkrieg von 1515 und die Täuferherrschaft in Münster 1534/35. Deren Darstellung beschließt das Unternehmen der »Vorläufer«: »Mit dem christlichen Sozialismus, als einer realen Triebkraft im gesellschaftlichen Leben, ging es im sechzehnten Jahrhundert zu Ende. Von diesem Jahrhundert an entwickelt sich die moderne Produktionsweise, der moderne Staat, das moderne Proletariat, aber auch der moderne Sozialismus. Eine neue Periode der Menschheit bricht damit heran.«

Für die »geschichtliche Relevanz christlicher Glaubensaussagen« besaß Kautsky »gar kein Organ« (Karl Kupisch). Dementsprechend hölzern geriet ihm die Schilderung der »Grundlagen des Kommunismus im Mittelalter«, mit kurzen Exkursen in die platonische Philosophie und das Urchristentum. Gleichwohl bleibt die Sorgfalt, mit der Kautsky die gelehrte Literatur seiner Zeit benutzt hat, bemerkenswert. Noch erstaunlicher wirkt das Anspruchsniveau, das der Verfasser bei seinen Parteifunktionären voraussetzen konnte. Das Studium der 700 Seiten Ketzergeschichte vom Genossen Kautsky, am Abend nach einem langen Arbeitstag und ohne die Vergünstigung einer Gymnasialbildung, galt offensichtlich unter den damaligen »Vertrauenspersonen« der Partei nicht als Extravaganz.

Nach dem Weltkrieg, im Jahr 1921, erschien dann »Thomas Müntzer als Theologe der Revolution« von Ernst Bloch, dem »roten Ketzer«, wie Friedrich Heer ihn genannt hat. Das Buch, geschrieben »im München der immer finstereren Reaktion« (Bloch), machte aus seiner kämpferischen Tendenz kein Geheimnis: »So blicken wir auch hier keineswegs zurück. Sondern uns selber mischen wir lebendig ein. Und auch die anderen kehren darin verwandelt wieder, die Toten kommen wieder, ihr Tun will mit uns nochmals werden … ist dazu da, uns zu verpflichten, zu begeistern, das uns stetig Gemeinsames immer breiter zu stüt-

zen.« Müntzers Manifest an die Bergkappen von Sachsen war
für Bloch das »leidvollste, rasendste Revolutionsmanifest aller
Zeiten ... Was der Tribun bisher nur Bauern und dem rinnenden
Sand, dem Strohfeuer mancherlei Kleinbürger gepredigt hatte,
das geriet hier nun, das mochte hier endlich auf organisiertere
Fäuste und einen Grimm von härterer Solidarität geraten«.

Blochs Sprachkraft, unverwechselbar polemisch, pointenreich
direkt, mitunter dunkel ornamental, diente vom »Geist der Utopie« (1918) bis zum Alterswerk »Esperimentum Mundi« (1975)
der »Hoffnung mit Trauerflor«. Daß er als Marxist philosophier-
te, blieb für Bloch selbstverständlich, auch nach seiner Übersied-
lung (1961) von Leipzig nach Tübingen. Sein Hauptwerk »Das
Prinzip Hoffnung« schrieb er 1938–1947 als Emigrant in Amerika, »in fruchtbar unbeachteter Ruhe«. Ab dem Frühling 1968
war dann von Ruhe keine Rede mehr. Immer wieder griff der alte
Herr in die Debatten ein, oft an der Seite von Rudi Dutschke, der
damaligen Leitperson linker Dissidenz. Im letzten Interview vor
seinem Tod im Jahr 1977 wiederholte Bloch dreimal eine Formulierung, die ihm offenbar wichtig war: »Die Welt weiß noch
nicht, wo ihr der Kopf steht.«

Im Werk Blochs (die Gesamtausgabe umfaßt 17 Bände) spielt
philosopische, religiöse und politische Dissidenz die Rolle eines
Erkenntnisprinzips – »immer wieder von unten« die Fragen auf-
nehmend, »an die meist rote Gärung gehend«, stets »auf der
Seite derer, die beiseite standen.« Besonders die »unterirdische
Bibel« hat Bloch dechiffrieren wollen, mit häretisch geschärftem
Blick. »Und wenn der Satz gilt«, schrieb Bloch, »wo Hoffnung
ist, ist Religion, dann wirkt das Christentum, mit seinem kräfti-
gen Startpunkt und seiner reichen Ketzergeschichte, als wäre
hier ein Wesen der Religion endlich hervorgekommen.« Deshalb
hat Bloch den »ketzerischen Andrang« durch die Geschichte
verfolgt, im Kapitel »Mystik und Laienbewegung« seiner
»Zwischenwelten in der Philosophiegeschichte« zum Beispiel,
vornehmlich aber in »Atheismus im Christentum«.

Über die »Ophiten« etwa, eine spätantike gnostische Schule, konnte Bloch seitenlang schreiben und – aus dem Stehgreif – ausführlich referieren. Die Jahrhunderte spielten in den Verknüpfungen der Blochschen Ketzerphilosophie keine besondere Rolle; der Meister vermochte in zwei oder drei Zeilen von Origenes bis zu Joachim di Fiore und von da weiter zu den Hussiten und den Bauernkriegen zu eilen.

Anregen ließen sich von Bloch weniger die dogmatischen Marxisten als katholische (Johann Baptist Metz) und evangelische (Jürgen Moltmann) Theologen, mit der gebotenen Vorsicht gegenüber dem deklarierten Atheisten. Für ein Fortdauern solcher Resonanz gibt es durchaus Anzeichen, auch nach dem Zerfall der kommunistischen Welthälfte.

Die vorläufig letzte philosophisch inspirierte Ketzergeschichte im deutschsprachigen Raum haben 1991 Peter Sloterdijk und Thomas H. Macho herausgebracht, als zweibändiges »Lese- und Arbeitsbuch der Gnosis von der Spätantike bis zur Gegenwart«, unter dem Titel »Weltrevolution der Seele«. Die Sammlung umfaßt, begleitet von zwei Essays der Herausgeber, eine Fülle von Textproben aus ältesten Quellschriften, gelehrten und philosophischen Kommentaren, mittelalterlichen Ketzertraktaten und literarischen Zeugnissen der Neuzeit. Die Beschäftigung mit der »Urgeschichte aller Dissidenz«, wie Sloterdijk formuliert, »kooperiert mit dem Bedürfnis nach der fundamentalen Revision einer Kultur, die sich in ihrem Zwang zum Weltkrieg manifestiert und demaskiert hatte«.

Reklamiert wird damit, sehr entschieden und gar nicht postmodernistisch, eine in die Gegenwart fortwirkende Ketzergeschichte, unter Berufung auf lebende Repräsentanten des alten Rebellentums. »Wir finden das Vergangene im Gegenwärtigen und das Lebendige im Toten«, schreibt Macho. Arnold und Baur, Jonas und Bloch werden mit dieser Maxime aufgenommen und weitergeführt. Was »am Wege liegen blieb«, soll spät aber doch zu Ehren kommen. So drückte Theodor W. Adorno die Sache aus, und fuhr fort: »Die Theorie sieht sich aufs Quere, Undurchsichtige, Unerfaßte verwiesen, das als solches zwar vorweg ein Anachronistisches an sich trägt, aber nicht aufgeht im Veralteten, weil es der historischen Dynamik ein Schnippchen schlug.«

Solche Sätze wird man in der historischen Fachliteratur der letzten Jahrzehnte, auch der mit mittelalterlichen Glaubenswildlingen befaßten, vergeblich suchen. Kultiviert wird in der Zunft der kühle Ton des Spezialistentums, und die Kombination von Kompetenz und souveränem Stil ist immer seltener geworden.

Das war nicht immer so. Die Blütezeit der ketzerhistorischen Gelehrtenprosa zwischen 1870 und 1930 in Deutschland brachte glänzend geschriebene Werke wie Adolf von Harnacks »Marcion. Das Evangelium vom fremden Gott« (1921) in die Bibliotheken. Richard Reitzenstein und Karl Holl setzten mit ihren Forschungen zur christlichen Glaubensentwicklung, unter Einbeziehung des religiösen und kulturellen Umfelds, neue Standards im Umgang mit den Originalquellen. Ernst Troeltsch verfaßte, angeregt von den soziologischen Arbeiten Max Webers, seine Aufsätze über die »Soziallehren der christlichen Kirchen und Gruppen« (1908–1912). Dann kam das Jahr 1933. Während in Deutschland die braunen Bataillone marschierten, begann in Frankreich eine neue Generation von Historikern, unter der Ägide der Zeitschrift »Annales«, mit frischem Elan zu forschen und setzte sich an die Spitze des internationalen Feldes der Ketzergeschichte.

Die Ernte ihrer Arbeiten ist in dem Sammelband »Hérésies et sociétés dans l'Europe pré-industrielle« nachzulesen, 1968 herausgegeben von Jacques Le Goff. Der Band enthält die Referate und Diskussionen eines Kolloquiums (Royaumont, 27.–30. Mai 1965), das die Elite der Fachwelt auf dem Gebiet der Ketzergeschichte versammelt hatte. Neben der Phalanx der Franzosen – unter ihnen Michel Foucault, Georges Duby, Emmanuel Le Roy-Ladurie, Lucien Goldmann – befanden sich die Deutschen – mit Arno Borst und Herbert Grundmann – deutlich in der Minderheit.

Seither hat sich auch die angelsächsische Forschung zu Wort
gemeldet. Die letzte repräsentative Gesamtdarstellung der europäischen mittelalterlichen Ketzergeschichte wurde in England
geschrieben (»Ketzerei im Mittelalter« von Malcolm D. Lambert,
1981). Die Italiener haben mehrere Abhandlungen über die Geschichte der mittelalterlichen Ketzereien geliefert. Seit einigen
Jahren verfügt die internationale Ketzerforschung auch über
eine eigene Zeitschrift (»Heresis«, erscheint zweimal jährlich).

In der deutschsprachigen Ketzerforschung interessiert sich
eine jüngere Generation von Historikerinnen und Historikern
zunehmend für die Ketzerthematik in Detailstudien zu einzelnen Aspekten der europäischen Dissidenz. Fragen der Frauenfor-
schung treten dabei mehr und mehr in den Vordergrund.

Wieviel noch zu tun ist, hat der Theologe Hubertus Halbfas so
formuliert: »Eine Aufarbeitung der Ketzerproblematik in der
Kirche wird wahrscheinlich mehrere Generationen beschäftigen
… Schon der erste Schritt, nämlich die Ketzergeschichte zur
Sprache zu bringen, ist unbeliebt. Niemand in der Kirche läßt
sich gerne daran erinnern … Alles in allem zwingt die Geschichte
der Häresie und der Ketzerbekämpfung im Christentum dazu,
das von Karl Rahner bezeichnete Wahrheitsverständnis grundlegend zu überdenken. Eine Wahrheit, deren Opfer eine solch
blutige Spur durch die Jahrhunderte nach sich zieht, kann nicht
unüberprüft bleiben.«

Die Tradition Gottfried Arnolds ist offenbar immer noch recht
lebendig.

Die Autorinnen und Autoren

LOTHAR BAIER (*1942), Studium der Germanistik, Philosophie und Soziologie in Saarbrücken und Göttingen. Seit 1966 freiberuflicher Übersetzer und freier Autor, Mitarbeiter von Zeitungen, Zeitschriften und Radio. Veröffentlichungen u. a.: Die große Ketzerei (1984), Volk ohne Zeit (1990), Die verleugnete Utopie (1993).

MATTHIAS BENAD (*1951), Studium der Evangelischen Theologie und Germanistik in Frankfurt am Main und Göttingen. Promotion und Habilitation. 1988 bis 1992 Privatdozent. Seit 1992 Professor für Neuere Kirchengeschichte an der Kirchlichen Hochschule Bethel. Veröffentlichungen u. a.: Toleranz als Gebot christlicher Obrigkeit (1983), Gott in Frankfurt? (1987), Domus und Religion in Montaillon (1990).

BARBARA BEUYS (*1943), Studium der Geschichte, Philosophie und Soziologie in Köln. Promotion zum Dr. phil. Redakteurin bei Stern, Merian und Die Zeit. Heute freie Journalistin und Buchautorin. Veröffentlichungen u. a.: Familienleben in Deutschland, Vergeßt uns nicht – Menschen im Widerstand 1933–1945, Florenz – Urbanes Leben von 1200 bis 1500.

CHRISTOPH BOCHINGER (*1959), Studium der Evangelischen Theologie und Religionswissenschaft in München. Magister, Promotion zum Dr. theol. Seit 1987 Assistent am Institut für Religionswissenschaft der Universität München. Veröffentlichungen u.a.: Ganzheit und Gemeinschaft (1987), New Age (1994).

PETER DINZELBACHER (*1948), Studium der Geschichte, Volkskunde und Kunstgeschichte in Graz und Wien. Promotion zum Dr. phil. und Habilitation. Universitätsassistent, heute Historiker. Veröffentlichungen u.a.: Christliche Mystik im Abendland (1993), Europäische Mentalitätsgeschichte (1993), Wörterbuch der Mystik (1989), Sachwörterbuch der Mediävistik (1992), Mittelalterliche Frauenmystik (1992). Herausgeber der Zeitschrift *Mediaevistik*.

HELMUT FELD (*1936), Studium der Philosophie, Theologie, Klassischen Philologie und Geschichte in Trier, Rom und Tübingen. Promotion zum Dr. phil. und Dr. theol. 1978 bis 1981 Direktor des Europa Zentrums Tübingen. Honorarprofessor für Historische Theologie an der Universität des Saarlandes, Saarbrücken. Veröffentlichungen u.a.: Das Verständnis des Abendmahls (1976), Der Hebräerbrief (1985), Franziskus von Assisi und seine Bewegung (1993).

HANS-JÜRGEN GOERTZ (*1937), Studium der Theologie, Anglistik und Geschichte in Hamburg, Hillsboro (USA), Tübingen und Göttingen. Promotion zum Dr. theol. Professor für Sozial- und Wirtschaftsgeschichte an der Universität Hamburg. Veröffentlichungen u.a.: Innere und äußere Ordnung in der Theologie Thomas Müntzers (1967), Die Täufer (1980), Pfaffenhaß und groß Geschrei (1987), Thomas Müntzer: Mystiker, Apokalyptiker, Revolutionär (1989), Religiöse Bewegungen in der Frühen Neuzeit (1993).

HORST HERRMANN (*1940), Studium der Katholischen Theologie und der Rechtswissenschaften in Tübingen, München, Bonn und Rom. Promotion zum Dr. theol. und Habilitation. 1970 bis 1981 Professor für Kirchenrecht an der Universität Münster. Seit 1981 Professor für Soziologie. 25 Buchveröffentlichungen.

GOTTFRIED HIERZENBERGER (*1937), Studium der Katholischen Theologie in Wien und Tübingen. Promotion zum Dr. theol. 1968 bis 1991 Verlagslektor in Wien. Seit 1991 im Staatsdienst. Veröffentlichungen u. a.: Der magische Rest, Unterwegs zum Menschen, Erkundigungen des Jenseits, Boten Gottes – Helfer der Menschheit.

EIKE CHRISTIAN HIRSCH (*1937), Studium der Theologie und Philosophie in Göttingen, Heidelberg und Basel. Promotion zum Dr. theol. Seit 1969 Redakteur für Religion im Hörfunk des Norddeutschen Rundfunks, Hannover. Veröffentlichungen u. a.: Expeditionen in die Glaubenswelt (1982), Der Witzableiter (1985), Vorsicht auf der Himmelsleiter (1987), Deutsch für Besserwisser (1976).

ADOLF HOLL (*1930), Studium der Theologie und Philosophie in Wien. Promotionen. 1953 bis 1973 Kaplan und Dozent für Religionswissenschaft. 1973 mit kirchlichem Lehrverbot belegt, 1976 als Priester suspendiert. Heute Publizist und freier Schriftsteller in Wien. Veröffentlichungen u. a.: Jesus in schlechter Gesellschaft, Mystik für Anfänger, Franziskus von Assisi – der letzte Christ.

RALPH LUDWIG (*1943), Studium der Theologie und Philosophie in Heidelberg und Tübingen. Promotion zum Dr. theol. 1974 bis 1983 Assistent, Studentenpfarrer und Pfarrer in Heidelberg. Seit 1983 Redakteur im Ressort »Religion und Gesellschaft« (Hörfunk) im Norddeutschen Rundfunk.

THOMAS H. MACHO (*1952), Studium der Philosophie, Musikwissenschaft und Pädagogik in Wien. Promotion zum Dr. phil. und Habilitation. 1987 bis 1992 Leiter des »Studienzentrums für Friedensforschung« in Stadtschlaining, seit 1993 Professor für Kulturgeschichte an der Humboldt-Universität zu Berlin. Veröffentlichungen: Todesmetaphern. Zur Logik der Grenzerfahrung (1987), Weltrevolution der Seele (1991, zusammen mit Peter Sloterdijk).

DANIELA MÜLLER (*1957), Studium der Germanistik, Geschichte und Katholischen Theologie in Würzburg. Promotion zum Dr. theol. Seit 1986 Akademische Rätin. Mitglied am Centre National d'Etudes Cathares in Carcassonne. Lehrbeauftragte für Feministische Theologie in Bonn und Würzburg. Veröffentlichung: Albigenser – Die wahre Kirche? (1986), zahlreiche Aufsätze.

VERA NÜNNING (*1961), Studium der Anglistik, Geschichte und Pädagogik in Köln. Promotion zum Dr. phil. Seit 1993 Wissenschaftliche Assistentin in der Anglo-Amerikanischen Abteilung des Historischen Seminars an der Universität Köln. Veröffentlichungen u. a.: Die Ästhetik Virginia Woolfs (1990), Virginia Woolf zur Einführung (1991), Junius-Briefe (1989).

ALFRED PAFFENHOLZ (*1937), Studium der Germanistik, Anglistik und Philosophie in Innsbruck und Köln. 1969 bis 1984 Kulturredakteur im Hörfunk des Norddeutschen Rundfunks. 1984 Wechsel zu Radio Bremen, seit 1990 Leiter der Hauptabteilung Kulturelles Wort. Veröffentlichungen u. a.: Für eine politische Kirche (1982), Manès Sperber zur Einführung (1984).

ADALBERT PODLECH (*1929), Studium der Philosophie, Geschichte, Theologie und Rechtswissenschaften in Bonn, Promotion zum Dr. phil. und Dr. jur. Seit 1973 Professor für Öffentliches Recht an der Technischen Hochschule in Darmstadt. Veröffentlichungen u. a.: Das Grundrecht der Gewissensfreiheit (1969), Datenschutz im Bereich der Öffentlichen Verwaltung (1973), Rechnen und Entscheiden (1977), Abaelard und Heloisa (1990).

HEINZ ROBERT SCHLETTE (*1931), Studium der Philosophie, Katholischen Theologie und Religionswissenschaft in Münster und München. Promotion zum Dr. phil. und Dr. theol. sowie Habilitation. Seit 1962 Professor für Philosophie in Bonn, seit 1990 zugleich Mitglied der Philosophischen Fakultät der Universität Bonn. Veröffentlichungen u. a.: Albert Camus – Welt der Revolte (1980), Kleine Metaphysik (1990), Konkrete Humanität (1991), Weltseele (1993).

BURGHART SCHMIDT (*1942), Studium der Naturwissenschaften, Philosophie und Kunstgeschichte in Tübingen. Promotion zum Dr. phil. Lehrbeauftragter an verschiedenen Universitäten, seit 1985 Honorarprofessor an der Universität Hannover. Veröffentlichungen: Benjamin zur Einführung (1983), Ernst Bloch (1985), Das Widerstandsargument in der Erkenntnistheorie (1985), Kritik der reinen Utopie (1988), Kitsch und Klatsch (1993), Am Jenseits zu Heimat (1994).

HILDE SCHMÖLZER (*1937), Studium der Publizistik und Kunstgeschichte in Wien. Promotion zum Dr. phil. Freiberufliche Journalistin und Autorin für internationale Zeitschriften und Rundfunksender, heute freie Autorin. Veröffentlichungen u. a.: Das böse Wien (1972), Frau sein und Schreiben (1982), Phänomen Hexe (1986), Die verlorene Geschichte der Frau (1990), Die Frau, das gekaufte Geschlecht (1993).

ANTJE SCHRUPP (*1964), Studium der Politologie, Evangelischen Theologie und Philosophie in Frankfurt am Main. M. A.

Seit 1989 in der kirchlichen Öffentlichkeitsarbeit in Frankfurt tätig sowie als freie Autorin für Presse und Hörfunk. Beiträge in wissenschaftlichen Anthologien.

DOROTHEE SÖLLE (*1929), Studium der Klassischen Philologie und Evangelischen Theologie. 1975 bis 1990 Professorin am Union Theological Seminary in New York. Seit 1991 freie Autorin. Zahlreiche Veröffentlichungen, zuletzt: Es muß doch mehr als alles geben. Nachdenken über Gott (1992), Mutanfälle (1993).

PETER STRASSER (*1950), Studium der Philosophie und Germanistik in Graz. Promotion und Habilitation. Seit 1980 Dozent für Philosophie in Graz. Ständiger Mitarbeiter der Literaturzeitschrift *manuskripte*, Programmbeirat des Kulturfestivals *steirischer herbst*. Veröffentlichungen u. a.: Verbrechermenschen (1984), Die verspielte Aufklärung (1986), Philosophie der Wirklichkeitssuche (1989), Der Freudenstoff (1990), Geborgenheit im Schlechten (1993).

JOHANNES THIELE (*1954), Studium der Germanistik, Theologie, Geschichte und Philosophie in Paderborn. Seit 1981 Publizist, ab 1983 Verlagslektor. Seit 1991 Cheflektor Sachbuch im Hoffmann und Campe Verlag, Hamburg. Veröffentlichungen u. a.: Die Erotik Gottes (1988), Die mystische Liebe zur Erde (1989), zahlreiche Anthologien.

GIORGIO TOURN (*1930), Studium der Theologie und Geschichte in Rom, Basel und Turin. Heute Pfarrer in Massello-Pinerolo und Direktor des Waldenser Kulturzentrums in Torre Pellice. Veröffentlichungen u. a.: Geschichte der Waldenser-Kirche, I Protestanti una Rivoluzione.

GERT WENDELBORN (*1935), Studium der Theologie in Rostock, Promotion zum Dr. theol. Habilitation. Seit 1977 Professor für Kirchengeschichte an der Universität Rostock. Veröffentlichungen u. a.: Franziskus von Assisi (1977), Martin Luther (1983), Bernhard von Clairvaux (1993).

FRANZ WÖHRER (*1950), Studium der Anglistik, Psychologie, Philosophie und Pädagogik in Wien. Promotion zum Dr. phil. Seit 1991 Assistenzprofessor am Institut für Anglistik der Universität Wien. Veröffentlichung u. a.: Thomas Traherne (1982).